全国高等教育自学考试指定教材

法律专业（本科）

合同法

（含：合同法自学考试大纲）

（2012年版）

全国高等教育自学考试指导委员会　组编

主　编　傅鼎生
副主编　韩　强
撰稿人　傅鼎生　韩　强　吴一鸣　董美根
审稿人　葛云松　申卫星　姚欢庆

图书在版编目(CIP)数据

合同法:2012年版/傅鼎生主编.—北京:北京大学出版社,2012.3
(全国高等教育自学考试指定教材)
ISBN 978-7-301-20450-4

Ⅰ.①合… Ⅱ.①傅… Ⅲ.①合同法-中国-高等教育-自学考试-教材 Ⅳ.①D923.6

中国版本图书馆 CIP 数据核字(2012)第 051434 号

书　　　名：	合同法(2012年版)　含：合同法自学考试大纲
著作责任者：	傅鼎生　主编
责任编辑：	李　兵
标准书号：	ISBN 978-7-301-20450-4
出　　　版：	北京大学出版社
地　　　址：	北京市海淀区成府路205号　100871
网　　　址：	http://www.pup.cn
电子邮箱：	编辑部 law@pup.cn　总编室 zpup@pup.cn
印　刷　者：	河北滦县鑫华书刊印刷厂
	787毫米×1092毫米　16开本　20.25印张　443千字
	2012年3月第1版　2025年1月第25次印刷
定　　　价：	37.00元

本书如有质量问题,请与教材供应部门联系。

组编前言

21世纪是一个变幻难测的世纪，是一个催人奋进的时代。科学技术飞速发展，知识更替日新月异。希望、困惑、机遇、挑战，随时随地都有可能出现在每一个社会成员的生活之中。抓住机遇，寻求发展，迎接挑战，适应变化的制胜法宝就是学习——依靠自己学习、终生学习。

作为我国高等教育组成部分的自学考试，其职责就是在高等教育这个水平上倡导自学、鼓励自学、帮助自学、推动自学，为每一个自学者铺就成才之路。组织编写供读者学习的教材就是履行这个职责的重要环节。毫无疑问，这种教材应当适合自学，应当有利于学习者掌握和了解新知识、新信息，有利于学习者增强创新意识，培养实践能力，形成自学能力，也有利于学习者学以致用，解决实际工作中所遇到的问题。具有如此特点的书，我们虽然沿用了"教材"这个概念，但它与那种仅供教师讲、学生听，教师不讲、学生不懂，以"教"为中心的教科书相比，已经在内容安排、编写体例、行文风格等方面都大不相同了。希望读者对此有所了解，以便从一开始就树立起依靠自己学习的坚定信念，不断探索适合自己的学习方法，充分利用自己已有的知识基础和实际工作经验，最大限度地发挥自己的潜能，达到学习的目标。

欢迎读者提出意见和建议。

祝每一位读者自学成功。

全国高等教育自学考试指导委员会
2011年10月

目 录

合同法自学考试大纲

- 出版前言 ······ (7)
- Ⅰ 课程性质与课程目标 ······ (9)
- Ⅱ 考核目标 ······ (11)
- Ⅲ 课程内容与考核要求 ······ (12)
- Ⅳ 关于大纲的说明与考核实施要求 ······ (45)
- 附录 题型举例 ······ (48)
- 后记 ······ (50)

合 同 法

第一章 合同的概述 ······ (53)
 第一节 合同的概念与特征 ······ (53)
 第二节 合同法律关系 ······ (55)
 第三节 合同的分类 ······ (60)

第二章 合同法的概述 ······ (70)
 第一节 合同法的概念与特征 ······ (70)
 第二节 合同法的基本原则 ······ (73)

第三章 合同的成立 ······ (81)
 第一节 合同成立的概念与条件 ······ (81)
 第二节 合同的订立与合同成立时间、地点 ······ (83)
 第三节 几种特殊的缔约方式 ······ (90)
 第四节 缔约中的义务和缔约过失责任 ······ (98)

第四章 合同的内容与形式 ······ (105)
 第一节 合同的内容 ······ (105)
 第二节 合同的解释 ······ (109)
 第三节 合同的形式 ······ (112)

第五章　合同的效力 (116)
第一节　合同的生效 (116)
第二节　合同的生效条件 (117)
第三节　可变更、可撤销的合同 (123)
第四节　无效合同 (126)
第五节　合同效力待定 (129)
第六节　附条件的合同与附期限的合同 (130)

第六章　合同的履行 (137)
第一节　合同履行概述 (137)
第二节　双务合同履行中的抗辩权 (143)
第三节　债权人受领迟延 (148)

第七章　合同的保全 (151)
第一节　合同保全概述 (151)
第二节　债权人代位权 (152)
第三节　债权人撤销权 (155)

第八章　合同的变更和转让 (161)
第一节　合同的变更 (161)
第二节　合同的转让 (167)

第九章　合同权利义务的终止 (178)
第一节　合同权利义务终止的概述 (178)
第二节　清偿 (179)
第三节　解除 (186)
第四节　抵销 (190)
第五节　提存 (193)
第六节　免除 (194)
第七节　混同 (194)

第十章　违约责任 (196)
第一节　违约行为与违约责任 (196)
第二节　违约责任的归责原则 (200)
第三节　违约责任的免责事由 (201)
第四节　继续履行 (203)
第五节　损害赔偿 (205)
第六节　违约金责任 (209)
第七节　定金责任 (212)

第八节　责任竞合 …………………………………………………… (213)
第十一章　转移财产的合同 ……………………………………………… (218)
　　第一节　买卖合同 …………………………………………………… (218)
　　第二节　供用电、水、气、热力合同 ………………………………… (229)
　　第三节　赠与合同 …………………………………………………… (231)
　　第四节　借款合同 …………………………………………………… (234)
第十二章　租赁合同与融资租赁合同 …………………………………… (238)
　　第一节　租赁合同 …………………………………………………… (238)
　　第二节　融资租赁合同 ……………………………………………… (249)
第十三章　提供劳动成果的合同 ………………………………………… (254)
　　第一节　承揽合同 …………………………………………………… (254)
　　第二节　建设工程合同 ……………………………………………… (260)
第十四章　提供服务的合同 ……………………………………………… (265)
　　第一节　运输合同 …………………………………………………… (265)
　　第二节　保管合同 …………………………………………………… (273)
　　第三节　仓储合同 …………………………………………………… (277)
　　第四节　委托合同 …………………………………………………… (279)
　　第五节　行纪合同 …………………………………………………… (286)
　　第六节　居间合同 …………………………………………………… (289)
　　第七节　旅游合同 …………………………………………………… (291)
第十五章　技术合同 ……………………………………………………… (296)
　　第一节　技术合同的一般规定 ……………………………………… (296)
　　第二节　技术开发合同 ……………………………………………… (301)
　　第三节　技术转让合同 ……………………………………………… (304)
　　第四节　技术咨询合同和技术服务合同 …………………………… (309)

后记 ………………………………………………………………………… (313)

全国高等教育自学考试

法律专业(本科)

合同法自学考试大纲

全国高等教育自学考试指导委员会制定

大纲目录

出版前言 ·· (7)
I　课程性质与课程目标 ··· (9)
II　考核目标 ··· (11)
III　课程内容与考核要求 ··· (12)
  第一章　合同的概述 ··· (12)
    学习目的与要求 ·· (12)
    课程内容 ·· (12)
    考核知识点与考核要求 ·· (13)
    本章关键问题 ·· (13)
  第二章　合同法的概述 ·· (14)
    学习目的与要求 ·· (14)
    课程内容 ·· (14)
    考核知识点与考核要求 ·· (14)
    本章关键问题 ·· (15)
  第三章　合同的成立 ··· (15)
    学习目的与要求 ·· (15)
    课程内容 ·· (15)
    考核知识点与考核要求 ·· (16)
    本章关键问题 ·· (17)
  第四章　合同的内容与形式 ·· (17)
    学习目的与要求 ·· (17)
    课程内容 ·· (17)
    考核知识点与考核要求 ·· (18)
    本章关键问题 ·· (18)
  第五章　合同的效力 ··· (19)
    学习目的与要求 ·· (19)
    课程内容 ·· (19)
    考核知识点与考核要求 ·· (20)
    本章关键问题 ·· (21)
  第六章　合同的履行 ··· (21)
    学习目的与要求 ·· (21)

课程内容 …………………………………………………………………………（22）
　　考核知识点与考核要求 …………………………………………………………（22）
　　本章关键问题 ……………………………………………………………………（23）
第七章　合同的保全 …………………………………………………………………（23）
　　学习目的与要求 …………………………………………………………………（23）
　　课程内容 …………………………………………………………………………（23）
　　考核知识点与考核要求 …………………………………………………………（24）
　　本章关键问题 ……………………………………………………………………（25）
第八章　合同的变更和转让 …………………………………………………………（25）
　　学习目的与要求 …………………………………………………………………（25）
　　课程内容 …………………………………………………………………………（25）
　　考核知识点与考核要求 …………………………………………………………（26）
　　本章关键问题 ……………………………………………………………………（27）
第九章　合同权利义务的终止 ………………………………………………………（27）
　　学习目的与要求 …………………………………………………………………（27）
　　课程内容 …………………………………………………………………………（27）
　　考核知识点与考核要求 …………………………………………………………（28）
　　本章关键问题 ……………………………………………………………………（29）
第十章　违约责任 ……………………………………………………………………（29）
　　学习目的与要求 …………………………………………………………………（29）
　　课程内容 …………………………………………………………………………（30）
　　考核知识点与考核要求 …………………………………………………………（31）
　　本章关键问题 ……………………………………………………………………（32）
第十一章　转移财产的合同 …………………………………………………………（33）
　　学习目的与要求 …………………………………………………………………（33）
　　课程内容 …………………………………………………………………………（33）
　　考核知识点与考核要求 …………………………………………………………（34）
　　本章关键问题 ……………………………………………………………………（35）
第十二章　租赁合同与融资租赁合同 ………………………………………………（35）
　　学习目的与要求 …………………………………………………………………（35）
　　课程内容 …………………………………………………………………………（35）
　　考核知识点与考核要求 …………………………………………………………（36）
　　本章关键问题 ……………………………………………………………………（36）
第十三章　提供劳动成果的合同 ……………………………………………………（37）
　　学习目的与要求 …………………………………………………………………（37）
　　课程内容 …………………………………………………………………………（37）

  考核知识点与考核要求 …………………………………………（38）
  本章关键问题 ……………………………………………………（38）
 第十四章 提供服务的合同 ……………………………………（38）
  学习目的与要求 …………………………………………………（38）
  课程内容 …………………………………………………………（38）
  考核知识点与考核要求 …………………………………………（41）
  本章关键问题 ……………………………………………………（41）
 第十五章 技术合同 ………………………………………………（42）
  学习目的与要求 …………………………………………………（42）
  课程内容 …………………………………………………………（42）
  考核知识点与考核要求 …………………………………………（43）
  本章关键问题 ……………………………………………………（44）

Ⅳ **关于大纲的说明与考核实施要求** …………………………………（45）

附录 题型举例 ………………………………………………………（48）

后记 ……………………………………………………………………（50）

出版前言

为了适应社会主义现代化建设事业的需要,鼓励自学成才,我国在20世纪80代初建立了高等教育自学考试制度。高等教育自学考试是个人自学、社会助学和国家考试相结合的一种高等教育形式。应考者通过规定的专业课程考试并经思想品德鉴定达到毕业要求的,可获得毕业证书;国家承认学历并按照规定享有与普通高等学校毕业生同等的有关待遇。经过三十多年的发展,高等教育自学考试为国家培养造就了大批专门人才。

课程自学考试大纲是国家规范自学者学习范围、要求和考试标准的文件。它是按照专业考试计划的要求,具体指导个人自学、社会助学、国家考试、编写教材及自学辅导书的依据。

为更新教育观念,深化教学内容方式、考试制度、质量评价制度改革,更好地提高自学考试人才培养的质量,全国考委各专业委员会按照专业考试计划的要求,组织编写了课程自学考试大纲。

新编写的大纲,在层次上,专科参照一般普通高校专科或高职院校的水平,本科参照一般普通高校本科水平;在内容上,力图反映学科的发展变化以及自然科学和社会科学近年来研究的成果。

全国考委法学类专业委员会参照普通高等学校合同法课程的教学基本要求,结合自学考试法律专业的实际情况,组织编写的《合同法自学考试大纲》,经教育部批准,现颁发施行。各地教育部门、考试机构应认真贯彻执行。

全国高等教育自学考试指导委员会
2012年2月

Ⅰ 课程性质与课程目标

《合同法》是全国高等教育自学考试法律专业的必考课程,是为了培养和检验自学者综合运用合同法基本理论和基本知识分析、解决合同纠纷案件的能力而设置的一门重要的应用专业课程。

合同法是有关合同的法律规范的总称,是调整平等主体之间的交易关系的法律。它是民法的核心内容,是市场经济的基本法律,是社会主义法律体系的重要组成部分。以合同行为、合同关系、合同制度、交易规则为阐述和研究对象的合同法学科,以及以合同法学为阐释内容的合同法课程,在整个法学领域和法律专业课程领域中具有重要地位。进行合同法基本理论和基本知识的教育,使自学者能够运用合同订立和合同履行等基本规则有效缔约和诚信履约,能够运用合同的保全、违约责任等基本制度维护合同当事人的合法权益,具备完善的民法学理论,奠定扎实的法学基础知识,树立意思自治、诚实信用、公平正义等理念。

设置本课程的目标是使自学者能够:(1) 全面掌握合同法学的基本概念、合同的要素、合同权利的相对性、合同法的调整方法和原则;(2) 理解《中华人民共和国合同法》及其相关法律、行政法规、行政规章和司法解释的各项规定;(3) 认识合同交易客观规律;(4) 熟悉合同制度,掌握合同法律的适用;(5) 综合运用合同法基本理论分析解决各类合同现象;(6) 树立私法自治、诚实信用、公平正义的理念;(7) 为进一步学习法律专业的其他课程,全面掌握法学理论,以及熟练应用专业知识奠定良好的基础。

本课程是一门应用性很强的部门法学。学习本课程,应具备法学基础理论的知识和民商法学的一般知识,并以此为指导,加深对合同法内容的理解。在法学各学科中,民法学和商法学是合同法学的上位学科。学习本课程应当具备宪法学、法理学、民法学的相关知识。合同法是实体法,实体法的适用不能脱离程序法的运用,因此学习合同法还必须具备民事诉讼法的基础知识和基本理论。

本课程的重点内容是合同的成立、合同的效力、合同的履行、合同的保全、合同权利义务的终止、违约责任,以及买卖、赠与、借款、租赁、承揽、委托、技术转让合同制度;次重点内容是合同的概念与特征、合同关系的要素、合同法基本原则中的合同自由原则和诚实信用原则、合同的内容与形式、合同的变更和转让、运输、保管、行纪、居间、技术开发合同制度。一般内容则是上述内容之外的其他内容。

本课程的难点内容是:确立合同法基本原则的法理依据;合同成立与合同生效的区别;如何正确理解"合同成立条件"、"合同有效条件"、"合同生效条件"这三个概念;要约、承诺的认定;缔约过失责任的赔偿范围;合同的效力;合同履行中的义务群以及履行抗辩权;债权人代位权和债权人撤销权的性质、效力;违约责任的构成要件和责任形式;买卖合同中的风险负担规则和瑕疵担保责任规则;赠与合同中的两种撤销制度;自然人之间的有偿借款合同缘何不是双务合同;租赁合同中承租人优先购买权的制度适用与权利行使;承揽合同中的风险责任;运输合同多式联运中的承运人责任;委托、行纪、居间三者的区别;技术合同中的风险责任。

Ⅱ 考核目标

本大纲在考核目标中,按照识记、领会、简单应用和综合应用四个层次规定自学者应达到的能力层次要求。四个能力层次是递进关系,各能力层次的含义是:

识记:要求自学者正确认识大纲各章中知识点的含义,并能牢记与准确表达。例如,正确认识有偿合同、诺成合同、双务合同、负担行为等概念的内涵与外延,正确认识债权人撤销权、债权人代位权、双务合同抗辩权等合同制度的内容,正确理解抵销、免除、变更、混同等法律事实的成立要件、效力,并牢记上述名词和术语的含义、法律规定、法律事实的构成和该法律事实所产生的法律后果。

领会:要求自学者在识记的基础上,正确解释与阐述大纲各章中的知识点,既能知其然,又能知其所以然,并能进行抽象与概括,进行由此及彼的逻辑推理,培养法律制度类推适用的能力。例如,合同自由的理论依据、债权人代位权制度和债权人撤销权制度的立法理由、情事变更原则适用的法理依据。

简单应用:要求自学者在领会的基础上,针对单一现象运用大纲各章中的知识点,分析、解释和解决理论问题和实际问题。比如,运用要约和承诺的知识点确定合同是否成立,运用合同生效要件的知识点确认合同是否有效等。

综合应用:要求自学者在简单应用的基础上,针对复杂现象运用大纲各章中的多个知识点,综合分析和解决比较复杂的问题。比如,运用合同成立生效制度、合同效力待定制度、附条件合同制度、合同履行制度、违约责任制度分析一个限制行为能力人订立的借款合同纠纷案件。

在本大纲中,四个能力层次在具体考核内容上是有所分工的,但要求高的能力层次内容可以覆盖要求低的能力层次内容,满足高层次能力要求的同时应满足低层次能力要求,即综合应用能力层次涵盖简单应用、领会、识记三个能力层次;简单应用能力层次涵盖领会、识记能力层次;领会能力层次涵盖识记能力层次。

Ⅲ 课程内容与考核要求

第一章 合同的概述

学习目的与要求

通过本章的学习,了解合同的概念;理解合同的特征;熟练掌握合同法律关系的要素;了解合同相对性原理;掌握合同的分类。

课程内容

(一) 合同的概念与特征
1. 合同的概念
2. 合同的特征
(1) 合同是平等主体间所实施的民事法律行为
(2) 合同以发生一定民事后果为目的
(3) 合同是当事人间的合意
(4) 合同对当事人具有拘束力
(二) 合同法律关系
1. 合同关系的主体、内容、客体
(1) 合同主体
(2) 合同内容
(3) 合同客体
2. 合同的相对性
(三) 合同的分类
1. 要式合同与不要式合同
2. 主合同与从合同
3. 有偿合同与无偿合同

4. 诺成性合同与实践性合同
5. 一方负担义务的合同与双方或多方负担义务的合同
6. 双务合同与单务合同
7. 束己合同与涉他合同
8. 有名合同、无名合同、混合合同
9. 附合合同与非附合合同
10. 预约与本约
11. 一时合同与继续合同
12. 实定合同与射幸合同

考核知识点与考核要求

（一）合同的概念与特征
识记：合同的概念。
领会：合同的特征。
（二）合同法律关系
识记：① 合同主体；② 合同客体；③ 合同的相对性。
领会：① 主给付义务；② 从给付义务；③ 不真正义务。
简单应用：附随义务。
（三）合同的分类
识记：① 一方负担义务的合同与双方或多方负担义务的合同；② 束己合同与涉他合同；③ 有名合同、无名合同、混合和合同；④ 附合合同与非附合合同；⑤ 预约与本约；⑥ 实定合同与射幸合同。
领会：① 主合同与从合同；② 一时合同与继续合同。
简单应用：要式合同与不要式合同。
综合应用：① 有偿合同与无偿合同；② 诺成性合同与实践性合同；③ 双务合同与单务合同。

本章关键问题

揭示合同与单方民事法律行为的区别，合同与行政合同的区别，合同与物权变动行为的区别。分析合同权利的权能，合同义务的类型，不同类型义务之间的联系和区别是什么。合同相对性的原理的基本内涵，如何理解"相对性突破"之说。每一种合同分类的意义何在。有偿合同与双务合同划分标准之区别及其存在价值。

第二章 合同法的概述

学习目的与要求

通过本章的学习,了解合同法的概念,理解合同法的特征,掌握合同法的基本原则。

课程内容

(一)合同法的概念与特征
1. 合同法的概念
2. 合同法的特征
(1)合同法是规范合同当事人行为的法律
(2)合同法是调整平等主体之间动态财产关系的法律
(3)合同法的规定基本属于任意性规范
(4)合同法既调整民事合同关系又调整商事合同关系
(二)合同法的基本原则
1. 合同主体平等原则
2. 合同自由原则
3. 合同公平原则
4. 诚实信用原则
5. 鼓励交易原则

考核知识点与考核要求

(一)合同法的概念与特征
识记:合同法的概念。
领会:合同法的特征。
(二)合同法的基本原则
识记:合同主体平等原则。

领会：① 合同公平原则；② 鼓励交易原则。
简单应用：合同自由原则。
综合应用：诚实信用原则。

本章关键问题

合同法如何科学界定。合同主体平等原则与合同自由原则的联系与区别。合同公平原则的内涵，合同公平原则与诚实信用原则的关系。"私法自治"在合同法中的体现。

第三章　合同的成立

学习目的与要求

通过本章的学习，了解合同订立的概念；掌握合同成立的条件，掌握合同订立程序、合同成立的时间和地点；了解特殊订约方式，掌握对格式条款的规制措施；熟练掌握缔约过失责任制度。

课程内容

（一）合同成立的概念与条件
1. 合同成立的概念
2. 合同成立的条件
（1）一般成立条件
（2）特殊成立条件
（二）合同的订立与合同成立时间、地点
1. 合同订立的程序
（1）要约
（2）承诺

2. 合同成立的时间与地点

(三) 几种特殊的缔约方式

1. 交叉要约

2. 同时表示

3. 以招标方式缔约

4. 以拍卖方式缔约

5. 以格式条款方式缔约

6. 以悬赏广告方式缔约

(四) 缔约中的义务和缔约过失责任

1. 先合同义务的含义

2. 缔约过失的类型

(1) 假借订立合同进行恶意磋商

(2) 故意隐瞒与订立合同有关的重要事实或者提供虚假情况

(3) 其他违背诚实信用原则的行为

3. 缔约过失责任的含义

4. 缔约过失责任的成立条件和内容

(1) 缔约过失责任的成立条件

(2) 缔约过失责任的内容

考核知识点与考核要求

(一) 合同成立的概念与条件

识记:合同成立的概念。

领会:合同成立的一般条件。

简单应用:合同成立的特殊条件。

(二) 合同的订立与合同成立时间、地点

识记:合同成立的时间与地点。

综合应用:合同订立的程序。

(三) 几种特殊的订约方式

识记:① 交叉要约;② 同时表示;③ 以招标方式缔约;④ 以拍卖方式缔约;⑤ 以悬赏广告方式缔约。

综合应用:以格式条款方式缔约。

(四) 缔约中的义务和缔约过失责任

识记:先合同义务的含义。

领会:缔约过失责任的含义。

简单应用:缔约过失的类型。
综合应用:缔约过失责任的成立条件和内容。

本章关键问题

正确理解合同成立的一般条件。实践中客观认定要约与要约邀请的方法。阐述要约撤销制度的立法理论依据。承诺期限的认定。格式条款的科学界定,《合同法》对格式条款提供方所作限制的理论依据。分析悬赏广告的性质和效力。分析缔约过失责任的性质及其与违约责任、侵权责任的区别。

第四章 合同的内容与形式

学习目的与要求

通过本章的学习,了解合同内容;掌握《合同法》对合同内容的提示性规定;了解合同解释的目的和对象;理解合同解释的标准和方法;了解合同的形式。

课程内容

(一) 合同的内容
1. 合同内容概述
2.《合同法》关于合同内容的提示性规定
(1) 当事人的名称或者姓名和住所
(2) 标的
(3) 数量
(4) 质量
(5) 价款或者报酬
(6) 履行期限、地点和方式
(7) 违约责任
(8) 解决争议的方法

（二）合同的解释
1. 合同解释的目的和对象
2. 合同解释的标准和方法
（1）探求合同当事人真实意思解释合同
（2）以交易习惯解释合同
（3）运用任意规范解释合同
（4）遵循诚信原则解释合同
（三）合同的形式
1. 合同的书面形式
2. 合同的口头形式
3. 合同的其他形式

考核知识点与考核要求

（一）合同的内容
识记：① 绝对必要条款、相对必要条款和任意条款的概念；②《合同法》第 12 条关于合同内容的提示性规定。
领会：绝对必要条款、相对必要条款和任意条款的类型及其相互关系。
（二）合同的解释
识记：合同解释的目的和对象。
简单应用：合同解释的标准和方法。
（三）合同的形式
识记：① 合同书面形式的各种具体类型；② 合同的口头形式；③ 合同的其他形式。

本章关键问题

关于合同条款的划分标准以及划分价值。区分合同的绝对必要条款、相对必要条款和任意条款的意义。《合同法》第 12 条规定的内容的意义。书面合同的表现形式。合同内容的解释标准和意义。

第五章　合同的效力

学习目的与要求

通过本章的学习,理解合同生效的意义以及与合同成立的区别;掌握合同的生效要件;理解合同生效的法律后果;掌握效力待定的合同制度;熟练掌握无效合同和可变更、可撤销的合同制度;掌握附条件和附期限的合同。

课程内容

（一）合同的生效
（二）合同的生效条件
1. 合同的一般生效条件
（1）关于合同主体的生效条件
（2）关于合同意思表示的生效条件
2. 合同的特殊生效条件
（三）可变更、可撤销的合同
1. 因重大误解而订立的合同
2. 显失公平的合同
3. 因欺诈而订立的合同
4. 因胁迫而订立的合同
5. 乘人之危的合同
（四）无效合同
1. 无效合同的概念
2. 无效合同的种类
（1）无民事行为能力人所订立的合同
（2）限制民事行为能力人在其监护人不同意的情况下,所订立的与其年龄、智力状况、精神健康状态不相符的合同
（3）一方以欺诈的手段订立损害国家利益的合同
（4）一方以胁迫的手段订立损害国家利益的合同
（5）恶意串通损害国家、集体或者第三人利益的合同

（6）以合法形式掩盖非法目的的合同
（7）损害公共利益的合同
（8）违反法律、行政法规的强制性规定的合同
（9）某些无效的免责条款
3. 无效合同与可变更、可撤销的合同的区别
4. 合同被撤销及无效的后果
（五）合同效力待定
1. 限制民事行为能力人所订立的与其年龄、智力状况、精神健康状态不相适应，且非纯获利益的合同
2. 无权代理人订立的合同
（六）附条件的合同与附期限的合同
1. 附条件的合同
（1）附条件的合同的概念与特征
（2）条件的种类
（3）附条件的合同的效力
2. 附期限的合同
（1）附期限的合同的概念与特征
（2）期限的种类
（3）附期限的合同的效力

考核知识点与考核要求

（一）合同的生效
识记：合同生效的概念。
领会：合同成立与合同生效的区别。
（二）合同的生效条件
领会：合同的特别生效条件。
简单应用：关于合同主体的生效条件。
综合应用：关于合同意思表示的生效条件。
（三）可变更、可撤销的合同
识记：合同可变更、可撤销的类型。
领会：① 显失公平的合同；② 乘人之危的合同。
简单应用：因胁迫而订立的合同。
综合应用：① 因重大误解而订立的合同；② 因欺诈而订立的合同。

（四）无效合同

识记：无效合同的概念。

领会：无效合同与可变更、可撤销的合同的区别。

简单应用：合同被撤销及无效的后果。

综合应用：无效合同的种类。

（五）合同效力待定

识记：合同效力待定的概念。

领会：合同效力待定的类型。

简单应用：合同效力待定的处理。

（六）附条件的合同与附期限的合同

识记：① 附条件的合同的概念与特征；② 条件的种类；③ 附期限的合同的概念与特征；④ 期限的种类。

领会：附期限的合同的效力。

简单应用：附条件的合同的效力。

本章关键问题

合同生效与合同成立的区别。结合《民法通则》关于民事法律行为的有效条件的规定阐述合同的生效条件。结合《民法通则》关于无效的民事行为和可变更、可撤销的民事行为的规定以及《合同法》第52条至第58条的规定，阐述无效的合同和可变更、可撤销的合同。确立合同效力待定制度的理论依据。附条件的合同与附期限的合同的区别，各自具有的法律后果。

第六章　合同的履行

学习目的与要求

通过本章的学习，理解合同履行的概念；熟练掌握合同履行的原则、具体规则；熟练掌握履行中的抗辩权制度；掌握债权人受领迟延制度。

课程内容

(一) 合同履行概述
1. 合同履行的概念
2. 合同履行的规则
(1) 依诚实信用原则履行合同义务
(2) 依情事变更原则调整合同的内容
(3) 全面正确履行合同义务
(4) 依诚实信用原则履行合同附随义务
(二) 双务合同履行中的抗辩权
1. 双务合同抗辩权的概述
(1) 双务合同抗辩权的基础
(2) 双务合同抗辩权的法律性质
2. 同时履行抗辩权
3. 顺序履行抗辩权
4. 不安抗辩权
(三) 债权人受领迟延
1. 债权人受领迟延的含义
2. 债权人受领迟延的成立条件
3. 债权人受领迟延的后果
4. 债权人受领迟延的终止

考核知识点与考核要求

(一) 合同履行概述
识记:合同履行的概念。
领会:① 依诚实信用原则履行合同义务。② 依诚实信用原则履行合同附随义务。
简单应用:① 情事变更原则的构成要件和法律效力;② 全面正确履行合同义务的各项具体内容。
综合应用:附随义务的成立条件。
(二) 双务合同履行中的抗辩权
识记:① 同时履行抗辩权的概念;② 顺序履行抗辩权的概念;③ 不安抗辩权的概念。
领会:① 双务合同抗辩权的基础;② 双务合同抗辩权的法律性质。
简单应用:① 同时履行抗辩权的构成要件和法律效力;② 顺序履行抗辩权的构成要

件和法律效力;③ 不安抗辩权的构成要件和法律效力。
（三）债权人受领迟延
识记:债权人受领迟延的概念。
领会:① 债权人受领迟延的构成要件;② 债权人受领迟延的法律后果;③ 债权人受领迟延的终止。

本章关键问题

理解并正确适用情事变更原则,理解并认定附随义务以及不履行附随义务的法律后果。建立双务合同抗辩权制度的法理依据。分析同时履行抗辩权、顺序履行抗辩权、不安抗辩权的构成要件和行使抗辩权的法律后果。债权人受领迟延的构成要件和法律后果。

第七章　合同的保全

学习目的与要求

通过本章的学习,了解合同保全的概念和特征;理解债权人代位权的概念和债权人撤销权的概念;熟练掌握债权人代位权的构成要件、债权人代位权的行使及其效果;熟练掌握债权人撤销权的构成要件、债权人撤销权的行使及其效果。

课程内容

（一）合同保全概述
（二）债权人代位权
1. 债权人代位权的性质
（1）代位权为债权的效力
（2）代位权为实体权利
（3）代位权为债权的内容
（4）代位权为管理他人事务的可能权

2. 债权人代位权的构成要件
（1）债务人怠于行使其对第三人的权利
（2）债权人有保全其债权的必要
（3）债务人已陷于履行迟延
3. 债权人代位权的行使
（1）债权人以自己的名义行使该权利
（2）债权人必须以诉讼的方式行使该权利
（3）代位权行使的范围以保全债权必要为限
4. 债权人代位权行使的效果
（1）对于第三人的效力
（2）对于债务人的效力
（3）对于债权人的效力
（三）债权人撤销权
1. 债权人撤销权的性质
（1）撤销权为实体权利
（2）撤销权具有双重效力
2. 债权人撤销权的构成要件
（1）客观要件
（2）主观要件
3. 债权人撤销权的行使
（1）债权人撤销权的主体
（2）债权人撤销权的行使方式
（3）债权人撤销权的除斥期间
（4）债权人撤销权的行使范围
4. 债权人撤销权行使的效果
（1）对于债务人的效力
（2）对于受益人的效力
（3）对于债权人的效力

考核知识点与考核要求

（一）合同保全概述
识记：合同保全的概念。
领会：合同保全的法律意义。

（二）债权人代位权
识记：债权人代位权的概念。
领会：债权人代位权的性质。
简单应用：① 债权人代位权的构成要件；② 债权人代位权的行使；③ 债权人代位权行使的效果。

（三）债权人撤销权
识记：债权人撤销权的概念。
领会：债权人撤销权的性质。
简单应用：① 债权人撤销权的构成要件；② 债权人撤销权的行使；③ 债权人撤销权行使的效果。

本章关键问题

合同保全制度的法律意义及其与合同的相对性之间的关系是理解合同保全制度的关键。债权人代位权的构成要件、行使规则和行使的法律后果是掌握债权人代位权制度的关键。债权人撤销权的构成要件、行使规则和行使的法律后果是掌握债权人撤销权的关键。

第八章 合同的变更和转让

学习目的与要求

通过本章的学习，了解合同变更的概念和合同转让的概念与特征；理解合同转让的原因和种类；掌握合同变更的条件和法律效力；掌握合同权利转让的要件和法律效力；掌握合同义务移转的要件和法律效力；掌握合同权利义务概括移转的法律效力。

课程内容

（一）合同的变更
1. 合同变更的概念与特征
（1）合同变更的概念

(2) 合同变更的特征
(3) 合同变更的情形
2. 合同变更的要件
(1) 须有被变更的合同存在
(2) 须有变更合同的行为
(3) 合同变更必须具备合同的成立条件和生效条件
(4) 合同变更内容约定明确
3. 合同变更的效力
(1) 合同各方按照变更后的合同享有权利负担义务
(2) 从合同的内容不因主合同的内容变更而变更
(3) 合同的变更并不导致变更前债权债务关系的消灭
(二) 合同的转让
1. 债权的让与
(1) 债权让与的概念与特征
(2) 债权让与的要件
(3) 债权让与的效力
2. 债务的承担
(1) 债务承担的含义
(2) 免责的债务承担
(3) 并存的债务承担
3. 债的概括移转

考核知识点与考核要求

(一) 合同的变更
识记:① 合同变更的概念;② 合同变更的特征。
简单应用:① 合同变更的要件;② 合同变更的效力。
(二) 合同的转让
识记:① 债权让与的概念;② 债务承担的概念;③ 债的概括移转的概念。
领会:债的概括移转的类型。
简单应用:① 债权让的构成要件;② 债权让与的效力;③ 免责的债务承担的构成要件和效力;④ 并存的债务承担的构成要件和效力;⑤ 债的概括移转的效力。

本章关键问题

界定合同变更的概念,揭示合同变更的内涵,理解合同变更的效力。债权让与的性质、应满足的构成条件以及债权让与的效力。债务承担的类型,每一种债务承担的构成要件和效力。债权让与中,向债务人通知让与事实的法律意义。

第九章 合同权利义务的终止

学习目的与要求

通过本章的学习,了解合同权利义务终止的概念、原因、后果;理解清偿、解除、抵销、提存、免除和混同的概念;熟练掌握清偿、解除、抵销、提存、免除和混同制度的具体内容和法律效力。

课程内容

(一) 合同权利义务终止的概述
1. 合同权利义务终止的含义
2. 合同权利义务终止的原因
3. 合同权利义务终止的后果
(二) 清偿
1. 清偿的概念
2. 清偿的种类
(1) 债务人清偿与第三人清偿
(2) 普通清偿、代物清偿、新债清偿
(3) 单纯清偿与附保留清偿
3. 清偿的主体
4. 清偿的效力
5. 清偿抵充
6. 第三人清偿

7. 代物清偿

（三）解除

1. 合同解除的概念和特征
2. 合同解除的种类
3. 协议解除合同
4. 因行使解除权而解除合同
（1）合同解除权的性质
（2）合同解除权的发生原因
（3）合同解除权的行使
（4）合同解除权的消灭
5. 合同解除的后果

（四）抵销

1. 抵销的概述
（1）抵销的概念
（2）抵销的性质
（3）抵销的种类
2. 法定抵销
（1）法定抵销权的成立条件
（2）法定抵销权的行使
（3）法定抵销权行使的效力
3. 约定抵销

（五）提存

1. 提存的概念和条件
2. 提存通知及提存效力

（六）免除

（七）混同

考核知识点与考核要求

（一）合同权利义务终止的概述
识记：合同权利义务终止的概念、原因、后果。
（二）清偿
识记：① 清偿的概念；② 清偿的种类；③ 代物清偿的概念。
领会：① 清偿的主体；② 清偿的效力。
简单应用：① 清偿抵充的规则；② 第三人清偿的构成要件和第三人清偿的效力；

③ 代物清偿的构成要件和代物清偿的效力。
（三）解除
识记：① 合同解除的概念和特征；② 合同解除的种类；③ 协议解除合同。
领会：合同解除的后果。
简单应用：合同解除权。
（四）抵销
识记：① 抵销的概念；② 抵销的性质；③ 抵销的种类。
领会：约定抵销。
简单应用：法定抵销权的成立条件、法定抵销权的行使、法定抵销权行使的效力。
（五）提存
识记：提存的概念。
简单应用：提存的成立条件、提存的效力。
（六）免除
识记：免除的概念。
领会：免除的效力。
（七）混同
识记：混同的概念。
领会：混同的效力。

本章关键问题

学理上"合同终止"概念之内涵，《合同法》中"合同终止"概念之内涵。对"履行"与"清偿"的理解。代物清偿的性质、构成要件、效力。第三人清偿规则。清偿抵充的法律意义，清偿抵充的规则。合同解除的种类，合同解除权的发生事由，合同解除权的行使方式和行使后果。抵销的法律性质、种类。法定抵销权的构成要件，抵销权的行使，行使抵销权的后果。提存的构成要件、后果。

第十章 违约责任

学习目的与要求

通过本章的学习，了解违约责任的概念和特征；理解违约的样态及其责任；掌握违约责任的构成要件;掌握实际履行的构成要件;理解损害赔偿的概念和特征;掌握损害赔偿的完全赔偿原则及其限制规则。

课程内容

（一）违约行为与违约责任
1. 违约行为与违约责任概述
（1）违约责任的概念
（2）违约责任的特征
2. 违约行为的样态
（1）预期违约
（2）履行不能
（3）迟延履行
（4）不完全履行
（5）受领迟延
3. 双方违约
4. 第三人的行为造成违约
（二）违约责任的归责原则
（三）违约责任的免责事由
1. 不可抗力
2. 基于标的物原因的特殊免责事由
3. 基于债权人原因的特殊免责事由
（四）继续履行
1. 继续履行的含义
2. 继续履行的构成要件
3. 继续履行的形式
4. 不适用继续履行的情形
5. 继续履行与其他责任方式的关系
（1）继续履行与损害赔偿
（2）继续履行与价格制裁
（五）损害赔偿
1. 损害赔偿概述
2. 损害的类型和认定
（1）损害的含义
（2）损害的类型

(3) 损害的认定
3. 违约损害赔偿责任的范围限制
4. 减损规则
5. 损益相抵
(六) 违约金责任
1. 违约金的概念
2. 违约金的种类
(1) 惩罚性违约金与赔偿性违约金
(2) 约定违约金与法定违约金
3. 违约金责任的认定与调整
4. 违约金与其他责任方式的关系
(1) 违约金与继续履行
(2) 违约金与损害赔偿
(3) 违约金与定金
(4) 违约金与合同解除
(七) 定金责任
1. 定金责任的概念和性质
2. 定金责任的效力
3. 定金责任与其他责任方式的关系
(1) 定金与违约金
(2) 定金与损害赔偿
(3) 定金与实际履行
(八) 责任竞合
1. 责任竞合概述
2. 违约责任与侵权责任的区别
3. 责任竞合的处理

考核知识点与考核要求

(一) 违约行为与违约责任
识记:① 违约责任的概念;② 履行不能的概念。
领会:① 违约责任的特征;② 预期违约。
简单应用:① 双方违约;② 第三人的行为造成违约;③ 瑕疵给付;④ 加害给付。
综合应用:① 迟延履行;② 瑕疵给付。

（二）违约责任的归责原则

识记：归责原则的概念。

领会：过错责任。

综合应用：严格责任。

（三）违约责任的免责事由

领会：① 基于标的物原因的特殊免责事由；② 基于债权人原因的特殊免责事由。

简单应用：不可抗力。

（四）继续履行

识记：继续履行的含义。

领会：① 继续履行的构成要件；② 不适用继续履行的情形。

简单应用：继续履行的形式。

综合应用：继续履行与其他责任方式的关系。

（五）损害赔偿

领会：损害赔偿的两种基本赔偿方法。

简单应用：① 减损规则；② 损益相抵。

综合应用：① 损害的类型和认定；② 违约损害赔偿责任的范围限制。

（六）违约金责任

识记：① 违约金的概念；② 违约金的种类。

领会：违约金的特征。

简单应用：违约金责任的认定与调整。

综合应用：违约金责任与其他责任方式的关系。

（七）定金责任

识记：定金责任的概念。

领会：定金责任的性质。

简单应用：定金责任的效力。

综合应用：定金责任与其他责任方式的关系。

（八）责任竞合

识记：责任竞合的概念。

领会：违约责任与侵权责任的区别。

综合应用：我国关于责任竞合的法律规定。

本章关键问题

违约责任与侵权责任之间的区别，以及责任竞合的处理是理解违约责任的关键。违约行为的常见样态、违约责任的归责原则和免责事由、违约责任的具体责任形态，以及责任形态之间的适用关系是掌握违约责任的关键。

第十一章　转移财产的合同

学习目的与要求

通过本章的学习,掌握买卖合同的概念、特征、效力,了解特种买卖合同的一般特征;掌握赠与合同的特征及效力;了解供用电、水、气、热力合同的特征和效力;了解借款合同的效力。

课程内容

(一) 买卖合同
1. 买卖合同概述
(1) 买卖合同的特征
(2) 买卖合同的主体
(3) 买卖合同的标的物
2. 买卖合同的效力
(1) 出卖人的合同义务
(2) 买受人的合同义务
(3) 标的物毁损、灭失的风险负担
3. 特种买卖合同
(1) 分期付款买卖
(2) 样品买卖
(3) 试验买卖
(4) 拍卖
(5) 招投标买卖
(二) 供用电、水、气、热力合同
1. 供用电、水、气、热力合同概述
2. 供用电合同
(1) 供用电合同概述
(2) 供用电合同的效力

（三）赠与合同

1．一般赠与合同

（1）赠与合同概述

（2）赠与义务的履行

（3）赠与合同的撤销

（4）拒绝履行赠与合同义务

2．特别赠与

（1）附负担的赠与

（2）赠与的其他类型

（四）借款合同

1．借款合同的概述

2．金融机构借款合同

（1）金融机构借款合同的特征

（2）金融机构借款合同的成立

（3）金融机构借款合同的效力

3．自然人间的借款合同

考核知识点与考核要求

（一）买卖合同

识记：① 买卖合同的特征；② 买卖合同的当事人；③ 分期付款买卖合同、样品买卖合同、试验买卖合同、招投标买卖合同、拍卖合同的概念。

领会：① 买卖合同的标的物；② 样品买卖合同的具体规则；③ 试验买卖合同的具体规则。

简单应用：买卖合同中标的物的风险负担的概念及规则。

综合应用：买卖合同的效力（出卖人的合同义务）。

（二）供用电、水、气、热力合同

识记：① 供用电合同的概念；② 供用电合同的特征。

领会：供用电合同的效力。

（三）赠与合同

识记：赠与合同的概念。

领会：① 赠与合同的特征；② 拒绝履行赠与合同义务的情形；③ 附负担的赠与。

简单应用：① 赠与义务的履行；② 赠与合同的撤销。

(四) 借款合同

识记:借款合同的概念。

领会:① 借款合同的特征;② 金融机构借款合同的特征;③ 自然人间借款合同的特征。

简单应用:金融机构借款合同的效力。

本章关键问题

应理解买卖合同、赠与合同和借款合同作为转移财产的合同的共性。买卖合同双方当事人各有什么权利和义务,特别是出卖人的瑕疵担保责任是掌握买卖合同的关键。赠与合同的特征和赠与人的权利和义务是掌握赠与合同的关键。

第十二章 租赁合同与融资租赁合同

学习目的与要求

通过本章的学习,了解租赁合同的概念和特征;掌握租赁合同的各种形式;掌握租赁合同的法律效力;了解房屋租赁的特别规则;了解融资租赁合同的概念;掌握融资租赁合同与租赁合同的区别;掌握融资租赁合同的效力。

课程内容

(一) 租赁合同

1. 租赁合同的概述

(1) 租赁合同的概念

(2) 租赁合同的特征

(3) 租赁合同的形式

(4) 租赁的期限

(5) 租赁合同的终止和法定解除

2. 租赁合同的效力
(1) 出租人的主要义务
(2) 承租人的主要义务
(3) 租赁合同对第三人的效力
3. 房屋租赁合同
(1) 房屋租赁合同的概念
(2) 房屋租赁中的特别规则
(二) 融资租赁合同
1. 融资租赁合同的概述
(1) 融资租赁合同的概念
(2) 融资租赁合同与普通租赁合同的区别
2. 融资租赁合同的效力
(1) 出租人的主要权利义务
(2) 承租人的主要权利义务
(3) 租赁物出卖人的权利义务

考核知识点与考核要求

(一) 租赁合同
识记:① 租赁合同的概念;② 租赁合同的形式;③ 租赁的期限。
领会:① 租赁合同的特征;② 租赁合同的终止和法定解除。
简单应用:① 租赁合同的效力;② 房屋租赁合同的特别规则。
(二) 融资租赁合同
识记:融资租赁合同的概念。
领会:融资租赁合同与普通租赁合同的区别。
简单应用:融资租赁合同的效力。

本章关键问题

把握租赁合同的债权性质及租赁关系的相对性,理解租赁合同与融资租赁合同的本质区别,尤其是融资租赁合同是以融资为其目的这一根本特性。

第十三章 提供劳动成果的合同

学习目的与要求

通过本章的学习,掌握承揽合同的概念、特征、效力,理解承揽合同的风险负担及承揽合同因解除而终止,了解承揽合同与其他类似合同的区别;掌握建设工程合同的一般效力,了解各种建设工程合同的概念及内容。

课程内容

(一) 承揽合同
1. 承揽合同的概述
(1) 承揽合同的概念
(2) 承揽合同的特征
(3) 承揽合同与类似合同的区别
2. 承揽合同的效力
(1) 承揽人的主要义务
(2) 定作人的主要义务
(3) 承揽合同中的风险负担
(二) 建设工程合同
1. 建设工程合同的概述
(1) 建设工程合同的概念和特征
(2) 建设工程合同的种类
(3) 建设工程合同的订立
2. 建设工程合同的效力
(1) 发包人的主要义务
(2) 承包人的主要义务
3. 建设工程合同的无效及其处理
(1) 建设工程合同的无效
(2) 建设工程合同无效的处理

考核知识点与考核要求

（一）承揽合同
识记：承揽合同的概念和种类。
领会：① 承揽合同的特征；② 承揽合同与类似合同的区别。
简单应用：承揽合同的效力。
（二）建设工程合同
识记：① 建设工程合同的概念和特征；② 建设工程合同的种类。
领会：建设工程合同的订立。
简单应用：① 建设工程合同的效力；② 建设工程合同的无效及其处理。

本章关键问题

把握提供劳动与提供劳动成果之间的区别；把握承揽合同与建设工程合同的共性特征以及建设工程合同不同于承揽合同之处，进而理解两者在法律效力上的区别的成因。

第十四章 提供服务的合同

学习目的与要求

通过本章的学习，掌握运输合同的概念、效力，理解运输合同的订立及双方当事人的责任；掌握保管合同和仓储合同的概念、特征及效力；掌握委托合同、行纪合同、居间合同的概念、特征及效力，理解委托合同中禁止转委托的规定及行纪合同中行纪人的介入权。

课程内容

（一）运输合同
1. 运输合同概述
（1）运输合同概念

（2）运输合同的特征
（3）运输合同的一般效力
2．客运合同
（1）客运合同概述
（2）客运合同的效力
（3）客运合同的变更和解除
3．货运合同
（1）货运合同概述
（2）货运合同的效力
4．多式联运合同
（1）多式联运合同及其作用
（2）多式联运单据
（3）多式联运合同的主要内容
（二）保管合同
1．保管合同的概念和特征
（1）保管合同的概念
（2）保管合同的特征
2．保管合同的效力
（1）保管人的主要义务
（2）寄存人的主要义务
（三）仓储合同
1．仓储合同的概念和特征
（1）仓储合同的概念
（2）仓储合同的特征
2．仓储合同的效力
（1）保管人的主要义务
（2）存货人的主要义务
（四）委托合同
1．委托合同概述
（1）委托合同的概念
（2）委托合同的特征
（3）委托合同与委托代理中代理权的授予行为
2．委托合同的订立
3．委托合同的效力
（1）受托人的主要义务

（2）委托人的主要义务
（3）委托合同履行中损害赔偿责任的承担
4．间接代理制度
（1）披露身份的间接代理
（2）未披露身份的间接代理
5．委托合同的终止
（1）当事人一方行使任意解除权
（2）当事人一方死亡、丧失行为能力或破产
（五）行纪合同
1．行纪合同的概述
（1）行纪合同的概念
（2）行纪合同的特征
（3）行纪与间接代理
2．行纪合同的效力
（1）行纪人的主要义务
（2）委托人的主要义务
（3）行纪人与第三人间的权利义务
（六）居间合同
1．居间合同概述
（1）居间合同的概念
（2）居间合同的特征
2．居间合同的效力
（1）居间人的主要义务
（2）委托人的主要义务
（七）旅游合同
1．旅游合同概述
（1）旅游合同的概念
（2）旅游合同的特征
2．旅游合同的效力
（1）旅游经营者的主要义务
（2）旅游者的主要义务
（3）旅游辅助服务者的主要义务
3．旅游纠纷诉讼中的主体

考核知识点与考核要求

（一）运输合同
识记：① 运输合同的概念和特征；② 运输合同的分类；③ 客运合同的概念和特征；④ 货运合同的概念和特征；⑤ 多式联运合同的概念。
领会：① 运输合同的一般效力；② 客运合同的效力；③ 客运合同的变更和解除；④ 货运合同的效力；⑤ 多式联运合同的主要内容。

（二）保管合同
识记：① 保管合同的概念；② 保管合同的特征。
简单应用：保管合同的效力。

（三）仓储合同
识记：① 仓储合同的概念；② 仓储合同的特征。
领会：仓储合同的效力。

（四）委托合同
识记：① 委托合同的概念；② 委托合同的特征。
领会：① 委托合同与委托代理中代理权的授予行为；② 间接代理制度；③ 委托合同的终止。
简单应用：委托合同的效力。

（五）行纪合同
识记：① 行纪合同的概念；② 行纪合同的特征；③ 行纪与间接代理的关系。
简单应用：行纪合同的效力。

（六）居间合同
识记：① 居间合同的概念；② 居间合同的特征。
领会：居间合同的效力。

（七）旅游合同
识记：① 旅游合同的概念；② 旅游合同的特征。
领会：旅游合同的效力。
简单应用：旅游纠纷诉讼中的主体。

本章关键问题

为何运输合同、保管合同、仓储合同、委托合同、行纪合同、居间合同和旅游合同被安排在同一章中进行阐述，这些合同之间存在何种共性，这些合同与其他种类的合同存在何种本质区别。

第十五章 技术合同

学习目的与要求

通过本章的学习,掌握技术合同的概念、性质、法律适用以及技术成果的权益归属;掌握各种技术合同的主要内容与形式;掌握技术合同的效力;了解各类特殊技术合同的特别规定。

课程内容

（一）技术合同的一般规定
1. 技术合同的法律适用
2. 技术合同的性质
3. 职务技术成果
（1）职务技术成果界定
（2）职务技术成果的权利归属
（3）职务技术成果完成人的权利
4. 技术合同的内容与形式
（1）技术合同条款
（2）技术合同的形式
5. 技术合同效力的特殊规定
（1）不具有民事主体资格的科研组织所订立技术合同后果的承担
（2）技术转让合同转化为技术服务合同
（3）非法垄断技术、妨碍技术进步的技术合同无效
（4）侵害他人技术成果的技术合同无效
（二）技术开发合同
1. 技术开发合同的概念和特征
2. 委托开发合同
（1）委托人的主要权利和义务
（2）受托人的主要权利和义务

3. 合作开发合同
4. 技术成果的归属
（1）申请专利保护
（2）技术秘密保护
5. 技术开发的风险分担
（三）技术转让合同
1. 技术转让合同概述
2. 专利申请权转让合同
3. 专利权转让合同
（1）一般专利权转让合同
（2）特殊专利权转让合同
4. 技术秘密转让合同
（1）转让人的义务
（2）受让人的义务
5. 技术秘密许可使用合同
（1）技术秘密许可使用合同中许可人的义务
（2）技术秘密许可使用合同中被许可人的义务
6. 专利实施许可合同
（1）专利实施许可合同的概述
（2）专利实施许可合同当事人的权利和义务
（3）专利权许可合同的特殊情形
（四）技术咨询合同和技术服务合同
1. 技术咨询合同
（1）技术咨询合同概述
（2）技术咨询合同的效力
2. 技术服务合同
（1）技术服务合同概述
（2）技术服务合同的效力

考核知识点与考核要求

（一）技术合同的一般规定

识记：① 技术合同的性质；② 职务技术成果相关权利的归属；③ 技术合同的内容与形式。

领会：① 技术合同的法律适用；② 职务技术成果完成人的权利；③ 技术合同效力的

特殊规定。

（二）技术开发合同

识记：① 技术开发合同的概念和特征；② 技术开发合同的种类；③ 委托开发合同的概念；④ 合作开发合同的概念。

领会：① 委托开发合同的效力；② 合作开发合同的效力；③ 技术开发合同中技术成果权益的归属；④ 技术开发合同中的风险负担。

（三）技术转让合同

识记：① 技术转让合同的概念和常见类型；② 专利申请权转让合同的概念；③ 专利权转让合同的概念；④ 技术秘密转让合同的概念；⑤ 技术秘密许可使用合同的概念；⑥ 专利实施许可合同的概念和种类。

领会：① 专利申请权转让合同的效力；② 专利权转让合同的效力；③ 技术秘密转让合同的效力；④ 技术秘密许可使用合同的效力；⑤ 专利实施许可合同的效力。

（四）技术咨询合同和技术服务合同

识记：① 技术咨询合同的概念；② 技术服务合同的概念。

领会：① 技术咨询合同的效力；② 技术服务合同的效力。

本章关键问题

技术合同的标的与其他种类的合同存在何种区别；技术合同的法律适用与其他有名合同的法律适用最大的区别在何处。

Ⅳ 关于大纲的说明与考核实施要求

为了使本大纲的规定在个人自学、社会助学和考试命题中得到贯彻和落实,兹对有关问题作以下说明,并进而提出具体实施要求:

一、自学考试大纲的目的和作用

《合同法》课程自学考试大纲是根据法律本科专业自学考试计划的要求,结合自学考试的特点而确定的。其目的是对个人自学、社会助学和课程考试命题进行指导和规定。

《合同法》课程自学考试大纲明确了课程学习的内容以及深广度,规定了课程自学考试的范围和标准。因此,它是编写自学考试教材和辅导书的依据,是社会助学单位进行自学辅导的依据,是自学者学习教材、掌握课程内容知识范围和程度的依据,也是进行自学考试命题的依据。

二、课程自学考试大纲与教材的关系

《合同法》课程自学考试大纲是进行学习和考核的依据,教材是学习、掌握课程知识的基本内容和范围,教材的内容是大纲所规定的课程内容的充实、扩展与发挥。大纲与教材所体现的课程内容基本一致。大纲中的课程内容和考核知识点,教材里一般都有。但是,教材中的有些内容在大纲中未必体现。

三、关于自学教材

指定教材:《合同法》(2012年版),全国高等教育自学考试指导委员会组编,傅鼎生主编,北京大学出版社出版,2012年版。

四、关于自学要求和自学方法的指导

在本课程大纲的各章中,列出了学习目的和要求,以明确课程学习的内容以及深度和广度。大纲各章规定了考核知识点和考核要求,以明确考核的范围和目标。由于各知识点在课程中的地位、作用以及知识点自身的特点(如重点、难点与非重点、非难点)的不同,在本课程大纲各章的学习目的与要求中,按照了解、理解、掌握和熟练掌握四种不同表述确定自学要求。四种自学要求的程度是递进关系,对应四个考核能力层次,即"了解"对应"识记","理解"对应"领会","掌握"对应"简单应用","熟练掌握"对应"综合应用"。在自学要求的四种表述中,"熟练掌握"涵盖"掌握"、"理解"、"了解"三种要求程度;"掌握"涵盖"理解"、"了解"两种要求程度;"理解"涵盖"识记"的要求程度。

本课程是一门理论性和实践性都很强的法律专业课,其内容涉及《合同法》总则和分则的各个方面,教材各章为一相对独立的内容,但它们相互之间又有内在的逻辑联系。自学者首先要全面系统地学习各章,熟记各章的基本内容,深入理解基本理论;其次,要准确把握各章之间的联系;再次,在全面学习的基础上特别注意对各章重点、难点的掌握,切忌在没有全面学习教材的情况下孤立地学习重点,也切忌不分主次地泛读教材。

学习本课程,必须高度重视对《合同法》有关规定的理解和掌握,《合同法》及有关单行法中的调整合同关系的条款,以及最高人民法院的司法解释都是本课程研究、说明、阐述的主要对象。因此,自学者应当系统掌握上述法律和司法解释中的有关内容。

重视理论联系实际,训练并逐渐提高运用所学理论分析和解决实际案例的能力。本课程阐述的内容与合同法实践中所遇到的案例密切相关,自学者应当注意在全面系统学习教材的基础上,尽可能多地了解和分析实际案例,以便更深刻地领会教材的内容,提高分析和解决实际问题的能力。

本课程共5学分。

五、应考指导

1. 自学者应该在全面学习了自学考试教材、《合同法》相关法律法规,并按照课程自学考试大纲的要求进行全面、系统地复习之后,再参加本课程的自学考试。

2. 自学者应全面掌握课程自学考试大纲所规定的考核知识点,充分了解课程自学考试大纲所规定的考核要求。根据《合同法》课程的特殊性,课程自学考试大纲在考核要求上适当降低了识记能力层次的比重,适当提高了领会和应用能力层次的比重。

3. 自学者应了解本课程自学考试的基本题型。

4. 自学者在考试答题时,应根据自学考试教材的内容以及《合同法》相关法律法规的规定作答。答案应力求观点准确、言简意赅、层次清楚,并应特别注意使用法律术语进行表述。

六、对社会助学的要求

1. 建议本课程的基本学时为40小时,在讲授时应重点突出。

2. 社会助学单位应根据本大纲规定的考试内容和考核目标,认真钻研指定教材,明确本课程与其他课程不同的特点和学习要求,对自学者进行切实有效的辅导,帮助他们端正学习态度,改进自学方法,掌握教材内容,提高分析问题、解决问题和应考的能力。

3. 要正确处理重点和一般的关系。课程内容有重点和一般之分,但考试内容是全面的,而且重点与一般是相互联系的,不是截然分开的。因此,社会助学单位应指导自学者全面系统地学习教材,了解每章的学习目的和要求,掌握全部考试内容和考核知识点,在此基础上再突出重点。要把教材中的重点、难点讲深讲透,要帮助自学者把重点学习同兼顾其他结合起来,避免产生猜题、押题的有害倾向。

七、对考核内容的说明

1. 本课程要求自学者学习和掌握的知识点都作为考核内容。课程考试大纲就是对考试范围的规定。根据各知识点具有的不同地位、作用和特点,课程考试大纲按照识记、领会、简单应用、综合应用四个能力层次对各知识点作出了规定。这一规定就是对各知识点考核要求的规定。

2. 本课程的考试内容包括《合同法》教材出版后、在考试之日起6个月以前颁布的有关合同方面的法律和最高人民法院的司法解释。自学者应注意对上述内容的自学,社会助学单位应当注意对上述内容的辅导,以适应本课程考试命题的要求。

3. 按照重要性程度不同,考核内容分为重点内容、次重点内容、一般内容。在本课程试卷中对不同考核内容要求的分数比例大致为:重点内容占60%,次重点内容占30%,一般内容占10%。

4. 《合同法》课程可以分为两个大的部分,分别为合同法总则、合同法分则,考试试卷所占的比例大约为:合同法总则占70%,合同法分则占30%。

八、关于考试命题的若干规定

1. 本课程的考试采取闭卷考试的方法,满分为100分,60分为及格线。考试时间为150分钟。考生只能使用水笔或圆珠笔答题。

2. 本大纲各章所规定的基本要求、知识点以及知识点下的知识细目,均属考核内容。考试命题应覆盖到章,并适当突出课程重点、章节重点,加大重点内容的覆盖密度。命题不应有超出大纲中考核知识点范围的题目,考核目标不得高于大纲中所规定的相应的最高能力层次要求。命题应着重考核自学者对基本概念、基本知识和基本理论是否了解和掌握。不应出与基本要求不符的偏题或怪题。

3. 本课程试卷中,不同能力层次要求的试题的分值比例大致为:识记占20%;领会占30%;简单应用占30%;综合应用占20%。

4. 试卷中还要合理安排试题的难易程度。试题的难度可分为:容易、较容易、较难和难四个等级。每份试卷中,不同难度试题的分值比例建议为:2:3:3:2。必须注意试题的难易程度与能力层次不是同一个概念。在各个能力层次中对于不同的自学者都存在着不同的难度,自学者应当在全面掌握基本知识的基础上突出重点、难点。

5. 考试命题的主要题型有:单项选择题、多项选择题、简答题、论述题、案例分析题。各种题型的具体形式可参考本大纲题型举例。

附录 题型举例

一、单项选择题(在每小题列出的四个备选项中只有一个是符合题目要求的,请将其代码填写在题后的括号内。错选、多选或未选均无分。)

1. 合同的解除权在性质上属于:(   )。
   A. 形成权　　　　B. 抗辩权
   C. 支配权　　　　D. 请求权

2. 下列合同中属于实践性合同的是:(   )。
   A. 赠与合同　　　B. 买卖合同
   C. 保管合同　　　D. 租赁合同

二、多项选择题(在每小题列出的五个备选项中至少有两个是符合题目要求的,请将其代码填写在题后的括号内。错选、多选、少选或未选均无分。)

1. 根据《合同法》的规定,有下列情形之一的,合同无效:(   )。
   A. 一方以欺诈、胁迫的手段订立合同,损害国家利益
   B. 恶意串通,损害国家、集体或者第三人利益
   C. 以合法形式掩盖非法目的
   D. 损害社会公共利益
   E. 违反法律、行政法规的强制性规定

2. 双务合同履行中的抗辩权包括:(   )。
   A. 合同不成立的抗辩权
   B. 无权代理的抗辩权
   C. 同时履行抗辩权
   D. 不安抗辩权
   E. 顺序履行抗辩权

三、简答题

1. 简述违约责任的免责事由。
2. 简述效力待定合同的类型及其法律效果。

四、论述题

论述可变更、可撤销合同的类型以及效力。

五、案例分析题

1. 某甲到 A 商场选购手机,发现一款别处售价 3999 元的手机在该商场仅售 2999 元。甲见手机便宜,便购买了两部。购买后,甲将其中一部手机赠与朋友某乙。事后,商场发现该款手机价格标签书写错误,正确价格应为 3999 元。商场找到某甲要求退还两部

手机。请回答下列问题：

（1）某甲与A商场之间的买卖合同效力如何？

（2）商场能否请求甲返还手机？商场应采取什么措施？

（3）商场能否请求乙返还手机？

2. 著名演员张三准备参加某演唱会。根据演出合同约定，张三本次出场费为5万元。张三搭乘某公司的出租车前往演出剧场。驾驶员李四认出张三是著名演员，一路上与张三争论出场费5万元的高低。途中，李四因抢车道、闯红灯造成出租车撞上道路护栏，张三因此受伤，无法参加演唱会。请回答下列问题：

（1）张三受到哪些损害？

（2）张三的损失应由李四承担赔偿责任，还是应由某出租车公司承担赔偿责任，还是两个主体都应承担赔偿责任抑或都不应承担责任？为什么？

（3）阐述本案中的责任竞合。

后 记

经全国高等教育自学考试指导委员会同意,由法学类专业委员会负责高等教育自学考试法律专业教材的组编工作。

《合同法自学考试大纲》由华东政法大学傅鼎生主编、韩强副主编,由华东政法大学傅鼎生教授、韩强副教授、吴一鸣副教授撰写。

北京大学葛云松教授、清华大学申卫星教授和中国人民大学姚欢庆教授参加审稿并提出修改意见,向他们表示诚挚的谢意。

全国高等教育自学考试指导委员会
法学类专业委员会
2012 年 2 月

全国高等教育自学考试指定教材

法律专业(本科)

合 同 法

全国高等教育自学考试指导委员会　组编

第一章 合同的概述

内容提示 本章依据我国《合同法》关于合同的表述,阐述了合同的概念、特征,分析了合同法律关系的三要素,探讨了合同的相对性,阐述了合同的分类以及分类的意义。

第一节 合同的概念与特征

一、合同的概念

合同是指民事主体设立、变更、消灭民事权利义务关系的协议。这一定义表明合同这一概念具有以下含义:合同是一种双方或多方当事人的民事法律行为,而不是单方民事法律行为;合同的当事人是民事主体,彼此法律地位平等,其包括自然人、法人和其他组织[①];订立合同的目的是设立、变更、消灭特定民事法律关系;合同是缔约人经过协商后形成一致意见的民事法律行为;合同生效后在当事人之间设立特定民事法律关系,或者变更特定民事法律关系,或者消灭特定民事法律关系。

本书所称合同为民事合同。民事合同与行政合同有着显著区别。其一,民事合同以设立、变更、消灭民事权利义务为内容,行政合同的内容则不然。《中华人民共和国民法通则》(以下简称《民法通则》)第85条规定:"合同是当事人之间设立、变更、终止民事关系的协议。依法成立的合同,受法律保护。"《中华人民共和国合同法》(以下简称《合同法》)第2条第1款规定:"本法所称合同是平等主体的自然人、法人、其他组织之间设立、变更、终止民事权利义务关系的协议。"无论是《民法通则》还是《合同法》,它们所调整的合同关系都是民事合同关系。行政合同是以设立、变更、消灭行政关系为内容的合同。其二,民事合同的当事人为民事主体,民事主体法律地位平等;行政合同当事人中的一方必须是行政主体,尽管行政主体也表现为行政机关法人,但是该机关法人不是以民事主体的身份出现在行政合同关系中,行政合同当事人的法律地位不平等。值得一提的是,在本书中凡是在"合同"一词前未用"行政"一词修饰的,所表达的都是民事合同。

二、合同的特征

依法成立生效的合同具有如下法律特征:
(一) 合同是平等主体间所实施的民事法律行为
合同关系是最常见的民事法律关系。民事法律关系的主体具有平等性,彼此间不存

---

① 学理上将"其他组织"称为"非法人团体"。合伙企业、分公司等组织都属于其他组织。

在命令与服从、上级与下级之间的隶属关系,也不存在强制与被强制的公权力关系。例如,买方与卖方、出租方与承租方、托运方与承运方、寄托方与保管方法律地位平等。依据私法自治原则,协商一致是合同主体之间设立、变更和消灭民事权利义务关系的前提。例如,买卖合同、租赁合同、运输合同、保管合同都是经合同当事人协商一致形成的。这就是合同自由。合同自由的前提条件是合同当事人地位平等。合同主体地位的平等,是合同的本质特征。

(二) 合同以发生一定民事后果为目的

合同是一种旨在发生一定民事后果的行为,属于民事法律行为的一种,民事法律行为以意思表示为要素。意思表示以设立、变更、消灭民事权利义务关系为效果意思。所谓效果意思,是指追求特定民事法律后果(即一定民事法律关系的发生、变更或消灭)的内心想法。例如出卖人与买受人都有与对方设立买卖关系的内心想法。

应当说明的是,《合同法》第2条第2款规定:"婚姻、收养、监护等有关身份关系的协议,适用其他法律的规定。"此项规定的立法意图并不在于界定民事合同的内涵,限定民事合同的外延,而是在于限制《合同法》的适用范围。换言之,《合同法》并不否认婚姻、收养、监护等身份协议的合同性质,而是规定身份协议不属于《合同法》调整的对象。不能混淆合同含义与《合同法》适用范围,应将两者加以区别。

(三) 合同是当事人间的合意

合同是双方或多方的民事法律行为,因而合同的成立必须具备如下条件:第一,合同的当事人必须是两人或两人以上,比如买卖合同的当事人必须是买方与卖方。第二,合同当事人互为意思表示。合同订立的过程是当事人协商的过程,在这一过程中当事人必须将内心的追求表露于外部。第三,合同当事人意思表示必须一致。合同有两种,一种是双方为谋不同利益而合意,所追求的目标相交叉,此种合同又被称为契约。比如,在买卖合同中卖方所图谋的是获得买方的金钱,买方所图谋的是获得卖方的货物。合同双方所追求的具体目标虽不一致,但双方的效果意思却是相同的,即设立买卖合同关系。另一种是双方为谋共同利益而合意,所追求的目标一致。比如,合伙合同当事人为了同一目标而缔约,无论是当事人的效果意思还是具体目标都是一致的。

(四) 合同对当事人具有拘束力

就合同当事人而言,依法成立生效的合同如同法律。订立合同所生后果属于设立一定民事法律关系的,合同当事人必须依照合同的约定履行义务,不履行合同义务的,应当承担违约责任;订立合同所生后果属于变更一定法律关系内容的,合同当事人应当执行变更后的合同,例如租赁合同之租金经约定变更后,合同当事人应当按照调整后的租金履行义务;订立合同所生后果属于消灭合同关系的,合同权利义务终止,例如合伙合同当事人共同约定提前终止合伙关系。

第二节 合同法律关系

一、合同关系的主体、内容、客体

合同法律关系,又称合同关系,是依法成立生效合同所产生的法律后果。该法律关系的三要素为合同的主体、合同的内容、合同的客体。

(一) 合同主体

合同主体是享有合同权利、承担合同义务的人。有的合同主体属于单纯的权利主体,如赠与中的受赠人;有的合同主体属于单纯的义务主体,如赠与中的赠与人;有的合同主体既是权利主体,又是义务主体,如买卖中的出卖人或买受人。依据我国《合同法》第2条规定,合同主体可以是自然人、法人、其他组织。无论合同主体为何种形态,合同当事人法律地位平等。

(二) 合同内容

合同关系的内容为合同权利和合同义务。

1. 合同权利

合同权利为债权的一种,指合同权利人受领、请求合同义务人为特定给付的权利。合同权利具有两个主要内容,一是受领给付的权能,即债务人向债权人基于债的履行而为给付时,债权人有权受领,例如出借人有权接受借用人返还的借用物;二是请求给付的权能,即债权人依据合同的约定向债务人提出履行合同义务的请求,例如当承租人不依约履行租金支付义务时,出租人有权请求承租人履行租金支付义务。在这两部分权能中,受领给付的权能是合同权利的核心、根本。缺少这一权能,请求给付的权能将失去意义,合同权利将不复存在。请求给付的权能是为使合同权利处于圆满状态而存在,是合同义务人不履行合同义务时的救济性权能。请求给付的权能是诉讼时效的客体。诉讼时效期间届满后,合同义务人行使诉讼时效抗辩权的,将导致请求权能消灭。合同权利丧失请求权后,成了自然债权,虽然还有受领合同义务人之给付的权能,但没有请求合同义务人为给付的权能,只能坐待受领给付而不能请求给付。

合同权利具有如下效力。(1) 受领力。即权利人有权接受义务人所为之给付。例如,依据房屋租赁合同,承租人有权接受出租人所交付的租赁物,并在租期内持续占有、使用租赁物。(2) 保持力。即保有给付在法律上的原因。例如,在租赁合同存续期间,承租人占有、使用租赁物的行为始终具有法律上的依据。(3) 请求力。当合同义务人未依约履行合同义务时,合同权利人有权要求合同义务人为给付。此种请求力,既包括诉讼外的请求,又包括诉讼上的请求。如为诉讼上之请求,则表现为诉请履行合同义务。诉请履行合同义务,不仅仅是程序意义上的诉权(起诉权),而且还是诉讼请求在实体法上的依据。因此,请求力具有执行力,即请求法院依诉讼程序强制合同义务人履行合同义务或承担合同责任。例如,借款人欠债不还,出借人可诉诸法院强制义务人还债。(4) 处分力。处分合同权利的形式有三种:让渡合同权利、在合同权利上设定负担、抛弃合同权利。除法律规定、当事人约定、合同权利性质决定不能使合同权利转让外,合同权利均可被处分。例如,张三将对于李四的合同权利让与王五,由王五享有对李四的合同权利;又如,张三将对于李四的合同权利质押给王五,使王五拥有合同权利上的质权(债权质权);再如,张三免除李四的合同债务,抛弃对李四的合同债权。法律规定、当事人约定、合同权利性质决定不能转让的合同权利,并不影响权利人抛弃权利。这说明某些合同权利的处分力受到限制,但并不意味该合同权利无处分力。(5)保全力。合同的权利为债权。债权需要保全。保全债权的行为有两种。其一,通过行使债权达到保全债权的目的。如因行使请求权而中断诉讼时效。其二,通过自力救济维护合同权利。例如,当合同义务人与合同权利人互负给付标的物种类相同的债务时,合同权利人有权依据法律规定以自己对合同义务人的债务与合同义务人对自己的债务互相抵销。抵销是一种自力执行的措施,目的在于保全自己的债权。

2. 合同义务

合同义务是合同义务人为满足合同权利人的权利和实现合同权利人的意志而应为特定行为之约束。合同义务有主给付义务、从给付义务、附随义务和不真正义务四种。

(1)主给付义务

主给付义务是决定合同性质、反映合同特征、确定合同种类的基本义务。例如,买卖合同双方的相互有偿给付义务区别于赠与合同非相互有偿给付义务,决定了买卖合同的有偿性、双务性,是买卖双方当事人的主给付义务;买卖合同中出卖人移转买卖标的物所有权的义务区别于租赁合同出租人移转租赁物使用权的义务,决定了买卖移转标的物所有权的性质,故移转标的物所有权是买卖合同中出卖人的主给付义务。又如,承揽合同中承揽人完成工作、交付工作物的义务,区别于买卖合同中出卖人交付标的物的义务,也区别于雇佣合同中受雇人完成工作的义务,反映承揽的性质,故完成工作并交付工作物是承揽合同中承揽人的主给付义务。

(2)从给付义务

从给付义务是为了辅助主给付义务、确保合同权利人的权利圆满实现而形成的给付义务。例如,在设备买卖合同中出卖人有安装设备的义务,在设备租赁合同中出租人也有安装设备的义务。这两个义务相似,却存在于不同性质的合同之中,说明该义务并不决定合同的性质和合同的类型。合同的从给付义务与合同的主给付义务不同,前者不是主导性义务,而是合同义务群中的一个组成部分,如委托合同中受托人向委托人承担的委托事务办理情况的报告义务;后者是主导性义务,例如委托合同中受托人为委托人办理事务的义务。合同的从给付义务基于合同的约定、法律的直接规定以及依据诚实信用原则而产生。

(3)附随义务

附随义务是合同没有约定、法律没有规定,在合同发展过程中依据诚实信用原则、合同性质、交易习惯形成的忠诚、协力、告知、维护、保密等义务。附随义务具有如下特点:

(1) 非自始确定,随债之关系的发展而形成。附随义务具体内容不能预先设定,属于随合同的履行而产生的为实现合同目的辅助主给付义务的协从性义务。例如,承运人在运输活家禽过程中,遭遇不可预见的暴风雪时,产生对活家禽采取保温措施的义务。该项关于家禽保温的义务于合同订立时未被预见故未预先设定。在合同的订立过程中、合同的履行过程中、合同消灭以后,都有可能产生附随义务。[①] 附随义务依据诚实信用原则、交易习惯、合同性质而发生。由于合同约定的不周延性,在合同关系发展的各个阶段中将出现缔约时预见不到的关系需要调整,此时需要依据诚实信用原则补充合同内容的不足。附随义务正是诚实信用原则、交易习惯、合同性质演绎的结果。(2) 具有普遍性,并非专属某一类合同之义务。附随义务存在于任何一种合同,属于一切合同中均可能存在的义务。由于附随义务的抽象性,故存在于合同订立、履行、终止整个合同过程。(3) 一方的附随义务与对方的附随义务,以及一方的附随义务与对方的主给付义务不构成对价关系,因而不履行附随义务不适用双务合同履行之抗辩。例如,买受人不能因为出卖人没有履行标的物使用方法的告知附随义务而拒绝履行买卖价金支付义务。(4) 附随义务因不能事后履行而不能独立诉请履行。由于附随义务属于不能预先确定,在合同履行和发展过程中依据诚实信用原则、交易习惯、合同性质而生的忠诚、照顾、协力、通知、保密等辅助性义务,该义务一旦未履行,权利人便蒙受损害,再度履行已无实际意义。例如,未履行保密义务,造成泄密状态的,即便再度采取保密措施也不能使泄密状态逆转,因而附随义务不存在诉请继续履行的问题。

附随义务有如下两种:其一,维护合同当事人缔约利益、履行利益的附随义务;其二,维护合同权利人固有利益的附随义务。前者表现为缔约时的忠诚义务和如实告知义务等,以维护缔约相对人的信赖利益,或者表现为合同履行过程中辅助实现债权人债权的义务,例如买卖合同中的标的物说明义务、包装义务等。后者表现为维护缔约当事人或合同当事人的财产和人身不受损害的义务,如照顾义务、保密义务、提示义务、维护财产和人身安全的义务等等。例如,顾客进入商店挑选商品时,商店对于顾客有安全保障义务,因商店的过错导致顾客滑倒受伤的,商店因未履行缔约中的附随义务而应当承担缔约过失责任。

(4) 不真正义务

合同当事人的不真正义务是指不以民事责任的承担为后果,为一定行为或不为一定行为的约束。例如,保险合同中一旦发生保险事故,投保人应当采取一定的措施防止损害的扩大。能够采取措施而未采取措施防止损害扩大的,属于不履行义务,造成扩大的损失保险人不承担赔偿责任。不真正义务具有如下四个特点。其一,属于一种法定义务。它可以存在于缔约过程之中,如保险合同订立中,投保人有如实告知相关状况的义务,否则一旦发生保险事故,不能要求保险人承担保险赔偿责任;也可以存在于合同成立生效以

[①] 《合同法》第 42 条、第 43 条规定了合同订立中的附随义务;《合同法》第 60 条规定了合同履行中的附随义务;《合同法》第 92 条规定了合同终止后的附随义务。

后。其二,具有拘束力,属于义务主体应为之行为,该行为包括作为和不作为。其三,不履行该义务的,不承担民事责任,既不承担缔约过失责任、违约责任也不承担侵权责任。其四,不履行义务的将给不履行义务的合同主体带来不利益,如上述保险合同中扩大的损失不能要求赔偿。《合同法》第119条第1款规定:"当事人一方违约后,对方应当采取适当措施防止损失的扩大;没有采取适当措施致使损失扩大的,不得就扩大的损失要求赔偿。"该规定中的"采取适当措施防止损失的扩大"属于合同当事人的不真正义务,不履行该义务的,承担"不得就扩大的损失要求赔偿"的不利后果。

(三) 合同客体

合同客体,又称合同标的,是合同义务人的给付。民事法律关系的客体是民事权利、民事义务所共同指向的对象。合同关系为债之关系。债权的内容是受领和请求给付,债务的内容是为给付。债权人受领、请求的对象和债务人应为之对象是债务人的给付。合同的标的不同于合同的标的物。合同的标的物是指给付的对象,可以是物、权利、行为等。给付的对象是房屋的,合同的标的物是物;给付的对象是专利权的,合同的标的物是权利;给付的对象是保管服务的,合同的标的物是特定行为。

合同的标的依合同当事人的意志决定。与物权法定不同,法律没有限定合同标的的种类。但是,合同的标的必须具备如下三个条件。其一,合法性和社会安妥性。合同一方当事人不能请求和受领合同另一方当事人实施违法或者有悖公序良俗的给付。例如,主张提供色情服务的给付请求不应支持。其二,可确定性。给付在合同履行前必须能够确定。给付不能确定意味着合同的内容不能确定,使合同义务人无从履行。给付是否确定取决于合同当事人的意思。依据当事人的意思不能使给付确定的,应当依据法律的规定来确定给付。例如,我国《合同法》规定,合同标的物质量约定不明的,按照国家标准、行业标准履行;没有国家标准、行业标准的,按照通常标准或者符合合同目的的特定标准履行。其三,可能性。给付必须于客观上可能,如果给付在客观上不能,则不应按照约定为给付,而应当以其他内容进行给付。

二、合同的相对性

依法订立的合同是债的发生根据之一,合同关系是债的关系的一种,被称为合同之债。债是特定的权利主体得受领、请求特定的义务主体为特定之给付的权利义务关系。债的法律关系为特定当事人之间的社会关系。债之关系的相对性,区别于物权、人格权、知识产权等绝对权关系。

债的相对性早在罗马法中就已被揭示。早期的罗马法推行"债务奴役制",债务人以人格担保债权人债权的实现。债具有人身性,是特定人之间的"法锁"。罗马法中债的相对性表现为给付的特定性和不可变更性,债务人的特定性和债务的不可移转性,债权人的特定性和债权的不可让与性。

近现代民法理论认为债之关系的相对性表现为债的内容的特定性和债务人的特定性,即债务人应为之义务是特定给付。债权与物权的区别是债权的实现依赖于债务人的特定给付,该给付表现为特定的作为或特定的不作为,物权的实现则需义务人抽象的不作为。债之内容的特定性决定了债之主体的特定性。因而债是特定的权利人受领、请求特定的义务人为特定给付的法律关系。与早期罗马不同的是,近、现代民法允许债权的让与和债务的移转,还允许债的内容的变更,但是债权不及于第三人这一债的本质没变。债之关系限于特定当事人之间,是债的相对性。

近现代民法关于债权的相对性的理论依据是,债权不具有典型的社会公示性,第三人无从知晓债权的存在,只能在特定的当事人之间发生效力。此外,私法自治也是债权相对性的依据。债权的内容、种类、变动依据可以由当事人约定,当事人约定的债权并不典型,也不为第三人所知,故不能及于第三人。合同是债的一种,债权的义务主体是特定的,合同权利之义务主体自然也是特定的。

学界认为,债的相对性存有例外。罗马法中的"利他契约"便是其例。有观点认为,以下债事制度均可认为是对债的相对性的突破。其一,涉他契约。大陆法系国家的民法中一般有"涉他契约"的规定。涉他契约因涉及合同当事人以外的第三人,故突破了债的相对性。其二,债的保全。债的保全制度使债权人的债权及于债务人以外的第三人。其三,债权物权化。其主要情形表现为"买卖不破租赁"、"预告登记"制度。在房屋租赁关系存续期间,出租人将租赁物出卖给第三人的,承租人与出租人之间的租赁关系对买受人继续有效。预告登记的目的是保全不动产物权变动请求权。该项登记不仅具有请求权保全效力,尚有保障请求权所含物权变动登记顺位的顺位保持效力,更有财产所有人于破产时确保请求权所含物权变动的破产保护效力。此两项制度赋予债权对抗第三人的效力,是债权之物权化。其四,债权的不可侵性。长期以来,人们固守一种观念:债权只能是债务人侵害的对象,即违约行为或其他债务不履行行为所侵害的对象,而不是侵权行为的客体。1853年英国关于 Lumley Vs Gye 案,创立了第三人侵害债权的民事责任制度。① 此后,大陆法系国家的法律也将债权作为侵权行为的客体。

本书认为,债的相对性是债的本质。上述四种现象的出现,并不意味着是对债的相对性的突破。关键在于如何理解、分析并解释因社会的发展而产生的上述现象,不能轻言对债的相对性的突破,不能随意否定债的本质。

其一,涉他契约制度的产生,并没突破债的相对性。近现代民法理论认为,债的相对性,即债务人的特定性。涉他契约中的"利他契约",是契约双方约定契约义务人向第三人为给付的契约,是为第三人设定债权的契约。它没有改变债务人的特定性。涉他契约中的"负担契约",虽然约定由第三人为给付,但是该约定对第三人无约束力,没有给第三人设定债务。同理,德国民法学关于"附保护第三人作用之契约"的理论以及美国《统一

---

① 原告 Lumley 是歌剧院经理,与演员 Johana Wanger 订立关于演员在原告剧院演出的合同。竞业者被告 Gye 明知该演员与原告存在合同关系,却与该演员订立在被告剧院演出的演出合同,造成该演员对原告的违约。原告原本可以状告演员请求其承担违约责任,但是原告状告被告请求其承担侵权责任。法院判决认为被告的行为侵害了原告的合同权利,属不法,应承担责任。引自沈达明:《英美合同法引论》,对外经济贸易大学出版社1993年版,第36页。

商法典》中关于契约对第三人的保护制度①,也因未改变契约债务人的特定性而未构成对债的相对性的突破。

其二,债权人代位权、债权人撤销权未突破债的相对性。债权人代位权虽属于债权人之权利,但是代位权的行使以债务人对次债务人的债权为前提,代位权人行使的是债务人的请求权,权利行使之后果归属于债务人。行使代位权的债权人之债权,并未及于第三人。债权人撤销权的行使,使债务人已经实施的法律行为不发生效力,所撤销的是债务人诈害债权的行为。因此,主张债的保全制度突破债的相对性缺乏理论依据。

其三,买卖不破租赁以及不动产预告登记制度并未使债权具有物权效力。理论界虽有"租赁权之物权化"之说,但是这只是一种对现象的描述,并不说明债权具有物权效力,更不说明其义务主体为不特定之任何人。台湾学者史尚宽先生认为,以居住营业或农耕为目的,而承租他人之不动产时,各国立法为谋社会生活之安定及增进,均采取巩固承租人地位之方针,确认"买卖不破租赁"的规则,但这并不意味着租赁权为物权,因出租人为租赁物所有权之让与或设定有占有权之权利,而有法律上之移转。"买卖不破租赁"是立法政策的体现,是为了确保居者有其屋。"买卖不破租赁"之实质,是出租人地位之法定移转,出租人所享有之债权和所承担之债务概括地、法定地移转给房屋受让人。学界将"不动产预告登记"制度作为突破债的相对性的理由是该项登记赋予债权对抗效力。预告登记性质上为保全物权变动之登记。本书认为,预告登记并非使原有之债权增添物权效力,而是限制物权人处分物权。

其四,债权的不可侵性,并不表明债权及于不特定之任何人。任何权利都具有不可侵性,物权如此,债权也如此。权利的不可侵性不是区分物权、债权或绝对权、相对权的依据。基于法律概念的相对性,债权区别于物权的本质特征是债权的权能是受领特定人之给付,而物权的权能是支配特定物。因此,债权的实现需要特定人的积极行为,物权的实现无需依赖特定人的积极行为。据此,债权的不可侵性并不否认债权的相对性。前者是一切权利的特征,后者是区别于其他权利的债权特征。

第三节 合同的分类

一、要式合同与不要式合同

要式合同与不要式合同的分类属于要式法律行为和不要式法律行为分类的范畴,其划分标准与其一致。

合同必须具备法律所规定的或合同当事人所约定形式的,为要式合同。如《合同法》

---

① 附保护第三人作用之契约之理论认为,特定契约(如买卖、运输、租赁)一经成立,不但在缔约当事人之间发生权利义务关系,而且契约债务人对与债权人有特殊关系的第三人(债权人之亲属、雇佣人、承租人、运送人、来访者及其他对其祸福需要特别照顾之人)也有照顾、保护义务。违反此义务的,应承担违约责任。美国《统一商法典》规定:出卖人明示或默示之担保责任及于买受人之家庭、共同居住者、家中客人,若可合理期待此等自然人会使用、消费或受商品影响,而其人身因担保义务之违反遭受损害,出卖人不得排除或限制本项的适用。

第215条规定,租期在6个月以上的租赁合同必须采取书面形式。法律对某些合同规定一定的形式是出于维护交易秩序及交易安全的考虑。它能促使当事人慎重考虑合同的存在,并能使当事人有充分的履约依据,确保合同的履行,也有利于防止及解决纠纷。

合同的形式可由当事人自由选择的,为不要式合同。民法以自愿为原则,法律也不必对所有的合同都确定一定的形式。法律和合同当事人对于合同形式不作要求的,当事人在订立合同时可以根据实际需要采用书面形式、口头形式或其他形式。

区分这两种合同的意义在于表明合同有效要件的不同。如果是要式合同,当事人没有按照要求订立合同的,该合同无效。如果是不要式合同,合同不以特定形式作为有效条件。

二、主合同与从合同

主合同与从合同的分类属于主法律行为与从法律行为分类的范畴,其划分标准与其一致。

大多数情况下合同均单独成立,无主从之分。当两个以上的合同相互关联,其中一个合同的效力对另一个合同的效力有影响或制约时,便有主从之分。不依赖于其他合同而能独立存在的合同,为主合同。以其他合同的存在为前提而成立的合同,为从合同。从合同具有从属性,依主合同的发生而发生,变更而变更,消灭而消灭。例如,甲与乙订立一份借款合同,债务人甲向债权人乙借得人民币100万元,丙与乙订立保证合同,保证人丙担保甲届期还本付息。其中,甲与乙的借款合同属于主合同,丙与乙的保证合同属于从合同。

区分这两种合同的意义在于明确从合同的效力具有从属性,即主合同无效,从合同也无效;主合同变更,从合同也随之变更;主合同消灭,从合同也随之消灭。

须明确的是,各种从合同的从属性程度是不同的。例如,保证合同不因主合同债务的扩张而随之扩大保证担保范围,但可因主合同债务的减少而随之缩小保证担保范围;保证期限也不因主合同履行期的改变而改变。

三、有偿合同与无偿合同

有偿合同与无偿合同的分类属于有偿法律行为和无偿法律行为分类的范畴,其划分标准与其一致。

有偿合同,指当事人双方存在对价给付关系的合同。例如,买卖合同中,出卖人向买受人交付买卖标的物的给付与买受人向出卖人支付价金的给付,互为对价。我国《民法通则》和《合同法》均无"对价"这一概念,故而寻求"对价"的法律含义不能求助于我国调整合同关系的法律明文规定。然而,《中华人民共和国票据法》(以下简称《票据法》)却对"对价"这一概念作了近乎定义的描述。《票据法》第10条第2款规定:"票据的取得,必须给付对价,即应当给付票据双方当事人认可的相对应的代价。"《票据法》关于"对价"的释义表明,"对价"即为"代价",是合同一方对于合同另一方所作给付的一种报偿,是合同各方利益的互换。诸如,用粮食交换石油、用金钱交换产品、用金钱交换服务、用金钱交换租赁物的使用等等。买卖合同、供用电、水、气、热力合同、有息借款合同、租赁合同、融资租赁合同、承揽合同、建设工程合同、运输合同、有偿保管合同、仓储合同、有偿委托合同、行纪合同、居间合同等等,都是有偿合同。

无偿合同,指当事人双方无对价给付关系的合同。例如,无息借贷合同属于无偿合同。无偿合同有两种:一是单向给付的合同。即合同的一方向另一方为给付,而合同的另一方不向一方为给付。例如,赠与合同中只是赠与人向受赠人为给付,而受赠人不向赠与人为给付。二是双向给付的合同。即合同双方都在向对方为给付,但是双方的给付不存在对价关系。在这种合同中,双方虽互为给付,但双方给付无财产利益的互换。例如,无偿委托合同中,委托人向受托人给付受托人在办理委托事务过程中必要的经费(如资料查询费);受托人为委托人提供委托事项的服务。在该委托关系中,委托人提供办理事务的差旅费、查询费等必要经费(并非报酬)的给付,与受托人向委托人提供办理事务服务的给付不构成对价关系。赠与合同、无息借款合同、无偿保管合同、无偿委托合同等等,都属于无偿合同。

合同区分有偿、无偿的意义在于:

其一,有偿合同当事人注意的程度较无偿合同当事人注意的程度为高。比如,有偿保管中保管人所承担的责任重于无偿保管中保管人的责任。

其二,限制民事行为能力人可作为无偿合同的一方当事人(只能作为获利方)进行纯获利益的行为,而无须他人代理,也无须征得监护人同意。

其三,在债权人撤销权的行使中,撤销有偿合同与撤销无偿合同的债权人撤销权的成立要件不同。撤销的对象若为无偿合同,撤销权的成立无需主观要件,反之则须具备主观要件。

其四,有偿合同是对待给付合同,适用对待给付规则。比如,一方基于不可抗力而履行不能的,他方亦可不履行义务,他方若已履行合同义务,可解除合同,并可依据不当得利请求返还业已给付的利益。无偿合同无对待给付规则的适用余地。

四、诺成性合同与实践性合同

诺成性合同与实践性合同的分类属于诺成性法律行为和实践性法律行为分类的范畴,其划分标准与其一致。

诺成性合同,又称诺成合同,指只要双方意思表示一致即能成立的合同。买卖合同、供用电、水、气、热力合同、赠与合同、非自然人之间的借款合同、租赁合同、融资租赁合同、承揽合同、建设工程合同、非自然人之间的运输合同、仓储合同、委托合同、行纪合同、居间合同等等,都是诺成合同。

实践性合同,又称践成合同,指除意思表示一致以外还须实施实践行为(如交付实物)后才能成立的合同。保管合同、自然人之间的借款合同、定金合同、代物清偿合同等等为实践性合同。当事人若不交付实物或进行其他实践行为,合同不能成立或生效。①

区分这两种合同的意义在于,表明这两种合同不同的成立或生效要件。

五、一方负担义务的合同与双方或多方负担义务的合同

依据合同各方是否都负担义务,可以将合同划分为一方负担义务的合同与双方或多方负担义务的合同。

一方负担义务的合同是指,合同双方当事人中,仅其中一方当事人承担合同义务的合同。比如,赠与合同中仅有赠与人有给付赠与物的义务,受赠人无任何义务。一方负担义务的合同属于单务合同。在单务合同中,合同双方无对待给付义务,故双务合同的抗辩制度不适用于该类合同。

双方或多方负担义务的合同是指,合同双方当事人或者多方当事人中,各方都有向对方或者其他方为给付义务的合同。比如,买卖合同中出卖人有义务向买受人给付标的物,买受人有义务向出卖人支付价金;再如,合伙合同中每一个合伙人都有出资义务。

区分一方负担义务的合同与双方或多方负担义务的合同的意义在于双务合同抗辩制度的适用。前者不属于双务合同,不适用《合同法》第 66 条、第 67 条、第 68 条关于双务合同抗辩制度;后者依据双方的义务是否构成对价关系,又可将双方负担义务的合同分为双务合同与不完全双务合同,属于双务合同的适用双务合同抗辩制度,属于不完全双务合同的不适用双务合同抗辩制度。

合同双方的义务具有对价关系的合同属于双务合同,合同双方的义务没有对价关系以及一方负担义务的合同属于单务合同。

六、双务合同与单务合同

以合同各方是否都有义务且合同各方的义务是否存在对价关系作为划分标准,可以将合同分为双务合同与单务合同。

(一) 双务合同

合同各方均负担义务,且各方的义务构成对价关系的,属于双务合同。双务合同的本质特征是合同各方的义务存有对价关系。

义务的对价关系是一种典型的交换关系。正因为是交换关系,所以适用合同履行中的抗辩制度。例如,在粮食换石油的合同关系中,当一方不履行粮食给付义务时另一方可以拒绝给付石油。对价之给付义务可以是作为的形式,也可以是不作为的形式。对价不以等价为限,无论互易之利益是否等价均为对价。一方或双方的给付若为履行法定义务或者属于非法的给付不构成对价。

有偿合同关系也是一种体现财产交换关系的合同,或者说体现利益互易的合同,但是

---

① 《合同法》第 367 条规定:"保管合同自保管物交付时成立,但当事人另有约定的除外。"《合同法》第 210 条规定:"自然人之间的借款合同,自贷款人提供借款时生效。"

有偿合同不同于双务合同。两者的根本区别在于：在有偿合同中，构成对价关系的是双方的给付行为；在双务合同中，构成对价关系的是双方的义务行为。由于合同的义务是特定的给付行为，故此任何一种双务合同都是有偿合同。但给付行为并不都是义务行为，故有偿合同并不都是双务合同。例如，自然人之间的有息借款合同属于有偿合同（合同的双方存在对价给付关系[①]），却属于单务合同而不是双务合同。这是因为自然人之间的借款合同是一种实践性合同。《合同法》第210条规定："自然人之间的借款合同，自贷款人提供借款时生效。"由于实践性合同的成立特点，使得贷款人提供贷款的对价给付行为成为导致合同成立生效的"成约行为"（缔约行为的一部分），而不是履行合同义务的"履约行为"。因而，自然人之间的有偿借款合同只存在给付上的对价关系，而不存在义务上的对价关系。它不适用合同抗辩制度。

（二）单务合同

合同的一方有义务而合同的另一方无义务的，或者合同的各方虽都有义务但各义务没有对价关系的，是单务合同。单务合同包括一方有义务另一方无义务的合同，也包括双方都有义务但双方的义务无对价关系的合同。前者如赠与合同，后者如无偿保管合同。在赠与合同中，赠与人有给付赠与物的义务而不享有权利，受赠人有权受领、请求赠与人给付赠与物而不承担义务。该合同属于单务合同。在无偿保管合同中，当保管人就保管物支出了必要或有益费用时，寄托人有义务向保管人给付该必要和有益费用，此时两者虽都应履行合同义务，但彼此给付不构成对价关系。该合同仍属于单务合同。例如甲将牲口一头交给乙无偿保管，甲有义务向乙支付饲养牲口所需必要费用（草料费），乙有义务妥善保管甲的牲口。甲和乙虽都有合同义务，但是草料费的给付义务与饲养保管牲口义务并不构成利益的互易。

（三）区分双务合同与单务合同的意义

区分双务合同与单务合同的意义在于：(1) 双务合同适用同时履行抗辩、顺序履行抗辩、不安抗辩的双务合同抗辩规则。双务合同的抗辩，是合同义务对待履行的效力之一，其适用于守约方尚未履行合同义务之情形。就合同权利的维护，与其补救于事后不如防患于未然。因此，当合同一方不履行合同义务，或者合同一方因财产减少有难为给付之虞，法律允许双务合同的另一方不履行合同义务。单务合同无此合同抗辩规则之适用。(2) 双务合同发生合同义务对待履行的其他效力。如果双务合同的另一方已经履行了合同义务，而相对方因种种原因不为对待给付，履约方有权解除合同。例如，买卖合同中买受方已经给了货款，而出卖方不给货物，买受方有权解约，并有权请求返还已依据合同给付的财产。

七、束己合同与涉他合同

以合同是否及于缔约当事人以外的第三人为分类标准，可将合同分为束己合同与涉

[①] 该对价关系表现为贷款人提供金钱给借款人使用的给付利益与借款人支付利息给贷款人的给付利益互为对价。

他合同。

束己合同是指不对外发生效力的合同。通常,合同均为此类。依据私法自治原则,合同当事人签订合同,建立权利义务关系以约束自己。

涉他合同是指以第三人为给付或以第三人受领给付为内容的合同。其可分为利他合同与负担合同。

(一) 利他合同

利他合同,又称"为第三人合同"、"向第三人为给付的合同",是指以第三人直接受领合同当事人之一的给付为内容的合同。例如,甲乙两人在合同中约定由甲向丙为给付。在这一关系中,约定向第三人为给付的民事主体(乙)为"约定人",承担向第三人为给付义务的当事人(甲)为"受约人",第三人(丙)为"受益人"。指定受益人的人身保险合同、指定受益人的信托合同属于利他合同。

利他合同与束己合同的根本区别在于,利他合同使第三人直接取得债权,而束己合同并无使第三人取得权利的约定。因而,利他合同的内容除合同双方约定合同的基本权利义务之外,还设定了合同附款。在附款中,约定人与受约人约定由受约人向受益人为给付。向受益人为给付意味着第三人享有独立的、直接的债权。

利他合同与"经由第三人而为交付"的合同不同。"经由第三人而为交付"的合同当事人无赋予第三人直接的债权的目的,第三人没有请求权,性质上属于代理合同当事人受领给付。合同当事人不向其为给付的,其不能以自己的名义追究不为给付人的违约责任。

由于受益人享有权利而不承担对价义务,因此作为受益人的第三人是否具备民事行为能力在所不问。无民事行为能力人也可以成为受益人,如有必要所设定的权利由其法定代理人代理行使。

在为第三人设定权利时不妨设定负担,诸如即时提货。但是所设定的义务与受约人向受益人给付不能构成对价关系。受益人与受约人之间不应存在对待给付关系。

利他合同具有如下效力:

其一,受约人有义务按合同约定向受益人为给付。受约人有权以对于约定人的抗辩事由对抗受益人。

其二,受益人享有对受约人的给付受领权和给付请求权。受益人在行使权利时无须约定人的辅助。倘若受约人不履行合同义务,受益人可以直接追究其违约责任。既然利他合同中的权利是为受益人设定的,除法律另有规定或当事人另有约定外,受益人有权支配该权利;也有权与受约人协议变更该权利;还有权拒绝接受该权利。受益人表示拒绝的,该权利自始未对受益人发生,应归属约定人。

其三,约定人负有不得变更、撤销所设定之权利的义务。约定人有权请求受约人向受益人为给付。虽然受益人与约定人都有权请求受约人向受益人为给付,且一旦为给付,两项权利都消灭,但这并非连带债权,因为两项权利的标的不同,一个是以向自己为某一行为为标的,另一个是以向他人为某一行为为标的。

《中华人民共和国保险法》(以下简称《保险法》)、《中华人民共和国信托法》规定的为第三人利益的人寿保险合同和信托合同属于利他合同。

我国《合同法》第64条规定:"当事人约定由债务人向第三人履行债务的,债务人未向第三人履行债务或者履行债务不符合约定,应当向债权人承担违约责任。"该条文的内容不属于关于涉他合同的规定,因为该条规定并没有给第三人独立的请求权。依据文义解释,该条文的内容更像是"经由第三人而为交付"的规定。例如,A地的甲与B地的乙订立买卖合同,买受人乙与出卖人甲约定,出卖人甲将买卖标的物交付给A地的丙即可。

(二) 负担合同

负担合同,又称"由第三人为给付的合同"、"第三人给付合同",是指当事人约定由第三人向合同权利人为给付的合同。比如,买卖合同双方约定由合同外的第三人向出卖人支付购货款。在负担合同中,担保第三人为给付的合同当事人为约定人,其相对人为受约人。负担合同具有涉他合同的共同特点,即其内容除缔约双方的基本权利义务外,尚有附款。该附款的内容与利他合同不同,缔约双方在附款约定由第三人为给付。《合同法》第65条规定:"当事人约定由第三人向债权人履行债务的,第三人不履行债务或者履行债务不符合约定,债务人应当向债权人承担违约责任。"

负担合同具有如下效力:

其一,第三人不受合同约定的限制。私法自治是民法的精神与理念,义务自主是民法的基本规则。任何人不得为他人设定义务。因而,即便负担合同确定由第三人为给付,第三人仍无给付义务。

其二,约定人无义务向相对人为给付,但是第三人拒绝为给付的约定人应当承担民事责任。

其三,约定人有权利向相对人为给付。例如,A与B签订买卖合同,约定由C向买受人B交付买卖标的物。C没有义务向B交付买卖标的物,C不为交付的,出卖人A应当向买受人B承担违约责任。当C不交付买卖标的物时,A有权向B交付买卖标的物。

八、有名合同、无名合同、混合合同

此以合同名称是否为法律所规定为划分标准。

合同名称为法律所规定,且法律对其权利义务作了明确规定的,为有名合同。如买卖合同、运输合同、保管合同、居间合同等均为有名合同,其法律适用可对号入座。《合同法》分则中的合同是有名合同,其他法律中,如《中华人民共和国物权法》(以下简称《物权法》)、《中华人民共和国担保法》(以下简称《担保法》),规定的合同也是有名合同。

合同的名称未被法律规定,且法律也未对其权利义务作专门规定的,为无名合同。如与澡堂订立的洗澡协议。无名合同并非无名称,只是法律对其未设专门条款予以规定。无名合同没有直接适用的法规。除适用法律的通则外,具体规定依照当事人的签约目的和意思表示判断。对表意不明而又有争议的,应依合同性质类推适用有名合同。

混合合同,即内容包括两个以上有名合同的事项或者兼有有名合同事项与无名合同事项的合同。如双方约定一方转移标的物、他方提供劳务的合同。

区分这两种合同的意义在于明确合同的法律适用。《合同法》第 124 条规定:"本法分则或者其他法律没有明文规定的合同,适用本法总则的规定,并可以参照本法分则或者其他法律最相类似的规定。"

九、附合合同与非附合合同

此以合同内容是否由当事人双方磋商而确定为划分标准。

合同内容为当事人一方为了重复使用而预先拟定,并在订立合同时未与对方协商,对方只得根据既定内容参加合同关系的,为附合合同。如房地产开发商预先拟就商品房买卖合同条款,购房人对合同条款并无协商余地,若同意出卖方所确定的买卖条件和内容,则签字作为房屋买卖合同的一方当事人。反之,则合同不能成立,双方无修改预定条款的余地。附合合同又称为格式合同或格式条款。

合同条款内容由双方协商而成的,为非附合合同。

区别这两种合同有助于考察意思表示的真实性。对附合合同,法律往往对附合者提供特殊的保护。

十、预约与本约

此以合同签订是否以约定将来订立合同为目的为划分标准。

预约是指当事人约定将来订立某一合同的协议。为履行预约合同而订立的合同,谓之本约。常见的预约为票据预约。出票人在签发票据前与收款人就票据的种类、付款的地点、付款的时间、票据金额及付款人等先达成协议,而后依约签发票据。任何一种合同均可预约。尤其是实践合同,当事人一方为确保他方交付实物以成立合同,往往先与他方订立预约合同。

预约的效力是依约订立本约。具体解释如下:

其一,预约双方必须在预约规定的期限内进行本约内容的磋商。预约往往限定本约签订的时间。由于预约是一种为了订立本约的合同,因而当事人必须履行合同义务,在规定的期间内订立本约。预约也是一种合同,不妨附条件或期限。如预约中约定,自商品房开发商具备商品房预售条件后双方签订"商品房预售合同"。此种情形下,预约的效力受制于预约中所附之条件或期限。

其二,预约双方必须按照预约的内容订立本约。预约的效力虽为约束双方进行本约之磋商,但按照什么内容磋商意义重大,它关乎本约能否成立以及成立的概率有多大。因而,预约中应含有本约的基本内容,如本约的性质(买卖抑或租赁)、标的物(动产抑或不动产)、数量、质量、价金及支付方式、履行期间等。预约约定的内容越详尽,本约成功订立的可能性越大。

其三,预约双方必须依诚实信用原则进行公平磋商。预约不可能穷尽本约的一切内容,故而有磋商不成的可能。在预约内容未及部分,合同双方应当按照交易习惯、诚实信用原则进行协商。不得为了达到违反预约的目的进行恶意磋商,使本约签署不成。比如,利用预约没有约定本约价金的疏漏,为达到反悔目的,恶意抬价或压价致使本约不能订立。

预约双方按照约定实施本约签署之行为属于履行义务的行为。即便因双方未能就本约内容完全达成合意而最终导致本约不能订立,也不能认为任何一方违约,因为预约只是强制双方磋商,而不是强制双方订立合同。

预约当事人未实施缔约磋商行为的(即一方未前往签约),或者未依照预约的内容与对方磋商最终导致未能订立本约的,属于违反合同义务的行为,应当承担违约责任。守约方可请求违约方赔偿损失;如有定金约定的,可请求对方承担定金责任。

我国法律目前无预约合同之规定。但基于自愿原则,应承认预约合同的效力。

区分这两种合同的意义在于能明确这两种合同不同的缔约目的和效力。

十一、一时合同与继续合同

以时间因素在合同履行中所处的地位作为划分标准,合同可分为一时合同与继续合同。

一时合同是指合同之债的给付总量不依赖于时间因素,可因一次清偿而消灭的合同。如,买卖合同、赠与合同、借款合同等。应当注意的是,在买卖合同、借款合同中,价金给付和贷款的归还可分期进行。合同债务的分期履行并非继续合同,因为分期给付债务的总额在合同订立时业已确定,时间因素不能决定给付的总量。

继续合同,亦称持续合同,是指合同之债的给付总量依赖于时间因素,不能依一次清偿而消灭的合同。如,供水、供电、供热合同等。此类合同的特点是,合同签订时往往不能确定给付的总量,时间因素对于决定给付的总额有着积极意义。这类合同往往存在分期结算,但它与分期付款有着显著不同。分期付款属于总额确定条件下的分割支付;分期结算则是在总额未确定的情形下债权债务的逐步清结。继续合同除债的履行期外,往往还有合同的存续期间。

将合同区分为一时合同与继续合同的意义在于明确合同变更的效力。前者合同的变更具有溯及力;后者合同的变更仅对未来发生效力。

十二、实定合同与射幸合同

此以合同给付的最终利益是否确定为划分标准。

实定合同是指以现实、确定的最终利益的给付为内容的合同。例如,房屋买卖合同中,出卖人的义务是交付房屋,移转房屋所有权;买受人的义务是给付价金。无论是房屋还是金钱,其利益自始确定。再如,运输合同中,托运人的义务是支付运费,承运人的义务是将货物安全运达目的地。无论是托运人的金钱给付,还是承运人的运输服务,其利益自合同订立时就确定,并可以量化。

射幸合同是指以不确定的最终利益的给付为内容的合同。合同一方向另一方允诺的是偶然事件的发生,给付的是一个机会。例如,允诺可能中彩,给予中彩机会。射幸合同与附条件的合同不同。前者的条件设在利益取得上。例如,保险事故的发生是保险赔偿的前提,保险事故是否发生具有不确定性。后者的条件设在合同的生效上。例如,停止条件的成就是合同生效的前提,停止条件的成就与否具有不确定性。射幸合同可以是单务合同,也可以是双务合同。赠与一个中奖机会,属于单务的射幸合同;买卖一个中奖机会,属于双务的射幸合同。射幸给付可以是单方的。例如,购买彩票合同中,一方给付的是确定的金钱,另一方给付的是射幸中奖机会(没有机会永远都不可能中奖,有了机会有可能中奖但非必然中奖)。射幸给付也可以是双方的,如对赌协议。和实定合同一样,射幸合同也应当合法,不违背公序良俗。

区分实定合同与射幸合同的意义在于明确合同最终给付利益是否确定。

思考题:
1. 依据我国《合同法》的规定,合同的内涵与外延是什么?
2. 合同有哪些特征?为什么会有这些特征?
3. 结合生活现象或者工作实际,列举5个不同种类的合同,并分析每一个合同中的合同关系主体、合同关系内容、合同关系客体。
4. 合同权利有哪些效力?以生活中的某一买卖合同为例,分析该合同买受人对于出卖人的债权效力。
5. 合同的主给付义务与从给付义务有何区别?
6. 合同的主给付义务与附随义务有何区别?
7. 合同权利是绝对权还是相对权?为什么?
8. 合同有哪些分类?各种分类的意义何在?
9. 结合生活现象或工作实际,列举要式合同、从合同、有偿合同、诺成性合同、双务合同、涉他合同、继续合同各两个。
10. 为什么所有的双务合同都是有偿合同,而有偿合同却不都是双务合同?

第二章 合同法的概述

内容提示 本章依据我国《合同法》的规定阐述了合同法的概念、特征,阐述了合同法合同主体平等原则、合同自由原则、公平原则、诚实信用原则、鼓励交易原则。

第一节 合同法的概念与特征

一、合同法的概念

合同法是调整特定平等主体的自然人、法人、其他组织之间因合同的订立、履行、变更、转让、终止等行为所发生的财产性民事权利义务关系的法律规范的总和。

这一定义表明合同法有如下含义:

其一,合同法是调整自然人、法人、其他组织之间权利义务关系的法律。详言之,合同法调整的对象是自然人与自然人之间、自然人与法人之间、自然人与其他组织之间、法人与法人之间、法人与其他组织之间、其他组织相互之间的权利义务关系,而不是调整法人内部、其他组织内部成员之间或组织机构之间关系的法律。

其二,合同法是调整平等主体之间权利义务关系的法律。合同法所调整的权利义务关系当事人,无论是自然人、法人还是其他组织,法律地位平等。当事人地位不平等的权利义务关系(如行政法律关系),不属于合同法调整。合同法不调整行政合同关系。

其三,合同法是调整财产性权利义务关系的法律。在我国,合同法是民法的重要组成部分而不是独立的法律部门。民法调整的对象是平等主体的人身关系和财产关系。依据我国《合同法》第2条第2款关于婚姻、收养、监护等身份关系的协议不适用《合同法》而适用其他法律的规定,作为民法组成部分的合同法,仅仅调整财产关系,而不调整人身关系。

其四,合同法是调整特定当事人之间的民事权利义务关系的法律。将民事权利是否具有对世性作为划分标准,民事权利义务关系可以分成两大类:一类是绝对权(又称"对世权")关系,另一类是相对权(又称"对人权")关系。前者,义务主体表现为不特定的任何人,彼此并非特定当事人之间的关系(例如物权关系、人身权关系、知识产权关系),其权利内容为独占支配特定对象(支配特定物、支配自己人身、支配特定智力成果),排除任何人干涉;后者,义务主体表现为特定人,属于特定当事人之间的关系(例如债权债务关系),其权利内容为受领、请求特定人为特定给付。故此,合同法只调整债权债务关系,不调整物权关系、知识产权关系。

其五,合同法是调整因合同行为所生债权债务关系的法律。债的发生原因有很多,除合同以外，还有因单方允诺、遗赠、不当得利、无因管理等事由。并非一切债权债务关系都由合同法调整，基于单方允诺、遗赠、不当得利、无因管理发生的债权债务关系不属于合同法调整。合同法所调整的是因合同的订立、履行、变更、转让、终止等行为所产生的债权债务关系。合同法规定了合同订立过程中合同当事人的权利义务、合同成立和生效条件、合同成立和生效后当事人的权利义务、合同的无效及撤销规则、合同的履行规则、合同的变更和转让规则、合同的违约责任、合同的终止等等，所有这一切都是在调整因合同行为所生的法律关系。

合同法有实质意义上的合同法和形式意义上的合同法两种含义。实质意义上的合同法是调整因实施合同的订立、履行、变更、转让、终止等行为所生民事法律关系的一切法律规定，包括《合同法》的规定，也包括散见在其他法律文件中的关于合同的法律规定，诸如《担保法》中关于担保合同的规定，《中华人民共和国海商法》(以下简称《海商法》)中关于海上货物运输合同、航次租船合同、船舶租用合同、海上拖航合同、海上保险合同等合同的规定，《物权法》中关于抵押、质押合同的规定，《中华人民共和国土地管理法》中关于建设用地使用权出让合同、承包经营权设定合同的规定，《保险法》中关于保险合同的规定，《中华人民共和国专利法》(以下简称《专利法》)中关于专利实施许可合同的规定，《中华人民共和国商标法》中关于商标使用许可合同的规定，《中华人民共和国著作权法》中关于著作权许可使用合同的规定等等。形式意义上的合同法，即合同法典，例如我国《合同法》。合同法典是将所有的合同制度经高度概括、抽象进行体系化编撰后所形成的法律文件。我国作为法典形式的《合同法》，于1999年3月15日颁布，同年10月1日实施。该法含总则、分则、附则三大部分，共23章，428条。

二、合同法的特征

合同法具有如下特征：

(一) 合同法是规范合同当事人行为的法律

民事法律规范中有的规范主体之行为，有的规范主体内部之组织机构。前者为行为法，后者为组织法。合同法是行为法，规范合同当事人实施合同的行为。实施合同的行为包括合同的订立行为、合同的变更行为、合同的转让行为、合同的履行行为、合同的终止行为等等。法律之所以将合同行为作为规范的对象，一是为了充分尊重行为人的意志，体现私法自治(例如《合同法》明确规定意思表示真实是合同生效条件之一)；二是为了平衡当事人利益、维护公共秩序和善良风俗(例如《合同法》要求合同行为内容必须合法并不得违背公序良俗)；三是为了维护交易安全、鼓励交易、助长流通(例如《合同法》要求合同形式必须合乎规定、要求合同当事人必须依约履行合同义务)。

(二) 合同法是调整平等主体之间动态财产关系的法律

民法所调整的财产关系有静态财产关系和动态财产关系两种。静态财产关系表现为财产支配关系(例如物权关系)，动态财产关系表现为财产流转关系(例如买卖合同、承揽合同等交易关系)。在商品交换的条件下，财产流转要求交易当事人地位平等、交易自由、交易公平、交易迅捷、交易安全。合同法调整动态财产关系,势必要适应市场交易活动的基本要求、合乎交易规律,确立相应的调整方法与调整原则,建立相应的交易规则。例如,合同法确立合同平等、合同自由原则,在于适应交易平等、交易自由的客观要求;合同法确立公平、诚实信用原则,在于适应交易公平的客观要求。合同法是以调整交易关系为核心的法律,合同法确立了"市场经济的核心交易规则"[①]。为了适应交易的国际化,我国加入《联合国国际货物买卖合同公约》,成为该公约的成员国。我国在制定《合同法》的过程中参考了该公约的相关内容以维护交易规则的国际统一。例如,《合同法》第18条、第19条关于"要约撤销"的规定,第94条关于"合同根本违约"的规定,第68条、第69条、第94条、第108条关于"合同预期违约"的规定,与《联合国国际货物买卖合同公约》中的"要约撤销"制度、"合同根本违约"制度、"合同预期违约"制度接轨。这表明,合同法为交易法,调整的对象是平等主体之间的动态财产关系。

(三) 合同法的规定基本属于任意性规范

法律规范有强制性规范和任意性规范两种。前者属于义务性规定,行为人必须执行;后者属于权利性规定,行为人有权抛弃。私法自治的核心内容是个人之间的权利义务关系本之于个人意志。私法自治的表现形式是义务自主。合同法是为义务自主而制定的。为此,合同法的规范基本表现为任意性规定,而很少有强制性规定。合同法的"合同自由"原则说明了这一点。我国《合同法》以及最高人民法院关于《合同法》的司法解释强调,当事人所订立的合同只有违反法律或行政法规中的效力性强制性的规定才能认定无效。而现行法律和行政法规中关于效力性强制性的规定不多。合同法的这一特征,便将其与行政法、财税法等公法区别开了。公法的规范为强制性规定。合同法的这一特征,也将其与票据法、公司法、证券法、海商法、保险法等商法区别开了。商法的特点在于其"二元性",既有相当量的任意性规定,又有相当量的强制性规定。例如,《合同法》规定,合同行为可以附条件,而《票据法》规定,票据行为不得附条件。

必须注意的是,本书认为合同法基本属于任意性规范并不意味着其没有任何强制性规则。为了规范市场行为,为了维护交易安全,为了公平正义,合同法也有一些强制性规定,例如《合同法》第215条规定,租赁期限6个月以上的,应当采用书面形式,但这不能成为左右合同法性质和特征的因素。

(四) 合同法既调整民事合同关系又调整商事合同关系

无论是在民商事立法分立的国家,还是在民商事立法合一的国家,合同法都既调整民事合同关系,又调整商事合同关系。

所谓"民商事立法分立",即在制定民法典的同时又制定商法典。民法典调整民事法律关系,商法典调整商事法律关系。例如,法国既制定了《法国民法典》,又制定了《法国商法典》,德国、日本均如此。所谓"民商事立法合一",即在民法典之外,不再制定商法典。调整商事关系的法律制度规定在民法典之中,或制定民法的特别法由作为民法的特

---

① 崔建远主编:《合同法》(第5版),法律出版社2010年版,第3页。

别法规定。例如,瑞士、意大利均只有民法典而无商法典,商事规则或者规定在《瑞士债法典》、《意大利民法典》中,或者以单行法规的形式表现,作为民法的特别法。我国采纳民商事立法合一的模式,在调整合同关系的一切法律规定中,有的只针对民事合同关系(如《合同法》第120条、第121条关于自然人借款合同的规定),有的只针对商事合同关系(如《合同法》第二十二章关于行纪合同的规定,又如《海商法》第六章关于船舶租用合同的规定),有的既针对民事合同关系又针对商事合同关系(如《合同法》总则的各项规定,又如《合同法》分则中关于买卖合同、承揽合同、保管合同、运输合同等的规定)。

第二节 合同法的基本原则

合同法的基本原则是指效力贯穿合同法始终的根本规则。它是立法的基本原则,也是司法的基本原则,更是合同当事人订立合同、履行合同等合同行为的根本准则。合同法的基本原则是合同本质的反映,体现了合同订立和履行等行为的客观规律。合同法的基本原则还反映了立法者在交易领域中的立法政策。

一、合同主体平等原则

合同主体,无论男性抑或女性,无论贫穷抑或富有,无论强势抑或弱势,无论是自然人还是法人,人格独立。彼此无等级关系、无隶属关系,地位平等。

追求人格独立、地位平等是人性使然。人首先是生物意义上的人。人区别于其他动物的本质特征乃是能形成独立意志。"意志是人脑的产物。各人意志是各人的大脑对客观世界的反映,是独立的、自主的,他人无法直接支配其形成过程。"[①]意志独立必然导致思想自由,思想自由必然呼唤行动自由。法国18世纪启蒙运动最卓越的代表人物卢梭在《山中书简》中言:"自由不仅在于实现自己的意志,而尤其在于不屈服于别人的意志。"行为自主,而非他主,实为人之本性。然而,人是群居动物,生物意义上的人又是社会意义上的人。作为社会一员的人,虽有独立意志,但不能完全依其个人意志支配自己的行为。经验和智慧告诉我们,人人为所欲为只能导致人类自身的毁灭。为克服绝对自由所产生的社会危害,人类文明选择了民主,运用民主制度限制绝对自由。实现民主必须以主体地位平等为前提。

人格独立、地位平等又是商品生产和交换的需要。商品交换具有两个特点:等价、有偿。具备这两点的前提条件是,彼此承认对方是独立的商品生产者或商品交换者,具有独立的法律地位,双方地位平等。交易双方各自按照自由意志进行交换活动。否定商品交易主体法律地位的平等,便不存在讨价还价的交换活动,从而也否定了商品交换本身。

合同法调整的对象是平等主体之间的财产关系,因而合同法的调整方法和原则必须以平等为核心。《合同法》第3条规定:"合同当事人的法律地位平等,一方不得将自己的

---

① 李锡鹤:《民法基本理论若干问题》,人民出版社2007年版,第76页。

意志强加给另一方。"法律确定合同当事人地位平等,目的在于实现合同自由。平等是自由的前提,很难想象离开平等尚有自由可言。

二、合同自由原则

自由是平等的出发点和终极点。人们为了自由而追求平等,自由是平等的必然推论。

合同自由理念可以追溯到罗马法"合意契约"。合意契约又称诺成契约,是指以当事人的合意为要件,无须进行任何仪式,也无须物件的交付而成立的契约。罗马古代对契约的形式非常重视,契约的订立必须履行规定的形式。作为契约仪式的术语或动作被遗漏任何一个细节,就会导致契约的无效,即便彼此存在缔约之合意。这种烦琐的形式严重影响了商品交换的发展。共和国末年,罗马工商业的发展促使罗马法逐步克服了缔约中的形式主义,承认了要物契约和合意契约。以授受标的物为契约成立要件的要物契约确立,排除了由于契约形式上的缺陷而被否定的危险;合意契约的确立,标志着罗马法从重视形式转为重视缔约人的意志,从而使商品交换从烦琐的形式中解脱出来,并且成为现代契约自由观念的历史渊源。[①]

契约自由是资产阶级民法三大原则之一。资产阶级革命胜利以后便通过立法确立契约自由原则,以适应商品经济、自由竞争的需要,同时也为了反对封建等级、行会的限制和束缚,防止封建势力复辟。早在1861年,亨利·梅因在其著述的《古代法》中就论及:"强制性的法律已放弃了它曾占领过的最大部分的领域,并使人们用直到现在才得到的自由来确立他们自己的行动。"合同自由体现私法自治,一旦出现合同纠纷,法官只是依据双方订立的合同居中裁判,充分尊重当事人基于自由意志所形成的合意。

我国《合同法》第4条规定:"当事人依法享有自愿订立合同的权利,任何单位和个人不得非法干预。"此项规定要求合同的订立、变更与解除完全取决于当事人的意志,不受来自不法干预的影响。一般来说,合同自由的内容主要包括如下方面:(1)缔约与否自由。民事主体有权自主决定签订合同,也有权不签订合同。缔约与否完全基于当事人的主观意志。(2)选择对象自由。合同是双方或多方的法律行为,当事人有权自由选择订立合同的相对人,自主决定与何人建立合同关系。(3)选择缔约方式自由。除法律另有规定外,合同签订方式不受限制。当事人有权以书面、口头以及其他方式订立合同。(4)决定合同内容自由。合同是关于设立、变更、消灭一定民事权利义务关系的协议。当事人设立、变更、消灭何种关系,彼此具有何种权利和义务完全依据当事人的合意。(5)确定违约责任自由。为了救济受侵害的合同权利,合同法确定了违约责任,然而合同当事人可以决定违约责任的内容及方式。(6)确定解决争议方式自由。合同关系建立后,一旦发生纠纷,当事人有权选择法院、仲裁机关或者其他争议解决机构来解决该纠纷。自主选择解决争议机构的意思表示决非仅仅是确定合同纠纷处理单位,其还包含了对于合同纠纷处理方式与程序的选择。例如,合同双方约定通过诉讼途径解决纠纷,则适用民事诉讼法的

---

① 《中国大百科全书·法学》,中国大百科全书出版社1984年版,第276页。

程序规则;如果合同双方约定通过仲裁途径解决纠纷,则适用仲裁法规定和特定仲裁机构之仲裁规则的程序规定。

合同自问世以来就受国家干预,从来就没有绝对的自由。罗马法认为契约是"得到法律承认的债的协议",是一种适法行为,是法律在其规定的条件和限度内承认能够产生主体所期待的法律后果的意思表示。法国、德国等国家的民法典都规定,合同违反法律禁止性规定的,不发生效力。合同自由始终被限定在法律允许的框架内。科技的日益发达使人与人之间的距离越来越"短",使人与人之间的关系日趋紧密。人与人之间的关系越紧密,个人行为对社会的影响就越大,国家对自由的限制就越多,对合同的干预就越强。

例如,为了公共利益,合同法确立强制缔约规则。强制缔约是指法律规定从事特殊行业的民事主体就相对人的订约提议负有承诺的义务。这一制度是社会公用事业发展的结果。在关乎公共事业及社会福祉的合同缔约过程中,一方当事人订立合同的自由和选择合同相对人的自由受到了限制。例如,提供旅客运输服务的承运方、提供医护服务的医疗机构、供电、供水、供气、电讯、邮政等单位不得拒绝他人与之订立相关合同的请求。

又如,为了维护市场秩序,营造良好的竞争环境,各国都对私法领域进行一定程度的干预,通过一定的方式将公法引入私法,使私法公法化。合同制度也不例外,国家通过反垄断法、反倾销法、反不正当竞争法、反暴利、反价格联盟等制度对合同进行限制,以禁止形形色色的有悖自由竞争的行为,促进自由贸易和公平交易。

三、合同公平原则

合同公平原则追求合同正义,要求合同当事人实现实质上的平等,排除形式平等掩盖下的实质上的不平等。

合同平等与自由首先是一种形式上的平等与自由。合同的法律秩序是以形式平等为前提而建构的。民法抽象意义上的"人",无强弱之分,无能力大小及贫富之别,被假定为自身利益的最佳判断者。然而,存在于特定法律关系中的民事主体是具体的。具体的人与具体的人有强弱上的区别。形式上的平等、自由往往掩盖实质上的不平等、不自由。一些人迫于生计,不得已"自愿"与他人订立显失公平的合同。尤其是资本主义自由竞争进入垄断阶段之后,社会财富日渐向少数人集中。一部分人利用资金、技术、管理等优势控制另一部分人,并与之订立实质上不平等的合同。贫富分化、弱肉强食、行业垄断、不当竞争等破坏了应有的秩序,破坏了利益平衡。平等、自由名不副实。合同正义遭到破坏。合同平等和自由受到前所未有的挑战。"在20世纪以前,由于经济的相对不发达,人与人之间联系形式较少,财富上的差距较小,工业和科技发展造成的公害尚不严重,法律可以允许个人享有较大的行为自由,由此形成了一系列通过个人享有较大的行为自由实现生命人人格平等的原则,如所有权绝对原则、契约自由原则、过错责任原则等。然而,进入20世纪后,由于经济的迅速发展,大量新的交易形式被创造出来;超大企业的出现,使各个体人在经济实力上形成天壤之别;工业和科技的发展,使公害成为严重的社会问题。在这种情况下,如果再不折不扣地坚持根据20世纪以前情况制定的实现生命人人格平等的一系列原则,就无法真正实现生命人人格平等。为了在新的情况下实现生命人人格平等,法律对上述诸原则作了修正。这些修正,简单说来,就是社会加强对个人的限制。"①各国制订的反垄断法、反不正当竞争法、劳工法、反倾销和反暴利制度、消费者权益保护制度、对合同格式条款的限制制度等等,就是为了限制合同自由,以维护合同正义。

我国《合同法》第5条规定:"当事人应当遵循公平原则确定各方的权利义务。"公平原则要求实质平等和合同正义。它表现为合同法对各类典型合同(如《合同法》分则中的各种有名合同和其他法律中的各种有名合同)当事人各方权利义务的安排,以及对违约责任的确定。例如,《合同法》第116条规定,当事人一方违约的,违约金责任和定金责任只能择一适用而不能同时适用。如果合同当事人确定各方权利义务时违背了实质正义,《合同法》提供了相应的救济途径,以求合同正义。例如,《合同法》第54条规定,显失公平的合同可以依据当事人的请求对其变更或撤销。又如,《合同法》第114条规定,约定的违约金低于或者过分高于违约造成的损失的,经当事人申请可以调整。因情势的变更而使合同当事人权利义务失去平衡的,《最高人民法院关于适用〈中华人民共和国合同法〉若干问题的解释(二)》(以下简称《合同法司法解释二》)第26条规定,当事人有权请求人民法院变更或解除合同。

公平原则还表现为对合同内容的介入,禁止订立不公平合同。

例如,确立合同强行规则。为了防止一方利用优势迫使他方订立不平等契约,保护公众免受经济上的压迫,各国都对合同的内容作了限制性规定。比如,在质押合同制度中确定了不得流质的禁止性规定;在借贷合同制度中禁止"高利贷";在房屋租赁合同制度中明确规定出租方对承租方的安全保障义务,纵有相反特约,该约定仍归于无效。

又如,对格式条款提供方作出限制。合同格式条款的形成是交易迅捷、交易简便、交易方式定型化的结果,对于鼓励交易、助长流通具有积极意义。然而,格式条款毕竟是一方事先拟定的,且提供格式条款的一方是交易的强势群体,相对方对条款的内容没有修改或磋商的余地。因而,此类合同又被称为"附合合同"。为了维护弱势群体的利益,追求合同实质正义,各国法律对格式条款的提供者予以一定的限制。我国《合同法》第39条、第40条、第41条对格式条款提供方也作了限制性规定,目的在于体现合同公平。

还如,对消费者权益进行保护。商品生产者、经营者与消费者实力悬殊。消费者是交易关系中的弱势群体,在商品交换过程中消费者的权益时有遭受侵害的现象发生。消费者权益保护立法因而兴起。法律对合同的订立进行干预,以消除消费者与商品经营者之间的利益失衡。消费者权益保护法的订立切实保障了消费者在购买、使用商品和接受服务时享有人身、财产安全不受损害的权益、知悉真实情况的权利、选择商品或服务及公平交易等权利。

---

① 李锡鹤:《民法基本理论若干问题》,人民出版社2007年版,第63页。

四、诚实信用原则

作为一项合同法基本原则的"诚实信用"之含义,难以用其字面意思表达。其有两个基本含义:(1)公正地调和或平衡合同双方当事人的利益,维护当事人的信用利益,使当事人正当期待的利益得以实现。(2)公正地调和或平衡合同当事人与第三人或公众的利益,维护一般公共信用利益。诚实信用原则所要维护的是两个平衡,即合同当事人利益的平衡、合同当事人利益与社会利益的平衡。

诚实信用原则滥觞于罗马法,发展于近现代民法。我国《民法通则》第4条规定:"民事活动应当遵循自愿、公平、等价有偿、诚实信用的原则。"我国《合同法》第6条规定:"当事人行使权利、履行义务应当遵循诚实信用原则。"

诚实信用原则有两项功能。一是直接规范功能,二是补救成文规定不足的功能。作为直接规范功能,诚实信用原则要求合同义务人恪守信用,严格依照合同的约定、合同的性质、交易习惯、法律的规定履行合同义务;要求合同权利人积极协助、配合义务人履行义务,依约受领给付;要求合同各方当事人在执行合同的过程中,依据约定、合同性质、交易习惯履行通知、协助、保密等义务。作为成文规定不足的补救功能,诚实信用原则用以解决法律或合同的不周延。法律以及合同的规则具有滞后性,且难以涵盖缔约后可能产生的一切现象。成文规定的另一个缺陷是某些条文或词语存在理解上的歧义。当法律或者合同规定不周延时,应当以诚实信用原则来补充法律或合同的规定。诚实信用原则之所以具有补救成文规定不足的功能,是因为诚实信用原则本身具有抽象性,赋予法官较大的裁量余地。说到底,法律规则的形式有两种,一种是明确的规定,反映在各种文件之中或者见诸习惯的硬性规定;另一种是依据法官裁量,形成于理念的弹性规则,诸如公平、正义、诚实信用、公序良俗等。

诚实信用原则贯穿合同法的始终。

在合同的订立过程中,我国《合同法》第42条规定,合同当事人在缔约时应当诚实守信,不得实施欺骗等行为。缔约当事人于缔约时违背诚实信用原则给他人造成损失的,应当承担赔偿责任。

关于合同条款理解分歧的解决,《合同法》第125条规定:"当事人对合同条款的理解有争议的,应当按照合同所使用的词句、合同的有关条款、合同的目的、交易习惯以及诚实信用原则,确定该条款的真实意思。"

关于合同的履行《合同法》要求合同当事人恪守合同,如约履行义务,如果合同当事人合同约定不严密,则按照诚实信用原则确定合同义务或合同附随义务。《合同法》第60条规定:"当事人应当按照约定全面履行自己的义务。当事人应当遵循诚实信用原则,根据合同的性质、目的和交易习惯履行通知、协助、保密等义务。"

即便是合同权利义务终止后,合同法仍要求合同当事人依据诚实信用原则履行合同附随义务。《合同法》第92条规定:"合同的权利义务终止后,当事人应当遵循诚实信用原则,根据交易习惯履行通知、协助、保密等义务。"

合同权利人行使权利同样应遵循诚实信用原则,债权人受领迟延的,应承担迟延责任;双务合同抗辩权的行使、留置权的行使等都不得违背诚实信用原则。

合同履行的诚实信用原则属于强行规定,合同当事人不得通过特约排除之。

五、鼓励交易原则

经济规律告诉我们,在同一时间内交易越频繁所获得的利润越高,单位时间、单位货币周转频率越高效益也就越高。合同当事人在利益的驱动下力求频繁地交易,整个社会也在高速运转的经济关系中不断发展和繁荣。鼓励交易、助长流通无论对于合同当事人还是对于社会利益都具有积极性。我国《合同法》在立法过程中充分考虑了这一点,借鉴了《联合国国际货物买卖合同公约》和国际统一私法协会编撰的《国际商事合同通则》等相关规则,确立了鼓励交易的原则。

其一,严格限定合同的无效。《合同法》第52条、第53条列举了合同无效的若干情形。其中规定,合同只有在"违反法律、行政法规强制性规定"时才能被认定无效,政府规章和地方人大立法文件不能规定合同无效情形。何谓"强制性规定",是管理性强制性规定,抑或效力性强制性规定?《合同法司法解释二》第14条对此作了解释,指出《合同法》第52条中所谓的"强制性规定"应当指效力性强制性规定。这一解释严格限制对合同无效的认定。此外,《合同法》还缩减了无效情形。例如,《民法通则》第58条规定,因欺诈、因胁迫所进行的民事法律行为无效。《合同法》第54条将因欺诈、因胁迫所订立的合同确定为可变更、可撤销的合同(一方以欺诈、胁迫手段订立合同损害国家利益的,仍属于无效合同)。

其二,严格限制合同不生效。《合同法》第44条第1款规定,合同成立即生效。该条第2款规定:"法律、行政法规规定应当办理批准、登记等手续生效的,依照其规定。"《合同法》将对合同生效的限制规定局限于法律和行政法规,政府规章和地方性立法都不能限制合同的生效。为了促进合同的生效,《最高人民法院关于适用〈中华人民共和国合同法〉若干问题的解释(一)》(以下简称《合同法司法解释一》)第9条第1款规定:"依照合同法第44条第2款的规定,法律、行政法规规定合同应当办理批准手续,或者办理批准、登记等手续才生效,在一审法庭辩论终结前当事人仍未办理批准手续的,或者仍未办理批准、登记等手续的,人民法院应当认定该合同未生效;法律、行政法规规定合同应当办理登记手续,但未规定登记后生效的,当事人未办理登记手续不影响合同的效力,合同标的物所有权及其他物权不能转移。"第2款规定:"合同法第77条第2款、第87条、第96条第2款所列合同变更、转让、解除等情形,依照前款规定处理。"

其三,确立合同效力待定制度。依据《合同法》第47条的规定,限制民事行为能力人在未经监护人同意的情况下实施与其年龄智力不相适应的非纯获利益的行为的,其行为效力待定。其法定代理人事后追认的,该行为有效,否则该行为无效。依据《合同法》第48条的规定,无权代理行为属于效力待定行为。本人追认的,无权代理成为有权代理,否则代理行为无效。《民法通则》没有确立效力待定制度,上述限制民事行为能力人实施的行为依据《民法通则》第 58 条的规定属于无效民事行为。《民法通则》虽然规定无权代理行为经追认生效,但是该法没有规定追认催告程序。《合同法》的上述规定目的在于尽可能使合同发生效力。

其四,严格区分合同成立与生效。《合同法》第 44 条第 1 款规定:"依法成立的合同,自成立时生效。"第 2 款规定:"法律、行政法规规定应当办理批准、登记等手续生效的,依照其规定。"此规定表明,合同的成立与合同的生效存在显著区别。合同成立,表明合同当事人达成合意。合同生效,表明合同的约束力开始发生。合同的生效必须具备法律规定的合同有效条件。区分合同的成立与生效可以避免将已经成立而未生效的合同当成无效合同。未生效的合同将来有生效的可能,而无效合同除无效行为转换外,不可能成为有效合同。例如,《中华人民共和国中外合资经营企业法》(以下简称《中外合资经营企业法》)第 3 条规定,合营各方签订的合营协议、合同、章程,应报国家对外经济贸易主管部门审查批准。《中华人民共和国中外合资经营企业法实施条例》(以下简称《中外合资经营企业法实施条例》)第 14 条规定,合营企业协议、合同和章程经审批机构批准后生效,其修改时同。如果中外双方订立一份合资经营企业合同,在该合同报批前,不能认为无效。

其五,提高缔约效率,促进合同成立。合同的成立经历要约与承诺两个过程。法律要求承诺的内容必须与要约的内容一致,否则不构成合同当事人的合意。在合同的订立过程中,缔约双方相互磋商,就合同每一个条款、合同内容的每一项细节都有一个协商过程,只有协商一致合同方能成立。这种协商发生在对话人之间,缔约效率不受影响;发生在非对话人之间,将影响缔约效率。为此,《合同法》第 30 条、第 31 条规定,承诺对要约作出实质性变更的,为新要约;承诺对要约作出非实质性变更的,除要约人及时表示反对或者要约表明承诺不得对要约的内容作出任何变更以外,该承诺有效。这种不作反对即应认定同意的规定,旨在提高缔约效率,促进合同成立。

其六,尽可能认定合同有效。为了维护合同当事人的利益,为了确保合同能够体现当事人的真实意志,《合同法》对某些合同的形式作了规定。合同不符合法律规定形式的,无效。但是,为了鼓励交易,为了体现合同当事人的真实意志,《合同法》第 36 条规定:"法律、行政法规规定或者当事人约定采用书面形式订立合同,当事人未采用书面形式但一方已经履行主要义务,对方接受的,该合同成立。"这表明,尽管合同的形式不符合法律的要求,但是只要当事人已经实际履行了,该合同仍有效。

其七,严格限制合同的解除。如同确定合同无效受到严格限制一样,合同的解除也受到严格限制。不是一方违约另一方当然享有合同的解除权。依据《合同法》第 94 条的规定,在一方违约的情形下,另一方享有合同解除权的情形被限定在合同目的不能实现。

其八,确立了可预见赔偿制度。合同一方违约的,应当承担违约责任。因违约行为造成合同相对人损失的,应当依法赔偿一切损失。如果损失赔偿额不能为合同当事人于缔约时所预见,则合同当事人将因规避不测之交易风险而拒绝订立合同。为了鼓励交易,助长流通,《合同法》确立了可预见赔偿规则。该法第 113 条第 1 款规定:"当事人一方不履行合同义务或者履行合同义务不符合约定,给对方造成损失的,损失赔偿额应当相当于因违约所造成的损失,包括合同履行后可以获得的利益,但不得超过违反合同一方订立合同时预见到或者应当预见到的因违反合同可能造成的损失。"

思考题:
1. 合同法所调整的社会关系有哪些特点?
2. 何谓形式意义上的合同法?何谓实质意义上的合同法?
3. 在保证合同、抵押合同、收养协议、行政合同中,哪些合同由《合同法》调整?为什么?
4. 结合生活现象或工作实际,阐述合同自由原则。
5. 合同主体平等原则与合同自由原则有何联系?
6. 为什么要确立合同公平原则?合同公平原则在《合同法》上如何体现?
7. 诚实信用原则有何功能?
8. 《合同法》如何体现鼓励交易原则?

第三章　合同的成立

内容提要　本章在介绍合同成立和合同成立条件的基础上,介绍了合同订立的过程,阐述了要约和承诺的概念、要约和承诺的成立条件、要约和承诺的效力、要约和承诺的生效时间以及要约和承诺制度的其他规则,介绍了合同成立的时间和地点,介绍了交叉要约、同时表示、以招标和拍卖方式缔约、以格式条款方式缔约、以悬赏广告方式缔约等6种特殊的缔约方式,阐述了《合同法》对格式条款提供方的限制,介绍了缔约中的义务,探讨了缔约过失责任。

第一节　合同成立的概念与条件

一、合同成立的概念

合同成立是指缔约各方就特定民事权利义务关系的设立、变更、消灭协商一致达成协议的事实状态。例如,买卖合同的缔约双方签署了一份合同书;保管合同的缔约双方不仅就合同内容协商一致,而且还交付了保管物。合同的成立前提是缔约当事人存在合意的外部形式。缔约当事人经磋商,形成了口头、书面或其他形式的协议,则合同成立。至于该合同是否合法、缔约人是否具有行为能力、表意与真意是否一致、意思表示的方式是否合法等等,均不属合同成立与否的问题,不是认定合同是否成立的依据。

认定合同是否成立,属于认定一个事实有无发生,也即认定当事人是否实施过合同订立行为,是否形成协议。《民法通则》将民事法律行为定义为一种设立、变更、终止民事权利义务关系的合法行为。因此,《民法通则》规定的民事法律行为的成立,必须具备民事法律行为的有效条件。在《民法通则》中,民事法律行为无成立与生效之分。民事法律行为成立即生效。不具备民事法律行为有效条件的民事行为被称为"无效的民事行为"或"可变更、可撤销的民事行为"。然而《合同法》则不然。《合同法》明确区分了合同的成立与合同的生效。因此,在《合同法》中合同存在有效无效的区分。《合同法》既有有效合同的规定,又有无效合同的规定。例如,《合同法》第44条有关合同生效时间的规定,所针对的是有效合同;《合同法》第52条、第54条、第56条、第57条、第58条有关合同无效、可变更和可撤销的规定,所针对的是无效合同和可变更或可撤销合同。尽管《合同法》大量的规范都针对有效合同,例如合同的履行、合同的变更、合同的转让、合同的权利义务终止、不履行合同义务的责任等,但是不能据此得出合同成立与生效不分的结论。由于合同成立的事实状态与合同生效的事实状态性质迥异,故而合同的成立条件与合同的生效条件也截然不同。于是,合同成立而该合同无效的情形有之,合同成立而该合同尚未生效的情形有之,合同成立而该合同效力待定的情形亦有之。

二、合同成立的条件

合同成立应具备一定的条件。合同成立条件包括两个方面:一般成立条件、特别成立条件。

(一) 一般成立条件

合同的一般成立条件包括以下三项:

1. 存在双方或多方合同当事人

合同是特定民事主体为设立、变更、消灭一定民事权利义务关系而订立的协议,因此合同的主体必须为两方或两方以上。也许,合同由代理人代理订立,但是代理行为之后果归属于被代理人,故无论委托他人代理订立合同还是亲自订立合同,合同当事人都必须是两方或者两方以上。例如,买卖双方订立买卖合同,合同当事人是两方;三人订立合伙合同,合同当事人是三方。

2. 各方当事人必须向他方作出能使合同成立的意思表示

合同是民事法律行为的一种,民事法律行为以意思表示为要素,合同也必须以意思表示为要素。合同是双方或多方的民事法律行为,因此合同应当具有两个或多个意思表示。代理人同时代理双方订立合同的,被称为"双方代理",是滥用代理权的一种情形。由于双方代理只有一个意思表示,故该代理行为无效,双方代理的合同不能成立。双方代理行为经本人(被代理人)追认的,不能认为只有一个意思表示,应认定合同成立。

合同各方当事人将内心追求特定民事法律关系发生、变更、消灭的想法向其他合同当事人表达时,其所表达的内容应当具备合同得以成立的必要条款(如标的、数量等内容)。所表示的内容不能满足特定民事法律关系发生、变更、消灭所需必备内容的,不能使合同成立。例如,买卖双方虽然订立一份书面买卖合同,但是没有约定买卖标的物,也不能依据合同的解释确定买卖标的物的,或者虽约定了买卖标的物,但是没有约定买卖标的物的数量,依据合同的解释也不能确定买卖标的物的数量的,该合同不能成立。

3. 数方当事人协商一致形成合意

所谓合意,是指对合同的内容形成一致的想法和意见。合同的订立过程是协商过程。经协商全体合同当事人表达的意见完全一致的,合同成立。合同当事人未形成一致意思表示的,合同未成立。合同与决议不同。决议可以是多数决。多数人形成一致意见的,决议可以成立。合同必须一致决,只要有一人反对,合同就不能成立。例如,10个合伙人中的9人提出变更合同的意见,1人反对,该变更行为不能成立,只有全体合伙人作出一致表示,变更合同才能成立。

(二) 特殊成立条件

一般而言,合同的订立满足了合同一般成立条件的,合同即可成立。但是,实践性合同的成立除具备一般成立条件外还应实施实物的交付行为。该实物的交付行为是实践性合同成立的特殊条件。例如,《合同法》第367条规定:"保管合同自保管物交付时成立,但当事人另有约定的除外。"依据该条规定,除当事人另有约定外,保管物的交付是保管合同成立的特殊成立要件。依据我国法律的规定,自然人之间的借款合同、保管合同、定金合同、代物清偿合同等都是实践性合同,需交付借款、保管物、定金、清偿替代物后才能成立。

第二节 合同的订立与合同成立时间、地点

一、合同订立的程序

合同订立的方式有很多,大致可分为两大类:一是对话方式,即即时交流,如面对面交谈、电话交谈;二是非对话方式,即通过书信往来进行磋商。尽管随着通讯工具的发展,以电话、电报、电传、电子数据交换、电子邮件等方式订立合同的情形越来越多,但也不外乎上述两类。无论是以对话方式订立合同,还是以非对话方式订立合同,合同订立一般均须经过要约与承诺两个过程。

(一) 要约

1. 要约的概念

要约是一方希望和他方订立合同的意思表示。如,甲方向乙方提出"借人民币200元,1个月后归还"的缔约提议。要约在性质上是一种意思表示,而不是法律行为。从要约形成的心理过程来看,要约包含意思表示的三要素:(1) 效果意思。效果意思是指行为人追求一定民事法律关系发生、变更、消灭的内心想法。例如,甲想将自己的房屋卖给乙,意欲与乙设立房屋买卖关系。又如,出租人想提高租金,意欲与承租人协议变更租赁合同中的租金约定。再如,合伙人之一想提前终止合伙协议,意欲消灭与其他合伙人之间的合伙合同。(2) 表示意思。表示意思是指行为人作出的将内心想法表达于合同相对人的决定,亦即决定表达效果意思的想法。例如,甲虽有与乙订立房屋买卖合同的想法,也草拟了合同书,但是基于交易行情考虑,甲并没有决定将该想法告诉乙。此时,尽管甲已草拟了房屋买卖的书面合同,尽管存在效果意思,但是没有表示意思。一旦甲决定将内心想法告诉乙,就有了表示意思。(3) 表示行为。表示行为是指表达效果意思的表示行为。例如,甲告诉乙,欲与乙设立房屋买卖关系。

要约经承诺才发生行为人所追求的法律后果。要约本身虽不直接产生行为人所追求的法律后果,但也产生一定的效力。

2. 要约成立要件

要约的成立,应同时具备如下四个条件:

(1) 要约须由未来的合同当事人发出。合同是双方或多方意思表示一致的行为,是双方或多方当事人行为的结合。合同订立的后果直接约束行为人,因而要约人必须是将来受合同约束之人。受合同约束之人即合同关系当事人。合同关系当事人须为特定当事人,即使要约人在发出要约时未明示其姓名,也不失为特定当事人,如自动售货机的设立。

（2）要约须向未来的合同当事人发出。无论要约向特定人发出还是向不特定人发出，要约受领人均应是未来合同的当事人。如果行为人向未来合同当事人以外的人发出要约（例如，向未来合同当事人的主管单位发出要约），则该"要约"并非真正意义上的要约，因为该行为人没有与相对人设立、变更、消灭合同关系的意思。应当明确的是，此处所谓"未来合同当事人"，是要约人希冀的合同当事人，属于要约人主观意志中的合同当事人。如果受要约人依法同意要约的内容，则合同成立，受要约人为合同当事人；受要约人拒绝同意要约的内容，则不能成为合同当事人。

（3）要约人须有订立合同的确定意思。要约是一种意思表示，有设立、变更、消灭特定民事法律关系的效果意思。要约人应明确，对方一旦作出承诺，合同即告成立。此与要约邀请不同。

要约邀请是希望他人向自己发出要约的表示。寄送的价目表、拍卖公告、招标公告、招股说明书、商业广告等为要约邀请。要约与要约邀请的区别是：其一，要约的效果意思是与他人设立合同关系，而要约邀请的目的是希望他人向自己发出要约；其二，要约相对人同意要约的内容所作的表示，属于承诺，发生合同成立的后果；要约邀请的相对人同意要约邀请的内容所作的表示，属于要约，无合同成立的后果。应当明确的是，商业广告一般较为抽象，如"某某香皂，今年20，明年18"，"某某手表，领导钟表新潮流"，缺乏合同的必备条款，属于要约邀请。而有些商业广告内容具体，具备合同得以成立的主要条款，并能从中推知有订立合同的确定意思，应属于要约，例如图书销售广告。

（4）要约须具备合同得以成立的必要条款。要约一经承诺，合同便成立。故要约应具备合同的必要内容，包括法律规定、要约人意思确定以及合同性质决定的必要条款。须注意的是，必要条款中的内容无须确凿，可允许受要约人在一定范围内决定。例如，进行商品零售的超市将商品标价陈列便是买卖要约，至于买卖数量，可由承诺方确定。

3. 要约的效力

要约的效力有二：其一，受要约人取得承诺权；其二，要约人受要约的约束。这两个效力相辅相成，受要约人的承诺权需要要约人的约束来保障，约束要约人的目的是确保受要约人能够行使承诺权。

（1）受要约人取得承诺的权利

受要约人可针对要约作出承诺表示。承诺权并非法定权利，是要约人赋予的一项特定的自由权。该权利因要约而发生，受要约人可通过承诺权的行使令合同成立。故要约经承诺的，合同成立。

要约赋予受要约人权利，而未产生受要约人的任何义务。对要约人之要约，除属于强制缔约的情形外①，受要约人无必须进行承诺的义务，也无答复义务。即便要约人将出卖物送交受要约人，受要约人也可以拒绝受领。

值得一提的是，行为人的表示中若明确其表示无任何约束力，受要约人就不能获得承

---

① 我国《合同法》第289条规定："从事公共运输的承运人不得拒绝旅客、托运人通常、合理的运输要求。"

诺的权利。该行为本质上不是要约,应认定其为要约邀请。

(2) 要约人应受要约约束,不得任意变更、撤回、撤销要约

要约既然发生使受要约人取得承诺权的效力,就应同时发生拘束要约人自己的效力。其内容为限制要约人变更、撤回、撤销要约。要约若可任意变更、撤回、撤销,则必与承诺权发生冲突。限制要约的变更、撤回、撤销,不仅是立法逻辑的必然,而且是平衡要约关系双方当事人利益的需要。要约到达受要约人处后,受要约人既有可能因准备接受该要约而拒绝其他人向他发出的要约,又有可能为承诺表示,并作好合同履行的准备,如果要约可以随意变更、撤回、撤销,则受要约人可能因拒绝另一份要约而失去订立合同的机会,丧失商机等缔约机遇,也可能使大量的合同履行准备工作因要约的变更、撤回、撤销而变得无意义,从而使受要约人因要约人随意变更、撤回、撤销要约而蒙受不测损害。据此,法律规定,要约人变更、撤回要约须在要约生效前进行。

具体地说,变更、撤回要约的通知须先于或同时与要约文件到达受要约人之处。要约人欲撤销要约的,撤销要约的通知应当在受要约人发出承诺通知之前到达受要约人。

4. 要约的撤回、变更、撤销

(1) 要约的撤回、变更

要约的撤回是指要约人在作出要约后,于要约生效前使要约不发生效力的行为。要约发出后生效前,要约人可以撤回要约。撤回要约必须符合一定的条件。条件的设定旨在防止受要约人因要约的撤回而蒙受不测之损害。因此,除了受要约人在要约生效前或生效时明知或可知要约人已经作出要约撤回之表示,否则要约不得撤回。我国《合同法》第17条规定,要约可以撤回。要约的撤回必须具备如下条件:其一,要约已经发出;其二,要约尚未发生效力;其三,要约撤回通知必须先于或同时与要约到达受要约人;其四,撤回通知必须以排除要约发生效力为内容。

要约的撤回发生阻却要约生效的后果,使要约不发生效力。

之所以要约在到达前可以被撤回,是因为要约是一种意思表示,该行为在生效前可以被表意人自我否定。推翻尚未生效的意思表示不会给相对人带来任何损害。同理,要约在生效前也可以被变更。所谓要约的变更,是指要约人于要约生效前变更要约内容的行为。例如,就买卖要约中的价格作出变更。我国《合同法》虽无要约变更之规定,但就法理而论,应允许《合同法》第17条的规定类推适用于要约的变更。

(2) 要约的撤销

要约的撤销是指要约人在要约生效后消灭要约效力的行为。

《合同法》第18条规定:"要约可以撤销。撤销要约的通知应当在受要约人发出承诺通知之前到达受要约人。"为了防止受要约人蒙受不测损害,《合同法》第19条还规定:"有下列情形之一的,要约不得撤销:(一) 要约人确定了承诺期限或者以其他形式明示要约不可撤销;(二) 受要约人有理由认为要约是不可撤销的,并已经为履行合同作了准备工作。"依据《合同法》的规定,要约的撤销必须具备如下条件:其一,要约必须到达受要约人处。要约尚未到达受要约人的,可以通过要约的撤回阻却要约的效力。其二,要约撤销

的通知到达承诺人之处时,承诺尚未发出。要约经承诺,不得再撤销,因为双方已经达成合意,即便发出的承诺尚未到达要约人处,要约也不能撤销,因为合同的成立只是时间问题。其三,要约未规定承诺期限或者要约人未表示要约不可撤销。要约人确定承诺期限的,给了受要约人一定的考虑时间,在该期间内要约人若撤销要约将使受要约人蒙受不测损害,因而要约不能撤销。要约人表明该要约不可撤销的,基于诚信原则该要约不能撤销,否则将使受要约人因信赖要约而受损害。其四,不存在受要约人有理由认为要约是不可撤销的,并已经为履行合同作了准备工作之情形。例如,受要约人拒绝了第三人的要约而准备向要约人作出承诺表示,并作了履行合同义务的准备。同时具备上述四个条件的,要约的撤销才具有法律效力。

要约撤销的效果是消灭要约的效力。

5. 要约效力发生时间

要约属于意思表示,除表意人另有规定外,意思表示到达生效。因而,要约生效时间的确定应遵循以下两个规则:(1)要约中确定生效时间的,要约自确定时间届至生效。如某要约中写明,"本要约于某年某月某日生效",则该要约于指定时间到来时生效。(2)要约中未确定生效时间的,应以受要约人能够知晓要约内容时为生效时间。详言之,以对话方式发出的要约,自要约发出时生效;以非对话方式发出的要约,自要约文件到达受要约人之处时生效。采用数据电文形式订立合同,收件人指定特定系统接收数据电文的,该数据电文进入该特定系统的时间,为要约生效时间;未指定特定系统的,该数据电文进入收件人的任何系统的首次时间,为要约生效时间。要约到达受要约人时受要约人虽能知道要约的内容,但仍未获悉的,受要约人不得以不知情为由进行抗辩。

6. 要约效力存续期间

要约效力的存续期间同时又是受要约人的承诺期间。受要约人在该期间内进行承诺,并使承诺文件于该期间内到达要约人处的,承诺有效。要约效力存续期间的确定规则是:要约中确定要约效力存续期间的,以确定期间为要约效力存续期间;要约中未确定要约效力存续期间的,分别按不同情形确定要约效力的存续期间。具体情形如下:

(1)以对话方式为要约的,除当事人另有约定外,要约自发出后未被即时承诺即消灭。

(2)以非对话方式为要约的,应按照要约内容和性质确定一个合理期间。该合理期间应由三个阶段的期间构成:一是要约文件从发出到到达受要约人之处所需的必要时间;二是受要约人接到要约后合理的考虑时间;三是承诺文件从发出到到达要约人之处所需的必要时间。所谓"必要时间",应视实际使用的交通工具和运送方法通常所需的时间而定。严格地说,第一阶段的时间并非要约效力存续时间,因为此时要约尚未生效,这样做是为了计算上的方便。

要约以邮政信件或电报发出的,上述第一阶段的时间自信件记载的日期或电报交发的日期起算;信件未记载日期的自投寄该信件的邮戳日期开始计算。

要约以传真等快速通讯方式作出的,要约效力存续期间从要约到达受要约人时开始计算。换言之,该合理期间由第二阶段和第三阶段的时间构成。

7. 要约的消灭

要约的消灭即要约效力的终止。要约效力可因如下原因而消灭:

(1) 受要约人拒绝要约。拒绝要约的效力自拒绝通知到达要约人时发生。

(2) 要约被依法撤销。须明确的是,"要约撤回"并非要约效力消灭的原因,而是阻却其效力发生的原因。要约撤回与要约撤销的根本区别在于:要约撤销是要约生效后消灭其效力的行为;而要约撤回则属于要约效力发生前阻却其效力发生的行为。非对话方式的要约,要约人自要约发出后又及时撤回,但因不可归责于要约人的事由使该撤回通知实际上迟于要约文件到达受要约人之处的,此时基于诚实信用原则,受要约人若知道或者应当知道该情况的,应向要约人通知撤回文件已迟到的情况,以免要约人蒙受损失。怠于发通知的,该要约效力消灭。

(3) 承诺期间(即要约效力存续期间)届满受要约人未作出承诺的。

(4) 受要约人对要约的内容作出实质性变更。受要约人变更要约实质性内容而作出答复的,视为拒绝原要约而发出新要约。

要约人在受要约人作出承诺表示之前死亡或者丧失行为能力,要约的效力是否消灭? 我国《合同法》没有规定。本书认为,除要约人有相反的表示外(例如明确表示要约因要约人死亡或丧失行为能力而消灭),只要未来可能的合同并非专属于要约人,不具有人身属性,该要约不因要约人死亡而消灭,也不因要约人丧失行为能力而消灭。要约人死亡的,要约所生后果由其继承人继承;要约人丧失行为能力的,要约后果之事务的处理由其监护人代理。只有当未来可能的合同权利义务专门为要约人所设定,或者只有在要约人具备相应行为能力时其所期待的合同才有意义的,要约才因要约人死亡或丧失行为能力而失效。例如,为自己订购残疾人器具而发出要约,因订购人死亡该器具对继承人已无意义;又如,请人为自己进行公务员考试辅导而发出要约,因自己罹患精神病而成为无民事行为能力人,使请人辅导考试不再需要。如果依据要约的内容所成立的合同权利义务并不具有专属性,或者无须要约人亲力亲为,可以由他人继承或者由他人代为之。

要约在受要约人死亡后到达要约人处的,要约因无相对人不发生效力。

要约在受要约人死亡前到达受要约人处的,该要约效力如何? 我国《合同法》没有规定。本书认为,未来的合同若具有人身性或信任关系等专属性(如委托合同、承揽合同等),该要约无效,否则受要约人之继承人有权决定是否承诺。

(二) 承诺

1. 承诺的概念

承诺是受要约人同意要约的意思表示。承诺具有同要约人成立合同关系的确定意思。承诺表示到达要约人,合同即告成立。例如,甲向乙发信函订购某图书一本,乙回函表示同意。甲的信函属于要约,乙的回函属于承诺。乙的回函到达甲处,甲乙关于某图书的买卖合同成立。

2. 承诺的成立条件

一项有效的承诺应当同时具备以下四个条件：

(1) 承诺须由受要约人向要约人进行

这是因为只有受要约人才有资格承诺。代理人以受要约人名义进行承诺的，也认为属于受要约人的承诺。受要约人不特定的，任何人均可承诺。受要约人特定的，只有该特定人所作的承诺才有效。

由于合同是缔约双方的合意，故此承诺必须向要约人进行，向要约人以外的民事主体作出同意要约内容表示的，不属于承诺。

(2) 承诺的内容须与要约的内容一致，并有成立合同的意思

合同的成立要求缔约双方意思表示一致。《合同法》第30条、第31条规定，受要约人对要约的内容作出实质性变更的，为新要约；受要约人对要约的内容作出非实质性变更的，除要约人及时表示反对或者要约表明承诺不得对要约的内容作出任何变更的以外，该承诺有效，合同的内容以承诺的内容为准。所谓对要约的内容作出实质性变更，是指就合同的标的、数量、质量、价款或者报酬、履行期限、履行地点和方式、违约责任和解决争议的方法等所作的变更。

合同是当事人之间的合意，承诺的性质为意思表示，因此承诺人必须具有与要约人建立合同关系并通过合同关系的建立设立、变更、消灭一定民事权利义务关系的效果意思。

不知道对方已向自己发出要约而作出与要约完全一致的意思表示的，不属于承诺，但该行为可适用交叉要约之规定。

(3) 承诺必须在承诺期限内进行并在承诺期限内到达对方

承诺期限即要约效力存续期间。要约赋予受要约人承诺的权利。承诺权的行使受期间限制。承诺的意思表示于期间内到达要约人处的，承诺发生效力。承诺的意思表示于承诺期间届满后到达要约人处的，属于承诺的迟到。承诺迟到的，不发生承诺的效力，属于新要约。

(4) 承诺应当以通知的方式作出

承诺是一种意思表示，须有表示行为。要约人在要约中要求承诺应以一定形式进行的，受要约人应依限定的方法进行承诺，否则承诺无效。比如，要约人要求受要约人以书面答复，而受要约人以口头为之，该答复不生承诺效力。承诺的方式有约定的，按约定；没有约定的，依照交易习惯；既没有约定也没有习惯的，受要约人可以用任何一种明示的方式进行承诺。

依据我国《合同法》第22条的规定，承诺虽应当以通知的方式作出，但是根据交易习惯或者要约表明可以通过行为作出承诺表示的，承诺无须通知。所谓之交易习惯，可以是要约人与受要约人长期交易形成的交易习惯，也可以是某一领域或某一区域中为交易者普遍认可的一般交易习惯。有些商事交易习惯往往很少受地域限制。例如，旅客向旅店预订客房，旅店未拒绝的，可以认定已经承诺；保证人以书面形式向债权人提供担保函，债权人接受且未提出异议的，承诺成立。

3. 承诺的效力以及生效时间

承诺发生合同成立的效力。承诺意味着要约人与承诺人意思表示一致,双方已经就某民事法律关系的发生、变更、消灭达成合意。因而,除法律特别规定(如实践性合同)或当事人特别约定外,要约一经承诺,合同即告成立。

承诺通知到达要约人时生效。换言之,承诺自要约人能了解其内容时生效。对话方式的承诺自发出时生效。非对话方式的承诺,自承诺文件到达要约人之处时生效。采用数据电文形式订立合同,收件人指定特定系统接收数据电文的,作为承诺的数据电文进入该特定系统的时间,视为承诺到达时间;未指定特定系统的,作为承诺的数据电文进入要约人,或者要约人代理人的任何系统的首次时间,视为承诺到达时间。

根据交易习惯或者要约的要求以特定行为表达承诺意思的,该特定的行为实施时承诺生效。例如,甲拨打 120 电话呼救,急救中心未拒绝救护的便视为承诺。

4. 承诺撤回

承诺撤回是指承诺人在承诺生效前撤回其承诺、阻却承诺效力的行为。与要约撤回原理一样,承诺的撤回文件须先于或同时与承诺文件到达要约人之处,否则不生撤回效力。

承诺撤回的效力是已经作出的承诺不发生任何效力。

5. 承诺的迟到

承诺的迟到是指承诺在承诺期限届满后到达要约人之处的客观情况。承诺人未在适当时间发出承诺而致承诺迟到的,当然不生承诺效力。承诺人已在适当时间发出承诺,但因传递等不可归责于承诺人的原因而迟到的,要约人应将承诺迟到状况通知承诺人。此通知义务之成立,应具备如下四个条件:(1)承诺迟到。(2)承诺未迟发而迟到。所谓"未迟发",是指承诺通知在适当时间内被发送的情况。"适当时间",即按承诺的实际传递方式,依通常情形,在承诺期限内可到达要约人之处的时间。例如,从北京到上海通过邮政平信寄送的方式邮寄信件的,最多只需 3 天可到达,承诺人在承诺期间届满前 4 日通过邮政平信从北京向上海发送承诺的,该发送时间属于"适当时间",该承诺属于"未迟发"。(3)要约人知道,或应当知道承诺的迟到不是因承诺人迟发所致。如何确定是否应当知道,应具体问题具体分析。如从邮戳中表明的发信日期便可推知承诺是否迟发,从而确定要约人是否应知。(4)要约人能发送迟到通知。因不可抗力等不可归责于要约人的原因,致使要约人不能发送迟到通知的,要约人无义务发通知。具备上述条件的,要约人应通知承诺人承诺迟到。怠于通知的,视为承诺未迟到。

二、合同成立的时间与地点

合同因合意而成立,合意以承诺为标志,承诺因到达而生效。因此,合同法学理论认为,承诺到达的时间即为合同成立的时间。依据该法理,《合同法》第 25 条规定,承诺生效时合同成立。同理,承诺到达的地点是合同成立的地点。《合同法》第 34 条第 1 款规定,承诺生效的地点为合同成立的地点。

由于合同订立的方式不同,合同成立的时间与地点也不同。

以口头方式订立合同的,口头承诺的发出时间即为合同成立的时间。纵然声音自发出到到达需要一定的时间,然而该段时间只存在物理学上的意义,无法律上的意义,可以忽略不计。同理,口头合同成立的地点为声音到达的地点。对话人面对面交谈的,以合同当事人交谈的地点为合同成立的地点;通过电话交谈的,以要约人的地点为合同成立地点。

采用合同书方式订立合同的,以各方当事人共同签字或盖章的时间作为合同成立的时间,以各方当事人共同签字或盖章的地点作为合同成立的地点;合同约定的订立地点与实际签字或者盖章地点不符的,应当认定约定的订立地点为合同订立地点;合同没有约定订立地点,双方当事人签字或者盖章不在同一地点的,应当认定最后签字或者盖章的地点为合同订立地点,同理应当认定最后签字或者盖章的时间为合同订立时间。

采用信件方式订立合同的,以承诺信件到达要约人的时间作为合同成立时间,以承诺信件到达要约人的地点作为合同成立的地点。

以数据电文(包括电传、传真、电子数据交换和电子邮件)的方式订立合同的,要约人指定特定收件系统的,作为承诺的数据电文进入该系统的时间为合同成立时间;要约人未指定特定系统的,以作为承诺的数据电文进入要约人的任何系统的时间为合同成立时间。采用数据电文形式订立合同的,除当事人另有约定外,要约人的主营业地为合同成立的地点,没有主营业地的,其经常居住地为合同成立的地点。

实践性合同自实施了特定行为后合同方能成立。

当事人采用信件、数据电文等形式订立合同的,可以在合同成立之前要求订立确认书。订立确认书的时间为合同成立的时间,订立确认书的地点为合同成立的地点。

第三节 几种特殊的缔约方式

一、交叉要约

双方当事人就同一内容各自向对方发出书面要约的情形,为交叉要约。如甲方向乙方发出出卖某一产品的要约函件,乙方向甲方发出买入该产品的要约函件,且两份要约函件内容中有关质量、价格、数量等条款完全一致。由于交叉要约双方都有关于设立、变更、消灭一定民事法律关系的意思表示,且双方意思表示的内容完全一致,两个要约的结合与要约和承诺的结合在实质上并无不同,故合同因此而告成立。双方各自无须就对方的要约作出承诺。

交叉要约发生在非对话人之间。如甲地之 A 向乙地之 B 发出要约,几乎同一时间,乙地之 B 向甲地之 A 发出要约。

该合同成立的时间应是后一个书面要约到达对方的时间,该合同成立的地点应是后一个书面要约到达对方的地点。

二、同时表示

双方当事人同时向对方发出以成立合同为目的的同一内容口头意思表示的,为同时表示。同交叉要约一样,同时表示无须相对人答复便产生合同成立的效果。

同时表示发生在对话人之间,以对话方式进行,区别于交叉要约。

因同时表示而成立的合同为口头合同,合同成立的时间为双方同时表示的时间,合同成立的地点为双方同时表示的地点。

三、以招标方式缔约

以招标方式缔约须经过三个阶段:招标、投标、定标。

招标,即招标方以一定方式公开邀请他人向自己投标的行为。招标是一种要约邀请,在性质上属事实行为,虽有表意行为,但不是意思表示。招标不必包括合同的全部内容,只须表明一定的缔约标准和条件。

招标分公开招标和邀请招标两种。公开招标是指招标人以招标公告的方式邀请不特定的法人或其他组织投标的行为。邀请招标是指招标人以投标邀请书的方式邀请特定的法人或其他组织投标的行为。我国现行法律规定,采用公开招标方式的,应当发布招标公告。依法必须进行招标的项目的招标公告,应当通过国家指定的报刊、信息网络或者其他媒介发布。[①] 采用邀请招标方式的,应当向3个以上具备承担招标项目能力、资信良好的特定的法人或其他组织发出投标邀请书。招标公告和招标邀请书应当载明招标人的名称和地址、招标项目的性质、数量、实施地点和时间以及获取招标文件的办法等事项。为了公平竞争,招标人不得向他人透露已获取招标文件的潜在投标人的名称、数量以及可能影响公平竞争的有关招标投标的其他情况。招标人设有标底的,标底必须保密。招标时若表明必与所报条件最优的投标者缔约,则招标方有义务在投标人中选择一人订立合同。

投标,即投标方按照招标方的要求在规定的期限内向招标方发出的缔约提议。投标是订立合同的意思表示,属于要约,因而应具备缔约的详尽内容。由于投标是对招标的响应,因此投标人必须按照招标文件中提出的实质性要求和条件为意思表示,否则便无中标的可能。基于公平竞争的理念和反不正当竞争的规则和秩序,投标人不得相互串通投标报价,不得排挤其他投标人的公平竞争,损害招标人或者其他投标人的合法权益;不得与招标人串通投标,损害国家利益、社会公共利益或者他人的合法权益;不得以向招标人或者评标委员会成员行贿的手段谋取中标;不得以低于成本的报价竞标;不得以他人名义投标或者以其他方式弄虚作假,骗取中标。

定标,又称中标,即经开标与评标最终确认合同缔约者,是招标方同意投标方的意思

[①] 依据我国现行法律,在我国境内进行下列工程建设项目包括项目的勘察、设计、施工、监理以及与工程建设有关的重要设备、材料等的采购,必须进行招标:(一) 大型基础设施、公用事业等关系社会公共利益、公众安全的项目;(二) 全部或者部分使用国有资金投资或者国家融资的项目;(三) 使用国际组织或者外国政府贷款、援助资金的项目。

表示所作的答复。定标是订立合同的意思表示,属于承诺。定标应当公正。定标前应当经历开标与评标程序。开标,并非意思表示,是披露投标内容的行为。开标应当在招标文件中预先确定的地点、在招标文件确定的提交投标文件截止时间的同一时间公开进行。开标由招标人主持,邀请所有投标人参加。开标时,由投标人或者其推选的代表检查投标文件的密封情况,也可以由招标人委托的公证机构检查并公证;经确认无误后,由工作人员当众拆封,宣读投标人名称、投标价格和投标文件的其他主要内容。评标并非意思表示,是依据一定的标准评价投标的行为。评标由招标人依法组建的评标委员会负责。评标委员会成员的名单在中标结果确定前应当保密。评标应当在严格保密的情况下进行。评标委员会在对投标文件进行评审和比较的过程中,应当按照招标文件确定的评标标准和方法(设有标底的,应当参考标底),将能够最大限度地满足招标文件中规定的各项综合评价标准的投标或者能够满足招标文件的实质性要求,并且经评审的投标价格最低(为防止不正当竞争,投标价格不能低于成本)的投标作为中标的投标。评标委员会完成评标后,应当向招标人提出书面评标报告,并推荐合格的中标候选人。招标人根据评标委员会提出的书面评标报告和推荐的中标候选人确定中标人。招标人也可以授权评标委员会直接确定中标人。评标委员会经评审,认为所有投标都不符合招标文件要求的,可以否决所有投标。

中标人确定后,招标人应当向中标人发出中标通知书,并同时将中标结果通知所有未中标的投标人。中标通知书对招标人和中标人具有法律效力。招标人不能改变中标结果,中标人也不能放弃中标项目。为了维护招标投标秩序,维护交易安全,确保公平公正,在确定中标人后,招标人与中标人应当按照招标文件和中标人的投标文件订立书面合同,双方不得再行订立背离该书面合同实质性内容的其他协议。

四、以拍卖方式缔约

拍卖是指以公开竞价的方式将特定物品或财产权利转让给最高应价者的买卖方式。拍卖是买卖合同订立的特殊形式,突破了买卖双方一对一交易的一般模式,在财产让渡过程中引入竞争机制,通过竞争来确定财产的价格和缔约人。与一般买卖合同的订立不同,拍卖具有如下特征:(1) 拍卖必须公开,出卖人应当将出卖特定物品或财产权利的信息预先公布,允许人们竞买;(2) 拍卖必须由出卖人委托拍卖人(拍卖人是指依照《中华人民共和国拍卖法》(以下简称《拍卖法》)和《中华人民共和国公司法》(以下简称《公司法》)设立的从事拍卖活动的企业法人)依照法律规定的程序进行;(3) 拍卖必须有数人竞买,竞买人是参加竞购拍卖标的的自然人、法人、其他组织;属定向拍卖的,竞买人应当具备法律、行政法规规定的条件;(4) 除最高应价低于拍卖标的保留价外,拍卖标的必须卖给最高应价的竞买人,易言之,拍卖之买受人是以最高应价购得拍卖标的的竞买人。

拍卖应遵循公开、公平、公正、诚实信用的原则。拍卖人应当在拍卖前一定的时间内发布拍卖公告。拍卖公告应载明拍卖的时间、地点、标的、标的展示的时间和地点、参与竞买应当办理的手续等。拍卖公告应当通过报纸或者其他新闻媒介发布。拍卖人还应当在拍卖前展示拍卖标的,并提供查看拍卖标的的条件和有关资料。

除定向拍卖外,任何自然人、法人和其他组织均应被允许参与竞买,拍卖方不得作任何限制。竞买人法律地位平等。

开拍后,应允许竞买人竞价,拍卖方不得作任何限制。在通常情况下,拍卖人每次叫价均属要约邀请,而竞买人每次应价均属要约。竞买人一经应价,不得撤回,当其他竞买人有更高应价时,其应价即丧失约束力。换言之,另一新的应价高于前一应价时,前一应价失效。当无新的应价替代本次应价时,本次应价为竞买最高价。

拍卖标的有保留价的,竞买人的最高应价未达到保留价时,该应价不发生效力。当竞买人的最高应价高于保留价或者拍卖无保留价的,应当确定最高应价者为买受人。拍卖人应以一定方式公开表示买定。当拍卖人公开表示由最高应价者买定时,买卖双方便达成了买卖合意。拍卖师的落槌拍定属承诺,一旦拍定,合同即告成立,拍卖成交。拍卖成交后买受人和拍卖人应当签署成交确认书。

五、以格式条款方式缔约

(一) 格式条款的含义

格式条款是指当事人为了重复使用而预先拟定,并在订立合同时未与对方协商的合同条款。这一定义表明格式条款具有如下特征:其一,格式条款由合同一方当事人预先拟定并提供。所谓预先拟定并非仅仅是时间概念。其实质在于,一方在拟定条款时,未与对方协商,是一方意志的产物。其二,对合同的内容无磋商余地。不容对方就合同的内容进行协商是格式合同的本质特征。合同的相对方只有是否同意签署合同的自由,而没有决定合同内容的自由,无讨价还价的余地。

本书认为,"为了重复使用"并不属于格式合同的本质特征。诚然,大量的格式条款都存在为多人准备而重复使用的情形,但这只是一种现象,不是事物的本质。为一人准备的格式条款也不乏其例。"为了重复使用"只是为了说明预先拟定,而不能将其作为一个独立的特征,更不能将其作为一项衡量格式条款是否成立的条件,否则就违背了立法本意。

合同格式条款的确立对于鼓励交易、助长流通具有积极意义。合同格式条款已在合同订立前预先拟定,无论是交易方式还是交易内容都已定型化,当事人在缔约时只须按既定模式办理而无须就合同的内容进行磋商,极大地省却了交易时间与成本。运输合同、电讯合同、供水合同、供电合同、供热合同、邮电合同、网上订立的合同等多为格式条款。作为提供运输服务、电讯服务、邮电服务,提供水、电、气等的民事主体不可能与服务对象或交易对象就合同条款一一磋商,只能预先统一模式,统一内容。

(二) 格式条款的法律规制

由于格式条款是一方预先拟定的,且于合同订立时未与对方协商,因此合同的相对人只有签不签合同的选择,而没有就合同内容进行协商的自由。据此,应当对格式条款予以一定的限制,以维护公平正义。

我国《合同法》第39条、第40条、第41条对格式条款的提供方作了一定的限制。

第一,缔约中的限制。《合同法》第39条第1款规定:"采用格式条款订立合同的,提供格式条款的一方应当遵循公平原则确定合同当事人之间的权利和义务,并采取合理的方式提请对方注意免除或者限制其责任的条款,按照对方的要求,对该条款予以说明。"该条款所称"采取合理的方式",是指在合同订立时采用足以引起对方注意的文字、符号、字体等特别标识,并按照对方的要求对该格式条款予以说明的情形。例如,在合同书文本之外另设《缔约须知》之类的书面文件,说明合同中的某某条款属于免除或限制格式条款提供方责任的条款;又如,在免除或限制格式条款提供方责任的条款文字下面加重点号,以引起对方注意。

提供格式条款的一方当事人违反此条款中关于提示和说明义务的规定,导致对方没有注意免除或者限制其责任的条款,对方当事人申请撤销该格式条款的,法院应当支持。

第二,合同内容的限制。格式条款具有《合同法》第52条和第53条规定情形的,或者提供格式条款一方免除其责任、加重对方责任、排除对方主要权利的,该条款无效。例如,在有偿保管合同中,免除了保管人的全部或部分违约责任。

第三,合同解释的限制。对格式条款的理解发生争议的,应遵循如下规则确定其含义:(1) 社会通常解释规则。合同双方对合同条款有不同理解的,应当按照通常的理解予以解释。如"某某省政府机关"一词,可以从级别角度理解其含义,即省级政府机关;也可以从地域角度理解其含义,即处于某省地域的政府机关。按社会一般理念,应解释为省级政府机关。(2) 不利解释规则。为了维护弱势群体的利益,对格式条款有两种以上解释的,应当作出不利于提供格式条款一方的解释。

第四,条款采用的限制。在合同的订立中,往往存在格式条款与非格式条款同存于一个合同文本之情形,也有在格式条款订立后协议增加非格式的补充条款。当格式条款与非格式条款不一致时,应当采用非格式条款。这不仅考虑到对格式条款提供方的限制,而且还因为协议条款更能反映当事人之间的真实意志。

六、以悬赏广告方式缔约

(一) 悬赏广告的概念与性质

悬赏广告是指民事主体以广告的形式向不特定之人所作出的,对于依照广告内容实施一定行为或完成一定工作的人给付报酬的行为。

关于悬赏广告的性质,学者观点不一,有契约说和单方行为说两说。契约说认为悬赏广告是一种意思表示,而不是一种法律行为。该意思表示之性质为合同之要约。要约人向不特定人发出要约,按照广告完成行为的,属于承诺,合同因此而成立。广告人有义务按照悬赏广告中的表示支付报酬,按照广告指示完成行为的人有权请求广告人给付报酬。单方行为说认为悬赏广告是一种法律行为,仅依据广告就能够产生法律后果,无需相对人承诺。由于悬赏广告人只有在他人按照广告内容完成一定行为后才给付报酬,故在完成指定行为前给付报酬的债权债务并未发生,因而学说将该单方行为定性为附条件的单方法律行为。在立法例方面,各国对悬赏广告的定性也不尽一致。有的国家将其定性为缔约行为,属于要约。① 有的国家将其定性为附条件的单方民事法律行为。②

我国《民法通则》和《合同法》都没有关于悬赏广告的规定。最高人民法院将悬赏广告纳入《合同法司法解释二》的框架内加以规范,并规定关于悬赏广告是否有效的认定,应适用《合同法》第52条的规定。按照体系解释原则,应当认为我国将悬赏广告作为合同来规制。据此,悬赏广告应当定性为合同要约。

(二) 悬赏广告的成立要件

同时具备如下条件的,方能成立悬赏广告:

1. 悬赏广告必须依广告方法向非特定人为意思表示

悬赏广告必须依广告方法向非特定人为意思表示。这意味着,其一,悬赏广告是一种意思表示。其二,该意思表示之表示行为以广告的方式进行。无论是口头,还是书面,只要广而告之均属于广告方式。例如,报纸发布、广告栏揭示、上网公布、电台或电视台播出、在街头巷尾叫喊等。其三,意思表示之相对人并非特定的人。行为人向不特定的任何人为表意行为当然属于悬赏广告;行为人向一定地区、领域、范围的非特定人为意思表示也属于悬赏广告。不特定的任何人与一定范围中的非特定人虽有区别(前者为任何人;后者如某年某月某日出生的任何人),但是这种区别对于悬赏广告的成立没有法律上的意义。

2. 悬赏广告以要求他人完成一定行为和对完成行为的人支付报酬为内容

要约是一种意思表示。意思表示以效果意思为内容。悬赏广告的效果意思是要求他人完成某项行为,并给付完成行为的人一定的报酬。广告人通过广告要求他人完成某项行为往往对自己有利,如悬赏寻找遗失物、悬赏发明创造等等,但是悬赏广告的成立与生效,不以广告指定的行为对广告人有利益为条件。指定行为的完成与约定报酬的给付往往具有对价关系,但是悬赏广告不以两种给付间存在对价关系为条件。

3. 悬赏广告中具有完成指定行为是报酬给付义务发生的前提的内容

因悬赏广告而成立的合同,以完成指定行为作为成立条件。合同的义务也必须以完成指定行为作为发生条件。因此,悬赏广告的内容必须包含完成指定行为是报酬给付义务发生的前提。无人完成指定行为的,合同不能成立。

(三) 悬赏广告的撤销

1. 悬赏广告撤销的含义

悬赏广告撤销是指广告人以与悬赏广告相同或者以比悬赏广告更具传播力的方式所作的消灭悬赏广告效力的意思表示。悬赏广告被定性为合同之要约。要约可以撤销,悬赏广告应当也可以被撤销。

---

① 《日本民法典》第529条至第532条是关于悬赏广告的规定。悬赏广告制度被置于"契约总则"章节中的"契约订立"之点内。

② 《德国民法典》将悬赏广告制度规定在各种债之关系。《德国民法典》第657条规定:"即使行为人完成悬赏广告行为时,未考虑到此悬赏广告,广告人也负有向行为人支付报酬的义务。"

2. 撤销悬赏广告的条件

悬赏广告为要约,发生约束广告人的效力。如果禁止悬赏广告的撤销,则广告人将永久受广告的约束。这对广告人过于苛刻。悬赏广告的撤销属于要约的撤销,适用要约撤销的规则。

悬赏广告撤销应遵循以下规则:(1)悬赏广告的撤销应在指定行为完成以前进行。指定行为完成以后,不能再撤销,否则完成指定行为的人将蒙受损害。指定行为开始实施后、完成前撤销悬赏广告的,往往会造成行为人的损失。对于该损失,撤销悬赏广告的人不承担赔偿责任,因为实施指定行为的人应当预见广告人在指定行为完成前有可能撤销广告行为。但是广告人明知他人已经实施广告指定行为或为实施该行为而作准备,以加害他人为目的而恶意撤销广告的,应承担赔偿责任。(2)悬赏广告内容中明确表示不撤销的,该广告不能撤销。广告人在广告中明示悬赏广告不可撤销的,能鼓励人们实施广告指定的行为。(3)广告人在广告内容中明确限定指定行为完成时间的,该悬赏广告不能撤销。这样既避免了正在实施或正准备实施广告指定行为而没有完成该行为的人蒙受因撤销所致的不测损害,起到鼓励不特定人实施指定行为的效果,又不使广告人永久受广告约束。

3. 悬赏广告撤销的方法

悬赏广告的撤销行为必须能为相对人所知晓、理解。此处所谓"相对人"依据广告发布的对象而定。若广告向一般不特定人发布,则相对人应当是不特定之任何人,撤销应当以能及于一切人的方法进行;若广告向一定领域或区域等一定范围的人群发布,则相对人是该领域或区域的人,撤销应当以该范围人群所能知晓、所能理解的方式发布。一般而言,悬赏广告的撤销方式与悬赏广告的方式应当一致,如果撤销的方式更具有传播力,可以让更多的人了解、知晓,撤销的方式即便与悬赏广告的方式不一致,也发生撤销效力。例如,以本居住小区居民为对象发布悬赏广告,广告的方式是挨家挨户送信或张贴告示,撤销的方式可以是挨家挨户送信和在小区内张贴告示之结合。

4. 悬赏广告撤销的效力

悬赏广告的撤销发生要约效力消灭的后果。《合同法》第20条规定,要约因要约人依法撤销而消灭。

因悬赏广告的恶意撤销而造成他人损失的,受害人有权要求广告人承担侵权责任赔偿损失。例如,因信赖广告而按照广告的内容着手实施指定行为,该行为尚未完成,广告就被恶意撤销,于是造成行为人的损失。但是,赔偿数额不能超过广告中确定的报酬。

(四)悬赏广告的效力

悬赏广告的效力有两层含义。其一,是指广告发布后、指定行为完成前的效力。悬赏广告为要约,此为要约的效力。其二,指定行为完成后的效力,即合同的效力。

指定行为完成后,行为人有权请求广告人依据广告的内容给付报酬。如果广告确定的给付标的物为特定物,该特定物已经灭失的,广告人应承担债务不履行的民事责任。

必须说明的是,按照广告完成指定行为所生产或建造形成的新物、智力成果等,并不当然属于广告人。例如,有人发布悬赏广告,对按照广告完成指定行为制作出"五层吊球陶器"的人给予报酬,某人按照广告制作了"五层吊球陶器"。该制作人有权要求广告人给付报酬,其所制作的"五层吊球陶器"仍归制作人所有。

数人彼此独立、先后完成了悬赏广告指定行为的,除广告另有约定外,最先完成该指定行为的人有权请求给付报酬,其他人虽然也完成了指定行为,但是没有报酬请求权。悬赏广告为要约,则最先实施行为的人为承诺人,悬赏广告的效力因承诺而转变为合同的效力。

数人彼此独立、同时完成悬赏广告指定行为的,最先到达的完成指定行为的通知为承诺。承诺是一种意思表示,该意思表示到达生效,若将完成指定行为定性为承诺,也须通过表示让要约人知晓。所以,只有先通知的人才有报酬给付请求权。通知同时到达的,因数个承诺同时发生效力,故而数份合同同时成立、生效,数个承诺人都有权请求广告人按照广告的内容为给付行为。但是,广告人仅仅表示为一项给付而不是为数项给付的,除广告人另有表示以外,纵然数个民事主体独立、同时完成广告指定的行为,且同时使完成指定行为的通知到达广告人,广告人也只能依据表示支付报酬。完成指定行为的数个人只能分享一份报酬。

数人协力完成广告指定行为的,广告人应当向数人给付报酬。指定行为因数人之协力而完成,数人的行为成为一个整体。

(五) 优等悬赏广告

1. 优等悬赏广告的概念和特点

优等悬赏广告是指在数个独立完成广告指定行为的人中,评选出优等者给予报酬的悬赏广告。现实生活中,为了鼓励创优,激励先进,往往采用优等悬赏广告的方式。例如,某学术团体发布悬赏广告,给予完成科研任务人员中的优秀者一定的报酬;某机构发布悬赏广告,给予体育运动竞赛中的优胜者一定的报酬。与通常的悬赏广告不同的是,优等悬赏广告人给付报酬的条件,不仅是完成指定行为,而且该行为还须经与他人之行为评比后属于优等。

与一般悬赏广告不同,优等悬赏广告具有如下特点:

(1) 广告中有优等评比内容

优等悬赏广告中存在对数个独立完成指定行为进行评比、遴选优胜者给予报酬的意思表示。依据广告完成指定行为的人必须为数人。数人均独立完成指定行为才有获得报酬的可能。数人之行为应被评选,优胜者才能获得报酬。

(2) 广告中确定应募期间

一般悬赏广告中,既有有应募期间的约定,也有无应募期间的约定。优等悬赏广告必须有应募期间的约定,因为优等均是相对的,只有一定期间的优等而无永久优等。以体育竞赛为例,世界冠军的记录不断地被突破。如果广告未对优等评比对象确定时间范围,有可能在评比结束后出现比评比结果更优等之情形。

2. 优等悬赏广告的效力

优等悬赏广告的效力与一般悬赏广告的效力相同。行为人完成广告指定行为,经评定确定优等者后,优等者享有请求广告人依据广告给付报酬的权利。与一般悬赏广告不同的是,上述报酬给付请求权的发生需要经过评选后获得优等之评定结果。因此,优等悬赏广告报酬请求权效力的发生必须经历一定的程序,满足一定的条件。

(1) 行为人应当将应募意思告知广告人

在一般悬赏广告中,行为人只要完成广告指定行为就可发生请求给付报酬的权利。在优等悬赏广告中,行为人不仅要完成广告指定的行为,而且还要将应募意思告诉广告人。优等具有相对性,首先应确定评定人员的范围,如果行为人不将应募意思告诉广告人,广告人无从确定参评对象的范围。

应募意思告诉行为,被简称为"应募通知"。应募通知属于合同的承诺。基于优等悬赏广告而订立的合同属于附条件的合同。应募通知作出后不能撤销。

应募通知的方法由优等悬赏广告确定,广告中无此内容的,依据习惯。行为人将完成广告指定行为的事实告诉广告人,或者明确表明参与优等评定,都属于应募通知。

(2) 广告人应当进行优等评定

优等悬赏广告的效力是向优等者给付报酬。优等者的产生,须依据评定的方式。评定优等是广告人的一项义务。广告人可以自己进行优等评定,也可以委托第三人进行优等评定。评定的程序与方式应当依据广告来确定,广告中没有明确的,应当依据习惯,遵循公平、公正的原则。

评定义务属于合同义务。因为,悬赏广告属于要约,按照广告内容向广告人发出应募通知的行为属于承诺,要约经承诺,成立合同并生效。合同生效后,广告人有义务对行为人的行为进行优等评定。广告人故意不进行优等评定而不能评出优等者,应当认为广告人恶意促使条件不成就。依据法律的规定,合同当事人恶意促使条件不成就的,视为条件成就,行为人有权要求广告人给付报酬。

经优等评定,完成指定行为的优等者有权请求广告人依据广告的内容给付报酬。

第四节 缔约中的义务和缔约过失责任

一、先合同义务的含义

数缔约当事人在为缔约而相互接触的一刹那间,彼此就建立了关于缔约的信赖关系,形成特定当事人之间的权利义务关系。缔约各方当事人应当履行忠诚、协力、告知、保密、保护、照顾义务。此种义务属于附随义务,发生在缔约过程中,被称为先合同义务。

二、缔约过失的类型

缔约过失是指当事人于缔约之际未尽必要的注意义务或缺乏诚信使合同不成立、无效、被撤销,或未尽其他必要的关照义务,从而造成他方蒙受财产损失或人身损害的行为。如甲乙双方经协商达成协议,但因甲的过错致使已成立的合同不能生效,此又导致无过错的乙方遭受损失。

根据我国《民法通则》第58条、第59条、第66条、第67条、第68条和《合同法》第42条、第43条、第52条、第53条的规定,下列行为属于缔约过失行为:

(一) 假借订立合同进行恶意磋商

假借订立合同进行恶意磋商的,应赔偿由此给相对人造成的损失。这一规定参考了国际统一私法协会《国际商事合同通则》的规定。[①] 该通则虽然不是国际公约,不具有强制性,但是它反映了国际惯例与交易习惯,兼容了各国法律的原则,因而对于指导和规范国际商事活动、对于国内立法的参考具有积极意义。此处所谓"恶意磋商",应当指当事人在无意订立合同的情况下,为了达到不良目的与对方假意磋商,使对方失去与其他人订立合同的机会。

(二) 故意隐瞒与订立合同有关的重要事实或者提供虚假情况

依照诚实信用原则订立合同是缔约当事人的法定义务。隐瞒重要事实、提供虚假情况有可能构成欺诈行为。因欺诈行为致人损害的,应当承担民事责任。根据《合同法》第52条、第54条、第58条的规定,因欺诈而订立的合同被认定为无效或者被撤销后,欺诈方应当赔偿对方因此受到的损失。即便合同未被认定为无效或者被撤销,由于欺诈而致另一方损失的,也应承担赔偿责任。比如,《最高人民法院关于适用〈中华人民共和国担保法〉若干问题的解释》(以下简称《担保法司法解释》)第66条规定,抵押人将已抵押的财产出租时,如果抵押人未书面告知承租人该财产已抵押的,抵押人对出租抵押物造成承租人的损失承担赔偿责任。

(三) 其他违背诚实信用原则的行为

此类行为主要包括如下几个方面:

1. 依照法律、行政法规的规定经批准或者登记才能生效的合同成立后,有义务办理申请批准或者申请登记等手续的一方当事人未按照法律规定或者合同约定办理申请批准或者申请登记的行为。对这种违背诚实信用原则的行为,法院可以根据案件的具体情况和相对人的请求,判决相对人自己办理有关手续;对方当事人对由此产生的费用和给相对人造成的实际损失,应当承担损害赔偿责任。

2. 一方以欺诈、胁迫手段或者乘人之危与他人订立合同。依据《合同法》第54条规定,一方以欺诈、胁迫的手段或者乘人之危,使对方在违背真实意思的情况下订立的合同,受损害方有权请求人民法院或者仲裁机构变更或者撤销。上述行为显属过错,因而依据《合同法》第58条的规定应向对方赔偿损失。

3. 缔约之际,一方因过错致合同不能成立。例如,受要约人本欲接受要约人关于买

---

① 国际统一私法协会1994年出版的《国际商事合同通则》第2.1.15条规定:"(1)当事人可以自由谈判,并对未达成协议不承担责任;(2)但是,如果一方当事人以恶意进行谈判,或恶意终止谈判,则该方当事人应对因此给另一方当事人所造成的损失承担责任;(3)恶意,特别是指一方当事人在无意与对方达成协议的情况下,开始或继续进行谈判。"引自商务部条约法律司编译:《国际统一私法协会国际商事合同通则》,法律出版社2003年第2版,第38页、第40页。

卖某一标的物的缔约提议,但事后发现该标的物已设质(标的物设质情况为要约人所隐瞒),便无意与要约人缔约。由此造成的无过错方的损失(如准备缔约而支出的费用,承诺撤回所支出的费用,准备履行合同而支出的费用等),应由过错方赔偿。须注意的是,因一方过错致合同不能成立应理解为双方原本都有成立合同的意愿,合同最终不成立完全为一方过错所致。

4. 因一方缔约过错致合同履行不能。如"一物二卖"中,必有一个合同不能履行。这一后果明显为缔约过失所致。此时,受害人可要求对方承担缔约过失责任,也可要求对方承担违约责任。此两种责任竞合。

5. 合同因一方的过错而导致无效。在合同订立过程中,因一方的过错导致合同无效的,将损害缔约另一方的信赖利益。《合同法》第52条第1项规定:一方当事人以欺诈、胁迫的手段订立合同,损害国家利益的,合同无效。

6. 缔约中的无权代理行为。无代理权的人,本不应以他人的名义或以代理人的身份进行要约或承诺。否则,属于缔约过失行为。未经追认的无权代理行为一旦导致相对第三人损害的,无权代理人应承担赔偿责任。无权代理因授权不明所致的,本人应当向第三人承担责任,代理人承担连带责任。委托代理人转托他人代理的,因委托代理人转托不明给第三人造成损失的,第三人可以直接要求本人赔偿损失。本人承担民事责任后,可以要求委托代理人赔偿损失,转托代理人有过错的,应当负连带责任。

7. 因实施显失公平的行为致合同被撤销。显失公平的合同乃缔约一方利用优势或利用对方没有经验,与他方订立明显违反公平、等价有偿原则的合同。受损害的当事人可请求撤销合同,而且可要求缔约过失方赔偿损失。

8. 一方在缔约过程中未尽保护义务而侵害他方权益。依诚实信用原则,缔约之际,双方都应尊重对方的合法权益,不致人损害。例如,在订立技术转让合同过程中,一方对他方的专有技术应尽保密义务,不得外泄。又如,在订立买卖合同过程中,买方不得毁坏、侵占卖方提供的产品样品、试用品。《合同法》第43条规定:"当事人在订立合同过程中知悉的商业秘密,无论合同是否成立,不得泄露或者不正当地使用。泄露或者不正当地使用用该商业秘密给对方造成损失的,应当承担损害赔偿责任。"缔约中被侵害的权益主要有物权、人身权、知识产权,缔约一方侵害他人权益的行为又属于侵权行为。此时,缔约过失责任与侵权责任竞合。

缔约过失并不限于上述情形。合同当事人在缔约时因未尽必要之注意义务而致合同无效或被撤销的,也应当承担缔约过失责任。例如,因重大误解致合同被撤销的,误解方应依缔约过失责任向他方赔偿因合同撤销造成的损失。再如,缔约过程中第三人错传他人意思表示致人损害的,表意人应当承担赔偿责任。《最高人民法院关于贯彻执行〈中华人民共和国民法通则〉若干问题的意见》(以下简称《民法通则司法解释》)第77条明定,意思表示由第三人义务转达,而第三人由于过失转达错误,使他人造成损失的,一般由意思表示人负赔偿责任。

三、缔约过失责任的含义

在缔约过程中，由于合同关系尚未建立，因而不能用合同约束缔约当事人。然而，在缔约过程中当事人之间不能没有约束，否则缔约中的欺诈、胁迫、趁人之危、恶意通谋、恶意磋商等等有悖诚信的现象就不能被遏止，缔约当事人的利益将丧失殆尽。缔约当事人在缔约之际应当遵循诚实信用原则，依据交易习惯尽必要的注意义务，应维护缔约相对人的人身、财产权益。当事人的权益不能因缔约而蒙受损害，权利之维护不能出现"真空"和法律未及"区域"，必须确立缔约中的义务制度，以及不履行该义务的法律责任。

缔约过失责任是指缔约人因违反缔约中的义务致他方损失而应进行赔偿的民事责任。当事人在缔约时不履行义务应承担民事责任，而不问合同是否成立、生效，也不问合同是否被撤销。此种责任不属于合同责任，也不属于侵权责任，而是属于合同责任、侵权责任以外的独立的民事责任。确立这一制度的目的在于维护缔约安全、缔约秩序，保障缔约当事人的权益。如果在合同成立前，缔约人之间的关系得不到公平、合理的调整，对善良的无辜受害者无疑是不公的，还直接影响到交易安全。

在《合同法》颁布之前，我国法律没有对缔约过失责任作出抽象、一般的规定。《民法通则》第4条规定了诚实信用原则。《民法通则》虽然未对缔约过失责任作出抽象、一般的规定，但是仍能在该法中找到关于缔约过失责任的具体规定。例如，《民法通则》第61条规定，民事行为被确认为无效或者被撤销后，有过错的一方应当赔偿对方因此所受的损失，双方都有过错的，应当各自承担相应的责任。与此对应，《民法通则》第58条、第59条规定了合同无效、可变更或可撤销的情形。此外，《民法通则》第66条、第67条、第68条还规定了无权代理行为致人损害的赔偿责任。除《民法通则》外，其他法律也有类似的规定。例如，《担保法》第5条第2款规定，担保合同被确认无效后，债务人、担保人、债权人有过错的，应当根据其过错各自承担相应的民事责任。

《合同法》第42条对缔约过失责任作了抽象、一般的规定："当事人在订立合同过程中有下列情形之一，给对方造成损失的，应当承担损害赔偿责任：（一）假借订立合同，恶意进行磋商；（二）故意隐瞒与订立合同有关的重要事实或者提供虚假情况；（三）有其他违背诚实信用原则的行为。"除此以外，还在第43条中规定了缔约中不应侵害缔约当事人合法权益的规定，缔约中侵害他人合法权益的，应当承担赔偿责任；在第58条中规定了因合同无效、被撤销致人损害的赔偿责任。缔约过失责任不仅表现为因缔约过失使合同不能成立、无效、被撤销而造成他人损失的赔偿责任，不仅表现为因缔约过失而使他人人身或财产合法权益受到损害的赔偿责任，而且还表现为合同成立、生效、未被撤销情形下，因一方缔约上的过错而造成他人损失的赔偿责任。例如，在实践性保管合同中，存放人明知寄存的标的物属于危险品而不告知保管人，造成保管人损失的赔偿责任。

四、缔约过失责任的成立条件和内容

（一）缔约过失责任的成立条件

缔约过失责任之构成应当具备如下条件：

1. 缔约人于缔约之际未善尽必要注意之义务。该义务发生在整个缔约过程中。合同成立后不善尽义务的，属违约行为。缔约前因交易协商尚未开始，故不负合同前义务。至于因虚假广告而致徒劳往返，造成损失的，可要求广告人承担侵权责任。必要注意之义务的内容须与缔约有紧密联系。学理上称此为"先契约义务"、"先合同义务"。

2. 缔约相对人蒙受财产损失。只有当他人受损失时，未善尽必要注意之义务的一方才承担赔偿责任。损失不仅为直接损失，还包括间接损失，表现为因合同不成立所造成的损失，因合同无效、被撤销所致损失等。

3. 未尽缔约之际的义务与损害后果有因果关系。只有当损害后果为一方不履行先合同义务所致时，不履行义务的缔约方才承担赔偿责任。

4. 不履行先合同义务的一方主观上有过错，包括不履行义务的故意和过失。前者如故意诈欺对方；后者如疏于注意而重大误解。

（二）缔约过失责任的内容

1. 赔偿损失

因缔约过失导致缔约相对方损失属于信赖利益的损失，包括所受损害和所失利益。实践中因缔约过失所造成的损失主要表现为如下情形：

（1）合同因不成立、无效、被撤销所造成的损失

合同因缔约过失而不成立、无效或者被撤销时，缔约之一方当事人有权要求缔约过失方赔偿因信赖合同成立、生效而遭受的损失。其损失主要有：其一，为订立合同所支出的缔约费用，如通讯费、差旅费、误工费、咨询费、律师费、合同文本制作费、鉴定费等。其二，为准备履行合同所支出的费用，如租赁仓库、雇佣员工、清理场地、购置设备等准备接货而支出的费用。其三，合同无效或被撤销后，为恢复原状的必要支出。其四，上述各种损失所生利息。其五，因丧失与第三人订立合同的机会所造成的损失。例如，在季节性商品的销售中，由于缔约过错方的恶意磋商，使销售方拒绝了第三人的购货请求而丧失将季节性商品售与第三人的机会，最终因季节、时令因素使该商品滞销。又如，买房人在接到某乙发出的卖房要约邀请书之前，已经接到某甲发出的卖房要约，因某乙的缔约过错行为，不仅未能使买房人与某乙订立房屋买卖合同，而且也因乙的过错导致买房人丧失了与某甲订立房屋买卖合同的机会。

（2）缔约过错行为虽未影响合同的成立与生效，但仍造成相对人损失

必须明确的是，缔约过失损害赔偿责任并不限于因合同不成立、无效、被撤销所致之损害的赔偿责任。一份合同被确定有效，一方于缔约之际因过错致人损害的，也应承担赔偿责任。例如，王某向银行借款人民币300万元，并将自己的房屋抵押给银行。抵押权设定后，王某又将该抵押的财产出租给李某。由于王某欠债不还，银行依法拍卖了抵押物。

依据《担保法司法解释》第66条第1款的规定,王某与李某的租赁合同对房屋拍卖中的受让人不具有拘束力(即先押后租的,买卖可以破除租赁)。依据《担保法司法解释》第66条第2款的规定,如果王某在与李某订立房屋租赁合同时未书面告知李某该出租的房屋已抵押的,王某对出租抵押物造成李某的损失承担赔偿责任;如果王某已书面告知李某该出租的房屋已抵押的,抵押权实现造成李某的损失,由李某自己承担。可见,出租人未告知承租人租赁物已经被抵押的情形属于缔约上的过失,因抵押权的实现造成承租人不能依据租赁合同继续使用房屋,由此导致承租人损失的,属于缔约过失所致损害。

(3)缔约中未对缔约相对人尽保护责任而造成相对人损失

当事人在缔约过程中应当善尽必要的注意义务,避免侵害缔约相对人的人身或财产上的利益,不得披露相对人的商业秘密。缔约时因未善尽交易上之必要注意义务,违反缔约中的保护义务,侵害相对人的身体权、健康权、商业秘密等人身权或财产权造成相对人损失的,应承担赔偿责任。例如,在缔约中披露商业秘密;在缔约中伤害对方身体。对于违反保护义务而造成的损害赔偿范围不以履行利益为限。

上述三方面的损失均属因缔约上的过失所造成的损失,因此应当由缔约过错方承担赔偿责任。

被害人请求缔约过失方赔偿信赖利益损失的,其索赔范围(数额)不应超过合同成立生效而获得的履行利益,然而当缔约过失行为与侵权行为竞合时,不受此限。

2. 解除合同

在缔约过程中,因一方违背诚实信用原则不告知缔约相对方相关事实的,即便合同业已成立、生效,合同的相对方也有权解除合同。例如,订立保险合同时保险人应当向投保人说明保险合同的条款内容,并可以就保险标的或者被保险人的有关情况提出询问,投保人应当如实告知。投保人故意不履行如实告知义务的,或者因过失未履行告知义务,足以影响保险人决定是否同意承保或者提高保险费率的,保险人有权解除保险合同。财产保险合同如此,人身保险合同也如此。投保人申报的被保险人年龄不真实,并且其真实年龄不符合合同约定的年龄限制的,保险人可以解除合同。

思考题:

1. 何谓合同的成立?
2. 结合生活现象或工作实际列举三个真实合同,说明合同成立的条件。
3. 通过一个生活中的合同,说明要约不是一个独立的民事法律行为,而是民事法律行为的要素。
4. 为什么撤回要约的表示必须先于或同时与要约表示到达受要约人处?
5. 举例说明要约的效力。
6. 承诺的成立前提是什么?
7. 承诺何时生效?承诺的效力是什么?
8. 迟发而迟到的承诺与未迟发而迟到的承诺有何区别?

9. 承诺对要约进行实质性变更与非实质性变更有何区别?
10. 招标、投标、定标这三个行为,以及拍卖公告、拍卖竞价、拍定这三个行为,哪个行为属于要约邀请?哪个行为属于要约?哪个行为属于承诺?
11. 何谓合同格式条款?《合同法》对合同格式条款的提供方作了哪些限制?
12. 《合同法》对合同格式条款作出限制的意义何在?
13. 何谓悬赏广告?悬赏广告的性质是什么?
14. 缔约中有哪些义务?为什么规定缔约中的义务?
15. 缔约过失责任的构成要件是什么?缔约过失责任的形式是什么?

第四章 合同的内容与形式

内容提要 本章分析了作为合同内容的绝对必要条款、相对必要条款和任意条款,分析了三种合同条款的区别,阐述了《合同法》第12条规定的合同内容,介绍了合同的解释目的、解释对象,阐述了合同的解释标准和方法,介绍了合同的口头、书面等形式。

第一节 合同的内容

一、合同内容概述

合同的内容是指合同当事人协商一致的合同条款。合同应具备哪些条款取决于法律的规定、合同性质的决定以及合同当事人的约定。例如,法律规定合同应具备当事人、标的、数量等条款;又如,有息借款合同决定此类合同必须具备利息条款;再如,合同当事人约定买卖合同中应当具备对买卖标的物的特殊包装条款。这些条款都属于合同应具备的条款。

就合同条款对合同成立所起的作用而言,合同条款可分为绝对必要条款、相对必要条款和任意条款。

绝对必要条款是指合同必须具备的,如果不具备则合同不能成立的条款。根据《合同法》第12条、第61条、第62条的规定,可以推断"当事人"、"标的"、"数量"是合同绝对必要条款。《合同法》第12条提示性地规定了合同的内容:当事人的名称或者姓名和住所;标的;数量;质量;价款或者报酬;履行期限、地点和方式;违约责任;解决争议的方法。《合同法》第61条和第62条规定,合同欠缺第12条规定的"当事人"、"标的"、"数量"三个条款以外的其他条款的,当事人可以事后协商补正;协商不成的,按照习惯;既不能补正又没有习惯可循的,按照第62条的规定或《合同法》分则中的规定,或者其他法律(如《担保法》)中有关合同条款的规定推定该合同条款成立。依据现行法律,除了合同当事人、标的、数量不能依法推定成立外,《合同法》第12条规定的合同的其他条款都可以推定成立。因此,合同条款中的"当事人"、"标的"、"数量"是合同的绝对必要条款。《合同法司法解释二》第1条规定:当事人对合同是否成立存在争议,人民法院能够确定当事人名称或者姓名、标的和数量的,一般应当认定合同成立。但法律另有规定或者当事人另有约定的除外。对合同欠缺的前款规定以外的其他内容,当事人达不成协议的,人民法院依照《合同法》第61条、第62条、第125条等有关规定予以确定。

相对必要条款是指合同必须具备的,不具备则依习惯或者依法推定成立的条款。例如,《合同法》第61条、第62条涉及的可推定成立条款为相对必要条款。① 又如,《合同法》第161条、《担保法》第19条、第21条第2款规定的可推定成立条款为相对必要条款。② 绝对必要条款与相对必要条款的共同之处在于两者均为合同必要内容,不可缺少;区别之处在于前者之欠缺影响合同的成立,后者之欠缺不影响合同的成立,前者因约定而存在,后者有约定的按照约定存在,没有约定的推定存在。

必须强调的是,依据习惯推定成立的相对必要条款与依据习惯推定成立的合同附随义务容易混淆,因为合同的附随义务是在合同的履行过程中依据诚实信用原则、合同目的、合同性质、交易习惯演绎而形成的,不是当事人预先约定的,也不是法律预先设定的。

依据习惯推定成立的相对必要条款与依据习惯推定成立的合同附随义务有如下相同之处:(1) 两者均没有在合同中记载,否则无需推定。(2) 两者都是必备的、应当成为约束当事人的合同内容。(3) 两者都是基于诚实信用原则、合同性质、合同目的、交易习惯推定而存在。

依据习惯推定成立的相对必要条款与依据习惯推定成立的合同附随义务有如下区别:(1) 前者包含的内容不是给付义务的内容而是给付义务的质量、数量或履行规则,例如履行时间、履行地点、履行方式等等;后者包含的内容是给付义务的内容,例如照顾义务、协力义务、告知义务、保密义务等等。(2) 前者包含的内容可以被预先约定,如果被预先约定,则无需再依据习惯推定;后者包含的内容难以被预先约定,是在合同履行过程中、合同发展的进程中形成的。(3) 前者的目的是实现合同权利人的给付利益。依据习惯推定成立的合同相对必要条款虽不产生新的义务,但是缺乏这些内容合同不能履行,合同目的不能实现。后者虽然产生新的合同义务,但是其目的在于辅助实现合同权利人的给付利益和避免侵害债权人的人身或财产利益。

合同的相对必要条款一般包括"质量"、"价款或者报酬"、"履行期限"、"履行地点"、"履行方式"、"违约责任"、"解决争议的方法"等。不是每个合同都应当具备上述相对必要条款。合同应当具备哪些相对必要条款取决于合同的性质。例如,买卖合同、租赁合同、承揽合同等有偿合同应当具备"价款或者报酬"这一相对必要条款,合同当事人在合同中没有记载这一条款的,按照《合同法》第61条、第62条或其他法律的规定推定成立。然而赠与合同、无偿借款合同、无偿保管合同、无偿委托合同等无偿合同便不存在"价款或

---

① 《合同法》第61条规定,合同中的质量、价款或者报酬、履行地点等条款没有约定或约定不明,且不能达成补充协议的,按照合同有关条款或者交易习惯确定。《合同法》第62条规定,当事人就有关合同内容约定不明,依照《合同法》第61条的规定仍不能确定的,适用下列规定:(一) 质量要求不明确的,按照国家标准、行业标准履行;没有国家标准、行业标准的,按照通常标准或者符合合同目的的特定标准履行⋯⋯这两个法律条文表明,合同的某些条款没有约定的,可以依据交易习惯推定其条款的存在,根据交易习惯不能确定条款存在的,按照法律的规定推定其存在。

② 《合同法》第161条规定:"买受人应当按照约定的时间支付价款。对支付时间没有约定或者约定不明确,依照本法第61条的规定仍不能确定的,买受人应当在收到标的物或者提取标的物单证的同时支付。"《担保法》第19条规定:"当事人对保证方式没有约定或者约定不明确的,按照连带责任保证承担保证责任。"第21条第2款规定:"当事人对保证担保的范围没有约定或者约定不明确的,保证人应当对全部债务承担责任。"这几个法律条文表明,合同的某些条款没有约定,根据交易习惯也不能确定条款存在的,首先按照《合同法》分则中的规定或者按照特别法的规定推定其存在,《合同法》分则没有另外规定,或者特别法没有另外规定的,按照《合同法》总则的规定推定其存在。

者报酬"这一相对必要条款。又如,买卖合同、互易合同等约定承担转移标的物所有权义务的有偿合同,存在标的物的"质量"这一相对必要条款,合同当事人没有约定标的物的质量标准或就标的物的质量标准约定不明,且事后又不能形成补充约定的,适用推定规则。然而运输合同、保管合同、委托合同等提供劳务或服务的合同无需标的物的"质量"这一相对必要条款。

任意条款是指绝对必要条款、相对必要条款以外的合同条款。此类条款的特点是:若有约定,将依约定发生合同效力;若无约定,不影响合同的成立且不推定该条款的存在。相对必要条款与任意条款的共同点是:没有约定该条款的,都不会导致合同不成立。相对必要条款与任意条款的区别点是:前者当事人没有约定的,依习惯和法律推定成立;后者当事人没有约定的,合同便无此内容。例如,附条件的合同或附期限的合同中,所附条件或所附期限便属于任意条款。

二、《合同法》关于合同内容的提示性规定

《合同法》对于合同内容作了提示性规定。依据该规定,合同内容如下:

(一) 当事人的名称或者姓名和住所

合同是一种民事法律关系。民事法律关系属于人与人之间的社会关系,合同是特定人之间的民事法律关系。因而,合同必然有其主体,即合同权利义务的承受者。合同的订立,在特定人之间设立、变更、消灭一定的权利义务关系。该特定人必须明晰、确定,因此当事人是合同内容的基本要素,缺少这一内容,合同便会因没有权利或义务承受人而不能成立。为了明确合同当事人的身份,合同必须记载当事人的名称或者姓名以及当事人的住所,故该条款为绝对必要条款。

(二) 标的

合同关系中的标的即债务人应为之给付。在债的关系中,债权是债务的对称。债务人之债务,反射出债权人之债权。确定了债务人应为之给付,也就确定了债权人有权受领之给付。合同债务人应为之给付或合同权利人有权受领之给付是合同的基本条款。缺乏这一条款,合同就会因无法执行而不能成立,故该条款为绝对必要条款。

(三) 数量

此处所谓数量是指合同标的物的数量,而不是合同标的的数量。合同的标的与合同的标的物不同。合同的标的是指合同义务人的给付。合同的标的物是指合同义务人给付的对象。给付的标的物(即给付的对象)有时表现为行为以外的客观存在,如物、智力成果、权利等,该物、智力成果、权利等被称为合同的标的物。给付的标的物有时表现为某一具体行为,如劳务、运输行为、保管行为、居间行为等,该行为也被称为合同的标的物。

合同义务是有度的,因此合同中必须表明合同标的物的数量,以确定合同的范围。例如,买卖合同中应当明确买卖物的数量。如果买卖物是粮食,应当明确买卖多少公斤或多少吨粮食。数量是合同得以成立的必要条款,缺乏这一条款合同也会因无法执行而不能成立,故该条款为绝对必要条款。

(四) 质量

所谓质量,是指合同标的物的品质或优劣程度。产品有产品的质量,服务也有服务的质量。合同双方的约定不仅仅包括合同标的物的数量,还包括质量。基于等价交换的交换原则,基于公平的民法原则,在双务合同、有偿合同中,合同标的物的质量往往还决定报酬或价金的数量。在合同关系中,权利人对义务人必然有质量的要求,而义务人为防止自己的义务被无限扩大也会要求在合同中明确质量标准。因此,一份合同中的质量条款不可缺少。

质量条款是必要条款,合同当事人没有约定质量条款的,依据交易习惯确定,没有相应交易习惯的,依据法律确定,故该条款为相对必要条款。

(五) 价款或者报酬

价款或者报酬并非所有合同都应当具备的条款。例如,赠与合同、无偿委托、无偿保管、无偿借贷、借用合同等都没有该条款。但是,有偿合同中除极个别现象以外(例如互易合同)均应当存在价款或者报酬条款。

必须注意的是,不能将价款或者报酬与费用混淆。前者属于对价给付。后者属于费用支出的偿还。例如,买卖、租赁、运输、承揽等有偿合同中的货款、租金、运费、加工费的给付,属于价款或者报酬。又如,无偿保管中,寄托人向保管人返还保管人为保存保管物而进行的有益费用支出;以及无偿委托中,委托人返还受托人因办理委托事务而支出的交通费、差旅费等费用。

有偿合同中,价款或者报酬条款是必要条款,合同当事人没有约定该条款的,依据交易习惯确定,没有相应交易习惯的,依据法律确定,故该条款为相对必要条款。

(六) 履行期限、地点和方式

合同义务的履行受时间限制。履行时间的确定对于合同双方都有积极意义。其一,它决定给付与受领的具体时间,以便双方作履行前的准备,适时地履行义务和行使权利;其二,它是确定违约与否的标准;其三,它明确了义务完成的时间要求;其四,它直接关乎合同双方的期限利益,例如金钱给付时间越早,对受领给付一方越有利。

应当明确,合同存续期限和合同义务的履行期限不同。前者为合同效力的持续时间,如租期;后者为履行义务的时间,如租金给付时间。通常所说的合同有效期指的是前者,如雇佣合同的有效期;合同的履行期指的是后者,如给付报酬的时间。

履行地点是实施合同义务行为的地方。履行地点的确定对于合同双方具有积极意义。其一,它决定给付行为的地点以及受领给付的地点;其二,它确定了违约与否的标准;其三,它明确了义务完成的空间要求;其四,它关乎合同双方的空间利益,例如异地货物买卖,货物交付地点不同,运费、保险费等费用的承担者也不同。

合同的履行方式同样关乎给付与受领给付的实际操作、违约与否的标准、义务完成的要求以及双方的物质利益。例如,同样是给付金钱,以转账方式给付金钱比以交付现金方式给付金钱更为安全、方便、快捷。

必须注意的是,在双方都应履行给付义务的合同中,上述履行期间、地点和方式对双方都适用,都应当在合同中记载。

履行期限、履行地点、履行方式条款是必要条款,合同当事人没有约定该条款的,依据交易习惯确定,没有相应交易习惯的,依据法律确定,故该条款为相对必要条款。

(七) 违约责任

合同义务具有强制性,不履行合同义务的,应当承担法律责任。否则,合同义务缺乏约束力,合同的权利在遭受侵害后就不能获得救济。合同自由决定了合同的责任可以通过约定的方式确定。合同双方可以约定违约金数额和其他责任形式。关于赔偿损失的责任,合同双方可以约定因违约产生损失赔偿额的计算方法。

违约责任条款是必要条款,合同当事人没有约定该条款的,依据法律确定,故该条款为相对必要条款。

(八) 解决争议的方法

合同之争议在所难免。一旦发生争议就需要及时解决。基于合同自由原则,当事人在订立合同时可以预先约定解决合同争议的方法。合同争议发生时协商解决是最为理想的方法。但是,实践证明,大量的合同争议难以通过自我协商的方法解决。当合同争议不能自我解决时,必须寻求第三方解决的途径。目前,我国具有强制力的解决合同争议的机构为人民法院、仲裁机构和人民调解组织。当事人可以约定由人民法院来解决合同争议,也可以约定由仲裁机构或人民调解组织来解决合同争议。不同的争议解决机构适用不同的争议解决程序和方法。当事人约定由某一机构解决纠纷,也意味着选择用某一程序和方法解决合同争议。

争议方法解决条款是必要条款,合同当事人没有约定该条款的,依据法律确定,故该条款为相对必要条款。

第二节 合同的解释

一、合同解释的目的和对象

合同的解释是对合同内容的说明。合同内容为合同各方当事人一致的意思表示。合同的解释也就是对意思表示的解释。由于文字表达的局限性,又由于表意人在表达中存在的表示瑕疵,意思表示往往出现表意不明的暧昧或表述上的不完整,最终导致合同产生多重理解或意思不明(约定不明)。这就需要对合同内容进行解释。

合同解释的目的是探求合同当事人真实的意思表示,使合同条款意思明了或者使合同内容完整。如果属于阐释性解释,解释目的是使合同内容明确。合同内容的明了是法律对合同当事人的基本要求,也是合同得以发生效力的必备条件。当合同条款晦涩而语义不明时,应当对该条款进行说明、阐释,明确其意思。如果属于补充性解释,解释的目的是使合同完整。合同标的是给付,给付涉及给付之对象、数量,给付之时间、地点、方式等等,所有这一切都必须在合同中固定,方能实现债务人之给付和债权人之受领两个行为的契合。如果合同内容缺少给付所需的必备条款,就需要探求合同当事人的真意对合同作出补充解释,以补充原合同意思条款的欠缺。

合同解释的对象是意思表示。如前所述,意思表示以效果意思、表示意思、表示行为为要素。效果意思、表示意思深藏于内心,只能探求而不能解释,它是解释的结果而不是解释的对象。表示行为表露于外部,人们通过表示行为了解效果意思、表示意思,因而属于解释的对象。表示行为是表达内心意思的行为,因此书面合同的文字表述、被证明的口头表述、用以表达内心想法的某个特定动作等都是解释的对象。由于解释的任务是依据外部表示行为探求内心效果意思,通过解释明确合同的内容,因此解释的对象是合同当事人协商一致的意思表示,而不是某一方的意思表示。如果合同以书面形式表现,解释的对象就是合同书的记载内容。据此,在使用目的解释方法进行合同解释时,应当以全体合同当事人的共同目的为目的而不能只考虑合同一方当事人的目的;在使用探求缔约人真意方法进行合同解释时,应当考虑全体合同当事人的真实想法而不能只考虑合同一方当事人的真实想法。

必须明确的是,合同的解释对象不能是语义清楚明了的文字或数字。例如,将房屋的售价人民币1345万元错写成人民币1345元记载于书面合同中,对"人民币1345元"的价金记载不能进行解释。对记载清晰明确的文字无需解释,如对语义明确的文字进行解释,则与"文义解释"的解释规则自相矛盾。对于错误的表示,可适用意思表示错误的规则,请求人民法院或仲裁机关变更或撤销合同。只有合同条款意思不明时,才需要解释,以确定合同的内容。例如,借款合同中关于借款数量的约定既有阿拉伯数字的表述又有文字大写数字的表述,且两个表述不一致的,需要解释。又如,合同格式条款中记载的内容与约定书写内容相互矛盾,这一约定不明的表述需要依据一定的解释方法对合同内容作出解释。

二、合同解释的标准和方法

合同的解释应当遵循一定的标准。

我国《合同法》第125条第1款规定:"当事人对合同条款的理解有争议的,应当按照合同所使用的词句、合同的有关条款、合同的目的、交易习惯以及诚实信用原则,确定该条款的真实意思。"第2款规定:"合同文本采用两种以上文字订立并约定具有同等效力的,对各文本使用的词句推定具有相同含义。各文本使用的词句不一致的,应当根据合同的目的予以解释。"《合同法》第61条、第62条规定,合同的某些条款没有约定或约定不明的,应当按照合同的其他条款进行整体解释;不能依整体解释得出解释结论的,按照交易习惯进行解释;没有交易习惯的,按照任意法(《合同法》第62条或其他相关条文、关于调整合同关系的其他法律)的规定进行解释。

据此,我国《合同法》规定的合同解释标准有如下四项:

(一)探求合同当事人真实意思解释合同

合同是私法自治的集中体现,合同的解释必须合乎当事人的真实意志。为了确保合同解释符合当事人的真意,现行法律确立了一定的解释方法。

1. 合同文义解释

解释意思表示时,应探求表意人的真意。合同是双方或多方意思表示一致的行为,探求合同当事人的真实意思,应当考虑合同全体当事人共同的真实意思,而不仅仅是合同某一方当事人的真实意思。书面合同是双方一致意思表示的载体,书面合同中的文字、词句反映了合同全体当事人的共同想法。因此,当合同当事人对合同内容发生分歧时,对合同的意思表示只能首先按照文字或词语本身的含义作出解释,其目的在于维护交易安全。合同意思表示中的效果意思(追求一定民事法律关系发生、变更、消灭的想法)有内心的效果意思(未表露出来的想法)和表示上的效果意思(表露出来的想法)之分,当内心的效果意思与表示上的效果意思不一致时,应当按照表示上的效果意思确定效力,以确保交易安全。如果表示上的效果意思是因欺诈、胁迫、重大误解而造成,可通过其他途径解决(民事行为的撤销制度),而不应在合同解释中解决。

2. 合同整体解释

如果合同内容晦涩、暧昧,语义不明,不能依据所使用的文字或词语作出解释,则应通观合同的全文,进行整体解释。合同的任何文字或词语,或合同的任何条款都是合同的一个组成部分,该组成部分只有和合同整体结合才能体现确切的意思和合同当事人的真实意思。

如果合同的文字与词语存在多义性,更应与合同整体意思结合确定该文字与词语的含义,不应得出与合同全文整体意思相矛盾的结论。

3. 合同目的解释

合同目的是实施合同行为的出发点和归属点,是合同真实意思的集中反映。合同目的落空,合同将无继续存在的必要,因而必然导致合同的消灭(如解除合同)。同理,对合同的阐释或补充也必须围绕合同的目的。尤其在合同条款之间发生矛盾时,应当依据合同目的对矛盾的条款进行统一解释,并尽可能将矛盾条款的内容作有效解释。

(二) 以交易习惯解释合同

交易习惯是一种交易规则,用于调整交易关系。交易习惯被法律规定为补充意思表示的方式,解释与补充意思表示的内容。交易习惯不能被直接适用,而是通过解释或补充而成为意思表示的一部分,作为合同的内容约束当事人。

交易习惯是交易领域中被认可的通常做法。当合同条款约定不明时,交易习惯当然被作为解释合同内容的依据。交易习惯的成立应同时具备如下条件。其一,交易习惯应当是在交易行为当地或者某一领域、某一行业通常采用,是一种业内普遍实行的行为。其二,作为交易习惯的通常做法必须在合同订立前已经存在,并为合同当事人于缔约时所知道或者应当知道。其三,合同当事人没有通过约定排除,或以其他方式明示排除以交易习惯解释和补充合同的内容。其四,作为交易习惯的普遍做法不得违反强制性规定,不得违背公序良俗,不得背离诚实信用原则。

交易习惯分为特定合同当事人之间形成的交易习惯和一定地域或一定行业间形成的

交易习惯。前者为合同各方数次交易形成的通常做法,这种习惯只发生在特定当事人之间。后者为某一领域、某一区域内交易者之间因长期交易形成的通常做法。无论何种交易习惯,主张依据交易习惯解释合同内容的当事人都应当证明交易习惯的存在。《合同法司法解释二》第7条规定:"下列情形,不违反法律、行政法规强制性规定的,人民法院可以认定为合同法所称'交易习惯':(一)在交易行为当地或者某一领域、某一行业通常采用并为交易对方订立合同时所知道或者应当知道的做法;(二)当事人双方经常使用的习惯做法。对于交易习惯,由提出主张的一方当事人承担举证责任。"

(三)运用任意规范解释合同

合同的法律规范有强制性规范和任意性规范之分。就合同当事人而言,前者为义务性规范,如缔约中的附随义务直接由合同法的强制性规范规定;后者为权利性规范,合同主体可以按照该规范确定合同内容,也可以不按照该规范确定合同内容而另行约定相应的内容。当合同的内容与任意性规范冲突时,任意性规范被排除适用;当合同的内容与任意性规范不发生冲突时,该任意性规范就成为合同内容解释的标准。例如,合同没有约定履行地,按照合同的其他内容和交易习惯都不能确定履行地的,按照《合同法》第62条的规定,不动产在不动产所在地履行,货币在接受货币一方所在地履行,其他动产在给付动产一方所在地履行。

任意规范解释合同的作用在于两个方面。其一,补充合同内容(意思表示内容)的欠缺;其二,在合同内容约定不明时,解释合同条款,明确合同内容。例如,《合同法》第62条关于履行地、履行时间、履行方式没有约定或者约定不明的规定;再如,《担保法》第19条关于保证方式没有约定或者约定不明的规定。①

(四)遵循诚信原则解释合同

诚实信用原则的含义是两个平衡,即合同当事人各方利益的平衡和合同当事人利益与社会利益的平衡。解释合同条款必须顾及两个平衡。例如,《合同法》第41条关于格式条款解释中"应当作出不利于提供格式条款一方的解释"和"格式条款与非格式条款不一致的,应当采用非格式条款"的解释规定,体现了合同法的诚实信用原则。在合同的解释中,某些条款既可以被解释为有效条款,也可以被解释为无效条款时,应解释为该条款有效。例如,某合同约定的履行时间为当年2月29日。当年2月只有28天,没有2月29日这一日期。对此,可以将该履行期条款解释为无效条款。但是,基于诚信原则,应当将此解释为履行时间为2月的最后一天。

第三节 合同的形式

合同的形式即合同意思表示的方式。对于意思表示,除法律另有规定、当事人另有约定外,法律只注重其表示力而不拘泥于表示方式。因此,我国《合同法》第10条第1款以

---

① 《担保法》第19条规定:"当事人对保证方式没有约定的或者约定不明确的,按照连带责任保证承担保证责任。"

列举兼概括的方式规定了合同的形式：书面形式、口头形式和其他形式。近现代法律以合同形式自由为原则，合同原则上不受形式限制，但是出于证据、防止欺诈等考虑，对特定的行为要求采取特定的形式。因此，《合同法》第10条第2款规定："法律、行政法规规定采用书面形式的，应当采用书面形式。当事人约定采用书面形式的，应当采用书面形式。"

法律规定合同必须采用一定方式的意义在于确定合同的生效条件。例如，租赁合同有定期租赁和不定期租赁两种。《合同法》第215条规定，租赁期限6个月以上的定期租赁合同应当采用书面形式订立，当事人未采用书面形式的，视为不定期租赁。这一规定表明，租期6个月以上的租赁合同以书面形式作为合同的生效要件；不具备该成立要件的租期6个月以上的租赁合同被转换为不定期租赁合同。法律之所以规定合同订立的形式，目的在于使合同双方记录已经明确发生的权利义务关系，防止年长日久记载不明而引发纠纷，防止纠纷处理时举证困难，同时也是为合同批准或登记提供必要条件。我国《合同法》第44条规定，法律、行政法规规定合同应当办理批准、登记手续生效的，依照其规定。当有关机关对合同进行批准、登记时，需要书面形式的合同。例如，依据法律的规定，中外合资经营企业合同经国家有关机关批准后生效。

合同当事人约定合同的订立必须采用一定形式的目的在于两个方面：一是作为合同的生效条件；二是为了日后举证方便。合同当事人约定合同以某种形式表现，而该合同并未以约定形式表现的，该合同尚未生效。基于合同自由原则，当事人原本约定以某种方式订立合同的，以后可以约定改变原定方式订立合同。当事人改变原来确定的合同方式的形式多样，可以口头、书面形式，也可以通过实际行为。

法律、行政法规规定或者当事人约定采用书面形式订立合同，当事人未采用书面形式而采用书面以外的形式订立合同，且一方已履行主要义务，对方接受的，该合同应当认定已经生效。

一、合同的书面形式

书面形式是以文字表达内心意思的手段。以这种方式签订合同的优点是将双方协商的内容以及合同的权利义务通过一定的载体固定下来，一旦就合同的内容存在分歧意见，此书面文件可以作为查考依据或证明依据。烦琐、不便是书面合同的弊端。如果去农副产品集贸市场买菜、买副食品也须订立书面合同，则会给生活带来极大的不便。

《合同法司法解释二》第5条规定："当事人采用合同书形式订立合同的，应当签字或者盖章。当事人在合同书上捺手印的，人民法院应当认定其具有与签字或者盖章同等的法律效力。"书面形式并不限于合同书形式。当事人各方在同一载体上（往往表现为纸）记载合同内容，并签字或盖章的，属于书面形式；当事人各方的往来信件、数据电文（电报、电传、传真、电子数据交换和电子邮件）等可以有形地表现文字内容的形式也是书面形式。虽然通过书信往来、传真往来、电子数据交换和电子邮件往来的方式所订立的合同也被称为书面合同，但是这种书面合同保存不便，如有可能和必要，当事人可以在合同成立前要求通过订立书面确认书的方式将合同内容固定下来。这既能使交易迅捷，又能固定证据，以备查考。《合同法》第33条规定:"当事人采用信件、数据电文等形式订立合同的,可以在合同成立之前要求签订确认书。签订确认书时合同成立。"以确认书的方式固定信件、数据电文等形式达成的合意,是长期以来实践经验的总结。长期以来,我国企业在对外贸易中订立了大量的涉外经济合同。在合同磋商过程中,往往通过信件、电报、电传等方式达成协议。从合同角度而言,合同已经成立生效,但是涉外经济合同的履行往往涉及运输、保险、报关等事务,因而双方在协议基础上又订立了"确认书"。有时在通过信件、电报、电传等达成协议以前,一方当事人要求签订确认书,双方便将确认书签定的时间作为合同成立的时间。

书面形式往往适用于不能即时清结的合同,法律、行政法规规定应当采用书面形式订立的合同,需要经过公证机关公证的合同,需要经过国家有关机关批准或登记的合同等。例如,远期货物交易、长期租赁合同、中外合资经营企业合同等。

二、合同的口头形式

口头形式是指以口头交谈表达内心意思的手段。以这种方式签订合同的优点是简便、易行。但是,如果当事人未以物质形式将交谈的内容记载下来,日后一旦发生纠纷则无据可查。面对面交谈、电话交谈都属于口头形式。

口头合同往往适用于交易能够当时清结的合同。例如,在一手交钱、一手交货的情形下,当事人双方往往以口头形式订立合同。

三、合同的其他形式

依据《合同法》第10条的规定,合同订立的形式除书面、口头形式外,还存在其他形式。在特定的环境或条件下,当事人以进行其他举动,如手势、举牌、拍板等形式来交流自己的内心想法,并达成合意。在拍卖活动中一方竞价举牌、另一方敲锤拍定而成立买卖合同便是一例。租赁合同期限届满后,承租人按原合同之约定继续交付租金,出租人接受租金的,可以推定双方续租。《合同法司法解释二》第2条规定:当事人未以书面形式或者口头形式订立合同,但从双方从事的民事行为能够推定双方有订立合同意愿的,人民法院可以认定是以《合同法》第10条第1款中的"其他形式"订立的合同。但法律另有规定的除外。以其他形式订立合同的,其意思表示的形式必须有表示力(表示价值),即具有正确表明表达方意思的表现力。而这往往又取决于当事人间的特约或交易习惯。

思考题:

1. 为何将合同条款区分为绝对必要条款、相对必要条款和任意条款?
2. 合同的绝对必要条款与相对必要条款有何区别?哪些条款属于合同的绝对必要条款?
3. 合同的相对必要条款与任意条款有何区别?哪些条款属于合同的相对必要条款?
4. 结合生活现象或工作实际,举例说明买卖合同的主要内容。

5. 合同的解释目的和解释对象是什么？
6. 合同的解释标准和方法是什么？
7. 对合同的格式条款的解释，应采用什么方法？为什么？
8. 合同有哪些形式？

第五章 合同的效力

内容提要 本章阐述了合同生效的含义,介绍了合同生效后的法律后果,阐述了合同生效的一般条件和特殊条件,以及合同的可变更、可撤销制度、合同的无效制度、合同的效力待定制度,阐述了附条件合同和附期限合同制度。

第一节 合同的生效

合同能否成立取决于合同当事人是否达成协议,属于合同当事人自身能够决定的事实状态。然而,合同当事人所追求的不仅仅是形成合意,而是据此设立、变更、消灭一定的民事法律关系,实现合同目的。欲实现合同目的,必须使合同发生效力,形成一定的法律关系。

合同关系是人与人之间的社会关系。任何一种社会关系都会影响社会秩序、社会利益。有些社会关系的发生对社会秩序、社会利益的影响是积极的、有益的。例如,商品房买卖或租赁关系既能促进市场经济的发展,又能调节房屋资源,促进居者有其屋政策的落实。有些社会关系的发生对社会秩序、社会利益的影响是消极的、有害的。例如,卖淫嫖娼交易关系、毒品买卖关系直接危害社会。前者,法律必须肯定;后者,法律必须否定。当法律肯定某一社会关系时,将其上升为法律关系,赋予该法律关系效力,确定该法律关系的权利义务,并以国家强制力为后盾给予保护。当法律否定某一社会关系时,拒绝将该等社会关系上升为受法律保障的权利义务关系,并取缔该等关系中的行为。值得一提的是,有些社会关系的发生、存在并无社会危害性,不必作出否定的评价,但是也没有必要对该类社会关系中的内容赋予强制力给予保护,法律并没有将这类关系作为调整对象,没有将其上升为法律关系。例如,男女恋爱关系。因合同所形成的社会关系,并不都被上升为民事法律关系,因而不是所有的合同都能发生效力,不是所有的合同都受法律保护。为了维护社会秩序、社会利益,当事人订立的合同必须接受社会的评价,以确定是否给予调整和保护。合同能否生效必须受合法性评价,因为法律决不对具有社会危害性的合同赋予强制执行的效力;合同能否生效还必须考虑行为人有无行为能力,因为维护未成年人和精神病人的权益是一种社会的责任;合同能否生效还必须考虑合同是否体现了缔约人的真实意思,因为欺诈、胁迫、乘人之危下建立的合同关系有悖社会正义和秩序;合同能否生效还必须考虑合同的形式是否符合法律要求,因为合同的订立不得违背法律预设的交易秩序。总之,合同的生效影响社会秩序与利益,必须对合同进行评价,任何一个国家的法律都规定了合同的有效条件,以此作为合同能否生效的法律依据。

合同效力的认定过程属于合同价值评价过程。合同的有效条件实质上是社会评价标准,是允许产生合同当事人所追求的民事后果(民事法律关系的发生、变更、消灭)的条件。

合同是私法自治的典型制度,因此合同的社会评价标准应当包括两个方面:其一,充分尊重合同当事人的意志,维护合同当事人的利益;其二,充分尊重法律和社会公序良俗,维护社会公共秩序和公共利益。

第二节 合同的生效条件

合同的生效是合同作用发生的事实状态。例如,买卖合同发生债权债务关系设立的后果,出卖人有交付买卖标的物的主要义务,买受人有支付价金的主要义务。合同的生效条件,即合同的有效条件。两者名称不同,所指对象则是同一。前者从动态角度表现合同效力发生应具备的条件;后者从静态角度表现合同有效状态应具备的条件。

合同是民事法律行为的一种。民事法律行为的有效条件就是合同的生效条件。《民法通则》第55条规定:"民事法律行为应当具备下列条件:(一)行为人具有相应的民事行为能力;(二)意思表示真实;(三)不违反法律或者社会公共利益。"合同是双方的民事法律行为,合同的生效也应当符合《民法通则》第55条的规定。《民法通则》第55条的第1项规定属于关于民事法律行为主体的规定,虽然仅仅规定行为人应具备行为能力,但是具备行为能力的主体必定具备权利能力。该条文实际包含两层意思:其一,民事法律行为主体必须具有权利能力;其二,民事法律行为主体必须具有相应的行为能力。《民法通则》第55条的第2项、第3项规定是针对意思表示的规定,包含四层意思:其一,意思与表示必须一致;其二,意思表示内容不得违法;其三,意思表示内容不得违背社会公共利益;其四,意思表示的形式必须符合法律的规定。《民法通则》第55条规定的民事法律行为应具备的条件虽然只有三项,但实际上包含六个层面的内容。合同的生效条件必须包含该六个层面的内容。此外,意思表示之内容若不确定将使给付行为不能确定、给付对象不能确定,使合同履行缺乏依据,使合同因缺乏约束力而成为无法律意义之行为。故此,合同内容确定也应成为合同的生效条件。

以上合同的生效条件应当认为是合同的一般生效条件。《合同法》第44条第2款规定,某些合同的生效还应依法具备批准或者登记条件。批准、登记对于某些合同而言,也是合同的生效条件。这属于合同的特殊生效条件。

以下分别阐述合同的一般生效条件和特殊生效条件。

一、合同的一般生效条件

(一)关于合同主体的生效条件
合同主体的生效条件包含如下两个方面:
1. 合同关系当事人应当具有民事主体资格
合同之所以要求当事人具有主体资格,是因为在合同权利义务关系中,只能由民事主体享有民事权利、承担民事义务。依据《合同法》第2条的规定,能够加入合同关系享有权利承担义务的民事主体是自然人、法人和其他组织。

2. 订立合同的缔约人应当具有相应的民事行为能力

义务自主是民法的精神和理念,除法律另有规定外,个人的权利义务关系本之于个人意志。合同的缔约人必须明确自己行为的后果。

年满18岁、精神正常的自然人具有完全的民事行为能力。具有完全民事行为能力的人所订立的合同有效。16周岁以上不满18周岁的自然人,能够以自己的劳动取得收入,并能维持当地群众一般生活水平的,可以认定为以自己的劳动收入为主要生活来源的完全民事行为能力人,其所进行的合同行为有效。

10岁以上的未成年人或不能完全辨认自己行为的精神病人为限制民事行为能力人。其所实施的与其年龄、智力状况相适应的,或者与其精神健康状态相适应的合同行为有效。限制民事行为能力人所实施的纯获利益的合同行为也有效。所谓"纯获利益的行为",是指纯获法律上利益的行为。这包括两种情形,一是只享有权利不承担义务,例如作为受赠人与他人订立赠与合同;二是只享有权利不承担对价义务,例如作为受赠人与他人订立附负担的赠与合同。仅仅是纯获经济上利益(如以100万元购买价值110万元的物品)而不是纯获法律上利益的行为不属于纯获利益的行为。限制民事行为能力人可以在监护人的同意下实施其他合同行为。监护人的同意既包括事先同意,也包括事后追认。限制民事行为能力人实施与其年龄、智力、精神健康状态不相适应的、非纯获利益的合同行为,在未经其监护人同意的情况下不发生效力。欲取得这类合同所产生的后果,或者在监护人同意的情况下自己参与订立合同,或者由法定代理人代理限制民事行为能力人订立合同。

未满10岁的未成年人或不能辨认自己行为的精神病人为无民事行为能力人。由于这类人不能辨认自己行为的后果,因此所订立的合同无效。无民事行为能力人欲取得合同所产生的后果,由法定代理人代理其订立合同。

值得一提的是,民事法律行为有负担行为与物权变动行为之分。

《物权法》第9条规定:"不动产物权的设立、变更、转让和消灭,经依法登记,发生效力;未经登记,不发生效力,但法律另有规定的除外。"《物权法》第23条规定:"动产物权的设立和转让,自交付时发生效力,但法律另有规定的除外。"《物权法》第15条规定:"当事人之间订立有关设立、变更、转让和消灭不动产物权的合同,除法律另有规定或者合同另有约定外,自合同成立时生效;未办理物权登记的,不影响合同效力。"这三个条文表明:除法律另有规定以外,通过民事法律行为来变动不动产物权的(如房地产权利的转让),必须登记,通过民事法律行为来变动动产物权的(如电脑所有权的转让),必须交付,未经登记或交付,不发生不动产或动产物权的变动。这三个条文还表明,当事人订立的变动物权的合同(如转让财产所有权的买卖合同),即便没有办理不动产登记或没有进行动产交付,也发生效力。此时,发生何等效力?!正确答案只能是债权债务关系发生的效力。由此可以推论:合同,即便是有关物权变动的合同,其本身不发生物权变动的效力,但发生债权法上的效力。可见，合同是一种负担行为，而不是一种物权变动行为。

负担行为产生债权债务关系。例如，买卖合同的订立发生买卖关系。依据买卖关系，出卖人负有交付标的物、转移标的物所有权的义务；买受人负有支付价金的义务。我国《合同法》规定的合同属于负担合同。《合同法》第8条第1款明确规定合同对当事人有法律约束力，当事人应当按照约定履行义务，不得擅自变更或解除合同。此处关于"约束力"、"按照约定履行义务"、"变更或者解除合同"的表述，都是针对负担行为的。此外，《合同法》分则中所有的有名合同都是负担合同。负担合同的效力不发生物权的变动，因此负担合同的有效条件中不要求合同当事人有处分权。

然而，我国《合同法》第79条规定的债权转让行为属于处分行为。当事人实施处分行为的，应当具有处分权。没有处分权的，处分行为无效。以下通过一个案例加以说明。某甲对某乙有债权，某甲与某丙订立债权转让协议，将对于某乙的债权转让给某丙。转让协议生效后，债权转让通知发出前，某甲又与某丁签订"关于对于某乙的债权转让的协议"，并通知某乙向某丁履行债务。本案的问题是，究竟是某丙还是某丁对某乙享有债权？依据《合同法》第80条的规定，对受让人而言，转让债权的效力不以通知为条件。因此，案涉转让债权的行为无论是否通知债务人某乙，某丙都已经取得某甲的债权，而某甲因转让行为丧失了对某乙的债权。此后某甲再度转让债权的行为属于无权处分行为，应认定为无效。因此，本案中某丙享有债权而某丁不享有债权，如果债务人某乙不知情向某丁履行了债务，某丙有权要求某丁返还不当得利；某丁因此蒙受损害的，有权向某甲索赔。这一案例表明，处分行为的当事人一定要有处分权。

（二）关于合同意思表示的生效条件

意思表示属于法律行为的内容，也属于合同的内容。意思表示的生效条件，包括如下方面：

1. 意思表示内容确定

合同内容应当确定。为使合同内容确定，法律要求当事人的约定应当明确。

合同任意条款约定不明的，不影响合同整体的效力和合同的执行。

合同相对必要条款约定不明的，可以通过交易习惯或者任意规范推定该条款的存在，也不影响合同的执行。例如，保证合同对保证方式约定不明的，根据《担保法》第19条的规定按照连带责任保证承担保证责任。

合同绝对必要条款约定不明的，将使合同不能执行，直接影响合同的效力。例如，在租赁合同中，关于租赁物的约定不明，依据合同条款又无法确定的，该合同不能发生效力。

合同内容的确定，包括意思表示内容明确以及意思表示内容没有自相矛盾。将合同内容确定作为合同的生效条件，是基于对客观现实和形式逻辑的考虑。

2. 意思表示内容合法

依据《合同法》第52条第5项的规定，合同不得违反法律、行政法规的强制性规定。制定法律的机构是全国人大。法律既包括全国人民代表大会通过的法律（例如《民法通则》、《合同法》、《物权法》等），也包括全国人民代表大会常务委员会通过的法律（例如

《票据法》《担保法》等）。制定行政法规的机构是国务院。这意味着地方性立法和政府行政规章都不能限制合同的效力。

《合同法司法解释二》第14条规定："合同法第52条第5项规定的'强制性规定'，是指效力性强制性规定。"所谓效力性强制性规定是指以强行规则的方法对合同的主体、内容、形式进行限制的规定。例如，《合同法》第40条规定：格式条款具有本法第52条和第53条规定情形的，或者提供格式条款一方免除其责任、加重对方责任、排除对方主要权利的，该条款无效。又如，《物权法》第211条规定："质权人在债务履行期届满前，不得与出质人约定债务人不履行到期债务时质押财产归债权人所有。"《担保法》第9条规定："学校、幼儿园、医院等以公益为目的的事业单位、社会团体不得为保证人。"上述三条法律规定表明，效力性强制性规定具有如下四个特征：其一，属于义务性规定，缔约人必须遵守；其二，属于法定义务，而不是依据法律推定成立的合同义务，体现国家强制和国家对合同的干预；其三，是对合同主体、内容、形式的限制，是对合同自由的限制；其四，违反该规定的合同无效或部分无效，而不问该强制性规定是否载明"条款无效"字样。

值得注意的是，有的效力性强制性规定适用于一切合同，例如《合同法》第52条的规定，有的仅仅适用于特定种类合同，例如《物权法》第211条的规定。在适用法律时必须关注和辨析法律所规范的对象。

意思表示内容必须合法，意味着合同内容不得违法，不得规避法律。所谓规避法律，即以合法的形式掩盖违法的目的或者以虚假的合法行为掩盖真实的违法行为。

3. 意思表示内容不得有悖公序良俗

公序良俗即公共秩序和善良风俗。成文法具有局限性，即法律规范难以穷尽可能出现的任何现象。为了克服成文法天然的缺陷，立法者赋予了法官创造法律的权力，允许法官运用社会一般理念和公共利益评价合同，确定其效力。与"诚实信用"原则一样，"公序良俗"规则也是软法，由法官根据客观现实情况依据社会通念确定。所不同的是，"诚实信用"原则的功能和适用的目的是解释、补充合同的内容，"公序良俗"规则的功能和适用的目的是对合同作出社会评价并确定其是否生效。

4. 意思表示形式合法

为了使民事法律行为切实反映行为人的真实意志，为了尽可能减少纠纷，法律往往对某些民事法律行为作了一定的形式要求。符合法律规定的特定形式的，该行为有效，否则无效。《合同法》第10条第2款规定："法律、行政法规规定采用书面形式的，应当采用书面形式。"这一规定表明两层意思：一是依法应当采用书面形式的合同必须采用该形式，否则该合同无效；二是能够限制缔约人必须采用某种形式订立合同的，只能是法律和行政法规，地方性立法和政府行政规章都不能限定合同当事人以何种形式订立合同。例如，《合同法》第215条规定：租赁期限6个月以上的，应当采用书面形式。当事人未采用书面形式的，视为不定期租赁。除此以外，《合同法司法解释二》还对书面合同中的合同书的形式要求作了更为具体的规定。该司法解释第5条规定："当事人采用合同书形式订立合同的，应当签字或者盖章。当事人在合同书上捺手印的，人民法院应当认定其具有与签字或者盖章同等的法律效力。"

合同的法定形式是为了确保合同体现当事人的真实意思,避免纠纷的发生。如果法律、行政法规规定或当事人约定采用书面形式订立合同,当事人未采用书面形式但一方已经履行了主要义务,对方也接受的,不能认为该合同因没有采用书面形式而无效。《合同法》第36条规定:"法律、行政法规规定或者当事人约定采用书面形式订立合同,当事人未采用书面形式但一方已经履行主要义务,对方接受的,该合同成立。"

5. 意思与表示一致

合同法要求合同当事人内心的意思与合同中的表示一致。

合同订立中,意思与表示不一致往往有如下情形:

(1) 通谋虚伪表示

合同当事人各方约定订立一个虚假的合同,且不受该虚假合同约束的,为通谋虚伪表示。这类虚假合同虽然有合同的外壳,但是没有合同当事人的真实意思,在合同当事人之间不发生任何效力。但是,合同当事人不能以通谋虚伪表示来对抗善意第三人。例如,某甲与某乙虚构一份合同,依据该合同某甲对某乙享有债权。嗣后,某甲将该所谓的债权转让给不知情的第三人某丙,某丙为此付出了合理的对价。在这种关系中,某乙虽然能够对抗某甲的所谓债权,但是不能对抗某丙对其的债权。

(2) 错误

错误即观念与事实不一致。因错误而订立的合同属于可变更、可撤销的合同。民法上错误之构成必须同时具备如下条件:第一,须有意思表示;第二,意思与表示不一致;第三,错误必须重大(所谓"重大",必须同时符合两个条件:其一,行为人若非错误,绝不为此行为;其二,一般人处于行为人的地位,若非错误,也绝不为此行为);第四,错误发生在合同成立之时。

错误的形态有两种。其一,行为的错误。如口误、笔误(误将"10万元"书写成"10元")等。其二,内容的错误。内容的错误表现为对合同性质认识的错误,如将买卖误为赠与;对合同标的物的同一性认识的错误,如误认骡为马;对合同当事人的同一性认识的错误,如误认张三为李四;对合同标的物价格、数量、合同履行期、履行地、履行方式的认识错误等。

动机的错误不影响行为的效力。例如,误认为某商品将要涨价而大量购入该商品。但是从经济角度看,当某些动机的错误影响重大时,应将其作为内容错误进行处理,例如对当事人资格的认识错误或对标的物性质的认识错误(如误认劣质产品为正品)属于动机的错误,但是经济影响极大,应将该错误作为内容错误处理。

对法律后果的认识错误不影响行为的效力,但将法律后果作为意思表示内容的除外。

我国《民法通则》和《合同法》没有关于意思表示错误的规定,而仅仅有关于民事行为重大误解的规定。属于重大误解的行为,为可变更、可撤销的民事行为。重大误解的对象必须是法律行为的内容,即合同的内容。因口误或笔误造成意思与表示不一致的,类推适用重大误解的规定。

（3）意思表示瑕疵

意思表示瑕疵有三种情形：其一，因欺诈而订立的合同；其二，因胁迫而订立的合同；其三，显失公平的合同；其四，乘人之危的合同。这四种合同都有一个共同点：在他人的不当干预下，意思与表示不一致。因此，这类合同属于可变更、可撤销的合同。

以上合同的生效条件属于一般生效条件。通常，合同只要具备了一般生效条件就能生效。《合同法》第44条第1款规定："依法成立的合同，自成立时生效。"该法条表明，合同的成立有依法成立与非依法成立之分，只有依法成立的合同才能发生效力。

二、合同的特殊生效条件

《合同法》第44条第2款规定："法律、行政法规规定应当办理批准、登记等手续生效的，依照其规定。"这一规定表明，合同除了应具备一般生效条件以外，还应具备法律、行政法规规定的特别生效条件。例如，《中外合资经营企业法》第2条规定，中国政府依法保护外国合营者按照经中国政府批准的协议、合同、章程在合营企业的投资、应分得的利润和其他合法权益。第3条规定，合营各方签订的合营协议、合同、章程，应报国家对外经济贸易主管部门审查批准。《中外合资经营企业法实施条例》第14条规定："合营企业协议、合同和章程经审批机构批准后生效，其修改时同。"《中华人民共和国中外合作经营企业法》(以下简称《中外合作经营企业法》)第5条规定，申请设立合作企业，应当将中外合作者签订的协议、合同、章程等文件报国务院对外经济贸易主管部门或者国务院授权的部门和地方政府审查批准。第7条规定，中外合作者在合作期限内协商同意对合作企业合同作重大变更的，应当报审查批准机关批准。

应批准或登记的合同在订立后、被批准或登记前的状态属于合同成立而未生效的状态。

《合同法司法解释一》第9条第1款规定：依照《合同法》第44条第2款的规定，法律、行政法规规定合同应当办理批准手续，或者办理批准、登记等手续才生效，在一审法庭辩论终结前当事人仍未办理批准手续的，或者仍未办理批准、登记等手续的，人民法院应当认定该合同未生效；法律、行政法规规定合同应当办理登记手续，但未规定登记后生效的，当事人未办理登记手续不影响合同的效力，合同标的物所有权及其他物权不能转移。第2款规定：《合同法》第77条第2款、第87条、第96条第2款所列合同变更、转让、解除等情形，依照前款规定处理。

《民法通则》规定了附条件、附期限民事法律行为制度。《合同法》也规定了附条件、附期限合同制度。合同当事人约定合同生效条件或期限的，该合同自条件成就或期限到来时生效。此处所谓"生效"，仅指合同当事人所追求的权利义务关系的发生，并不包括合同约束力的发生。这意味着在合同当事人所追求的权利义务关系发生之前，合同当事人已受合同的约束。当事人不得擅自变更或解除合同，不得恶意促使条件的成就或不成就。恶意促使条件成就的，视为条件不成就；恶意促使条件不成就的，视为条件成就。比如，甲、乙协议，若甲通过当年的司法考试，乙将房屋一套出租给甲。后乙欲将该房屋出租给出价更高的第三人,便运用不当手段阻碍甲参加考试,致使甲因不能到考场参加考试而未通过当年的司法考试。据此,应认定甲乙已经成立租赁关系。

应当明确的是,附条件或附期限的合同与依法必须经批准或登记才能生效的合同不同。前者,在条件成就与否确定之前,或者期限到来之前合同的部分效力已经发生,只是行为人所追求的民事后果尚未发生。例如,附条件的买卖,条件成就与否确定前买卖的效果并未发生,但是双方受合同约束,任何一方都不能擅自变更、解除合同。后者,在依法经有关机关批准、登记前既不发生合同当事人所追求的法律后果,也不发生合同的拘束力。合同当事人一方拒绝办理批准、登记手续的,应当承担缔约过失责任而不是违约责任。

第三节 可变更、可撤销的合同

《民法通则》规定,行为人对行为内容有重大误解的民事行为、显失公平的行为,属于可变更、可撤销的行为。《合同法》规定的可变更、可撤销的合同有五种:因重大误解而订立的合同、显示公平的合同、因欺诈而订立的合同、因胁迫而订立的合同、乘人之危的合同。《合同法》之所以作出与《民法通则》不同的规定,是因为:第一,充分尊重合同当事人的意志;第二,鼓励交易,助长流通。综合《民法通则》和《合同法》的规定,以下合同行为属于可以变更、可以撤销的民事行为。

一、因重大误解而订立的合同

因重大误解而订立合同的行为之构成,必须同时具备以下四个条件:

其一,合同当事人对合同的内容发生认识上的错误。对于动机的认识错误,不构成重大误解,但是动机认识错误影响到当事人的重大利益的,发生与对合同内容认识错误同样的后果,也可以认定其为重大误解。

其二,误解必须重大。不是所有对合同内容发生认识错误的行为都属于重大误解。重大误解以认识错误重大为条件。重大与否是人对事物的评价。同一事情,可能某甲认为重大,但某乙认为不重大。对事情重大与否的评价,不仅要考虑当事人的认识与感受,而且还要考虑一般公众的认识与感受。故此,同时具备以下两个条件的,才能被认定为重大:其一,当事人自认为重大,如果当事人自己都不认为重大,其他人即便认为重大也毫无意义;其二,社会一般人处于当事人的位置,也认为重大,只是当事人认为重大,其他人都不认为重大的,不属于此处所谓之"重大"。

其三,重大误解与合同行为存在因果关系。如果没有认识上的重大错误,也会订立该合同的,不能认为是因重大误解而订立的合同。认识上的重大错误与合同的订立行为之间应当存在内在、必然、直接的因果联系。

其四,合同当事人认识上的误解并非是由他人的欺诈行为造成的。如果属于合同其他当事人的欺诈行为所致,则属于因欺诈而订立的合同。

司法实践认为,行为人因对行为的性质、对方当事人、标的物的品种、质量、规格和数量等的错误认识,使行为的后果与自己的意思相悖,并造成较大损失的,可以认定为重大误解。

因重大误解而订立的合同,其意思与表示不一致,因而法律规定可以变更、可以撤销。

二、显失公平的合同

显失公平的合同之构成,应当同时具备四个条件:

其一,双方的给付具有对价关系。如买卖合同、租赁合同、运输合同、承揽合同等等。无偿合同中不存在显失公平的可能性。故显失公平合同的变更、撤销制度,不适用于赠与合同、无偿保管合同、无偿委托合同、无偿借贷合同等。

其二,双方的给付利益不等价。等价交换是合同公平原则的体现。如果给付利益的不等价是合同当事人自由意志的结果,法律不予干涉,否则法律将本着公平、正义去维护合同当事人的利益。

其三,造成双方给付利益不等价的原因,不是当事人的自主行为,而是一方利用自己在缔约中的优势地位或在缔约中利用对方没有经验。这意味着合同的订立并非基于当事人的自愿。不等价的合同是在一方利用自己的强势在相对人不得已的情况下或者在相对人不懂业务的情况下订立的。

其四,显失公平的情形必须发生在订立合同之时。合同订立时合同双方给付利益是等价的,但是随着时间的推移,双方的给付利益不等价的,属于交易风险,不属于显失公平。

司法实践认为,一方当事人利用优势或者利用对方没有经验,致使双方的权利义务明显违反公平、等价有偿原则的,可以认定为显失公平。

该合同违背了合同当事人的真实意思,可依据当事人的意志变更或撤销。

三、因欺诈而订立的合同

因欺诈而订立合同的行为之构成,必须同时具备以下四个条件:

其一,一方实施欺诈行为。所谓欺诈行为,是指使他人发生认识错误的行为。如,将假酒伪装成真酒销售。

其二,另一方陷入认识上的错误,并与相对方订立合同。例如,误认假酒为真酒而购买。只是发生认识上的错误,不构成因欺诈而订立合同的情形。未受欺骗而订立合同,也不构成因欺诈而订立合同的情形。民法上没有欺诈未遂的概念与后果。

其三,一方的欺诈行为与另一方的认识错误存在因果关系,另一方的认识错误与缔约行为有因果关系。之所以订立合同是因为认识错误,之所以认识错误是因为他人的欺诈。如果没有欺诈就不会有认识错误,没有认识错误也就不会有订立合同的行为。

其四,欺诈方有使另一方的认识陷入错误的故意,并有使另一方因错误而订立合同的故意。仅仅有使他人认识错误的故意而没有使他人订立合同的故意,不构成此类合同行为;仅仅有使他人订立合同的故意而没有使他人认识错误的故意,也不构成此类合同行为。

实践中,依据一定的情形来认定欺诈行为,即一方当事人故意告知对方虚假情况,或者故意隐瞒真实情况,诱使对方当事人作出错误的意思表示。

因欺诈而订立的合同背离缔约人的真实意思,缔约人可依据自己的意志选择变更该行为或者撤销该行为。

四、因胁迫而订立的合同

因胁迫而订立合同的行为之构成,必须同时具备以下四个条件:

其一,一方实施胁迫行为。所谓胁迫行为是使他人产生精神恐惧的行为。例如,以伤害他人身体为内容进行恐吓,使他人产生精神恐惧;以披露他人隐私为内容进行威胁,使他人产生精神恐惧等等。

其二,另一方陷入精神上的恐惧,并与相对方订立合同。未遂的胁迫在民法上没有意义。因胁迫而订立合同的行为之构成,必须以当事人已经产生精神恐惧,且已经订立合同为条件。仅有订立合同的行为,而没有精神恐惧的事实,不构成此合同行为;仅有精神恐惧,而没有订立合同的行为,也不构成此合同行为。

其三,一方的胁迫行为与另一方的精神恐惧存在因果关系,另一方的精神恐惧与缔约行为有因果关系。之所以订立合同是因为精神恐惧,之所以精神恐惧是因为他人的胁迫。如果没有胁迫就不会有精神恐惧,没有精神恐惧就不会有订立合同的行为。

其四,胁迫方有使另一方陷入精神恐惧的故意,并有使另一方因精神恐惧而订立合同的故意。仅仅有使他人精神恐惧的故意而没有使他人订立合同的故意,不构成此类合同行为;仅仅有使他人订立合同的故意而没有使他人精神恐惧的故意,也不构成此类合同行为。

实践中,依据一定的情形来认定胁迫行为,即以给自然人及其亲友的生命健康、荣誉、名誉、财产等造成损失或者以给法人的荣誉、名誉、财产等造成损害为要挟,迫使对方作出违背真意的意思表示的,可以认定为胁迫行为。

因胁迫而订立的合同违背了当事人的真实意思,当事人可以变更或撤销该合同。

五、乘人之危的合同

乘人之危的合同是指一方乘对方处于危急处境,利用对方急迫解危之需,迫使对方违背自己真实意志与乘人之危方订立合同的行为。其构成,应当具备以下四个条件:

其一,合同的一方处于危急处境。例如,罹患重病、陷入危险境地等。此处所谓之危急处境,可以是客观的(如地震造成危机状态),也可以是主观的(合同主体感到危难时刻已经来临),无论客观还是主观,只要特定民事主体感到危急情况的存在,就属于危难。

其二,合同行为的动机是解除正在发生的危难。处于危难状态的人必有解除危难之急需,解除危难须通过一定的手段或方法。当合同当事人认为通过合同行为能解除面临的危难时,解除危难便成为合同的动机。

其三，合同的订立并非基于当事人的真实意思。此类合同属于意思与表示不一致的合同。合同当事人的合同行为属于不得已而为之，如果有其他解决危急的方法，合同当事人断不会订立合同。

其四，合同当事人一方利用对方解危之急需，趁机提出合同的种种条件，迫使对方违背本意订立合同。例如，地震缺水，某商人利用对方解渴之急需，大幅度提高饮用水的单价，迫使对方接受于其不利的条件（饮用水的价格条款），订立饮用水买卖合同。乘人之危的合同往往表现为显失公平的合同，但是并不以显失公平为限。例如，合同的一方利用对方危难之机，迫使对方将某古玩以市价卖给自己，也属于乘人之危的合同，因为若不为解困除难，对方决不会出让自己的古玩。

实践中，依据一定的情形来认定乘人之危的行为，即一方当事人乘对方处于危难之机，为牟取不正当利益，迫使对方作出不真实的意思表示，严重损害对方利益。

乘人之危的合同与民法自愿原则、公平原则相悖，当事人有权变更或撤销。

对于以上五种可变更、可撤销的合同，当事人有权向法院或者仲裁机构提起诉讼或者申请仲裁请求合同的变更或撤销。当事人请求变更的，人民法院或仲裁机构不得撤销。该项权利属于形成权。权利没有行使以前，原来的法律关系不变。一旦行使，原来的法律关系被变更或撤销。享有该形成权的合同当事人，只能是因重大误解而订立的合同中的误解方、显失公平合同中有失公平的一方、因欺诈而订立的合同中的受骗方、因胁迫而订立的合同中的受胁迫方、乘人之危合同中的危难方。

此形成权受除斥期间限制。除斥期间为一年，从知道或者应当知道撤销事由之日起算。该撤销权因除斥期间的届满而消灭。具有撤销权的当事人知道撤销事由后明确表示或者以自己的行为放弃撤销权的，该撤销权消灭。

第四节 无效合同

一、无效合同的概念

无效合同是指不符合合同的生效条件，自始、永久不发生行为人所追求的法律后果（特定民事法律关系的发生、变更、消灭）的合同。

在合同的有效条件中，有的条件在合同成立时欠缺，可以被补正，欠缺该条件的合同属于效力待定的合同；有的条件在合同成立时欠缺，无需补正也发生行为人所追求的后果，但是欠缺该条件的，该合同效力处于不确定状态，为可变更、可撤销的合同；有的条件在合同成立时欠缺，不存在补正余地，欠缺该条件的，合同自始、确定、永久不发生效力，属于无效合同。《民法通则》第58条规定的无效民事行为有：（1）无民事行为能力人实施的行为；（2）限制民事行为能力人依法不能独立实施的行为；（3）一方以欺诈、胁迫的手段或者乘人之危，使对方在违背真实意思的情况下所为的行为；（4）恶意串通，损害国家、集体或者第三人利益的行为；（5）违反法律或者社会公共利益的行为；（6）经济合同违反国家指令性计划的行为;(7) 以合法形式掩盖非法目的的行为。《合同法》第 52 条规定的合同无效情形有:(1) 一方以欺诈、胁迫的手段订立合同,损害国家利益;(2) 恶意串通,损害国家、集体或者第三人利益;(3) 以合法形式掩盖非法目的;(4) 损害社会公共利益;(5) 违反法律、行政法规的强制性规定。

二、无效合同的种类

(一) 无民事行为能力人所订立的合同

无民事行为能力人包括未满 10 周岁的未成年人和不能辨认自己行为的精神病人。由于他们缺乏意思能力,不能辨认行为后果,不能为自己设定义务。为保护这类人的合法权益,避免因民事行为而造成损害,应确认其合同行为无效。《民法通则司法解释》第 6 条规定:"无民事行为能力人、限制民事行为能力人接受奖励、赠与、报酬,他人不得以行为人无民事行为能力、限制民事行为能力为由,主张以上行为无效。"第 67 条规定:"间歇性精神病人的民事行为,确能证明是在发病期间实施的,应当认定无效。行为人在神志不清的状态下所实施的民事行为,应当认定无效。"

(二) 限制民事行为能力人在其监护人不同意的情况下,所订立的与其年龄、智力状况、精神健康状态不相符的合同

与无民事行为能力人不同的是,限制民事行为能力人可以订立与其年龄、智力状况、精神健康状态相符的合同(如中学生买一本普通笔记本),还可以订立纯获利益的合同。如果所订立的合同不属于上述两种情况,必须经监护人同意,监护人不同意的,为保护限制民事行为能力人的利益,应确定该合同无效。

(三) 一方以欺诈的手段订立损害国家利益的合同

此类合同具有两个特征:(1) 以欺诈的手段订立合同;(2) 损害国家利益。这类合同应同时具备两个条件:其一,具备本章第三节中所述的因欺诈而订立的合同的一切构成条件;其二,合同的实施损害国家利益。

(四) 一方以胁迫的手段订立损害国家利益的合同

此类合同具有两个特征:(1) 以胁迫的手段订立合同;(2) 损害国家利益。这类合同应同时具备两个条件:其一,具备本章第三节中所述的因胁迫而订立的合同的一切构成条件;其二,合同的实施损害国家利益。

(五) 恶意串通损害国家、集体或者第三人利益的合同

该合同直接违反法律的禁止性规定,并为社会所不容,违反了合同精神和诚实信用原则,当然无效。

(六) 以合法形式掩盖非法目的的合同

这类合同属于规避法律的合同,形式上合法而实质上违法。规避法律的合同有两种表现形式:其一,以合法形式掩盖非法目的,例如为了逃避法院对生效判决的强制执行而将责任财产赠与他人,使自己的责任财产减少致使不能执行法院的生效判决;其二,以合法形式掩盖违法行为,例如两家工厂所订立的"名为联营、实为借款"的合同。在上述两例中,前例之赠与合同原本并不违法,应认定有效,但是合同当事人利用赠与合同逃避法院的强制执行,掩盖违法目的,赠与合同因规避法律而无效;后例实质上是一个虚假的"联营"合同伪装一个真实的"借款"合同,也属于规避法律的行为,合同无效。

(七) 损害公共利益的合同

合同的是否成立取决于合同当事人是否合意,合同的是否生效取决于社会对合同的评价。如果社会对合同作出否定评价,保护该合同就没有必要;如果某一合同危及社会,该合同行为就应当被取缔。故此,损害公共利益的合同不应发生效力。

(八) 违反法律、行政法规的强制性规定的合同

合同自由不是绝对的,国家将对合同进行必要的干预。在法治社会,国家对合同的干预通过法律途径实施。法律或者行政法规以效力性强制性规定对合同进行规制,合同违反该规定的,无效。

(九) 某些无效的免责条款

依据《合同法》第53条的规定,合同中的下列免责条款无效:(1) 造成对方人身伤害的;(2) 因故意或者重大过失造成对方财产损失的。

无效的合同或者无效的合同条款,从行为开始起就没有法律约束力。

合同部分无效不影响其他部分效力的,其他部分仍然有效。例如,合同格式条款中存在排除他方基本权利的条款,该条款无效,该合同的其他条款依然有效。

三、无效合同与可变更、可撤销的合同的区别

无效合同与可变更、可撤销的合同有以下区别:

(一) 前者,合同当事人不能左右合同的效力;后者,合同当事人可以左右合同的效力。在前者,不管合同当事人想法如何,该合同都不发生效力。在后者,合同当事人欲使该合同有效,则可以放弃变更权、撤销权,或者在除斥期间内不行使变更权、撤销权;合同当事人欲使合同变更,可行使变更权;合同当事人欲使合同不发生效力,可行使撤销权。

(二) 前者,合同无效的后果无需合同当事人提出,易言之,该合同自始无效,无论当事人是否主张无效,该合同都确定地无效;后者,必须由合同当事人实施变更、撤销行为,才能发生变更、撤销的后果。

(三) 前者,诉讼与仲裁不是确认合同无效的必经程序,主张合同无效不受除斥期间、时效期间的限制;后者,合同当事人行使变更权、撤销权必须通过诉讼或者仲裁的方式进行,即诉讼或仲裁是合同变更或撤销的必要方式,且受除斥期间的限制。

(四) 两者欠缺合同有效条件的种类不同。可变更、可撤销的合同所欠缺的是意思与表示一致的合同有效条件。为了尊重合同行为人的意志,当合同行为意思与表示不一致时,法律允许当事人作一次选择,即按照表示的意思发生效力还是坚持内心想法。如果当事人选择按照表示的意思发生效力,则放弃合同的变更、撤销;如果当事人坚持内心的想法,则可行使变更权、撤销权,使合同无效。无效合同所欠缺的是其他合同有效条件,如行为人主体不适格、行为内容违法、行为形式不符合法律的规定等等。

四、合同被撤销及无效的后果

合同无效或者被撤销后,因该合同取得的财产,应当予以返还;不能返还或者没有必要返还的,应当折价补偿。有过错的一方应当赔偿对方因此所受到的损失,双方都有过错的,应当各自承担相应的责任。当事人恶意串通,损害国家、集体或第三人利益的,因此取得的财产收归国家所有或者返还集体、第三人。

应当明确的是,合同无效或被撤销的,不影响合同中独立存在的有关解决争议方法的条款的效力。

第五节 合同效力待定

为了鼓励交易、助长流通,各国合同制度并不轻易否定一份合同的效力。某些合同一时欠缺有效条件的,并不被断然认定为无效,而是允许补正。经补正,合同满足了应当具备的条件的,该合同有效;若该合同仍未被补正的,则无效。此种情形被学理上称为"效力待定"。此类合同被称为"效力待定的合同"。《合同法》规定的效力待定的合同主要有以下两类:

一、限制民事行为能力人所订立的与其年龄、智力状况、精神健康状态不相适应,且非纯获利益的合同

对于此类合同,相对人可以催告法定代理人在1个月内予以追认。法定代理人追认的,该合同因法定代理人的辅助行为而发生效力。法定代理人拒绝追认或法定代理人在规定的时间内未作追认表示的,该合同无效。为了平衡各方当事人的利益,法律在赋予法定代理人追认权的同时,也赋予善意相对人撤回意思表示的权利。善意相对人必须在合同被追认前行使撤回权,应当以通知的方式作出表示。所谓善意相对人是指不知且不应知对方欠缺相关行为能力的缔约当事人。《合同法》第47条规定:"限制民事行为能力人订立的合同,经法定代理人追认后,该合同有效,但纯获利益的合同或者与其年龄、智力、精神健康状况相适应而订立的合同,不必经法定代理人追认。相对人可以催告法定代理人在1个月内予以追认。法定代理人未作表示的,视为拒绝追认。合同被追认之前,善意相对人有撤销的权利。撤销应当以通知的方式作出。"

二、无权代理人订立的合同

没有代理权、超越代理权或者代理权终止后以被代理人名义订立合同的,为无权代理人所订立的无权代理合同。该合同的效力待定,即等待被代理人追认。无权代理行为实施后,在无权代理人、第三人、所谓的被代理人三者之间形成如下法律关系:

第三人享有两项权利:其一,有权催告所谓的被代理人作出追认与否的表示;其二,有权撤回向无权代理人所实施的意思表示。第三人行使撤回权的,必须在所谓的被代理人

追认之前行使,一经追认不能撤回。

所谓的被代理人也有两项权利:其一,有权追认无权代理行为,一经追认,无权代理成为有权代理(所谓的被代理人已经开始履行合同义务的,视为对合同的追认);其二,有权拒绝追认无权代理行为。所谓的被代理人欲行使追认权的,必须在第三人撤回其行为之前行使。

无权代理人的无权代理行为给第三人造成损害的,应当承担赔偿责任。赔偿责任的构成必须同时具备四个条件:(1)行为人实施了无权代理行为,签署了无权代理合同。(2)该无权代理行为未被追认。(3)第三人不知签约人无代理权。(4)无权代理合同造成了第三人的损害。无权代理行为给所谓的被代理人造成损害的,无权代理人应当承担赔偿责任。第三人知道行为人没有代理权、超越代理权或者代理权已经终止,还与行为人订立合同,给所谓的被代理人造成损害的,由第三人和无权代理人承担连带责任。

《合同法》第48条规定:"行为人没有代理权、超越代理权或者代理权终止后以被代理人名义订立的合同,未经被代理人追认,对被代理人不发生效力,由行为人承担责任。相对人可以催告被代理人在1个月内予以追认。被代理人未作表示的,视为拒绝追认。合同被追认之前,善意相对人有撤销的权利。撤销应当以通知的方式作出。"

《合同法司法解释二》第11条规定:根据《合同法》第47条、第48条的规定,追认的意思表示自到达相对人时生效,合同自订立时起生效。

第六节 附条件的合同与附期限的合同

一、附条件的合同

(一) 附条件的合同的概念与特征

某种合同设定一项附款,以该附款中所设条件成就与否限制该合同效力的,为附条件的合同。例如,合同双方当事人约定:"如果新产品试制成功,买原材料若干";再如,当事人约定:"如果通过本年司法考试,租房屋一间。"上述两例合同内容中,新产品试制成功是买卖合同的生效条件;通过本年司法考试是租赁合同的生效条件。

附条件的合同具有如下四个特征:

1. 合同设定一项附款,附款中约定限制合同效力的条件。条件虽然是合同的附款,但仍然是合同内容的组成部分,因而以什么内容作为限制合同效力的条件,需要合同当事人协商约定。

2. 以合同附款中的条件之成就与否限制合同的效力。这表明,附款并不限制合同的成立,而是限制合同的效力。合同的效力有两个方面,一是对合同当事人的拘束力,即不能擅自解除、撤销、变更合同;二是产生行为人所追求的法律后果,即一定民事法律关系的发生、变更、消灭。此处所称条件限制合同效力,仅指第二方面的效力而不包括第一方面的效力。

3. 附款中的条件具有如下四个特点。其一,该条件是合同当事人协商确定的,而不是法定的。法定的条件不能成为附条件的合同中的条件。例如,债权人与保证人订立的合同中约定,"如果被担保的主债务之给付数量因主合同的变更而减少,保证合同担保的范围也随之减少"。这一约定不能成为附条件的合同中的条件。被担保的主债务范围减少,保证担保的范围随之减少是法定的,无需当事人再度约定,否则为蛇足之举。《担保法司法解释》第30条第1款规定:保证期间,债权人与债务人对主合同数量、价款、币种、利率等内容作了变动,未经保证人同意的,如果减轻债务人的债务的,保证人仍应当对变更后的合同承担保证责任。其二,该条件的内容必须合法。条件的内容违法的,不具备合同的有效条件,除法律另有规定以外,将使整个合同无效。合同的生效以条件的成就为前提,既然条件无效,就不能使之成就,合同将永远不发生效力。例如,双方约定:"如果暗杀某人,赠与房屋一套。"此附条件的合同因条件违法而无效。其三,条件事项必须是将来发生的事实。已经发生的事实,即便合同当事人在缔约时不知该事实是否已经发生,也不能作为条件。其四,条件能否成就不确定。如果所附条件的内容属于确定能够发生的事实,应当将该附条件的合同作为附期限的合同处理。例如,合同的内容为:"海南省海口市若下雨,租雨布百丈。"该合同实质上为附期限的合同,因为在海口市下雨是必然的,只是何时下雨不能确定。如果双方约定,"未来10天内,海口市若下雨,租雨布百丈",该合同属于附条件的合同,因为10天内是否会下雨不能确定。如果所附条件的内容属于确定不能发生的事实,则订立该合同无意义。条件限制合同效力之发生,如果所附条件为停止条件,则条件永远不能成就,合同永远不能生效。例如,合同约定:"如果太阳从西边出来了,赠房屋一套。"

4. 合同效力处于不确定状态。由于附条件的合同效力取决于合同附款中的条件成就与否,而条件是否成就是不确定的,因此这类合同的效力也是不确定的。据此,不是所有的民事法律行为都可以附条件。法律要求合同当事人权利义务关系必须确定的,该民事法律行为不得附条件。例如,结婚、协议离婚、收养关系的设立与终止,不得附条件,因为附条件后将使婚姻关系、亲属关系处于不确定状态,有悖公序良俗。《物权法》第9条规定,不动产物权的设立、变更、转让和消灭,经依法登记,发生效力;未经登记,不发生效力。据此,不动产物权的设立、转让、变更,除承包经营权、地役权外,不能附条件。由此推论,凡是需要确定民事权利义务关系的,都不得附条件。同理,《民法通则》虽然规定了附条件的法律行为,但由于附条件的法律行为的效力具有不确定性,凡需要确定民事权利义务关系的,都不得附条件。诸如,票据的签发、背书、承兑、保证行为不得附条件;继承或遗赠的接受、放弃行为不得附条件;抵销权、解除权、变更权、追认权、选择权、撤销权等形成权的行使不得附条件;抗辩权的行使不得附条件;企业法人的设立、变更登记不得附条件;商标注册、专利申请等都不能附条件。

(二) 条件的种类

1. 停止条件与解除条件

停止条件(又称"延缓条件")是指能左右合同效力发生的条件。该条件成就,便产生合同行为效力发生的后果;该条件不成就,该合同确定地不发生效力,行为人的期待权由此消灭。例如,合同约定:"如果获得第一名,赠电脑一台。"由于在此条件成就前,合同效力处于停顿状态,并未发生,但有发生的可能,故该条件被称为"停止条件",又因效力处于延缓状态而被称为"延缓条件"。

解除条件是指能左右合同效力消灭的条件。该条件成就,便产生合同行为效力消灭的后果;该条件不成就,改变了合同效力不确定的状态,使合同效力确定。例如,合同约定:"赠与电脑一台,如果未获得第一名,赠与合同失效。"由于此条件成就后,合同效力消灭,故被称为"解除条件"。

2. 积极条件与消极条件

积极条件是指以某一事实成就为内容的条件。例如,"获得第一名"、"新产品试制成功"、"本月下雨"等。

消极条件是指以某一事实不成就为内容的条件。例如,"未获得第一名"、"新产品未试制成功"、"本月未下雨"等。

3. 随意条件、偶成条件与混合条件

随意条件又可分为单纯的随意条件(或称要物随意条件)和纯粹的随意条件。以基于当事人意思表示之一定事实的发生为条件的,属于单纯的随意条件。例如,"如果我从国外回来了,租赁合同效力消灭。"再如,"租赁物先试用一周,如果使用后满意,租赁合同生效。"仅以一方意思表示为条件的,属于纯粹的随意条件。例如,"如果我愿意,赠与房屋一套。"前者之条件,除当事人的主观意志外,还介入一定的事实,如"从国外回来"、"使用租赁物后感到满意",故附单纯的随意停止条件的合同在条件成就与否确定前已经成立(因为双方都作出意思表示,并达成合意)。后者之条件(如"如果我愿意,赠与房屋一套"中的"我愿意"),纯粹为当事人的意思表示,条件成就与否确定前该意思表示没有作出,故合同尚未成立。因此,附纯粹的随意条件的合同,因意思表示尚未完成而不能成立,也不发生效力。

条件成就与否与合同当事人的意志无关的,为偶成条件。例如,合同约定:"两周内,本地下雨,租雨布百丈。"天是否下雨,合同当事人左右不了。

决定条件成就与否的因素既有合同当事人的意志,又有合同当事人意志以外的元素的,为混合条件。例如,合同约定:"如果你与张三结婚,赠与你房屋一套。"该合同的附款中,既有随意条件(是否结婚取决于合同当事人的意志),又有偶成条件(是否与张三结婚不完全取决于合同当事人的意志)。

(三) 附条件的合同的效力

附条件的合同发生两方面的效力:条件成就与否确定前的效力;条件成就与否确定后的效力。

1. 条件成就与否确定前的效力

(1) 合同当事人不得擅自变更、撤销、解除已经成立的合同。

(2) 合同当事人不得恶意促使条件的成就或不成就。恶意促使条件成就的,推定条件不成就;恶意促使条件不成就的,推定条件成就。

(3) 附停止条件的合同,合同当事人享有期待权。该期待权因条件的成就而转为既得权。由于条件成就与否的不确定性,故能否成为既得权也不确定。法律赋予合同当事人期待权,目的在于对期待利益(因条件成就而获得的利益)进行保护。如果合同当事人一方损害另一方因条件成就所应得的利益,应承担赔偿损失的责任。

必须明确的是,期待权发生于条件成就与否确定之前,但是赔偿损失的请求权则发生于条件成就以后,因为只有在条件成就后才能确定合同的一方享有因条件成就所应得的利益。

(4) 附解除条件的合同产生合同内容所及之民事后果(一定民事法律关系的发生、变更、消灭)的效力,但该效力尚不确定。例如,甲、乙双方约定:"房屋租与乙,租期10年,10年内甲的儿子从国外回来,租赁合同失效。"该例中的条件为解除条件,在解除条件成就与否确定前(即甲的儿子回来与否确定前),房屋租赁合同的效力已经发生。但是,该租赁关系处于不确定状态:10年内,甲的儿子如果回国,租赁合同失效,如果不回国,意味着租期10年。

(5) 附解除条件的合同中因条件的成就而获得的期待利益受法律保护。合同一方损害另一方因条件成就所应得的期待利益的,应承担赔偿损失的责任。所谓因条件成就所应得的期待利益,是指因解除条件成就后恢复到原来的权利义务状态而获得的利益。

2. 条件成就与否确定后的效力

(1) 条件成就后的效力

如为停止条件的,条件成就后发生行为人所追求的法律后果,合同当事人的期待权实现其内容,成为既得权。例如,合同双方约定,"新产品试制成功,购买原材料若干。"条件成就后,买卖关系建立。

如为解除条件的,条件成就后,原来进行的合同行为失去效力,合同当事人恢复到合同成立以前之法律状态。例如,双方约定"租与房屋一套,租期15年,租期内某甲归国,租赁合同消灭"。合同双方订立合同7年后,某甲归国,该租赁合同失效,双方的权利义务关系恢复到租赁合同订立以前之状态。

(2) 条件不成就之效力

如为停止条件的,条件不成就确定后,合同自始不发生效力。例如,在上例中,若新产品试制成功不了,合同双方所追求的买卖后果不能发生。当事人的期待权因实现不能而消灭。

如为解除条件的,条件不成就事实确定后,合同效力由不确定成为确定。例如,双方约定,"租与房屋一套,租期15年,租期内某甲归国,租赁合同消灭"。合同双方订立合同7年后,某甲客死他乡,不能归国,该租赁合同之租期确定,即15年。

二、附期限的合同

（一）附期限的合同的概念与特征

某种合同设定一项附款，以该附款中所设期限的到来限制该合同效力的，为附期限的合同。例如，"海南省海口市若下雨，租雨布百丈。"由于下雨是必然的，但何时下雨不明，下雨之时也即期限到来之时，故称其为附期限的合同。

附期限的合同具有如下四个法律特征：

1. 合同设一项附款，附款中约定期限用以约束合同的效力。期限虽然是合同的附款，但仍然是合同内容的组成部分，因而以什么期限来限制合同效力，需要合同当事人协商约定。

2. 期限所限制的是合同生效时间，而不是合同成立时间。如前所述，合同的效力有两个方面，一是对合同当事人的拘束力，即不能擅自解除、撤销、变更合同；二是产生行为人所追求的法律后果，即一定民事法律关系的发生、变更、消灭。此处所称限制"合同生效时间"中的"生效"是指第二方面的效力。期限到来后，行为人所追求的后果发生。

3. 附款中的期限具有如下四个特点：（1）期限是当事人约定的，不是法定的。期限属于合同内容的一部分，合同内容由当事人约定，期限也由当事人约定。法律直接规定限制合同效力期限的（例如，《合同法》第158条关于买卖合同中买受人对出卖人所交付的买卖标的物瑕疵的异议期限），不是此处所谓之期限。（2）期限之约定不得违反法律、行政法规的强制性规定，不得有悖公序良俗。（3）期限必须是将来到来的。以往发生的事实虽有确定的日期，但是不能作为期限。（4）期限一定能到来。到来与否不确定的，不属于期限而属于条件。

4. 期限的到来能够限制合同的效力。用期限限制合同效力无意义或与行为性质相背离的，不得附期限。例如，终止合同关系的合同应当具有永久性，债务的免除行为应当具有永久性，因而不得在此类合同中附终期。

（二）期限的种类

1. 延缓期限与解除期限

约定的期限届至，使合同效力发生的，为延缓期限。例如，"明年3月1日转让某古玩一件。"延缓期限又被称为"始期"。附始期的合同与以始期为债务履行时间的合同有显著区别。前者之期限所限制的是合同的效力，后者之期限并不限制合同的效力（合同成立时生效）而是限制合同的履行。这种区别在理论上阐述容易，但是实际上认定颇为艰难。司法实践中，对负担合同（或称债权合同）以当事人的明确约定来判断其属于附始期的合同，还是属于以始期为债务履行时间的合同，约定不明的将其认定为后者，因为合同生效时间约定不明的，合同应自成立时生效，合同中的"始期"应认定为债务履行时间。

约定的期限届至，使合同效力消灭的，为解除期限。例如，双方约定："为你提供专业指导，经过两年失其效力。"解除期限又可称为"终期"。终期届至，合同失效。

2. 确定期限与不确定期限

约定的时间到来明确的,属于确定期限。指定的日子(如某年某月某日,某年国庆节,某年中秋节),指定的日期(如经过3个月,经过1年,明年元旦后的两周)都属于确定期限。该期限的特点是合同订立时将来的期日能够确定。

约定期间何日届至,于缔约时尚不确定的,属于不确定期限。不确定期限有两个特点:其一,该期限一定能够到来;其二,期限何日到来不能于缔约时确定。例如,前文所述"天若下雨"。再如,"饲养的宠物(昆虫)之死亡。""下雨"、"虫死"是必然的,但是何日下雨、何日虫死却不确定。

(三) 附期限的合同的效力

1. 期限到来前的效力

(1) 期限到来前,合同对各方都有拘束力,合同当事人不得擅自撤销合同、解除合同、变更合同,应等待期限的到来。

(2) 附始期的合同,合同当事人享有期待利益,该期待利益与附条件合同的期待权相比,其利益实现更为确切,该期待利益一定能转为既得利益。法律确认合同当事人的期待利益之目的,在于保护当事人的期待权。损害相对人应得的期待利益的,应承担赔偿损失的责任。

(3) 附终期的合同中因终期的到来而获得的利益,受法律保护。合同一方损害另一方因终期到来所应得的利益的,应承担赔偿损失的责任。所谓因终期到来所应得的利益,是指因解除期限届至后恢复到原来的权利义务状态而获得的利益。

(4) 附终期的合同合同的效力已经发生,只是该效力将因终期的到来而消灭。例如,合同双方约定:"蟋蟀盆租给你,某特定蟋蟀死亡,租赁合同失效。"本例中,租赁合同虽然附终期,但是期限届至前合同权利义务关系已经发生。

2. 期限到来后的效力

对于附始期的合同,合同效力发生,该效力的发生不具有溯及力。如果赋予其溯及力,则等于不附期限,与合同债务的履行期没有区别。

对于附终期的合同,合同失其效力,该效力的发生不具有溯及力。如果赋予其溯及力,则期限届至将导致合同无效。

思考题:

1. 如何理解合同的生效?合同的成立与合同的生效有何区别?
2. 结合生活现象或工作实际,分析某一合同的成立条件和生效条件,并判断该合同是否成立,是否生效。
3. 合同的生效条件是什么?
4. 合同的特殊生效条件适用于哪一类合同?
5. 如何理解《合同法》第52条第5项的规定?
6. 可变更、可撤销的合同有哪些?分析每一种可变更、可撤销的合同的成立要件。

7. 哪些合同属于无效合同？指出每一种无效合同适用的法律条文。
8. 可变更、可撤销的合同与无效合同有何区别？
9. 哪些合同属于效力待定的合同？为什么确立效力待定合同制度？
10. 附条件的合同的特征是什么？
11. 附期限的合同的特征是什么？
12. 附条件的合同的种类有哪些？
13. 附期限的合同的种类有哪些？
14. 附条件的合同的效力是什么？
15. 附期限的合同的效力是什么？

第六章 合同的履行

内容提示 本章阐述了合同履行的概念,介绍了合同履行的诚实信用原则,阐述了合同履行的情事变更原则,分析了全面正确履行合同的规则,介绍了依诚信原则履行合同附随义务的规则,阐述了双务合同中的同时履行抗辩制度、顺序履行抗辩制度、不安抗辩制度,阐述了债权人迟延责任制度。

第一节 合同履行概述

合同必须履行,合同履行的意义不仅在于实现当事人的预期利益,而且在于维护经济秩序和法律秩序。合同订立后当事人应当依诚信原则全面、正确地履行合同义务。

一、合同履行的概念

合同的履行,即合同义务人按照合同的约定和法律的规定,全面执行合同义务满足合同权利的行为。

与合同的履行相近的一个概念是"给付"。民法中的给付有两种含义:一是在静态意义上表示债务之客体,即前述债务人应为之行为;二是在动态意义上表示债务人为债之清偿所实施的行为(含作为、不作为),这一含义与债的履行相同。

与合同的履行相近的另一个概念是"清偿"。"清偿"谓依债务本旨而实现债务标的之给付之行为,债权因达其目的而消灭。清偿与履行含义相同。履行是从债权效力的角度而言,清偿是从债权消灭的角度而言。

合同的履行体现了合同之债的效力。合同权利为可期待之信用,为了确保当事人期待利益的实现,法律确认合同的效力。合同一旦生效,法律便要求合同义务人按合同的内容履行义务,以满足合同权利人的债权。合同的履行需要合同权利人协助的,合同权利人应当协助,如有受领迟延之情事,法律规定减轻合同义务人的责任。义务人不履行合同义务的,将承担相应的法律责任。合同权利人可请求法院按诉讼程序强制合同义务人履行义务,还可要求合同义务人赔偿因不履行合同义务所造成的损失。请求强制履行及赔偿损失是对义务人违约的救济措施。

履行是一种行为。在"债的履行规则"、"不履行债的法律后果"、"履行主体"、"履行方式"、"履行时间"、"履行不能"、"拒绝履行"、"履行中止"等法律用语中,"履行"均表示行为。履行是指合同当事人依照合同内容实施的行为,如交付货物、完成工作、提供劳务及支付价款等。

二、合同履行的规则

(一) 依诚实信用原则履行合同义务

依《合同法》第60条的规定,诚实信用是合同履行的基本原则。如前所述,合同履行中的诚实信用原则具有两个功能:一是规则功能,二是补救成文规则不足的功能。就规则功能而言,诚实信用原则要求合同义务人恪守信用,严格依照合同的约定、合同的性质、交易习惯、法律的规定履行合同义务;要求合同权利人积极协助、配合义务人履行义务,依约受领给付;要求合同各方当事人在执行合同的过程中依据约定、合同性质、交易习惯履行通知、协助、保密等义务。就补救功能而言,诚实信用原则用以解决合同的不周延和合同条文词语理解上的歧义。合同履行的诚实信用原则属于强行规定,合同当事人不得通过特约排除。

(二) 依情事变更原则调整合同的内容

1. 情事变更原则的含义

情事变更,又称情势变更,即因不可归责于双方当事人的原因,使合同关系建立时的客观情况发生了当事人所不能预料的变化,并致合同关系显失公平时,双方应变更合同的内容,重新协调双方利益,达到新的平衡。情事变更原则是诚实信用原则的一种体现。法律为强化这一内容,将其独立于诚实信用原则之外。《合同法司法解释二》第26条规定:"合同成立以后客观情况发生了当事人在订立合同时无法预见的、非不可抗力造成的不属于商业风险的重大变化,继续履行合同对于一方当事人明显不公平或者不能实现合同目的,当事人请求人民法院变更或者解除合同的,人民法院应当根据公平原则,并结合案件的实际情况确定是否变更或者解除。"

2. 情事变更原则的适用条件

情事变更原则的确立,在于追求公平、正义,因而这一原则不得滥用。援引这一原则应具备如下条件:

(1) 有情事变更的客观事实。这主要表现为合同关系建立时所根据的客观情况发生了变化,比如税收的增减直接影响了产品的成本。

(2) 情事的变更为不可归责于当事人的事由所致。如战争、国家经济调整等。

(3) 情事的变更未为当事人所预料,且不能为当事人所预料。情事的变更若为当事人所能预知(如市场行情的变化、股指的升降等),即使当事人未曾预料,也不适用此原则。

(4) 情事的变更发生在合同关系发生以后、消灭以前。若发生在此期间以外,即使发生情事变更,也不适用此原则。

(5) 情事的变更导致合同双方利益失衡,继续履行原合同显失公平。

以上五个条件同时具备的,方可适用情事变更原则来调整合同关系,以重新平衡当事人的利益。

3. 情事变更原则的适用后果

适用情事变更原则的后果在于调整合同关系。调整合同关系的方式依不同的情形而有所不同,主要方式有如下几种:

(1) 增加或减少给付,以期双方利益平衡。

(2) 延期或分期履行债务。比如,因情事变更导致债务人不能按期履行债务的,可请求延期或分期履行。

(3) 变更特定物给付义务。因情事的变更,债务人无法如期按约给付特定物的,可请求以种类物替代特定物的交付。

(4) 解除合同。因情事变更致合同不能履行的,一方可请求解除合同。

有权请求调整合同关系的当事人是因情事变更而蒙受不利益的人。《合同法司法解释二》之所以将不可抗力之情形排除在情事变更之情形之外,是因为不可抗力已经成为我国《合同法》不履行合同义务的免责事由和解除合同的法定事由。一旦出现不可抗力而导致合同不能履行的,合同当事人有权依据《合同法》第94条的规定解除合同。纵然没有行使合同解除权,合同当事人仍能依据《合同法》第117条之规定免予承担民事责任。

(三) 全面正确履行合同义务

《合同法》第60条第1款规定:"当事人应当按照约定全面履行自己的义务。""全面正确履行合同义务"的原则,即债务人应按照法律的规定或合同的约定,全面、正确地履行义务,以达到合同的目的。它要求履行的主体、标的、期限、地点、方式等均应合适。

1. 履行主体

在合同关系中,履行义务的主体是合同义务人。

合同义务可以由合同义务人以外的第三人履行,但是以下两种情形除外:(1) 当事人约定必须由合同义务主体亲自履行的义务。(2) 性质上不允许第三人履行的义务。一般说来,具有人身性质的债务(如演出、技术服务等),以人的特殊技能、智能、技术或特种设备为必要的债务(如承揽合同等),以不作为为标的的债务等,均不得由第三人履行。

与债务人无任何关系的第三人替代债务人履行债务,债务人明知却不表示反对的,应当允许,债权人不得拒绝(因为第三人履行债务不会给债权人带来损害)。债权人拒绝第三人履行债务的,第三人有权向提存机构提存以消灭债务。与债务人无任何关系的第三人替代债务人履行债务,债务人对其履行债务提出异议,但债权人愿意接受第三人履行债务的,其履行有效,因为这不会给债务人带来损害。债务人对第三人履行债务提出异议,且债权人拒绝接受履行的,无任何关系的第三人不能替代债务人履行债务,因为第三人履行债务的行为遭到债务人与债权人的反对。

与债务人有利害关系的第三人(例如保证人、物上保证人、担保物之第三取得人、连带债务人、不可分债务之债务人等)替代债务人履行债务的,即使债务人提出异议,债权人也不得拒绝接受履行。这是为了保护第三人的利益。比如,保证人在主债务人不履行债务时可替主债务人履行债务,而后再向主债务人追偿。由于保证人与债务人有利害关系,故而,即便债务人提出异议,债权人也不得拒绝保证人履行主债务人合同义务的行为。

合同权利人接受第三人履行合同义务后,合同义务人对合同权利人之合同义务因此消灭;第三人以其清偿范围为限有权向合同义务人追偿。追偿权利的发生依据如下:(1)债务人与第三人有委托等合同关系的,相关合同是追偿权利的发生依据;(2)债务人与第三人没有任何关系的,无因管理或不当得利之规定是追偿权利的发生依据;(3)债务人与第三人有利害关系的,如保证人、物上保证人、担保物之第三取得人、连带债务人、不可分债务之债务人等,该利害关系所生之债权的法定移转是追偿权利的发生依据。值得一提的是,第三人以赠与之意思代合同义务人履行合同义务的,不再取得对于债务人的求偿权。

2. 履行客体

债的客体为给付。给付的对象为物、智力成果、特定行为等。当事人履行合同义务时应完全按照合同的要求进行给付。除法律规定或当事人另有约定外,不得以其他给付替代原来的给付。

合同之债的给付对象若为实物,应按法定或约定的规格、型号、数量等要求为给付。履行中允许有合理误差的,误差应在规定的限度以内。

给付合同标的物的,应符合约定的质量要求。若标的物的质量要求合同没有约定或约定不明的,由双方协商确定。当事人未能达成协议的,按合同有关条款或交易习惯确定;依照合同有关条款或交易习惯仍不能确定的,按照国家标准、行业标准履行;没有国家标准、行业标准的,按照通常标准或者符合合同目的的特定标准履行。

3. 价款或报酬

合同当事人应当按照约定的价款或报酬为给付。合同的价款或报酬没有约定或约定不明的,可以协议补充;不能达成补充协议的,按照合同有关条款或交易习惯确定;不能按照合同有关条款或交易习惯确定的,按照订立合同时履行地的市场价格履行;依法应当执行政府定价或政府指导价的,按规定履行。

4. 履行地点

履行地点,即债务人履行义务的地点。合同应当在约定的地点履行。履行地点约定不明的,可以协议补充;不能达成补充协议的,按照合同有关条款或交易习惯确定;不能按照合同有关条款或交易习惯确定的,给付货币的,在接受货币一方所在地履行;交付不动产的,在不动产所在地履行;其他标的,在履行义务一方所在地履行。

履行地点的确定在法律上有重大意义:(1)债务人应在履行地点提出债的履行,债权人应在履行地点接受债的履行。(2)确定法律行为之内容。如,我国法律规定借用人灭失借用物后,可按照或者适当高于归还时履行地的市场零售价格折价给付。(3)决定诉讼的地域管辖。《中华人民共和国民事诉讼法》(以下简称《民事诉讼法》)第24条规定:"因合同纠纷提起的诉讼,由被告住所地或者合同履行地人民法院管辖。"

5. 履行期限

合同的履行期限,即合同义务人应履行债务的时间。合同的履行期限与合同的效力存续期限不同。前者是合同义务人履行义务的时间,后者是合同的有效期;前者自履行期到来之日起算,后者自合同生效时起算。合同应按照约定期限履行。履行期限不明的,可以协议补充;不能达成补充协议的,按照合同有关条款或交易习惯确定;不能按照合同有关条款或交易习惯确定的,债务人可以随时履行,债权人也可以随时要求履行,但应当给对方必要的准备时间。

合同的履行应在履行期限内进行。履行期后为合同的履行,属履行迟延,应承担民事责任。履行期到来之前为合同的履行是否允许,应具体问题具体分析。倘若合同的履行期是为债权人利益设定的(如保管物的返还),债权人可要求债务人提前履行,但债务人未经债权人许可不得提前履行。倘若履行期是为债务人的利益设定的,如无息贷款有返还期限,债务人可提前履行,债权人则不能要求债务人提前履行。但是,债权人受领标的物有一定困难的(如接受标的物后,需要一定的存储场所),提前履行也应经债权人同意。倘若履行期限是为债权人、债务人双方的利益设定的,如有息借贷的返还期限,债权人不得要求债务人提前履行,债务人也不得提前履行;如双方均欲提前履行及受领,可经协商变更履行期。

6. 履行方式

债的履行方式,即债务人履行义务的具体方法。履行方式通常均在合同中加以约定,债务人应按合同约定的方式正确履行。合同就履行方式约定不明的,可以协议补充;不能达成补充协议的,按照合同有关条款或交易习惯确定;不能按照合同有关条款或交易习惯确定的,按照有利于实现合同目的的方式履行。

7. 履行费用

履行费用有约定的按约定,没有约定或约定不明的,可以协议补充;不能达成补充协议的,按照合同有关条款或交易习惯确定;不能按照合同有关条款或交易习惯确定的,由履行义务一方负担。

应当明确,在合同履行过程中,合同当事人应当按照合同约定履行义务。没有约定或者约定不明的,应当协商达成补充协议。不能达成补充协议,且按照合同的有关条款也不能确定相关内容的,按照交易习惯履行合同义务。没有交易习惯的,依据法律规定履行合同义务。简略地说,履行合同义务,有约定按约定;无约定按习惯;无习惯按法定。

合同当事人依照法律规定履行合同义务时应当注意《合同法》总则中的一般规定和《合同法》分则或者其他单行法(如《担保法》、《物权法》)中有关合同履行的特别规定之间的关系。在处理案件时,《合同法》分则或者其他单行法中的特别规定优先于《合同法》总则中的一般规定适用。例如,在一份特定物买卖合同中没有约定货款支付时间,按照交易习惯也不能确定履行期,按《合同法》第62条的规定,债务人可以随时提出履行,债权人也可以随时要求履行;按照《合同法》第161条的规定,买受人应当在收到标的物或者提取标的物单证的同时支付货款。显然,第62条的一般规定与第161条的具体规定不一致,案涉货款支付时间应适用第161条的规定。

(四)依诚实信用原则履行合同附随义务

1. 履行合同附随义务为诚信原则使然

在民事生活中,无论合同条款多么具体、详密,总有不周延之处。因而,仅凭合同条款来规范当事人的权利和义务尚不足以调节双方的关系,平衡双方的利益。为保障债权的实现,使合同当事人人身、财产权益不因合同的疏漏而遭受损害,须要求债务人承担合同条款中没有明文规定的合同附随义务。

合同附随义务是基于诚实信用原则而发生的合同条款规定以外的保护、照顾、协助、通知、忠实等义务。《合同法》第 60 条第 2 款规定:"当事人应当遵循诚实信用原则,根据合同的性质、目的和交易习惯履行通知、协助、保密等义务。"

应当明确的是,附随义务发生在合同订立、履行、消灭的各个阶段中,是在合同发展过程中形成的义务。《合同法》第 42 条、第 43 条规定了缔约中的附随义务,第 60 条规定了履行中的附随义务,第 92 条规定了合同终止后的附随义务,其分别被称为先合同义务、合同附随义务、后合同义务。

先合同义务为缔约中的义务,不履行缔约中的义务而造成他人损失的,加害人有过错的,应当承担缔约过失责任。

后合同义务为合同关系消灭后,合同各方依据法律的规定,基于诚实信用原则,根据交易习惯、合同性质而确定的通知、协助、保密等义务。后合同义务具有如下法律特征:其一,该义务发生在合同关系消灭以后。基于这一点,后合同义务不是当事人所订立的合同义务。其二,合同当事人不能约定排除后合同义务。其三,后合同义务依据诚实信用原则而产生,依据合同性质和交易习惯而确定。例如,不是所有的合同关系终止后都发生保密义务。后合同义务通常表现为:(1) 通知义务,如合同因提存而消灭的,债务人应当告知债权人合同标的物的存放地点、时间、领取方式等等;(2) 协助义务,如合同终止后的清算活动、恢复原状;(3) 保密义务,如技术开发合同的权利义务终止后,研究开发方对有关技术数据和技术资料承担保密义务。

2. 合同附随义务的成立条件

合同附随义务的成立须具备如下三个条件:

(1) 须以有效合同为前提。附随义务的立法理由是弥补法律或合同规定的不周延,具有从属性。因而,它随有效合同的存在而存在,随有效合同的消灭而消灭。

(2) 须为法律或合同尚未规定的义务。基于附随义务的立法本旨,法律或合同已对当事人的义务作了明确规定的,无须再求助于附随义务。

(3) 须根据诚实信用原则、合同性质及目的演绎而成。附随义务非以法定或约定的形式明确表现在合同条款或法律规定中,而是根据实际情况针对具体合同作出的解释。对附随义务的解释应以诚实信用为原则,并以合同的性质和目的为根据,不允许任意扩大。此等义务并非自始确定,而是在合同发展过程中依事实情况而定。

3. 附随义务的种类

附随义务以其是否能独立诉请履行,可分为独立之附随义务和非独立之附随义务。对于前者合同义务人未履行义务的,权利人可通过诉讼途径独立请求义务人履行。比如,请求交付产品说明书、请求给付发票、请求提供名犬血统证明等。对于后者合同义务人未履行义务的,权利人只能请求债务人赔偿因此而造成的损失。比如,因未履行告知义务、保密义务致人损害的,权利人有权请求赔偿损失。此时请求债务人履行告知义务、保密义务已无意义。

可独立诉请履行的合同附随义务为合同的从给付义务,与主义务共命运:随着主义务的发生而发生,随着主义务的消灭而消灭。非独立之附随义务,依其功能可分为两类:辅助实现债权人之给付利益的义务与避免侵害债权人之人身和财产利益的义务。前者,如在移转标的物所有权的合同中,出让方在交付标的物时附随物的使用说明义务,应告知对方物的性能与作用以及有关的法律关系(如房屋的四至界限)。在移转标的物使用权的合同中,物之所有人附随向对方告知物之性能、用途、使用方法的义务。在产品交易或服务贸易的合同中,附随保密义务等。后者,如在提供劳务、服务的合同中,附随向对方提示危险的义务;从事服务性行业的单位或个人附随保护顾客人身安全或保管顾客随身携带物品的义务。

第二节 双务合同履行中的抗辩权

一、双务合同抗辩权的概述

(一)双务合同抗辩权的基础

抗辩是一方防御及对抗他方行使民事权利的行为。在诉讼活动中,抗辩所针对的是原告的诉讼请求,表现为被告对抗原告的诉讼请求。在仲裁活动中,抗辩所针对的是仲裁申请人的仲裁请求,表现为被申请人对抗申请人的仲裁请求。在其他民事活动中,抗辩所针对的是请求人的请求,表现为被请求人对抗请求人的请求。"抗辩"与"抗辩权"不是同一概念。前者是一种对抗活动,后者是一项民事实体权利;前者所针对的是相对人的请求行为,后者所针对的是相对人(诉讼中一般表现为原告)的实体权利。

双务合同抗辩权的基础是合同各方义务的对价关系。

在双务合同中,双方债务的履行为利益的互换。双务合同中双方义务具有对应性、牵连性、对价性,因此双务合同将发生如下对待履行效力:(1)一方拒绝履行合同义务的,另一方可拒绝履行义务而不承担任何责任。(2)因不可归责于债务人的事由(如不可抗力)致履行不能的,另一方亦可拒绝履行义务。(3)一方部分拒绝履行或部分履行不能的,另一方可按比例相应地减少债务的履行。如果部分履行对另一方毫无意义,另一方可拒绝履行全部义务。(4)一方已经履行合同义务的一部或全部,而另一方则因履行不能而未作出相应给付,无论此种履行不能是否为可归责于自己的事由所致,已履行义务的一方均有权依不当得利之规定请求返还已给付的利益。双务合同双方当事人的给付义务存在对价关系,彼此以自己应为之给付义务作为取得对方给付义务的代价。一方不为对价给付而要求对方为给付的,对方可以拒绝。在合同之外的法律关系中,双方债务互为牵连的,理解上也准用双务合同抗辩的规则。比如,因合同解除、无效、撤销而发生恢复原状的义务,应准用同时履行抗辩的规则。

(二) 双务合同抗辩权的法律性质

双务合同抗辩权是指合同义务人对抗合同权利人之请求的权利。双务合同的抗辩权具有如下属性：

1. 双务合同抗辩权属于拒绝履行义务的权利

抗辩可以分为权利否定之抗辩与拒绝履行义务之抗辩两类。

权利否认之抗辩，是指被请求人从根本上否认请求人权利的存在，从而对抗请求人的请求。比如，甲伪造借据一张向乙行使权利时，乙可以进行权利否认之抗辩。此种抗辩有三种：一是权利未发生之抗辩，例如针对伪造的借据而行使的权利；二是权利业已消灭的抗辩，例如权利因债务的履行而消灭；三是权利未到期的抗辩，例如合同的履行期利益是为债务人设定的，债权人提前行使权利的，义务人有权拒绝提前履行义务。

拒绝履行义务之抗辩，是指被请求人不否认请求人权利的存在，只是认为自己有法定的拒绝履行义务的权利而对抗请求人的请求。此所谓法定的拒绝履行义务的权利，即为实体上的抗辩权。实体上的抗辩权，是指拒绝履行义务、阻却权利效力的权利。实体上的抗辩权的发生依据是，继续履行债务将造成债务人损失，并进而导致双方利益的失衡以及有悖公正的法定事由的出现。权利义务关系确定后，由于某种情形的出现，对权利人的保护已无必要，或者若继续要求债务人履行债务，将使债务人蒙受损失。此时，为了平衡双方当事人的利益，法律便赋予债务人拒绝履行义务的权利。

诉讼上拒绝履行义务之抗辩与实体上的抗辩互为表里。进行拒绝履行义务的抗辩必须以实体上的抗辩权为基础，而行使实体上的抗辩权往往是在诉讼过程中。

2. 双务合同的抗辩权属于阻却的抗辩权

以抗辩权的效力为划分依据，抗辩权有灭却的抗辩权与阻却的抗辩权之分。抗辩权的行使致对方权利消灭的，为灭却的抗辩权。例如，消灭时效的抗辩权为灭却的抗辩权。享有抗辩权的主体行使抗辩权后，并不导致相对人的民事权利消灭，而仅阻止权利人权利行使的，为阻却的抗辩权，又被称为"迟延的抗辩权"。比如，承担一般责任的保证人所享有的先诉抗辩权属于阻却的抗辩权。行使抗辩权的目的不是永久不履行合同义务，而是等待一定条件成立后履行合同义务。

3. 双务合同的抗辩权属于对人的抗辩权

抗辩权有对物的抗辩权与对人的抗辩权之分。对物的抗辩权又称绝对抗辩权，是指可以对抗任何人所为之请求的抗辩。对人的抗辩权又称相对抗辩权，是指只能针对特定人的抗辩。双务合同的抗辩权属于拒绝履行义务的抗辩，因而合同的抗辩只发生在合同义务人与合同权利人之间，它是合同义务人对合同权利人的抗辩，为对人的抗辩权或相对抗辩权。应当注意的是，双务合同的抗辩权虽为相对抗辩权，但当合同权利人将合同的权利让与第三人后，合同义务人可基于对原权利人的抗辩事由对抗受让人。

《合同法》规定了三种双务合同抗辩权：同时履行抗辩权、顺序履行抗辩权和不安抗辩权。

二、同时履行抗辩权

同时履行抗辩权,即双务合同当事人均无先为给付义务,一方在他方履行义务前,得拒绝先履行义务的权利。双务合同当事人的义务为对价义务,既然合同约定双方均无先为给付义务,或者合同未约定、法律未规定、交易习惯也不能确定合同中的何方有先为给付义务,则双方应同时履行合同义务。一方未履行合同义务而请求对方履行合同义务的,对方有权拒绝履行。

同时履行抗辩权的成立应具备如下条件:

(一)双方因同一合同关系而互负对价义务。如因买卖合同的签订,一方有交付标的物的义务,另一方有支付价金的义务。此双方义务彼此互为对价。如果双方互负债务,但债务的产生并非基于同一法律事实或无对价牵连关系的,不发生同时履行抗辩权。比如,在借用合同中,借用人不能因出借人未履行出借物瑕疵担保义务而拒绝返还出借物。

(二)行使抗辩权的一方无先为给付义务。合同的双方当事人中何方应先为给付取决于当事人的约定、交易习惯的确定及法律的规定。只有双方都无先为给付义务的,才有可能发生同时履行抗辩权。

(三)相对人未履行合同义务或未按约定履行合同义务。未履行合同义务或未按约定履行合同义务,应理解为未履行合同之债的主义务。若未履行合同附随义务或无对价关系的从属义务,不发生同时履行抗辩权。未履行义务主要包括拒绝履行、履行迟延、履行不适当等不履行义务的行为。

(四)相对人无给付不能之情形。同时履行之抗辩为延期之抗辩,故以相对人无履行不能为前提。在履行不能的情况下行使同时履行抗辩权毫无意义,但因履行不能使原来的债务变更为其他债务时,仍可行使同时履行抗辩权。比如,特定物灭失后,改以种类物交付。相对人因不可归责于双方当事人的事由致履行不能而免责的,不发生同时履行抗辩权,而发生合同的解除权。

基于同时履行抗辩权的成立条件,双务合同中的任何一方都有资格取得该抗辩权。合同中的任何一方只要具备上述条件,便享有抗辩权。

同时履行抗辩权行使的后果是阻却合同相对人的请求,包括全部阻却和部分阻却。例如,买卖双方没有确定履行合同的先后时间,出卖人未提供买卖标的物而请求买受人付款的,买受人有权拒绝付款;出卖人提供部分买卖标的物而请求买受人付款的,买受人拒绝付款的抗辩权限于未提供的标的物所对应的价款。

《合同法》第66条所规定的合同抗辩属于同时履行抗辩。该条规定:"当事人互负债务,没有先后履行顺序的,应当同时履行。一方在对方履行之前有权拒绝其履行要求。一方在对方履行债务不符合约定时,有权拒绝其相应的履行要求。"

三、顺序履行抗辩权

顺序履行抗辩权,又称先履行抗辩权,是指有先为给付义务的一方当事人未履行合同义务的,已到合同履行期之后应为给付义务的一方,享有在对方履行合同义务前拒绝履行合同义务的权利。

双务合同中当事人双方的义务具有牵连性,因而有先为给付义务的一方到清偿期而不履行合同义务的,没有理由要求另一方履行合同义务。据此,法律赋予另一方当事人抗辩权,允许其在对方履行义务前拒绝履行义务。

顺序履行抗辩权的成立须具备如下条件:

(一)双方的权利义务关系为双务合同关系,拒绝履行的义务与合同相对人的义务存在对价关系。

(二)有先为给付义务的一方未履行合同义务,或者履行合同义务不符合约定。顺序履行抗辩权与同时履行抗辩权的区别在于,顺序履行抗辩权适用于有先后给付顺序的合同关系,而同时履行抗辩权适用于没有先后给付顺序的合同关系。因而,行使顺序履行抗辩权的前提条件是合同的一方有先为给付义务,另一方有后为给付义务。

(三)有后为给付义务的一方义务已到履行期。所谓拒绝履行义务,是指拒绝履行已到期的合同义务。拒绝履行未到期的合同义务不属于合同抗辩权的行使。

(四)有先为给付义务的一方无给付不能的情形。享有顺序履行抗辩权的权利人并不否定自己的债务,而是拒绝在对方履行义务前履行自己的义务,故仍属于延迟履行的抗辩。抗辩权人须待对方履行合同义务后方履行自己的义务。如果相对人给付不能,合同的当事人可解除合同。

顺序履行抗辩权为维护双务合同中有后为给付义务一方的权益而设。有后为给付义务的一方具备上述条件的,即享有抗辩权。

顺序履行抗辩权的行使,产生一时地阻却相对人请求权行使的效力。在相对人履行债务前可拒绝履行对价债务而不是彻底否定相对人的请求权。

在分期履行的债务关系中,每一期履行若为独立的,一方可就对方本期债务的不履行使抗辩权。

《合同法》第67条规定:"当事人互负债务,有先后履行顺序,先履行一方未履行的,后履行一方有权拒绝其履行要求。先履行一方履行债务不符合约定的,后履行一方有权拒绝其相应的履行要求。"

同时履行抗辩权与顺序履行抗辩权均属于非应先为给付的合同一方的权利,既可以在诉讼中行使,也可以在诉讼外行使。同时履行抗辩权在诉讼中行使的,法院应当判决原、被告同时为交换给付。顺序履行抗辩权在诉讼中行使的,法院应当判决驳回原告的诉讼请求。在诉讼过程中,当事人欲一时阻止相对人请求权的行使,应行使此抗辩权,否则会导致败诉的后果,因为双务合同抗辩权在行使后才发生阻却请求权行使的后果。

四、不安抗辩权

不安抗辩权是指双务合同订立后应后为给付的一方当事人发生了财产减少致难为对待履行的情形,或者发生应后为给付的一方当事人明示或默示预期拒绝履行合同义务的情形,应先为给付的一方当事人在对方提供合适担保前享有的拒绝向相对方履行合同义务的权利。

应先为给付的一方当事人既无同时履行抗辩权,又无先履行抗辩权。然而,当对方相对人财产状况明显恶化危及其相应给付或者实施了拒绝履行的预期违约行为时,法律仍要求有先为给付义务的一方当事人先履行债务实为不公。为平衡双方当事人的利益,在相对方未提供合适担保时,法律便赋予应先为给付的一方拒绝先履行义务的权利。

不安抗辩权的成立条件是:

(一) 当事人双方存在双务合同关系,拒绝履行的义务为对价义务。

(二) 当事人有义务先为给付。当事人无先为履行的义务的,可适用同时履行抗辩或先履行抗辩。

(三) 相对人于订约后财产状况发生了恶化,且因财产状况的恶化而难为相应的给付或者实施了不履行债务的预期违约行为。《合同法》第68条第1款规定:"应当先履行债务的当事人,有确切证据证明对方有下列情形之一的,可以中止履行:(一) 经营状况严重恶化;(二) 转移财产、抽逃资金,以逃避债务;(三) 丧失商业信誉;(四) 有丧失或者可能丧失履行债务能力的其他情形。"

值得一提的是,有先为给付义务的一方当事人欲取得不安抗辩权必须证明合同相对人有上述情形之一,没有确切证据而拒绝履行合同义务的,应当承担违约责任。

(四) 相对人未提供履行合同义务的合适的担保。

行使不安抗辩权发生中止履行合同义务的后果。依据《合同法》第69条的规定,当事人行使不安抗辩权中止履行合同义务的,应当及时通知对方。对方提供担保时,应当恢复履行。不安抗辩属延期履行抗辩,不发生债之免除效力。为了避免权利义务长期处于不确定状态,相对人在一定期限内仍未为对待给付提供合适担保,且难为对待给付等情况仍然存在的,不安抗辩权人有解除合同的权利,亦即中止履行后,对方在合理期限内未恢复履行能力并且未提供适当担保的,中止履行合同的一方可以解除合同。

《合同法》规定的不安抗辩制度借鉴了大陆法系国家民法(德国民法)中的"不安抗辩"制度与英美法系国家中的"预期违约"制度。《德国民法典》第321条规定:因双务契约负担债务并应向他方先为给付者,如他方的财产于订约后明显减少,难为对待给付时,在他方未为对待给付或提出担保之前,得拒绝自己的给付。预期违约制度形成于英国1853年的判例。该制度表明,合同当事人任何一方如在履行期届至前明确表示或者以自己的行为表明拒绝于合同履行期到来后履行合同义务,另一方有权拒绝履行合同义务,或者解除合同,或者提前追究违约方的违约责任。

《合同法》第68条、第69条的规定是在"不安抗辩"规定的基础上(在抗辩权主体规定方面,参考了不安抗辩权制度的规定,享有不安抗辩权的主体只能是双务合同中有先为给付义务的当事人,不能是有后为给付义务的当事人;"预期违约制度"没有主体上的限制,合同任何一方都可以行使中止给付的权利),融入了"预期违约"制度,具体表现为两个方面:其一,《合同法》第68条在抗辩权的发生事由和主观要求方面,吸收了"不安抗辩"和"预期违约"制度的规定(德国"不安抗辩权"的发生事由限于合同当事人的财产减少,以致有难为给付之虞,不问其有无过错;"预期违约"制度的适用前提是合同当事人于合同履行期到来前明示或默示拒绝履行合同义务,属于过错行为);其二,在法律后果方面,吸收了"不安抗辩"和"预期违约"制度的规定(德国"不安抗辩权"的行使后果是拒绝履行合同义务;"预期违约"制度适用后当事人不仅有权中止合同义务的履行,还有权解除合同、提前追究对方的违约责任)。

第三节 债权人受领迟延

一、债权人受领迟延的含义

合同关系一旦确立,债务人就应当按照合同的约定履行债务。就债权人而言,对那些需债权人受领的给付,应依诚实信用原则积极接受或进行其他债之履行所必要的协助,如手术时须遵医嘱为积极配合。债权人不接受债务人的给付或在债务人履行债务时不为必要之协助,谓之债权人受领迟延。除法律规定或当事人约定外,给付受领性质上为一权利。该权利行使与否由债权人自由决定。债权人受领迟延的,债务人不得据此要求债权人承担不履行债务的民事责任,也不得依诉讼程序强制债权人受领其所作给付。债权人如果具有加害债务人之目的,故意不行使债权以致债务人损害的,债务人可依侵权之诉请求债权人赔偿。债权人受领迟延虽不产生债务不履行的法律后果,但能引起减免债务人责任等后果。

二、债权人受领迟延的成立条件

债权人受领迟延的成立,须具备如下条件:

(一)债务的履行须债权人受领。债的履行无须债权人接受或协助的,不发生受领迟延问题。如承租人不擅自转租的义务,无须债权人受领。只有那些非经债权人协助不能为给付的债务,才有发生受领迟延的可能。如理发、照相、美容等服务,需债权人配合。

(二)债务须届履行期。未届履行期之债务,债权人无接受或协助的必要。此时债权人虽拒绝受领,也不承担迟延责任。但如果履行期是为债务人的利益设定的,且期前履行不影响债权人的任何利益,债权人应受领期前给付,否则将承担受领迟延的责任。

(三)债务人已实际履行债务或已提出债的履行。提出债的履行应以债务人有履行能力并有履行可能为前提,否则纵然提出履行也不发生受领迟延。

(四)债务的实际履行或债务履行的提出须符合合同的要求。即履行的主体、客体、履行的地点、方式、期限,向谁为履行等均合于合同的本旨,不违背合同的履行原则。否则,债权人有权拒绝受领。

(五)债权人不受领给付,包括拒绝受领及不能受领。前者为债权人能受领而不受领,后者为债权人基于某种原因不能接受债务的履行或不能为债务履行提供协助。

三、债权人受领迟延的后果

不问债权人是否有过错,只要具备上述条件,就应承担受领迟延责任。内容如下:

(一)债务人责任的减轻。在一般情况下,债务人不履行债务的,无论是基于故意、重大过失,还是轻过失,都应承担责任。但当债的不履行发生在履行受领迟延后,那么只有当债的不履行是由于债务人的故意或重大过失导致时,债务人才承担责任。具体地说,债务人于实际履行或提出履行时,债权人不予受领,嗣后因债务人之故意或重大过失而致履行不能的,债权人可追究债务人不履行债务的民事责任及解除合同;因债务人之轻过失而致履行不能的,债权人无权要求债务人承担责任。

(二)停付利息以及孳息返还责任的缩减。在金钱债务中,因受领迟延,债务人自给付提出之日起停止支付利息。在以返还财产为内容的债中,若债权人受领迟延的,有关孳息的返还以实际收取的孳息为限。对受领迟延后应收取而未收取的孳息损失,不再赔偿。这是因为,受领迟延后,债务人不再承担收取孳息的责任。倘若孳息已在履行提出前收取,且曾提出返还该孳息,但因受领迟延又未能返还,嗣后因轻过失而致该孳息减少或灭失的,债务人不承担责任。只有当故意或重大过失致该孳息减少或灭失的,债务人才承担责任。

(三)风险的转移。标的物毁损、灭失的风险责任原本应由债务人承担,自受领迟延后,该风险应由债权人承担。其理由是,若不是受领迟延,该标的物已经交付(债的履行),风险也随之转移,受领迟延虽不发生交付问题,但风险责任不能仍由债务人继续承担。

(四)债务人得以履行外的方式消灭债务,免除责任。债务的内容如果是返还不动产,债务人可基于债权人受领迟延而抛弃不动产占有,以消灭债的关系。债务的内容如果是交付动产,债权人受领迟延的,债务人可通过提存的方法消灭债务。该动产不适于提存或提存所需费用过大的,债务人可要求法院拍卖,提存价金。

(五)劳务提供的免除。劳务之债与财物之债不同,前者以提供劳务为债之内容,后者以交付财物为债之内容。在财物之债,债权人的受领迟延并不免除债务人的给付。劳务之债则不然,债务人提出给付后,经一定的时间便不能追回。因而,债权人受领劳务迟延的,债务人无补偿劳务的义务,债务人的报酬请求权不因此丧失。比如,受雇人依约向雇主请求指派工作,雇主未下工作指令致受雇人窝工一天,此时受雇人应视为已提供劳务一天,可要求支付报酬。

(六)赔偿有关费用。债权人受领迟延虽不承担不履行债务的民事责任,但由此造成债务人费用增加的,债权人应承担赔偿责任。所谓增加的费用,即债务人为给付之提出及保管给付物所支出的必要费用。前者如租赁期届满后,承租人依约将租赁物运往出租人处予以返还,因出租人受领迟延,造成承租人将租赁物运回所花费的往返运费。后者如保管给付物所作出的必要开支,例如仓储费、保养费、动物的饲养费等。

四、债权人受领迟延的终止

受领迟延是一种事实状态,此项事实状态可因下列事由而终止:

(一)债因免除等原因而消灭。但因受领迟延所生之请求权不因此而消灭。

(二)债务人撤回履行之提出或对无利害关系第三人的履行提出异议。受领迟延以债务人提出履行为成立前提。债务人撤回履行的提出,受领迟延因无前提可依而当然消灭。债务由无利害关系的第三人替代履行的,若债务人对此提出异议,债权人有权拒绝受领而不负迟延责任;若债务人未对此提出异议,债权人拒绝受领则构成受领迟延,但债权人拒绝受领后债务人又提出异议的,则受领迟延归于消灭。

(三)债权人补正。受领迟延成立后,债权人经积极努力进行补正,消除了受领迟延状态,受领迟延当然消灭。但是,原受领迟延所生的请求权不因此而消灭。

(四)因可归责于债务人的事由而致履行不能。受领迟延后,因债务人的原因造成债务人履行不能的,受领迟延终止。但原受领迟延所生的请求权不因此而消灭。

(五)双方达成延期履行或其他消灭受领迟延效力的协议。原受领迟延所生的请求权不因此而消灭,但双方有特约的除外。

思考题:

1. 结合生活现象或工作实际,分析合同履行的诚实信用规则。
2. 合同履行中情事变更制度的适用条件是什么?
3. 当合同条款约定不明时,应如何履行合同义务?
4. 结合实例分析双务合同抗辩权的性质。
5. 同时履行抗辩权成立的要件是什么?该抗辩权的行使后果是什么?
6. 顺序履行抗辩权成立的要件是什么?该抗辩权的行使后果是什么?
7. 不安抗辩权成立的要件是什么?该抗辩权的行使后果是什么?
8. 权利否定之抗辩与拒绝履行义务之抗辩有哪些区别?
9. 债权人受领迟延的成立要件是什么?
10. 债权人受领迟延的后果是什么?

第七章 合同的保全

内容提示 《合同法》规定了债权人代位权和债权人撤销权两种合同保全制度。本章揭示了建立合同保全制度的立法理由和意义，阐述了债权人代位权、债权人撤销权的含义、性质、构成要件、权利的行使以及行使权利的后果。

第一节 合同保全概述

合同的保全，即债的保全，也称责任财产的保全，是指合同债权人为了确保其债权获得清偿，防止债务人的责任财产不当减少，允许债权人行使代位权或撤销权的一种制度。我国《合同法》第73条、第74条分别规定了债权人代位权和债权人撤销权两种合同保全制度。

合同的保全制度旨在防止债务人责任财产的不当减少，从而避免给债权受偿造成不利影响，因为责任财产属于债权的一般担保，债务人责任财产是否充实，直接影响债务人的偿债能力，与债权实现息息相关。因此，合同的保全是现代合同法的一项重要制度。

合同保全的基本方法是赋予债权人以代位权或撤销权。这两种权利在一定程度上都允许债权人对债务人与第三人之间的关系进行干预。这里就需要讨论合同保全制度与"合同相对性"原理的关系问题。有观点认为，合同的保全制度突破了"合同相对性"的原理。[1] 本书认为，合同保全制度并未完全突破"合同相对性"原理。在债权人代位权制度中，债权人代债务人之位，向次债务人主张债权。此时，债权人所主张的仍为债务人之债权。而次债务人履行给付义务，根据大陆法系民法理论中的"入库规则"，仍应向债务人履行，而并不能直接向债权人履行。因此，债权人代位权制度依然遵循了"合同相对性"原理。在债权人撤销权制度中，债权人有权请求法院或仲裁机构撤销债务人与第三人之间的财产转让行为，此系对他人合同关系的干涉，但债务人与第三人之间的合同被撤销之后，第三人仍应遵循"合同相对性"原理向债务人返还不当得利，因此不能说债权人撤销权制度完全突破了"合同相对性"原理。

合同保全制度赋予了债权人干涉债务人与他人之间合同关系的权利，是法律为了充分保障债权实现而作出的特殊制度安排。

---

[1] 崔建远主编：《合同法》（第5版），法律出版社2010年版，第149页。

第二节 债权人代位权

债权人代位权,是指合同债权人为保全其债权,以自己的名义,行使债务人对第三人的权利。债权人代位权制度起源于法国习惯法,《法国民法典》第1166条规定了"代位诉权"。《德国民法典》和《瑞士民法典》由于其强制执行法律较为完备,因此没有规定代位权制度。我国《合同法》第73条是债权人代位权制度的基本法律规范。此外,《合同法司法解释一》第11条至第22条和《合同法司法解释二》第17条也对债权人代位权作了进一步规定。这些规范构成我国债权人代位权制度的基本法律体系。

一、债权人代位权的性质

(一) 代位权为债权的效力

代位权是合同债权的一种效力,并非从属于合同债权的特别权利,因此也被称为合同债权请求力的保全效力。

(二) 代位权为实体权利

代位权是实体法上的权利,而非程序法上的权利。虽然法国法上将其称为"代位诉权",我国《合同法》也规定代位权须以诉讼方式行使,但该权利被规定于作为实体法的《合同法》之中,仍属于实体权利。

(三) 代位权为债权的内容

代位权是合同债权人的固有权利,并非债权人对债务人的代理权。债权人行使代位权应以自己的名义进行,这一点与代理权存在根本区别。

(四) 代位权为管理他人事务的可能权

民法理论通说认为,代位权在性质上属于"可能权"或"管理权"。虽然代位权的行使可以使债务人与第三人之间的法律关系发生变动,但其与原本意义上的形成权不同,其变动他人之间法律关系的效果并非完全取决于债权人的单方意思表示,而是依赖于债务人对第三人的债权。

二、债权人代位权的构成要件

(一) 债务人怠于行使其对第三人的权利

首先,债务人对第三人,即次债务人,享有合法有效的债权。根据《合同法司法解释一》第11条的规定,债务人的债权必须已经到期。未到期的债权,即使债权人代位行使该权利,次债务人因享有履行期限未至之抗辩,当然无须履行。需要指出的是,我国《合同法》将债务人对第三人的权利限定在到期债权范围内,未免过于狭窄。依大陆法系一些国家的民法,债务人所享有的物权、物上请求权、形成权、诉讼权利甚至公法上的权利都能成为债权人代位权的客体。①

其次,债务人怠于行使其对第三人的权利。如果债务人并未怠于行使权利,即使行使权利的方法不当,或者未能实现其权利的应有效果,债权人均不得行使代位权。所谓怠于行使权利,是指权利人能行使权利而不行使权利的状况。根据《合同法司法解释一》第13条第1款的规定,债务人不履行其对债权人的到期债务,又不以诉讼方式或者仲裁方式向其债务人主张其享有的具有金钱给付内容的到期债权的,属于怠于行使其权利。

第三,债务人对于第三人的权利,在性质上必须是非专属于债务人自身的权利。根据《合同法司法解释一》第12条的规定,专属于债务人自身的权利,如基于扶养关系、抚养关系、赡养关系、继承关系产生的给付请求权和劳动报酬、退休金、养老金、抚恤金、安置费、人寿保险、人身损害赔偿请求权等权利,均不得由债权人代位行使。

(二)债权人有保全其债权的必要

债务人虽然怠于行使其权利,但如果对债权人的债权没有影响,债权人也不得行使代位权。基于代位权的本质属性,只有当债务人怠于行使其权利,造成其责任财产不充分,具有危及债权实现之可能性时,才能认定债权人有行使代位权的必要。此时,即使债权人的债权另有抵押权、质权等特别担保,也不妨碍债权人行使代位权。

(三)债务人已陷于履行迟延

原则上,只有在债务人已陷于履行迟延之后,才允许债权人行使代位权,否则对债务人未免干预过度。此外,根据民法理论,虽然债务未届履行期,但对专为保存债务人的权利的行为,如中断诉讼时效、申报破产债权等,例外地不须等到债务人陷于迟延即可代位行使。此时,如一定等到债务届期,则债务人的责任财产有可能消耗殆尽,无法起到保全债权实现的目标。

对于债权人代位权的构成要件,试举例加以说明:乙公司拖欠甲公司货款人民币10万元逾期没有履行。同时,乙公司对丙公司也有人民币10万元的到期货款债权。经查,由于乙公司经营不善,其现有责任财产不足以清偿对甲公司的债务,但如果其积极向丙公司主张其到期债权,则有可能具备偿还对甲公司债务的能力。现在,乙公司既未按时履行对甲公司的债务,也没有以提起诉讼或申请仲裁的方式向丙公司主张债权,致使甲公司债权的实现面临风险。甲公司为保全其债权实现的可能性,可以以自己名义代乙公司向丙公司主张10万元的到期货款债权。

三、债权人代位权的行使

(一)债权人以自己的名义行使该权利

如前所述,债权人代位权具有固有权利的属性,因此应以债权人自己的名义行使。依据最高人民法院相关司法解释,债务人的一切债权人,除非其债权不适合以代位的方式进

---

① 《法国民法典》第1166条规定,债权人得行使债务人的一切权利和诉权。日本民法也将债权人代位权的客体确定为"属于债务人的权利",而没有给予进一步的限制。

行保全,均可行使代位权。因此,凡属债权人均可以自己名义行使代位权。

(二)债权人必须以诉讼的方式行使该权利

根据我国《合同法》第73条及其司法解释的规定,债权人必须通过诉讼程序行使代位权。其他一些国家的民法并不限制代位权的行使必须采取诉讼方式,但我国立法明确要求非采取诉讼方式不得行使代位权,其理由在于通过诉讼方式可以保证债权人之间的公平、防止债权人代位权的滥用、防止发生不必要的纠纷等。在代位权诉讼中,应注意下列问题:

1. 如果债务人存在多个债权人,则多数债权人均可提起代位权诉讼。根据《合同法司法解释一》第16条第2款的规定,多数债权人以同一次债务人为被告提起代位权诉讼的,人民法院可以合并审理。另根据《合同法司法解释一》第16条第1款的规定,债权人以次债务人为被告提起代位权诉讼,未将债务人列为第三人的,人民法院可以追加债务人为第三人。

2. 根据《合同法司法解释一》第18条第1款的规定,在代位权诉讼中,次债务人对债务人的抗辩,可以向债权人主张。这一规定的根据在于,债权人毕竟是代位主张债务人对次债务人的债权,根据"合同相对性"原理,次债务人可以向代位权人主张其与债务人之间的抗辩权或其他抗辩事由。

3. 根据《合同法司法解释二》第17条的规定,债权人以境外当事人为被告提起的代位权诉讼,人民法院应根据《民事诉讼法》第241条的规定确定管辖。

(三)代位权行使的范围以保全债权必要为限

根据《合同法》第73条第2款的规定,代位权的行使范围以债权人的债权为限。究其原因,在于代位权行使的目的仅在于保全债权。如果超出债权额度而行使代位权,则违反了代位权的本意。如果被代位行使的权利超过了债权额度,如果该权利可以分割,则债权人应代位行使部分权利,如该权利不可分割,则债权人可以行使全部权利。债权人行使代位权的行为,原则上仅限于保存行为或实行行为,而不包括处分行为,例如纯粹的债务免除、权利抛弃、延缓期限等,债权人不得为之。但买卖、抵销等利益交换行为,从债务人总体责任财产的角度来看,具有财产保全的必要的,则可以视为一种管理行为。

需要注意的是,《合同法司法解释一》第13条第1款的规定将代位权的客体仅限于具有金钱给付内容的债权,因此代位权行使的范围不及于债务人对次债务人其他给付类型的债权。

四、债权人代位权行使的效果

(一)对于第三人的效力

如前所述,根据《合同法司法解释一》第18条的规定,第三人依法享有的对债务人的各项抗辩权,可以向债权人行使。理由是,在代位权行使的场合,第三人不能比在债务人自己行使权利的场合处于更加不利的地位。同时,这一规定也兼顾了"合同相对性"原理。

（二）对于债务人的效力

1. 债务人的处分权受到限制

债权人行使代位权后，债务人对被代位行使的债权的处分权理应受到限制，即债务人对该权利不得予以行使，也不得予以处分。如果债务人对该权利的处分权不加以限制，势必造成债权人代位权制度的落空。这一结论系由债权人代位权制度的本意推导而出，在现行法上缺乏明确的根据，但《合同法司法解释一》第22条的规定隐含这一效果。[①]

2. 诉讼时效中断

债权人提起代位权诉讼，系行使债务人对第三人的权利，在法律效果上应相当于债务人向第三人行使权利，因此债务人对第三人的权利发生诉讼时效中断的效果。另根据《最高人民法院关于审理民事案件适用诉讼时效制度若干问题的规定》第18条的规定，债权人提起代位权诉讼的，债权人对债务人的债权也同样发生诉讼时效中断的效果。这样规定的理由在于，债权人积极以行使代位权的方式保全其债权，理应获得时效中断之利益。

3. 代位权行使费用的负担

根据《合同法》第73条第2款的规定，债权人行使代位权的必要费用由债务人负担。具体包括律师代理费、差旅费等。至于为何要求债务人负担代位权行使的费用，理论上认为债权人与债务人之间存在一种法定的委托关系。

（三）对于债权人的效力

在一些国家的民法中，债权人行使代位权实际上是在行使债务人的权利，因此其行使的效果应归属于债务人，从而达到充实债务人责任财产、保全债权之目的。债权人不能因行使代位权而获得优先受偿权，该债权人仍应与其他债权人处于平等受偿的地位。这就是所谓"入库规则"。

根据《合同法司法解释一》第20条的规定，由次债务人向债权人履行清偿义务，债权人与债务人、债务人与次债务人之间相应的债权债务关系即予消灭。这种规定实质上是在金钱债务场合，借助于抵销制度，使代位权制度发挥了简易的债权回收手段的功能。需要指出的是，虽然在我国将代位权客体限定于金钱债权的情况下，借助抵销制度可以较为合理地解释债权人直接受偿且使债务关系归于消灭的现象，但毕竟在事实上使债权人获得了优先受偿权。这样的规定固然有简化债务关系，鼓励债权人积极行使代位权的效果，但在债务人具有多数债权人的情况下，则有可能损害其他债权人的受偿利益。

第三节　债权人撤销权

所谓债权人撤销权，是指债权人对于债务人所为的有害债权的行为，可请求法院予以撤销的权利。债权人撤销权历史悠久，罗马法上的保罗诉权就是撤销权的原型。近代《法

[①] 该条规定："债务人在代位权诉讼中，对超过债权人代位请求数额的债权部分起诉次债务人的，人民法院应当告知其向有管辖权的人民法院另行起诉。债务人的起诉符合法定条件的，人民法院应当受理；受理债务人起诉的人民法院在代位权诉讼裁决发生法律效力以前，应当依法中止。"

国民法典》第1167条、《日本民法典》第424条都规定了债权人撤销权制度。德国采用特别法,瑞士将撤销权规定在破产法中。我国《合同法》第74条、第75条构成债权人撤销权制度的基本法律规范。《合同法司法解释一》第23条至第26条和《合同法司法解释二》第18条、第19条对债权人撤销权制度作出了进一步的规定。

撤销权赋予债权人干预债务人事务的权利,其立法原理与代位权相同。当合同成立生效后,债务人的全部责任财产都成为债权实现的广义担保。为确保债权实现,防止债务人责任财产的不当减少,如债务人向第三人无偿或者以明显不合理的低价转让财产、任意设置财产负担(如设置抵押或质押等),法律允许债权人对危及债权实现的法律行为予以撤销。

一、债权人撤销权的性质

(一) 撤销权为实体权利

与代位权相同,撤销权并非诉讼权利,被规定于民事实体法之中,是债权依法所固有的保全效力的体现,但必须通过诉讼行使。

(二) 撤销权具有双重效力

撤销权兼具形成权和请求权的双重效力。关于债权人撤销权的性质,历来有所谓形成权说、请求权说和折中说。形成权说认为,债权人撤销权旨在赋予债权人以其单方意思表示变动他人之间法律关系的效果,其与因意思表示瑕疵(如受欺诈、受胁迫或重大误解等)而发生的撤销权在法律效果上并无本质区别,均能使被撤销的法律行为溯及既往地归于消灭。请求权说认为,债权人撤销权的实质为请求因债务人诈害行为而受有利益的第三人返还其所得利益的权利。根据该学说,撤销权的效力在于授权债权人取回因债务人的诈害行为而脱逸的财产或其价值变形物,从而达到充实债务人责任财产、保全债权的目的。折中说则认为债权人撤销权兼具形成权和请求权的双重属性。形成权的效力使诈害行为因撤销而归于无效,为请求第三人向债务人返还财产创造了条件。而请求权的效力则直接指向脱逸财产之返还,是保全责任财产的关键所在。折中说系当今通说。

二、债权人撤销权的构成要件

(一) 客观要件

1. 须有债务人减少财产的行为

大陆法系民法理论认为,只要债务人的行为减少了责任财产,危及债权的实现,均应成为债权人撤销权的客体,至于行为的具体类型或性质,均在所不问。我国《合同法》第74条第1款将债权人撤销权的客体列举为三项,即放弃到期债权的行为、无偿转让财产的行为和以明显不合理的低价转让财产的行为。这样的列举过于狭窄,不能充分实现债权人撤销权制度的立法目的。对此,《合同法司法解释二》第18条和第19条第3款进行了一定程度的扩充,将债务人放弃其未到期的债权或者放弃债权担保,或者恶意延长到期债权的履行期,或者债务人以明显不合理的高价收购他人财产的,只要对债权人造成损害,都在可撤销之列。此外,结合民法理论,本书认为债务人以其财产设定抵押、质押的行为,债务人充当保证人的行为,债务人实施遗赠、债务免除以及诉讼上的和解、撤销等都应该在可以撤销之列。另根据《中华人民共和国企业破产法》(以下简称《破产法》)第 31 条的规定,对没有财产担保的债务提供财产担保的行为,债权人可以撤销。对未到期的债务提前清偿的行为,也可以撤销。第 32 条规定,人民法院受理破产申请前 6 个月内,债务人不能清偿到期债务,并且资产不足以清偿全部债务或者明显缺乏清偿能力,仍对个别债权人进行清偿的,管理人有权请求人民法院予以撤销。但是,个别清偿使债务人财产受益的除外。

需要指出的是,《合同法司法解释二》第 19 条第 1 款和第 2 款对债务人以"明显不合理的低价"转让财产行为的认定设置了较为具体的标准。人民法院应当以交易地一般经营者的判断,并参考交易当时交易地的物价部门指导价或者市场交易价,结合其他相关因素综合考虑予以认定。转让价格达不到交易时交易地的指导价或者市场交易价 70% 的,一般可以视为明显不合理的低价。至于以明显不合理的高价收购他人财产行为的认定标准,该款规定对转让价格高于当地指导价或者市场交易价 30% 的,一般可以视为明显不合理的高价。

2. 债务人的行为须以财产为标的

债务人所为的身份行为,如结婚、离婚、收养、继承的抛弃等,即使造成债务人一般责任财产的减少,也不在债权人可撤销之列。此外,虽然属于财产行为,但只影响债务人责任财产的增加,并未直接造成责任财产减少,或者完全取决于债务人意思自由的行为,也不在可撤销之列,比如以不作为债务为标的的法律行为,以提供劳务为标的的法律行为,财产上利益的拒绝行为,以不得扣押的财产为标的的行为等,以及赠与要约之拒绝、第三人债务承担之拒绝等。

3. 债务人的行为须有害于债权

所谓有害于债权,系指债务人责任财产不当减少,致使其丧失必要的清偿能力,从而危及债权的实现。债务人责任财产的减少包括:第一,减少积极财产,如物权的让与、物权的抛弃、债务的免除等;第二,增加消极财产,如设定他物权、新增债务负担等。至于债务人对其他债权人清偿债务,是否应认定为有害于债权?债务的清偿虽能致使债务人的积极财产有所减少,但同时消极财产也相应减少,从债务人的总体财产来看,并未发生变化。因此,债务人的债务清偿行为不能被认为有害于债权。

(二) 主观要件

1. 债务人的恶意

债务人在为有害于债权人之行为时,应具有恶意,但恶意的具体认定标准存在分歧,有所谓希望主义和认识主义之区分。希望主义是指债务人追求其有害于债权的主观状态,而认识主义则仅以债务人明知其行为可能有害于债权人即可。我国《合同法》第 74 条并未明确规定债务人恶意之判断标准。法国民法、日本民法均采认识主义。我国合同法在解释上也以采认识主义为宜。

2. 受益人的恶意

受益人,即受让人,在从债务人处取得财产时,知道债务人所为的行为可能有害于债权人的债权。但此处的恶意,仅限于受益人认识到其与债务人之间的行为具有加害于债权的可能性,而并不意味着其与债务人之间存在加害债权的通谋。判断受益人恶意的时间为受益之时,在受益之后才具有恶意的,该行为不得撤销。

3. 转得人的恶意

所谓转得人,指由受益人处取得财产之人。我国《合同法》并未规定债权人能否向转得人行使撤销权。如果转得人在受让财产时具有恶意,则债权人可以对其行使撤销权。

关于上述构成要件试举例加以说明:某乙对某甲负有到期债务尚未履行,同时又将其财产以明显不合理的低价出卖给第三人某丙。如果乙和丙之间的买卖行为致使乙的责任财产减少到足以危害甲的债权实现的程度,则此时甲可以请求人民法院撤销乙和丙之间的财产买卖行为。

三、债权人撤销权的行使

(一) 债权人撤销权的主体

因债务人的行为而使其债权受到损害的债权人,是撤销权的主体。但需要指出的是,如果债权人为多数,则任一债权人行使撤销权,均以保全全体债权人的债权实现为目的。如果在撤销权发生后,债权人将其债权转让给他人,受让人也可以行使撤销权。

(二) 债权人撤销权的行使方式

债权人撤销权应以诉讼方式行使。根据《合同法》第74条的规定,债权人应以自己的名义通过诉讼的方式行使撤销权。采取诉讼形式的原因在于,撤销权具有形成权的法律效果,将直接影响债务人和第三人的利益,须由法院审查撤销权是否具备构成要件,避免债权人滥用撤销权,妨碍正常的交易秩序。债权人提起撤销之诉,应以债务人为被告,可以将受益人或受让人列为第三人。根据《合同法司法解释一》第24条的规定,债权人未将受益人或者受让人列为第三人的,人民法院可以追加受益人或者受让人为第三人。另根据该司法解释第25条第2款的规定,两个或者两个以上的债权人以同一债务人为被告,就同一标的提起撤销权诉讼的,人民法院可以合并审理。

(三) 债权人撤销权的除斥期间

根据《合同法》第75条的规定,撤销权应在自债权人知道或者应当知道撤销事由之日起1年内行使。自债务人的行为发生之日起5年内没有行使撤销权的,撤销权消灭。由于撤销权具有形成权的属性,且期间经过发生实体权利消灭的效果,因此上述期间在通说上被认为是除斥期间。

(四) 债权人撤销权的行使范围

原则上,债权人行使撤销权的范围以保全债权的必要为限。这一点在《合同法》第74条第2款中也有所体现。但如果存在多数债权人,则保全的范围究竟以个别债权人之债权额度为限,还是以全部债权人之债权额度为限?对此有不同的观点。有观点认为,行使撤销权之范围，原则上以该撤销权人自己之债权额度为标准，即使另有其他债权人存在，也不得超过自己的债权额。[①] 另一种观点认为，债权人撤销权行使的目的在于保全所有的债权，因而其行使范围不以保全行使撤销权的债权人的债权额度为限，而应以保全全体债权人的全部债权为限。[②] 本书认为，债权人行使撤销权的范围原则上应以保全其自己的债权额度为限，但如果被保全的标的系不可分之标的，则可超出个别债权额度就全部标的加以保全。其理由在于，债权人撤销权毕竟是对他人事务之干预，法律应尽可能减少债权人干涉债务人事务的范围。

四、债权人撤销权行使的效果

（一）对于债务人的效力

撤销权中所包含的形成权效力，直接表现在对于债务人的效力上：债务人所为行为一经撤销，自始无效。未履行的，无须继续履行；已经履行的，发生不当得利返还请求权，即债务人可以请求受益人或转得人返还财产、恢复原状。另根据《合同法司法解释一》第26条的规定，债权人行使撤销权所支付的必要费用，如律师代理费、差旅费等，由债务人负担。

（二）对于受益人的效力

撤销权中所包含的请求权效力，则主要表现在对于受益人或者转得人的效力上：如果被撤销的法律行为在撤销之前已经实际履行，则该行为一经撤销，就发生受益人或者转得人的不当得利返还义务。债务人和债权人均得请求受益人或者转得人返还不当得利，但根据"入库规则"，受益人或者转得人的返还对象原则上应为债务人。此外，根据《合同法司法解释一》第26条的规定，债权人行使撤销权所支付的必要费用，受益人等如果有过错，应与债务人适当分担。

（三）对于债权人的效力

债权人对于受益人或者转得人得请求其返还不当得利于债务人，也可以请求将给付标的直接交付于自己。但是，债权人不得就给付标的优先受偿，否则将违背债权人撤销权保全债务人一般责任财产之立法目的。但债权人受领给付之后，如果与债务人之间符合法定抵销权的适用条件，则可以主张抵销权的适用，从而事实上取得优先受偿的地位。

思考题：

1. 合同保全制度的主要法律意义是什么？
2. 合同保全制度与合同相对性原理之间是什么关系？
3. 债权人代位权的构成要件包括哪些具体内容？

---

① 郑玉波：《民法债编总论》（修订二版），陈荣隆修订，中国政法大学出版社2004年版，第304页。
② 王家福主编：《中国民法学·民法债权》，法律出版社1991年版，第186页。

4. 如何行使债权人代位权？
5. 如何理解"入库规则"，我国《合同法》对此作了什么特殊规定？
6. 债权人代位权行使具有哪些法律效果？
7. 债权人撤销权与因意思表示瑕疵的撤销权有何联系和区别？
8. 债权人撤销权的构成要件包括哪些具体内容？
9. 如何行使债权人撤销权？
10. 债权人撤销权行使具有哪些法律效果？

第八章 合同的变更和转让

内容提要 本章论述了合同变更的概念和特征,介绍了合同变更的情形,阐述了合同变更的条件、效力,阐述了债权让与的概念、特征、条件、效力,阐述了免责的债务承担的概念、特征、条件、效力,阐述了并存的债务承担制度,阐述了债的概括移转制度。

第一节 合同的变更

一、合同变更的概念与特征

(一) 合同变更的概念

合同的变更有广义和狭义两种含义。广义的合同变更包括合同主体的变更和合同内容的变更。狭义的合同变更仅指在不改变合同主体的情况下改变合同内容的情形。例如,合同订立后原合同当事人合意改变合同的价金条款。我国《合同法》第五章的章名"合同的变更和转让"中的"合同的变更",以及第77条中所指的"变更合同"都取狭义,本章亦然。

合同的变更是指合同当事人于合同订立后消灭前,在不改变合同主体的前提下改变合同内容的协议。

合同主体不变而变更内容的情形有很多,主要有如下几种:(1) 合同当事人订立变更合同内容的协议。合同因当事人的协商而成立,当然也可经当事人的协议而变更。(2) 当事人约定的引起变更合同内容的事由出现。合同订立时,当事人可以约定合同内容基于某一事实的出现而变更,一旦当事人约定的某一事实出现,该合同随之变更。例如,房屋租赁合同约定:"如果房东的儿子从国外回国定居,则房屋的出租面积减少一半。"一旦房东的儿子回国定居,原租赁合同变更。(3) 合同当事人中的一方行使变更合同的形成权。当合同的当事人享有单方变更合同的权利时,该权利一旦被行使,将使合同的权利义务发生变更。单方变更合同权利的形成权,主要基于如下原因而发生:① 合同的直接约定。例如,合同约定合同的一方当事人可以随时改变合同履行方式。② 合同约定一定条件的成就。例如,合同约定债务人如果不依约支付货款,债权人有权变分期付款为一次性付款,使债务人不再享有期限利益。此种约定与附变更条件的合同不同。在附变更条件的合同,条件成就导致合同的变更;在此种约定,条件成就导致变更合同的权利发生而不直接产生变更合同的后果,合同是否变更取决于享有变更合同权利的主体是否行使形成权。③ 法律规定一定条件的成就。例如,《合同法》第167条第1款规定:分期付款的买受人未支付到期价款的金额达到全部价款的1/5的,出卖人可以要求买受人支付全部价款或者解除合同。又如,《合同法》明定因欺诈、胁迫、重大误解、显失公平而订立的合同,合同的一方当事人有权在除斥期间内请求法院或仲裁机构变更或撤销该合同。再如,《合同法司法解释二》第 26 条规定,因情事变更当事人有权请求法院变更或者解除合同。(4) 应给付的特定标的物减少,合同义务人不能就原约定的内容为给付。(5) 合同义务人违约,原合同不再继续履行而改为支付违约金或赔偿损失。

依据合同变更的定义,不是所有引起合同内容变更的法律事实都被称之为"合同的变更"。上述五种引起合同内容变更的法律事实中,只有第一种法律事实,即合同当事人变更合同内容的协议才被称为"合同的变更"。我国《合同法》对合同的变更和转让作了专章(第五章)规定,其中关于合同变更规定的条文为第 77 条和第 78 条。《合同法》第 77 条第 1 款规定,"当事人协商一致,可以变更合同。"这表明《合同法》第五章所指的合同变更,属于协议变更,而不包括因其他法律事实所引起的变更。《合同法》第 77 条第 2 款继而规定:"法律、行政法规规定变更合同应当办理批准、登记等手续的,依照其规定。"这是对应《合同法》第 44 条第 2 款关于合同生效的特殊条件的规定而作的规定。法律逻辑告诉我们:某种合同的订立依据法律或行政法规需要办理批准或登记手续才能生效的,该合同的变更当然也需要办理批准或登记手续,否则不能发生变更的效力。可见,《合同法》第 77 条第 2 款中的"变更合同"一词,仅仅指合同的变更协议。再说,批准、登记的对象只能是合同变更协议而不可能是其他导致合同变更的法律事实。《合同法》第 78 条规定:"当事人对合同变更的内容约定不明确的,推定为未变更。"本条中的"约定"将"合同变更"一词限定在变更合同协议范畴之内。因此,基于《合同法》第五章关于合同变更的规定,《合同法》所称之合同变更,应仅仅指合同变更协议(即变更原合同的合同),而不包括能够引起合同内容变更的其他法律事实。

(二) 合同变更的特征

依据上述定义,合同的变更具有如下特征:

1. 合同变更是合同当事人实施的法律行为。该特征表明,合同变更本身属于合同行为,必须经当事人协商一致,同时还表明,变更合同的当事人必须是原合同关系的当事人。

2. 合同变更改变了原合同权利义务的内容。改变合同内容的情形包括改变合同条款、增加合同条款、减少合同条款。被改变、增加、减少的条款既可以是合同绝对必要条款、相对必要条款,如合同标的、数量、质量、价款或报酬、履行时间、履行地点、履行方式、违约责任等,也可以是合同任意条款。这意味着无论是债的要素内容还是债的非要素内容都可以依据合同当事人的协议而变更。

合同变更的这一特征使其区别于合同的更改。合同更改是合同订立后合同当事人订立的消灭旧合同、产生新合同的协议。合同更改的特征之一是新合同具有重大变化,即改变了诸如合同主体、给付内容、合同性质、增加或取消所附条件或期限等的要素内容。例如,甲与乙订立房屋租赁合同一份。租期届满前,甲与乙订立一份消灭租赁关系、发生借用关系的合同。租房为有偿,借房为无偿,两者性质不同。合同的变更不要求必须改变债的要素事实,非要素事实的改变不影响合同变更的成立。

3. 合同变更的目的并不在于消灭原有合同关系。合同变更的意思表示只发生合同部分内容的变化,而不是终止原合同。因而,原合同担保不因合同的变更而失去效力。合同变更的这一特征,又将其与合同的更改区别开了。合同的更改的意思表示在于产生新债消灭原债。合同更改后,原合同的担保因合同的更改而消灭。

4. 合同变更的效力有的具有溯及既往的效力,有的不具有溯及既往的效力。是否具有溯及力,取决于合同变更协议的内容。合同变更协议对是否有溯及力没有约定或约定不明的,依据合同的性质确定。一般而言,一时性合同的变更有溯及力,继续性合同的变更没有溯及力。例如,买卖合同、运输合同变更了价格条款、运费条款的,该变更后的价格、运费约定,将溯及合同成立生效之时;而租赁合同、雇佣合同变更了租金条款、佣金条款的,该变更后的租金、佣金约定,只是对未来发生效力,并不溯及租赁合同成立生效之时。合同的更改,不发生溯及既往的效力。合同更改后,原合同因更改而丧失其效力,新合同因更改而成立生效。

(三) 合同变更的情形

合同变更的情形主要有如下几种:

1. 合同性质的变更。以合同的性质为合同的分类标准,可将合同分为买卖、赠与、承揽、租赁、借贷、保管、运输、委托、行纪、居间等合同。当事人原订立租赁合同,后合意变更为借用合同的,属于合同性质的变更。合同性质的变更必然带来合同权利义务的变更。例如,租赁合同若变更为借用合同,则有偿合同变更为无偿合同,并由此带来其他权利义务的变化,买卖不破租赁规则不再适用,出借人确因自己的需要而提前收回出借物的,不认为违约等等。

值得一提的是,如果合同当事人明确表示或依据表示可以推知随着合同性质的变更,原合同因此消灭,新合同因此产生,那么该项变更的实质是合同的更改,应当按照更改后果处理。

2. 合同标的物或报酬的增加或减少。标的物的数量是合同的必要条款,少了该条款合同就会因缺乏主要内容而不能成立。但是,合同订立后当事人可以约定变更标的物的数量。例如,买卖标的物原为菜瓜 100 公斤,变更为菜瓜 200 公斤。报酬是有偿合同的必要条款,如买卖之价金、保管之保管费、借贷之利息、租赁之租金、运输之运费、雇佣之佣金等等。合同订立以后,双方可以协商变更报酬,例如提高租金或降低租金。

3. 合同标的物或标的物的种类改变。合同当事人不仅可以变更合同标的物的数量,而且还能变更合同标的物或标的物的种类。例如,因特定物的灭失致履行不能后,双方协商确定以交付其他物替代原特定物的交付。

4. 合同标的物质量、规格、品种等条款的变更。合同标的物的质量标准条款、规格标准条款、品种条款都属于对合同义务履行的要求。基于私法自治原则,合同当事人可以自由变更义务履行的要求。例如,买卖双方可以将原定买卖物质量的要求由按照行业标准履行变更为按照国家标准履行。

5. 合同履行地、履行期、履行方式的变更。除不动产外,合同的履行地可以约定,例如买卖合同中标的物的交付地点或者约定在出卖人所在地,或者约定在买受人所在地,或者约定在其他地点。合同订立后,关于履行地点可以约定变更。如将"送货上门"变更为"自提货物"。合同的履行时间和方式也可以通过约定方式改变。例如,租金的给付时间由每月的1日变更为每月的5日。

合同的变更并不限于上述内容,此外还有附条件合同中的条件增加或除去(例如原合同约定"如果通过本年度司法考试,则出租房屋一套",后变更为"如果通过本年度司法考试,且考试成绩为本地区前50名的,则出租房屋一套");将附条件合同变更为不附条件的合同;将附条件的合同变更为附期限的合同;将附始期的合同变更为附终期的合同;变简单之债为选择之债(例如原买卖合同的标的物仅仅是一定量的大米,后变更为一定量的大米或一定量的绿豆或一定量的红豆,买受人可以在大米、绿豆、红豆中选择);变实物之债为货币之债(例如将原本大米换石油的互易合同变更为货币换石油的买卖合同)等等。

二、合同变更的要件

同时具备如下条件的,属于合同变更,发生合同变更的效力:

(一)须有被变更的合同存在

合同变更是改变原合同内容的行为。因此,变更必须以原合同的存在为前提。原存在的合同必须成立且有效。合同若未成立或无效,不构成合同变更。无效合同之变更纵有变更之行为,仍无变更之对象,该变更不发生任何效力。

附条件的合同、附期限的合同属于已经成立、生效的合同,尽管附条件的合同在条件成就与否确定前尚不发生合同当事人所追求的一定民事权利义务关系发生、变更、消灭的后果,但是附条件合同已经具有合同的拘束力,任何一方都不得擅自变更、解除合同,任何一方都不得恶意促使条件的成就或不成就,故此类合同属于变更的对象。同理,附期限的合同也是变更的对象。可变更、可撤销的合同,在合同被撤销前也属于变更的对象。此类合同在被撤销前效力尚存,当事人虽有撤销权,但未必行使撤销权,如果当事人在除斥期间内不行使撤销权该合同不能被撤销。

效力待定的合同也可以被变更。尽管此类合同的效力处于待定状态,但并不意味着当然不会发生效力,有可能经追认而有效。效力待定的合同经变更后未被追认的,该变更行为因变更对象的无效而无效,也因变更行为未被追认而无效。效力待定的合同被追认的,其变更的行为如果也属于效力待定,须对变更行为进行追认。否则,被变更的合同因追认而生效,变更行为因未被追认而不生效。

诈害债权的合同在被依法撤销前可以变更,因为该行为是否被撤销取决于债权人。债权人在除斥期间内不行使撤销权的,合同不得撤销。因而,虽属诈害债权的行为,在被撤销前其效力尚存,可以被变更。该合同被变更后如果被撤销,则变更行为因失去变更对象而不能发生效力。

(二)须有变更合同的行为

变更合同的行为属于合同变更的协议,为合同的一种。合同当事人必须具有增加、减少或改变原合同的内容的效果意思。与合同更改不同的是,该效果意思中并不包括消灭原合同、产生新合同的内容,而以维持原合同的效力和修改原合同条款为内容。如果变更前后的合同不具有同一性,且合同当事人具有变更前的合同不再发生效力、变更后的合同属于一个新合同的意思,该意思表示所表达的不是合同变更的内容,而是合同更改的内容,该行为应当定性为合同的更改。尽管我国法律没有确立合同的更改制度,但是基于合同自由原则应当允许合同当事人更改合同。

变更合同的行为人必须是原合同的当事人,而不能是第三人。这是合同自由原则的必然推论。合同由当事人缔结,合同的变更也得由合同关系当事人协商确定。合同的变更不同于合同的更改。合同的更改情形有三种:其一,债权人更替的合同更改;其二,债务人更替的合同更改;其三,债的内容更替的合同更改。更改的第一种情形须新旧债权人以及债务人三方达成合意方能成立更改合同。新旧两债不具有同一性,更改形成的新债不是旧债的延续,故而旧债的消灭需要旧债权人和债务人达成合意,新债的成立需要新债权人与债务人达成合意。更改的第二种情形可以由新旧债务人以及债权人三方订立合同,也可以由新债务人与债权人订立合同。由于消灭旧债务人之债务不会给旧债务人带来任何不利,因此新债务人与债权人订立更替债务人的更改合同不以旧债务人介入或同意为必要。由此可见,在主体更替的合同更改中,订立更改合同的缔约人并非与原合同的当事人完全相同,合同的变更则不然,订立变更合同的缔约人必须是原合同的当事人。

(三) 合同变更必须具备合同的成立条件和生效条件

合同变更本身是合同的一种,必须具备合同的成立条件。变更合同的成立条件同样包含一般条件和特殊条件。实践性合同涉及标的物变更的,必须完成标的物的交付、取回、更换等实践性行为。具体地说,原合同属于实践性合同,且变更的内容涉及交付实物的,变更自交付实物,或者取回实物,或者更换实物时成立。例如,变更保管合同的保管期限或保管费数量的,由于该项变更不涉及交付实物,该变更自协议成立时成立。但是,将原保管电脑改成保管电视机的,由于该项变更涉及交付实物,故变更协议自改交电视机时成立。① 再如,自然人之间的借款合同、定金合同成立生效后,合同当事人欲变更借款数额、定金数额的,该变更自金钱增付或部分返还后成立。

变更的生效条件也包括一般生效条件和特殊生效条件。《合同法》第77条第2款规定:"法律、行政法规规定变更合同应当办理批准、登记手续的,依照其规定。"《中外合资经营企业法实施条例》第14条规定:"合营企业协议、合同和章程经审批机构批准后生效,其修改时同。"《中外合作经营企业法》第7条规定:"中外合作者在合作期限内协商同意对合作企业合同作重大变更的,应当报审查批准机关批准……"《中华人民共和国中外合作经营企业法实施细则》第11条规定:"合作企业协议、合同、章程自审查批准机关颁发批准证书之日起生效。在合作期限内,合作企业协议、合同、章程有重大变更的,须经审查批

---

① 值得一提的是,将保管电脑变更为保管电视机的行为属于变更前后债之内容不具有同一性的情形,如果合同当事人具有消灭原合同关系(保管电脑)、形成新合同关系(保管电视机)的意思,该情形属于合同的更改,否则属于合同的变更。

准机关批准。"

(四) 合同变更内容约定明确

合同变更为双方或多方的民事法律行为,行为人各方意思表示应当一致,否则不能达成变更合意。法律行为以意思表示为要素。作为法律行为内容的意思表示,必须明确、确定,且不得相互矛盾,否则不发生效力。《合同法》第78条规定:"当事人对合同变更的内容约定不明确的,推定为未变更。"这意味着,当事人主张合同变更的,必须证明合同各方具有确定、明确的合同变更之合意,仅仅以一纸约定不明的书面变更协议主张合同变更的,不能成立。

三、合同变更的效力

(一) 合同各方按照变更后的合同享有权利负担义务

当事人应按照变更后的内容行使权利、履行义务。

合同变更有无溯及力,取决于合同变更时的约定。当事人约定合同变更具有溯及力的,该变更后的权利义务关系溯及至合同的成立生效之时;当事人约定合同变更没有溯及力的,仅对未来发生效力。如果变更合同的协议没有约定是否具有溯及力,则依据交易习惯。不能通过交易习惯确定是否有溯及力的,依据合同的性质,继续性合同的变更没有溯及力,如供电合同、供水合同、租赁合同、雇佣合同中关于电费单价、水费单价、租金、佣金的变更效力,只及于将来不及于过去;一时性合同的变更有溯及力,如单宗货物的买卖合同中关于货款的变更。

(二) 从合同的内容不因主合同的内容变更而变更

从合同虽与主合同共命运,但是从合同毕竟不是主合同的组成部分,具有独立性,为独立的合同。因此,主合同变更的,从合同的内容如无另外约定不发生变更的效力。例如,《担保法司法解释》第30条第1款规定:"保证期间,债权人与债务人对主合同数量、价款、币种、利率等内容作了变动,未经保证人同意的,如果减轻债务人的债务的,保证人仍应当对变更后的合同承担保证责任;如果加重债务人的债务的,保证人对加重的部分不承担保证责任。"第2款规定:"债权人与债务人对主合同履行期限作了变动,未经保证人书面同意的,保证期间为原合同约定的或法律规定的期间。"这一规定表明主合同的变更并不当然导致从合同的变更(主合同加重债务人的债务的,作为从合同的债务人——保证人,对加重的部分不承担保证责任;从合同约定或法律规定的保证期间不因主合同履行期的变动而变动)。

(三) 合同的变更并不导致变更前债权债务关系的消灭

变更合同前后的债之效力保持同一性。变更前的合同条款如果未被变动,于变更后继续有效。例如,合同变更的内容只及于价格条款,则原先约定的履行地、履行期间、履行方式等等于变更后不变,仍然有效。变更之前的从债不因合同的变更而消灭。变更之前存在的抗辩事由也不因变更而消灭,除非该项变更将发生合同抗辩的条件排除。例如,买卖合同价格条款的变更并不影响原已发生的同时履行抗辩权,除非买卖双方就各方给付顺序作了变更。合同部分变更的,该部分不影响其他部分履行的,其他部分所生效力不因合同变更而改变。例如,仅仅变更履行地点的,合同的价格、给付的标的物以及标的物的质量和数量、给付时间、给付方式、违约责任都按照变更前合同的内容发生效力。

应当明确的是,因其他法律事实而导致合同内容改变的,同样发生以上三个方面的效力。例如,合同的一方因合同显失公平而向人民法院请求变更该合同,法院作出变更价格判决的,判决后的合同仅仅发生价格变化,其他约定及担保效力都不变,并以判决确定的合同条款约束合同各方当事人。

第二节　合同的转让

学理上将改变合同权利主体的行为称为债权的让与,将改变合同义务主体的行为称为免责的债务的承担。《合同法》第五章将改变合同权利主体的行为称为债权的转让,将改变合同义务主体的行为称为债务的移转;将改变合同主体的行为统称为合同的转让。

一、债权的让与

(一) 债权让与的概念与特征

债权的让与是指在不改变债的内容的前提下,债权人与第三人协议转让全部或部分债权的行为。例如,贷款人将金钱出借给借款人后,将受领并请求本息给付的债权转让给第三人。债权人在债权让与中被称为出让人,第三人在债权转让中被称为受让人。债权的让与具有如下特征:

1. 债权的让与是一种双方的法律行为,须让与人与受让人协商一致才能成立,并须具备法律行为的有效条件。债权是一种无形财产,不具有社会公示性,债权转让不必像动产物权转让那样须交付转让的对象,也不必像不动产物权转让那样须办理过户登记手续,而只需订立一份债权让与协议即可。例如,双方在签订电脑买卖合同后,并不发生电脑所有权的移转,交付电脑才移转所有权。债权让与则不然,双方订立债权转让协议后,让与人对第三人的债权便让渡给了受让人。

债权的让与是一种双方的民事法律行为,应当具备民事法律行为的成立条件和生效条件。同理,债权让与协议也存在无效或者被变更、被撤销的可能。债权让与协议无效,或者被撤销的,不发生债权转让的效力。如果债权让与行为无效或者被撤销,债务人在接到债权人的债权让与通知后已经向受让人履行了债务,受让人也受领了债务人的给付,此为不当得利,应当返还。但是,当该债权受让人因无偿还能力而不为返还行为时,债权人不得以其对债务人债权的存在为由要求债务人履行债务。换言之,债权人不得以债权让与行为无效或被撤销为由对抗依据让与通知已经履行了债务的债务人,因为债务人是善意的,其并不知债权让与行为无效或被撤销。

2. 债权的让与行为是处分财产的行为。债权具有请求力、执行力、处分力、保有给付在法律上的效力等效果。债权的处分力表明,除法律另有规定或者当事人另有约定以外,债权人可以将债权转让、出质或抛弃。这意味着,转让债权的人应当是有处分权的债权人。非债权人无权处分他人债权,或者债权共有人之一未经其他共有人同意擅自将债权转让的,该转让行为无效,尽管受让人在订立转让协议时是善意的,不知且不应当知道相对人无权处分债权,并付出了合理的代价,受让人也不能取得债权,因为无权处分债权不适用善意取得制度(证券债权除外)。

必须说明的是,处分物权的行为与处分债权的行为不同。依据我国法律,前者处分的对象需要公示,通常必须登记或交付(依据《物权法》第9条的规定,处分不动产物权的,除法律另有规定之外必须进行不动产变动登记;依据《物权法》第23条的规定,处分动产的,除法律另有规定之外必须交付动产),后者处分的对象除了证券债权外不具有典型的社会公示性,无登记、交付问题。

3. 债权的让与行为为要因行为。债权让与总是有原因的,它建立在一定的原因关系(基础关系)之上,或者为取得对价而让与债权(因买卖而让与债权),或者因赠与而让与债权,或者为代物清偿而让与债权等等。我国《物权法》确立了负担行为与变动物权的处分行为区分的制度。诸如买卖、互易、赠与、消费借贷等负担行为只生债法上的效果,不发生物权变动的效果;诸如不动产变动合意及登记、动产变动合意及交付等处分行为,发生物权变动的效果。我国民法确定处分行为为要因行为。负担行为无效或被撤销的,处分行为也不发生效力。债权让与是处分行为,依据我国现行法律属于要因行为。

4. 债权让与发生债权移转的后果。债权让与是财产权转让的一种,发生在转让人与受让人之间。原出让人债权的全部或一部因此而消灭,受让人取得债权的全部或一部。债权的让与不影响债务人的利益,故无须经过债务人同意。

债权让与后应当让债务人知道谁是受让人,以便其向新的权利人履行义务,故债权让与应当通知债务人,但是通知不是转让人向受让人让与债权的生效条件。

(二) 债权让与的要件

债权让与必须具备如下条件:

1. 被转让的债权必须具有可让与性

债权让与中,让与的客体必须具有可让与性。债权除性质不能让与、当事人约定不能让与、法律规定不能让与之外,均可让与。以下债权虽具有特殊性,但仍具有可让与性:(1) 损害赔偿请求权。损害赔偿之债的发生事由多为侵权行为。其权利的对应面是加害人对受害人应承担的一种法定义务,基于该义务的严肃性和维护社会秩序的考虑,该种债不得抵销,但是仍可以转让。无论是人身损害还是财产损害,索赔之债权均具有可让与性。(2) 债务人不明(如损害赔偿之债中加害人不明)的债权。该债权转让后虽一时不能通知,但是这不能成为禁止债权转让的理由。(3) 内容尚不确定的债权。内容一时不确定的债权,如报酬数额、货款数额一时不能确定,仍可以转让,因为它最终将会确定。(4) 双务合同上的债权。双务合同当事人对于对方都享有债权,其中一方将债权让与给第三人,意味着合同义务由原合同当事人承担,合同债权由受让人享有。例如,买卖合同中,出卖人将买卖中的货款请求权让与第三人。(5) 作为质权客体的债权。我国《物权法》第191条第1款规定,抵押人转让抵押物的,应当经抵押权人同意,但是债权质不同,债权的让与不影响质权人的利益,也不增加债权风险,因而可以转让。(6)附取得条件之他人的债权。他人的债权不能转让。转让他人债权的,属于无权处分行为,转让行为实施后不能发生债权让与的结果。如果他人之债权以取得为停止条件而让与,该转让有效。(7)附条件或附期限的债权。虽然在条件成就或期限到来前该债权尚未取得,但是这是一种期待债权,可以让与。(8)已罹时效的债权。已罹时效的,债权人不能依诉讼程序强制债务人履行债务,但是这并不意味着债权人已经丧失受领给付的权利,因而可以转让。(9)不可分之债权。债权虽不可分,但并不意味着该债权不能分别让与,只是债权让与后,受让人是不可分债权的债权人。(10)诉讼中的债权、扣押中的债权、进入拍卖程序中的债权。因为这类债权不具有人身属性,不属于法律禁止流转的权利,受让这类债权有风险,出让人应尽告知义务。

下列债权不得让与:

(1)债权人、债务人约定不得让与的债权。合同当事人约定合同权利不得转让的,该债权转让行为无效。但是,合同当事人关于禁止债权转让的约定,不为债权转让中的受让人所知时,应保护善意受让人的权益,维护交易安全。德国、瑞士、日本等国的民法规定,"禁止让与债权的约定"不能对抗善意的受让人。例如,甲与乙在订立的买卖合同中约定:禁止转让出卖人甲对买受人乙的价金债权。甲违反了该债权禁止转让的约定,将价金债权转让给第三人丙。丙于受让时不知且不应知甲、乙双方存在债权禁止转让的约定,并付出了合理的代价。依据德国等国家民法的规定,丙取得该价金债权,乙不能以"禁止转让的约定"对抗善意的丙。我国《合同法》第79条第2项规定,按照当事人约定不得转让的合同权利不得转让,但是没有保护善意受让人的规定,就学理而言德国等国家民法所制定的债权转让善意保护的规定值得借鉴。

(2)根据合同性质不得让与的债权。它主要包括以下几个方面:① 以人的身份关系为基础的债权,比如扶养费支付请求权。② 以特定之债权人为基础的债权,即债权只为某个人而设定,比如为某人照看小孩、为某人授教、为某人护理等以为某个特定主体提供劳务为目的之债权。③ 以特殊信任关系为基础的债权,如委托合同。

(3)依照法律规定不得转让的债权。例如,禁止扣押的债权不得让与。

2. 让与行为必须成立有效

(1)债权的让与行为是民事法律行为的一种,因此必须具备民事法律行为的成立条件和生效条件。债权让与行为属于处分行为,与负担行为不同,因此债权让与行为的有效条件具有特殊性,即债权让与人必须具有处分债权的能力。

(2)债权的让与人与受让人必须具有变动债权的合意。该合意的内容为将出让人的债权让渡给受让人。"由于债权具有财产价值,所以让与通常是有偿的。但这种对价并非出自让与本身"[1]而是针对让渡债权的义务,即以让渡债权的义务换取对方给付价金或其

---

[1] 〔德〕迪特尔·梅迪库斯:《德国债法总论》,杜景林、卢谌译,法律出版社2004年版,第538页。

他对价利益。债权让与的原因行为与债权让与行为分别属于两个不同的行为。

(3) 法律、行政法规规定转让权利应当办理批准、登记等手续的,依照其规定。

(三) 债权让与的效力

债权让与协议自出让人与受让人就债权让与依法协商一致时成立并生效。该效力只发生在出让人与受让人之间。此时,债权已经由出让人让渡到受让人。债权让与的情形通知债务人的,通知到达后债权转让对于债务人发生效力。

债权让与产生对内、对外两方面的效力。

1. 债权让与的对内效力

(1) 出让方将债权让渡受让方,发生债权移转的效力,原债权上的负担一并移转。例如,原债权上设定质权的,该质权不因债权的让与而消灭。

(2) 从属于债权的从权利,随同债权一起移转。① 利息债权随本金债权一并转移。② 债权之担保权利随主债权移转而移转。例如,债权转让后,保证人在原有担保范围内继续为债权受让人提供担保。③ 违约金债权随本债权的转让而转让。同理,违约赔偿请求权也随本债权移转。但是,本债权转让时违约金请求权或损害赔偿请求权已经发生,且该请求权并不替代本债权的,违约金请求权或赔偿请求权不随本权利转让。④ 破产法上的特权随本债权一并移转。依据《破产法》第109条、第113条的规定,财团费用与财团债务上的请求权移转的,该请求权的优先权一并移转。⑤ 其他从权利。例如,因清偿期未约定而产生的债权人请求债务人于一定期限履行债务的催告权、选择债权的选择权等与被让与的债权请求权具有紧密关系的形成权随债权一并移转。

值得一提的是,从权利虽与主权利共命运,随主权利的转让而转让,但是该从权利专属于债权人的除外。例如,商人留置权(商事留置权)不当然随主权利的转让而转让,因为商事留置权只限于商人之间,且担保的是因营业关系所生之债权。《合同法》第81条规定:"债权人转让权利的,受让人取得与债权有关的从权利,但该从权利专属于债权人自身的除外。"

(3) 出让方应将行使债权的有关文件交付受让方,以保证受让方行使权利。如合同文本、借据等。该项义务并不是基于双方的负担行为而发生,而是基于法律的直接规定。详言之,只要出让方与受让方达成债权让与的合意,就附随发生该法定义务。

(4) 出让方应将其占有的担保物交付受让方,以保证受让方行使担保物权。该项义务也是基于债权让与行为产生的法定义务。

须注意的是,第一,除合同另有约定外,出让方无义务保证受让方的债权得到实现,而是担保所出让的债权是真实的、无权利瑕疵的;第二,让与的债权在让与前后具有同一性,让与前的债权有瑕疵的,让与后的债权也有瑕疵。

2. 债权让与的对外效力

(1) 受让人取代出让人的全部或部分地位而成为新的债权人。详言之,出让人与债务人的债权债务关系因此而全部或部分消灭,受让人与债务人的债权债务关系因此而产生。债权全部让与的,债务人应向受让人履行债务;债权部分让与的,债务人应当向出让方与受让方履行债务。

（2）债权人将让与债权的事实通知债务人。债权转让事实并不为债务人所知，为了便于债务人履行债务，也为使受让人实现债权利益，债权的让与应通知债务人。《合同法》第 80 条第 1 款规定，债权人转让权利的，应当通知债务人。未经通知，该转让对债务人不发生效力。该项义务属于因债权让与行为所生的法定义务。

债权让与通知在性质上属于"观念通知"。它是一种将已经发生的债权转让的客观的事实状态告知债务人的行为。观念通知准用意思表示的规则。该通知到达生效，在到达前可以撤回。《合同法》第 80 条第 2 款规定，债权人转让权利的通知不得撤销，但经受让人同意的除外。

让与债权的通知具有公示性质。债权让与的公示对于维护债务人和善意第三人的利益具有积极意义。不作让与公示的，债务人或第三人将因债权出让人的不诚信而蒙受不测损害。例如，当受让人受让债权的目的在于免除债务人的债务时，受让债权后，未通知债务人，债务人不知债权已经让与而继续向原债权人履行债务或抵销债务，从而使债务人受损害；又如，第三人不知债权已经让与而向原债权人替债务人为清偿，从而使第三人受损害；又如，第三人不知债权已经让与而为"双重受让"，由于物权善意取得制度不适用于债权的让与，从而使第三人受损害。上述三种情况中债务人或第三人虽可请求返还不当得利，但不当得利人破产或没有清偿能力时该损失难以救济。

让与债权的通知还具有保全的性质。债务人在不知债权已经转让的情况下继续向原债权人履行债务的，债权受让人不能要求债务人再向自己履行债务。一旦通知债务人，债务人不得以已经向原债权人给付为由对抗受让人。

我国《合同法》第 80 条明定，债权转让未通知债务人的，该转让对债务人不发生效力。此处所谓"不发生效力"并非否定债务人对受让人有债务，也不否认受让人对债务人有债权，而是指债权的受让人不能基于债权转让而对抗善意债务人。我国《合同法》第 80 条的规定表明，债权让与协议自该协议成立时生效，协议生效后即发生债权的变动后果而不问是否通知债务人。债权让与通知到达债务人后，债务人继续向原债权人履行债务的，其所作给付没有法律上的依据；债务人实施债之消灭行为的，该行为无效；债务人不得以自己已向原债权人为给付或已经实施消灭债权行为为由对抗债权受让人。

依据我国《合同法》第 80 条的规定，债权转让通知的义务人是让与人。基于债权人与债务人之间的特定当事人关系，基于对熟人的信赖，由让与人向债务人发出转让通知具有合理性。当然，受让人也可以告知债务人转让债权的事实，告知时应当提示相关的材料。告知的目的和作用在于阻却善意的认定。

（2）债务人接到债权转让通知后，可基于对原债权人（让与人）的抗辩事由对抗新债权人（受让人）。例如，买卖合同订立以后，出卖人将对于买受人的价金给付请求权转让给第三人，当第三人请求买受人支付买卖合同中的价金时，买受人可以出卖人未依约交付买卖标的物为由对抗第三人。《合同法》第 82 条规定："债务人接到债权转让通知后，债务人对让与人的抗辩，可以向受让人主张。"

(3) 债务人接到债权转让通知后,债务人对原债权人(让与人)享有债权,并且债务人的债权先于转让的债权到期或者同时到期的,债务人可以向新债权人(受让人)主张抵销。债务人与债权人互有同种债权且均已到履行期的,任何一方均享有抵销权。该抵销权并不因债权的让与而消灭。例如,甲乙互有金钱债权100万元,均已到履行期,甲将对于乙的金钱债权100万元转让给第三人丙,转让生效后,乙可基于对甲的100万元金钱债权向第三人丙提出抵销。

二、债务的承担

(一) 债务承担的含义

债务的承担有广义、狭义两种含义。

广义的债务承担指不改变债的内容,由第三人替代原债务人承受债务或第三人加入债的关系与原债务人并存负同一内容之债务的协议。前者称免责的债务承担,如债务人的更替或债务人将部分债务移转给他人同他人分担债务。后者称并存的债务承担,如债的关系成立以后第三人加入债的关系,在不免除原债务人责任的前提下承担债务。

狭义的债务承担是指由第三人替代原债务人承受债务的协议,即仅指免责的债务承担。《合同法》第84条的规定为狭义的债务承担,即债务人将合同义务转移给第三人的情形。

本章取广义的债务承担之义。

债务的承担与第三人清偿不同,两者的主要区别在于:

其一,债务承担并不消灭债的关系,而是变更债的主体;第三人清偿的,则使原债消灭或部分消灭。

其二,在并存的债务承担中,承担人在履行债务前已加入债的关系;第三人清偿的,清偿人在清偿前未加入债的关系。

其三,就债务的履行而言,并存的债务承担后,承担人履行的是自己的债务;第三人清偿的,第三人是代他人清偿债务。

(二) 免责的债务承担

1. 免责的债务承担的概念及特征

免责的债务承担是指不改变债的内容,将债务的全部或部分移转给第三人,经债权人同意的债务人与第三人的协议,或者由债权人与第三人之间达成由第三人承担债务的全部或部分并免除债务人债务的全部或部分的协议。上述第三人被称为承担人。免责的债务承担具有如下特征:

(1) 是一种以移转债务为目的的双方民事法律行为。移转债务表现为承担人承担债务的全部或部分,原债务人的债务被全部或部分免除。

(2) 是原债务人和承担人或债权人与承担人所达成的协议。免责的债务承担形式有两种:一种是原债务人与承担人之间达成的债务移转协议;另一种是债权人与承担人之间达成的由承担人替原债务人承担债务的协议。

（3）发生债务全部或部分移转的后果。全部移转债务的，属于债务人的更替。部分移转债务的，增加债的数量，形成数个债。

（4）是无因行为。免责的债务承担往往建立在一定的原因关系之上，如承担人向原债务人为赠与而替原债务人承担债务。虽然免责的债务承担需要债权人同意，但是债权人并不知晓且也难以知晓承担行为的原因关系，如果将承担行为定性为要因行为，债权人必然因害怕蒙受不测之损害而拒绝同意免责的债务承担。为了鼓励交易（如承担人为获取原债务人的对价给付而承担债务），应当确定免责的债务承担行为为无因行为。该行为不以原因关系之存在为必要。原因关系的无效或被撤销，不影响免责债务承担行为的效力。承担人也不得以基础关系中原债务人不向承担人履行义务为抗辩事由对抗债权人。

2. 免责的债务承担的成立和生效条件

免责的债务承担之成立须具备如下条件：

（1）承担的债务须为有效债务。无效的债务、不存在的债务（包括根本不存在的债务及因履行、抵销等原因而消灭的债务）无承担问题。自然债务（已罹时效之债权所对应的债务）也可作为承担的客体，因为这种债务的承担对债权人、原债务人并无损害。

（2）承担的债务须具备可移转性。以人的身份关系为基础的债务，如扶养费支付义务，以及不作为之债务不得承担。至于以特殊信任关系为基础的债务（如委托）以及以人的特殊技能、智能、技术或特种设备为必要的债务，只要债权人同意，也可移转。

（3）免责的债务承担属于合同的一种，应当具备合同的成立条件和生效条件，法律、行政法规规定转移义务应当办理批准、登记等手续的，依照其规定。

（4）债务的承担如以原债务人与承担人协议的方式进行，须经债权人同意。承担债务若无须经债权人同意，债权人将因债务的承担而蒙受不测之损害。比如，承担人无清偿能力会使债权不能实现。《合同法》第84条规定："债务人将合同的义务全部或者部分转移给第三人的，应当经债权人同意。"债务的承担如以债权人与承担人协议的方式进行，则无须原债务人同意。承担人一般不会无缘无故地与债权人签订承担债务的协议。债务承担协议往往基于债务人的委托、承担人的赠与、承担人的无因管理等原因而签订。债务承担协议如根据债务人的委托而签订，则无须于订约时征得债务人同意；如根据承担人的赠与而签订，则承担人于债务履行后无权向债务人追偿；如根据无因管理而签订，则承担人于债务履行后虽可根据无因管理向债务人追偿，但因债务的承担而造成债务人损失的，债务人可在承担人主张无因管理之债时以管理不当为由要求承担人赔偿损失。

3. 免责的债务承担的效力

债务的承担，无论是债权人与承担人达成的承担协议，还是原债务人与承担人达成的承担协议，都发生如下效力：

（1）承担人成为债务人，应当履行原债务人所应履行的债务，原债务人的债务因承担行为而免除。

（2）从属于债权的从权利，除法律规定或当事人约定外不因承担而受影响。比如，原债务人的利息债务,应由承担人负责清偿。但是,由第三人就债权所为之担保,除第三人同意外因债务的承担而消灭。这是因为第三人提供担保往往是基于一定的信任关系,原债务移转后不能当然认为担保人有愿意为承担人负担保责任的意思。《合同法》第86条规定:"债务人转移义务的,新债务人应当承担与主债务有关的从债务,但该从债务专属于原债务人自身的除外。"

(3)承担人得以原债务人对抗债权人的事由来对抗债权人。比如,原债务人的同时履行抗辩权,于债务承担后得由承担人行使。《合同法》第85条规定:"债务人转移义务的,新债务人可以主张原债务人对债权人的抗辩。"

(4)承担人不得基于自己对于原债务人的抗辩事由来对抗债权人。比如,债务人甲委托承担人乙为债务的承担,双方约定履行期届至前甲将乙承担债务所需之一切费用支付给乙。后由于甲违约,未向乙支付承担债务之费用。履行期届至,乙不得以甲违约为由而拒绝履行乙所承担的债务。法律之所以如此规定,是因为债务的承担具有无因性和独立性。

免责的债务承担包括全部免责的债务承担与部分免责的债务承担。后者如将债务的一部移转与第三人,或第三人前来承受部分债务。部分免责的债务承担不发生债务人地位的全部更替问题,承担后原债务人与承担人均为债权人的债务人。

(三) 并存的债务承担

1. 并存的债务承担的概念及特征

并存的债务承担是指在不改变原债务人地位的前提下,第三人加入债务人行列,与债务人共同负担债务的行为。并存的债务承担是第三人自愿承担债务的行为。我国《合同法》虽然无关于并存的债务承担之规定,但是第三人自愿承担债务的行为并不损害债权人和原债务人的权益,也不损害社会利益,依据私法自治,应确认该行为的效力。

并存的债务承担之行为具有如下特征:

(1)是一种不移转债务而增加担保力的双方的民事法律行为。该行为为双方的民事法律行为,以意思表示为要素。意思表示的内容为由第三人与原债务人共同履行债务,目的在于通过增加第三人的责任财产来担保债权人债权的实现。据此,尽管第三人为原债务人以外之人,但是只要能达到增加责任财产之目的,由原债务人实施并存债务承担行为并不是毫无意义。例如,某甲继承了被继承人的债务,依法以其继承所得作为责任财产担保债的履行,为保障债权人的利益,某甲与债权人订立并存债务承担的协议,使责任财产不限于继承所得的遗产。

(2)不发生债务人变更的后果。与免责的债务承担不同,并存的债务承担是在不免除原债务人债务的情况下,承担人自愿介入债务关系,与原债务人一起对原债承担连带义务的行为。该项连带责任由约定而产生。

(3)是债权人与承担人或原债务人与承担人的双方法律行为。债权人与承担人双方的协议因不损害原债务人的权益而无需征得原债务人的同意。原债务人与承担人双方的协议性质上为利他合同。合同当事人为第三人设定债权的,在第三人表示享受该权利之前,合同当事人可以撤销该行为。①

（4）是无因行为。无论并存的债务承担合同是第三人与债权人订立的,还是第三人与原债务人订立的,基本都是建立在一定的原因关系基础之上。与免责的债务承担相同,基于鼓励交易的考虑,该行为应当定性为无因行为。承担债务的原因关系无效或被撤销,不影响并存债务承担的效力。

2. 并存的债务承担的成立和生效条件

并存的债务承担的成立要件如下:

（1）原债务有效存在。并存的债务承担之目的在于担保原债的履行,原债如不存在或无效,并存的债务承担便失去意义。原债如果可变更、可撤销,在被撤销前也可以由第三人承担。

（2）承担的债务不能重于原债务的责任,承担的范围也不得超过原债务的限度。并存的债务承担的目的是担保原债的履行,由第三人加入原债的关系,在不免除原债务人债务的前提下与原债务人负同一债务,不是为第三人单独重新设定一个与原债无关的新债务。因此,关于债的内容,包括给付的对象、履行时间、履行地点、履行方式等因素,与原债没有区别。

（3）并存的债务承担属于合同的一种,应当具备合同的成立条件和生效条件,法律、行政法规规定转移义务应当办理批准、登记等手续的,依照其规定。

由于并存的债务承担不改变原债务人的地位,故而以债权人与承担人协议的方式所进行的承担无需经债务人同意。又由于并存的债务承担性质上属于为债权人设定权利,对债权人有利无弊,故以债务人与承担人协议的方式所进行的承担也无需经债权人同意。

3. 并存的债务承担的效力

并存的债务承担具有如下效力:

（1）承担人加入债之关系,负与原债务人相同内容之债务。须强调的是,承担人的债务虽以原债务为内容,但仍属独立债务,债务人的地位与原债务人并立。此与保证之债的保证责任不同。前者与原债务人并立,后者则为附属于主债务的从债务;前者债务人与原债务人负连带责任,后者保证人有先诉抗辩权,即使保证人愿承担连带保证责任,保证人

---

① 在第三人承担债务的活动中存在一种有别于上述债务承担的现象,即"履行承担"。履行承担是指第三人与债务人约定,由第三人履行本属于债务人的债务,或者实施消灭债务人债务的行为。例如,某甲欠某乙债款1000元,某丙与某甲协商约定由某丙帮助某甲向某乙偿还1000元。该协议属于履行承担。履行承担具有如下特征:(1) 承担协议由承担人与债务人订立。该特征将其与债务承担区别开了。并存的债务承担由承担人与债权人订立协议;免责的债务承担虽由承担人与债务人订立协议,但必须经债权人同意。(2) 债权人不能约束承担人。基于合同的相对性,履行承担协议由债务人与承担人订立,因而发生特定当事人之间的权利义务关系,该合同不及于债权人。免责的债务承担协议或者由债权人签订,或者经债权人同意;并存的债务承担必须经债权人同意,因此债权人对承担人有约束力。据此,学者将"履行承担"称为"对内的债务承担"。(3) 承担人虽然有通过一定行为免除或以其他方式消灭债务人的债务的义务,但是该项义务是对于债务人的义务,而不是针对债权人的义务。消灭债务的事实包括但不限于如下行为:承担人清偿债务、承担人实施免责的债务承担行为、承担人实施抵销行为等等。(4) 承担人在消灭债务人的债务后取得债权人的地位,依据债务人与承担人之间的"履行承担契约"向债务人求偿,也可以依据"第三人清偿"规则向债务人求偿。

的责任仍具有从属性。

（2）原债务不因此而消灭。并存的债务承担的目的在于担保债权的实现,而不是移转债务或由第三人替代原债务人承担债务,因此并存的债务承担行为实施后不发生原债务人债务的消灭或部分消灭。此时,债权人有权受领和请求原债务人给付,也有权受领和请求承担人给付。原债务人或承担人中的任何一人为给付,债权因目的的实现而消灭。

（3）承担人得以原债务人对抗债权人的事由对抗债权人。承担人承担债务的目的是担保债的履行,当债权人请求承担人为给付时,承担人可基于原债务人对于债权人的抗辩事由对抗债权人。但是,承担人不得以自己对原债务人的抗辩事由对抗债权人。

（4）原债务人与承担人中任何一人履行了全部债务的,债务人与债权人之间的债的关系因清偿而消灭。并存的债务承担虽然发生承担人加入债的关系,在不免除原债务人债务的前提下,增加了承担人的债务,但是原债务人与承担人负担的是同一个债。因此,任何一个债务人履行了债务都将导致整个债的关系消灭。同理,任何一人部分履行债务的,该债务对任何一个债务人而言都发生部分消灭的后果。

4. 原债务人与承担人之间的关系

（1）因承担人的清偿、抵销等行为而致债消灭的,承担人与原债务人按内部基础关系求偿;无内部基础关系的,依连带债务人间的求偿关系处理求偿问题。尽管承担行为具有无因性,但大多承担行为都是建立在一定原因关系的基础之上,第三人不可能无缘无故为他人承担债务。如果承担协议在原债务人与承担人之间订立,且双方存在原因关系,因承担人的行为而导致债消灭的,按照原因关系处理原债务人与承担人之间的关系。如果原债务人与承担人无约定、约定不明,或者承担协议是在债权人与承担人之间订立的,应依连带债务人间的求偿关系处理规则处理原债务人与承担人之间的关系。

（2）原债务人与承担人混同后造成债权人风险增加的,原债务人之债务与承担人之债务不因混同而消灭。例如,原债务人某甲对债权人某乙之债务由保证人某丙担保,承担人某丁对债权人某乙之债务由保证人某戊担保。某甲与某丁合并,两个主体成为一个主体,如果消灭其中一债,必将导致债之担保的消灭,从而损害债权人的权益。为了维护债权人的利益,此时两债务依然并存。

三、债的概括移转

债的概括移转有两种情形。一种是债权让与同免责的债务承担之结合。例如,在买卖合同中,买受人将对于出卖人的债权让与第三人,同时将对于出卖人的义务移转给第三人,发生买受人地位的整体变更。学理上将此称为"契约承担"。另一种是债权让与同并存的债务承担之结合。例如,在买卖合同中,买受人将对于出卖人的债权让与第三人,第三人与买受人协议由第三人并存地承担对于出卖人的债务。此时,第三人享有对于出卖人的债权,买受人与第三人对出卖人承担买卖合同项下的连带债务。学理上将此称为"契约加入"。

我国《合同法》只规定了"契约承担"方式的债的概括移转,即债权、债务同时移转与他人的情形。《合同法》第88条规定:"当事人一方经对方同意,可以将自己在合同中的权利和义务一并转让给第三人。"此种债的概括移转既不是单一的债权让与,也不是单一的债务承担,而是债权债务的一并转移,故移转的客体常为双务合同一方当事人的权利和义务。此种概括移转包括权利让与和义务承担两个方面,故应具备债权让与和债务承担的一切条件,发生债权让与和债务承担所具有的一切效力,使债的一方当事人发生更替。

同理,属于"契约加入"方式的债的概括移转也应具备债权让与和并存的债务承担的一切条件,发生债权让与和并存的债务承担所具有的一切效力。一方当事人的债权让与给了第三人,该方的债务由原债务人和承担人负连带责任。此种情形往往是因为债权人不同意免责的债务承担所致。

思考题:

1. 如何理解合同的变更?合同的变更有哪些特征?
2. 结合生活现象或工作实际,列举合同变更、债权让与、免责的债务承担的事例各两个。
3. 何谓债权的让与?有什么特征?
4. 债权让与的条件有哪些?
5. 债权让与有什么效力?
6. 何谓免责的债务承担?有什么特征?
7. 免责的债务承担条件有哪些?
8. 免责的债务承担有什么效力?

第九章　合同权利义务的终止

内容提要　本章介绍了合同权利义务终止的含义、原因、后果,阐述了清偿的概念,介绍了清偿的种类、清偿的主体、清偿的效力,阐述了清偿充抵规则、第三人清偿制度、代物清偿制度,阐述了合同解除的概念,介绍了协议解除合同和行使解除权解除合同这两种解除情形,分析了解除权的性质、发生事由,阐述了合同解除权的行使方式和消灭原因,阐述了合同解除的效力,表述了抵销的含义、性质、种类,阐述了法定抵销的条件,介绍了约定抵销规则,介绍了免除制度和混同制度。

第一节　合同权利义务终止的概述

一、合同权利义务终止的含义

合同权利义务终止即合同权利义务关系的消灭。

民法理论上有"合同解除"与"合同终止"之分。合同解除具有溯及力,解除效力溯及合同生效之时。比如,买卖合同被解除后,因此产生的买卖后果被推翻,当事人之间的权利义务关系回溯到买卖合同关系发生以前,已交付的标的物和支付的价金均应返还,以恢复到原来的状态。合同的终止没有溯及力。比如,租赁合同被终止后,合同效力提前消灭。提前消灭的合同不再履行,已经交付的租金和已经获得的使用利益及使用中得到的收益也不用返还。

民法理论中"合同终止"与"合同解除"两个概念的位阶相同,如上文所述,都是消灭合同关系的行为,都是引起合同关系消灭的法律事实,前者不具有溯及力,后者具有溯及力。我国《合同法》第六章章名和《合同法》第91条条文中都使用了"合同的权利义务终止"这一概念。这一概念表达的意思是合同权利义务关系的消灭是一种事实状态而不是一种行为,不属于引起特定民事后果的法律事实。《合同法》第91条第2项中的"合同解除"是一种消灭合同关系的行为,是一种能引起特定民事后果的法律事实。可以说,民法理论中"合同终止"这一概念表达的是消灭合同关系的行为,《合同法》中"合同的权利义务关系终止"这一概念表达的是因消灭合同关系之行为所生的结果。一个是因,一个是果,截然不同。于是,《合同法》第91条第2项中的"合同解除"被学理解释成两种情形:其一,发生溯及效力的解除(与上述民法理论中的"合同解除"含义相同);其二,不发生溯及效力的解除(与上述民法理论中的"合同终止"含义相同)。①

依据《合同法》的规定,本章"合同的权利义务终止"的概念是指合同关系的消灭。

二、合同权利义务终止的原因

引起合同权利义务终止的原因主要有两种:一是基于当事人的意思,如债权人免除债务;二是合同目的实现。当事人建立合同关系的最终目的在于实现期待利益,因而合同之债的消灭事由通常表现为债的履行。《合同法》第91条列举了合同终止的数种情形,如履行、解除、提存、抵销、免除、混同。由于引起合同终止的事由不只是上述情形,因此第91条采列举加概括的规定,即法律规定或者当事人约定终止的其他情形也是合同终止的事由。比如,附解除条件的合同,解除条件成就;附终期的合同,终期届至;专属于债权人或债务人本身的债权或债务,债权人或债务人死亡。

三、合同权利义务终止的后果

合同终止后发生以下效果:

其一,合同关系消灭。合同权利义务关系全部终止的,合同关系全部消灭;部分终止的,合同关系部分消灭。

其二,从属于主权利义务关系的从权利义务关系也随之消灭。从权利既包括从债权,比如对于保证人的债权,也包括从物权,如抵押权、质押权、留置权。

其三,相关债权凭证的返还、涂销,或者债权消灭事由的记载。

其四,后合同义务的发生。《合同法》第92条规定:"合同的权利义务终止后,当事人应当遵循诚实信用原则,根据交易习惯履行通知、协助、保密等义务。"

合同权利义务终止,不影响结算和清理条款的效力,也不影响合同中独立存在的有关解决争议方法的条款的效力。

第二节 清 偿

一、清偿的概念

合同的清偿即合同的履行,从债的消灭角度而观之,宜称清偿。合同的履行是指为了满足债权,依法律的规定或合同的约定而实施的完成合同义务的行为。

清偿不属于民事法律行为。为清偿而为动产交付时,动产交付需要有变动物权的意思,但未必需要清偿的意思。交付与清偿不是一个概念。例如,出卖人为了履行买卖合同

---

① 本书认为,应当理顺"消灭"、"终止"、"解除"三者的关系。不能让"终止"一词担当"消灭"一词的角色,应将"终止"一词作为无溯及力的合同当事人协商消灭合同关系的行为的概念,赋予"终止"、"解除"两个概念同一位阶。"终止"针对合同的未来,不溯及既往;"解除"针对合同的过去,无论是一时性合同,还是继续性合同,合同的解除都有溯及力。

中交付标的物、移转所有权的义务,必须实施物权变动行为。该物权变动行为发生所有权移转的后果。基于物权变动行为的独立性,物权变动行为并不发生使债权消灭的后果。导致债权消灭的原因属于清偿行为。因此,就给付买卖标的物、移转标的物的所有权而言,以物权法为视角该行为属于处分行为,以债权法为视角该行为属于清偿行为。清偿行为与给付行为不属于同一概念。处分物权的行为以变动物权为意思表示,该意思表示中并不包含消灭债权的内容。清偿行为则不以意思表示为内容。例如,出卖人为履行买卖合同义务,向买受人交付买卖标的物。该交付买卖标的物的动作含有两个行为,一个是移转所有权的法律行为,另一个是消灭债权债务关系的清偿行为(即两个行为合于一个动作之中)。作为移转所有权的行为,依《物权法》的规定行为当事人需要有变动物权的意思表示;作为债务消灭的行为,没有法律规定该行为必须以消灭债权债务关系的意思表示为要素。事实上,大量的清偿行为都不以意思表示为要素。例如,以不作为为内容的清偿行为、未成年人之清偿(演出、参加比赛等)。《物权法》确立了物权变动行为制度。物权变动行为与清偿行为分属两种不同性质的行为。前者导致物权的变动,后者造成合同的消灭。

二、清偿的种类

依据不同的划分标准,可以将清偿分成不同的类型。

(一)债务人清偿与第三人清偿

清偿即债的履行,应当由债务人进行。债务人清偿属于清偿的常态。债务人依据债的内容清偿完毕,债权债务关系消灭。

债务人以外的第三人清偿的,属于第三人清偿。第三人清偿后,虽然使债权人的债权得以实现,但是债的关系并没有彻底消灭,将在第三人与债务人之间形成新的债权债务关系。

(二)普通清偿、代物清偿、新债清偿

依据债的内容进行清偿的,为普通清偿。普通清偿为常态。

债权人与债务人约定以其他给付替代原定给付而为清偿的,例如以库存产品替代金钱为给付,属于代物清偿。代物清偿因债之关系双方的约定而成立,因而一旦清偿完毕,原债的关系因代物清偿而消灭。

通过设定一个新债务来清偿旧债,并以新债的履行来替换旧债的履行的,为新债清偿。新债清偿改变了清偿的方法,因此必须经债权人债务人双方同意。新债清偿与代物清偿都改变了原来的清偿,但是两者仍有区别。前者给付的内容可以不发生任何变化,后者给付的内容发生了变化;前者属于间接给付,后者属于直接给付。例如,买受人因欠出卖人货款而以签发支票的方式清偿货款支付义务,而支票需通过银行兑现。

(三)单纯清偿与附保留清偿

依照债的内容为给付,并不表示任何异议的,为单纯清偿。单纯清偿为常态。

当事人在清偿时就债之关系的存在、效力表示异议的,为附保留清偿。当债务人对债之存在或有效表示怀疑,又恐不为清偿将承担责任时,债务人可以以债务之存在为条件而清偿,或者一边为清偿一边否认债务之存在。此种清偿属于附保留清偿。在否认清偿为法律行为的情况下,"附保留清偿"仍有积极意义,因为该行为可以证明清偿人在清偿时未承认债之关系的存在。

三、清偿的主体

清偿的主体为清偿人与受领清偿人。

清偿人是债务人以及债务人的代理人。无民事行为能力人、限制民事行为能力人为债务人的,如果清偿行为与变动物权或其他财产权的行为相结合(如交付动产,移转动产所有权;或者办理不动产移转登记,移转不动产所有权),则应由其监护人代理清偿;如果清偿行为不与变动物权的行为相结合,则清偿人为债务人本人,例如唱歌、跳舞、朗诵、绘画等。完全民事行为能力人为债务人的,由其本人清偿,也可以由其委托的代理人清偿(但是,债务的履行性质上必须由本人进行的除外,例如唱歌、跳舞等演出行为)。清偿人还可以是第三人,例如保证人。就债务的履行没有利害关系的第三人,在某种情形下也有权进行清偿行为。

受领清偿人是债权人。无民事行为能力人、限制民事行为能力人不得单独受领与物权或其他财产权变动行为相结合的清偿(受领动产给付、办理不动产变动登记),该清偿必须由监护人代理受领。如果清偿行为不与物权或其他财产权变动行为相结合,则无民事行为能力人、限制民事行为能力人可以受领,如观看演出等行为。

债权人被强制执行或破产时,债务人不得向债权人清偿,应当向破产财团清偿,以保障破产债权人的利益。

四、清偿的效力

清偿的效力为债的消灭。全部清偿的,消灭债之全部;部分清偿的,消灭债之部分。如果部分清偿对于债权人没有意义,不存在债的部分消灭问题。例如,出卖人向买受人交付了买卖标的物的从物,而拒绝履行主物交付义务,该从物的交付对于债权人而言没有任何意义,故不发生部分清偿的后果。

五、清偿充抵

清偿抵充是指债务人对债权人负担数笔同种类债务,而清偿人所提出的给付不足清偿全部债额时,确定该给付抵充某笔债务的规则。例如,承租人积欠出租人4个月的租金共计10000元(月租金2500元),现承租人归还租金5000元。该5000元属于支付前两个月的租金,还是后两个月的租金,还是中间两个月的租金需要确定。此种确定规则就是"清偿抵充"。适用清偿抵充规则必须具备如下条件:其一,债务人对同一债权人负担数宗债务;其二,数宗债务的给付种类相同;其三,清偿人的清偿不足以清偿全部债务。

同时具备以上条件的,首先按照约定抵充规则进行抵充。所谓约定抵充是指债权人与债务人对清偿的债务或者清偿抵充顺序的约定。没有约定的,按照法定抵充规则进行抵充。法定抵充规则如下:(1) 优先抵充已到期的债务;(2) 几项债务均到期的,优先抵充对债权人缺乏担保或者担保数额最少的债务;(3) 担保数额相同的,优先抵充债务负担较重的债务;(4) 负担相同的,按照债务到期的先后顺序抵充;(5) 到期时间相同的,按比例抵充。

债务人应为之给付除主债务之外还应当支付利息和费用的,除债权人、债务人另有约定外,应当按照下列顺序抵充:(1) 实现债权的有关费用;(2) 利息;(3) 主债务。

六、第三人清偿

第三人清偿是指合同债务人以外的民事主体替代债务人清偿债务的行为。只要不违背法律或损及债的当事人的利益,第三人也可成为清偿主体。依据第三人与债务人有无利害关系,可将第三人清偿分为有利害关系的第三人清偿和无利害关系的第三人清偿。前者包括保证人、物上保证人、担保物之第三取得人、连带债务人、不可分债务的债务人清偿等;后者是指与债务人没有任何法律关系的、前者列举对象以外的人的清偿。进行这一区分的核心意义在于,当债务人对第三人清偿提出异议时,第三人属于前者的,债权人不能拒绝受领给付;第三人属于后者的,债权人有权拒绝受领给付。

(一) 第三人清偿的构成要件

第三人清偿应当具备如下条件:

1. 依债的性质可以由第三人清偿

不能由第三人清偿的债包括:不作为债务;以债务人特别的智能、技能、设备等为必要的作为债务;委托、寄托、雇佣、承揽等具有信任要素的债务等。

2. 合同当事人之间无相反的约定

虽然债务的履行在性质上可以由第三人进行,例如金钱给付,但是合同当事人约定债的履行必须由债务人亲自进行,不准第三人清偿的,该债务不得由第三人清偿。

3. 具有债权人不得拒绝第三人清偿的情形,或未因债务人之异议而拒绝第三人清偿的情形

第三人清偿时,债务人有异议的,债权人可以拒绝接受其清偿;但是第三人就债务的履行有利害关系时,债权人不得拒绝。所谓就债务的履行有利害关系之人,是指因债的清偿而获得法律上利益的人,如保证人、物上担保人、担保财产的第三取得人等等。就清偿与债务人有利害关系的第三人之清偿行为,符合本条件;第三人虽与债务人无任何关系,但是其清偿行为债务人不表示异议的,也符合本条件。

4. 属于有效清偿

所谓有效清偿是指符合清偿要求的清偿。有效清偿的后果是债的全部或部分消灭(全部清偿的,全部消灭;部分清偿的,部分消灭)。

(二) 第三人清偿的效力

1. 对债权人与债务人之间的效力

(1) 债的关系消灭。第三人清偿使债全部或部分消灭。第三人进行代物清偿行为、实施提存行为、为消灭债务人的债务而进行其他行为的,发生与第三人清偿相同的后果。

(2) 返还凭证或交付受领证书。第三人清偿的,可代为行使债权凭证返还请求权,或者请求债权人交付受领给付的受领证书等。如,请求出具收货凭证,或债权人在交货清单上作收讫签署。

(3) 清偿抵充。构成清偿抵充要件的,清偿抵充后果归属于债务人。

(4) 选择权行使的后果。债务人与债权人之间的债的关系属于选择之债,且选择权由债务人享有的,就债务的履行有利害关系的第三人(连带债务人、不可分债务人、保证人等)在清偿债务时享有选择权。选择权行使的后果归属于债务人,因选择不当导致债务人损失的,应承担赔偿责任。就债务的履行没有利害关系的第三人清偿债务时,不享有债务人的选择权。

2. 对债权人与第三人之间的效力

(1) 债权人应当受领。符合上述条件,第三人提出清偿的,债权人应当受领,否则构成受领迟延。

(2) 第三人清偿时,债务人提出异议的,债权人有权拒绝受领。但是,就债务的履行有利害关系的人,如连带债务人、不可分债务人、保证人等,提出清偿的,即便债务人提出异议,债权人也不得拒绝受领第三人清偿。

3. 对债务人与第三人之间的效力

(1) 第三人清偿是基于债务人与第三人之间的委托合同关系、保管合同关系或其他法律关系的,第三人按照特定合同等民事法律关系向债务人求偿。

(2) 第三人与债务人之间无任何法律关系的,第三人清偿后应当向债务人发出通知,表明已经进行第三人清偿行为,以免债务人二度重复清偿。通知后,第三人有权依据无因管理或不当得利的规定向债务人求偿。第三人未发通知导致债务人二重清偿造成损失的,第三人应当承担赔偿责任。

(3) 就债务的履行有利害关系的第三人(如连带债务人、不可分债务人、保证人、物上保证人、担保物的第三取得人)进行清偿的,于求偿之范围内,可代位债权人行使其对于债务人之债权。此称为"清偿代位"。清偿代位具有债权移转的性质。

(4) 第三人以赠与的意思而为清偿的,不发生求偿权。

清偿代位有约定与法定两种类型。

我国民法虽然没有关于约定清偿代位的明文规定。但是,当事人约定的清偿代位只要不违反法律、行政法规的强制性规定,应当认定该约定有效。清偿代位可以由清偿人与债务人约定,也可以由清偿人与债权人约定。法定的清偿代位由成文法明文规定。

我国民法虽没有对第三人清偿代位作出抽象、一般的规定,但是就债务的履行有利害关系的第三人清偿债务人债务的,依据法律规定(例如《民法通则》第 35 条、第 89 条,《担保法》第 31 条、第 51 条、第 72 条)以及相关司法解释,该第三人于清偿范围内享有追偿权。应当认为,该追偿权的依据是清偿代位权。

清偿代位的成立必须同时具备三个条件:其一,清偿人是就债的履行有利害关系的第三人;其二,满足债权人的债权;其三,有求偿权。

对于债务人而言,清偿代位的生效要件除以上三个以外,还应当具备通知要件,即第三人应将清偿情形通知债务人,否则不能对抗善意的债务人。例如,连带债务人之一履行了债务后,应当向其他债务人发出已经履行债务的通知,未发出通知而其他债务人不知已经履行的情形向债权人为二重给付的,债权人在受领双重给付后逃逸或没有返还能力时,该二重给付造成的损失由未发通知的第三人承担。

清偿代位的效力为第三人可对于债务人代位行使债权人的权利,其性质为债权的法定移转。例如,连带债务人、保证人、物上保证人、担保物的第三取得人等第三人依据法律的直接规定取得对于债务人的法定追偿权。法定追偿的理论依据在于债权的法定移转。债权的法定移转具有如下后果:所移转的权利为债权清偿之状态(全部清偿的,全部移转;部分清偿的,部分移转),即追偿的内容与被消灭的债权一致;债权之担保与债权之从权利一并移转;移转前的债权利息之利率高于银行贷款利率的,移转后第三人对债务人的债权利息之利率应与银行贷款利率相同,因为债权之法定移转的目的在于确保求偿权的实现;债权移转后,债务人可基于对于债权人的抗辩事由对抗第三人。

七、代物清偿

(一) 代物清偿的概念

代物清偿是指债权人受领其他给付而替代原合同约定的给付,使债的关系消灭的清偿行为。比如,用产品替代金钱给付。代物清偿改变了合同的内容,该清偿行为以合同的变更为前提。故而,代物清偿须以债权人与债务人就代物清偿事宜协商达成一致意见为条件。代物清偿属于实践性行为,以特定物的给付为该行为的成立条件。代物清偿行为实施后,发生合同权利义务终止的后果。

代物清偿有别于代物清偿之预约。代物清偿之预约是指债务人与债权人约定的,债务人有权选择原定给付,也有权选择代物清偿的合同。该预约是诺成性合同,不发生债的消灭的后果。

代物清偿预约具有如下效力:(1) 债务人之债务成为"任意债务",债务人有权依据原定债务内容清偿,也有权进行代物清偿,在两者之间享有选择权;(2) 原定债务因不可抗力的原因而给付不能时,原定债务消灭,也不必为代物清偿;(3) 代物清偿因给付不能而不再进行的,应按照原定债务清偿。

(二) 代物清偿的构成要件

1. 须有原债权的存在

代物清偿是以其他财产替代原本约定的标的物为给付,目的在于履行债务,消灭债之关系,因此必须以债权债务关系的存在为前提。

2. 给付内容不同

代物清偿的实质是变更债的内容,因此代物清偿之给付必须与原定给付不同。例如,用交付水泥替代交付木材,用签发票据替代金钱给付。

3. 须有代物清偿合同

由于代物清偿行为改变了合同的内容,因此应当经双方协商决定。清偿行为不是法律行为,但是代物清偿行为属于法律行为,必须具备法律行为的成立和生效条件。

4. 须有给付行为,以他种给付替代原定给付

代物清偿行为属于实践性法律行为,因此该行为的成立以实施标的物交付为条件,且交付的标的物不是原定给付义务所指向的对象,而是以其他标的物的给付替代原定标的物的给付。

(三) 代物清偿的效力

1. 债的消灭

如果替代之给付与原定给付价值不同,无需进行多退少补的调整,低于原定给付的,债务人无需补充,债权人也无需进行抛弃或免除行为;高于原定给付的,不属于不当得利,但可以成为债权人撤销权发生的前提。

2. 可以成为债权人撤销权发生的前提

由于代物清偿行为有可能导致受领给付的价值降低,使债权人的责任财产减少,因此如果该行为符合债权人撤销权的构成条件,债权人的债权人有权撤销该代物清偿行为。例如,甲对乙享有100万元债权,乙对丙享有100万元债权,乙除了对丙享有100万元债权外无其他财产,当乙与丙协商并接受丙以价值50万元的库存货物的交付替代原定给付,且丙明知自己的行为将损害甲的债权时,甲有权向法院起诉撤销该代物清偿行为。

3. 清偿人承担瑕疵担保责任

代物清偿以物进行交付,并移转物之所有权,应准用《合同法》关于买卖合同当事人瑕疵担保责任的规定,包括权利瑕疵责任和物的瑕疵责任。

4. 债权人有权解除代物清偿合同

如果债务人代物清偿时所交付的标的物不符合质量要求,致使不能实现合同目的,债权人有权解除合同。债权人行使解除权的,有权要求债务人恢复原状,也有权要求债务人重新设定担保,并有权要求债务人按照原债务进行清偿。必须说明的是,解除代物清偿合同的,不能要求保证人、物上保证人(抵押人、质押人)恢复原状,而只能依据不当得利制度要求保证人、物上保证人返还不当得利,使原担保关系复活。

5. 当事人在代物清偿后通过合同使原债复活的,不得对抗第三人

债务人与债权人在代物清偿后,有权协商否定代物清偿后果,约定恢复原来的状态,但是因主债消灭导致担保关系消灭的,担保人(保证人、物上保证人)无义务使担保复活。

清偿方式除了上述情形外,还有"为清偿之给付的方式"。为了清偿债务,债务人与债权人约定由债务人向债权人提供原定给付以外的新给付,债权人利用新给付实现原定

债权而使原定债权消灭的方式,谓为清偿之给付,又称间接给付。例如,债务人欠债权人货款人民币10万元到期未还,债务人将古玩一件交给债权人,双方约定由债权人委托拍卖行拍卖,拍卖所得用以支付拖欠的货款,拍得金钱高于拖欠的货款本息的,余额还给债务人,低于拖欠的货款本息的,由债务人另行补足。为清偿之给付中,债务人往往为债权人设定一个新债,并以新债的履行来实现旧债权,因此又被称为"新债清偿"。例如,债务人欠债权人电费人民币100万元,债务人向债权人签发票载金额为人民币100万元的商业承兑汇票,为债权人又设定一个票据债权,通过履行票据债务的方式来实现满足债权人电费债权的目的。

第三节 解 除

一、合同解除的概念和特征

合同的解除是指享有合同解除权的当事人所进行的消灭合同的行为。根据我国现行法律的规定,合同的解除具有如下特征:

1. 合同解除是一种民事法律行为。其可以是双方的民事法律行为,也可以是单方的民事法律行为。《合同法》第93条第1款规定:"当事人协商一致,可以解除合同。"第2款规定:"当事人可以约定一方解除合同的条件。解除合同的条件成就时,解除权人可以解除合同。"该条第1款规定了以双方的民事法律行为解除合同,第2款规定了以单方的民事法律行为(行使解除权)解除合同。

2. 合同解除是一种处分行为。当事人可以行使该处分权,亦可抛弃该处分权。

3. 合同解除的效力为合同关系的消灭。合同一经成立,任何一方均不得擅自变更、解除。如果法律或合同赋予一方当事人单方消灭合同的权利,该权利一经实施,便发生合同关系消灭的后果;如果合同双方当事人协议解除合同,合同关系也消灭。

合同的解除与合同的撤销不同,两者的区别在于:(1)解除权的发生原因有法定原因和约定原因,撤销权的发生原因仅限于法定原因,如因重大误解、显失公平所进行的民事行为是法律规定的撤销事由;(2)解除的法定原因为合同的不履行或不可抗力所致的给付不能,撤销的法定原因为缔约上的过错。

合同的解除与意思表示的撤回不同,两者的主要区别为:(1)前者依法律的规定和当事人双方的约定而发生,后者仅依法律规定而发生;(2)前者须以法定或约定的事由出现为发生根据,后者无需以一定的法律事实为存在根据;(3)前者适用于合同成立并生效以后,后者仅适用于行为生效前;(4)前者有溯及效力,后者因行为尚未生效故无需有溯及效力,只产生阻却行为生效的效力。

二、合同解除的种类

合同的解除有两种,一种是基于解除权的行使而解除,另一种是合意解除。两者的区别在于：(1) 前者是一种单方民事法律行为，后者是一种双方民事法律行为；(2) 前者是一种有解除权的人所进行的消灭合同的行为，后者是当事人所订立的消灭原合同的新协议；(3) 前者仅适用于财产合同，而后者则适用于一切合同。

三、协议解除合同

合同双方协商一致解除合同的，为协议解除合同。《合同法》第93条第1款规定的是协议解除合同。合同是当事人的合意，基于合同自由原则，当事人可以协商一致订立合同，也可以协商一致解除合同。

四、因行使解除权而解除合同

(一) 合同解除权的性质

合同解除权属于形成权。解除权的行使立即发生合同关系消灭的后果。享有解除权的权利人是合同的一方当事人，既可以是合同之债的债权人，也可以是合同之债的债务人。

(二) 合同解除权的发生原因

1. 约定原因

合同双方依据《合同法》第93条第2款的规定约定某种事实出现后当事人可解除合同的，该约定事实的发生便是解除权的发生原因。例如，合同约定，一方违反合同义务，另一方有权解除合同。

必须明确的是，合同当事人约定一方解除合同的条件与合同当事人约定合同解除的条件有着本质区别。前者适用《合同法》第93条的规定，后者适用《合同法》第45条的规定；前者条件成就后合同一方当事人获得合同解除权，后者条件成就后合同当事人不能获得解除权；前者条件成就不发生合同关系消灭的后果，后者条件成就发生合同关系消灭的后果；前者条件成就后取得合同解除权的合同一方当事人行使解除权使合同解除，合同关系的消灭原因是合同解除权的行使，后者条件一旦成就合同立即解除，合同关系的消灭原因是解除条件的成就。

2. 法定原因

《合同法》以及其他单行法律都规定了合同解除的条件，条件一旦成就，解除权便发生。解除权发生的法定原因包括两个方面：一是合同共通的原因；二是每个具体合同所具有的特殊原因。《合同法》不仅在总则中规定了解除权发生的事由，还在分则中规定了各种合同解除权发生的事由。《合同法》总则第94条规定的合同解除权的发生原因如下：

(1) 因不可抗力致使不能实现合同目的。由于不可抗力造成合同不能履行，且不能达到合同目的的，任何一方都有权解除合同，该解除权是法律赋予合同各方当事人的。

(2) 一方预期违约。所谓"预期违约"，是指合同当事人于合同履行期到来之前，声明拒绝履行合同义务或以其实际行为表示不履行合同义务的行为。预期违约的行为有两种：一种是明示的预期违约，即明确表示不履行合同的主要义务；另一种是默示的预期违约，即以自己的行为表明不履行合同的主要义务。一方预期违约的，另一方有权解除合同。如履行不能的情形在履行期届至前已经确定，债权人可不必待履行期届至后再行使解除权。比如，特定物在交付前因债务人的过失已经灭失的，债权人可在交付期届至前直接解除合同。

（3）当事人一方迟延履行主要义务，经催告后在合理期限内仍未履行。为了鼓励交易、助长流通，一方履行迟延的，并不当然发生对方的合同解除权，只有当违约方经催告后在合理期间内仍不履行义务的，相对方才有合同解除权。

（4）当事人一方有根本违约之情形。为了促进交易，法律不轻易赋予一方解除权。只有在一方迟延履行合同义务或者有其他违约行为，致使不能实现合同目的的情形下，法律才赋予相对方合同解除权。如根据合同的性质或双方约定，迟延履行对债权人无实际意义的，债权人可不经催告直接解除合同。比如，双方约定卖方在中秋节前交付月饼一批，但该批月饼于中秋节过后才交付，买方可迳行解除合同。又如，因可归责于债务人的事由而致履行不能的，债权人可不经催告解除合同。合同的附随义务履行不能的，债权人无权行使解除权，但附随义务履行不能会造成整个合同履行不能的除外。应当明确的是，因可归责于债务人的事由，债务人不全面履行债务，且已履行部分对债权人无实际意义致使不能实现合同目的的，债权人可解除全部合同。

（5）法律规定的其他情形。《合同法》分则和其他单行法规也规定了合同的解除权。例如，《合同法》第167条关于分期付款的买受人未支付到期价款的金额达到全部价款的1/5的，出卖人有权解除合同的规定；第203条关于借款人未按照约定的借款用途使用借款的，贷款人有权解除合同的规定；第219条关于承租人未按照约定的方法或者租赁物的性质使用租赁物，致使租赁物受到损失的，出租人有权解除合同的规定；第268条关于承揽合同中定作人可随时解除合同的规定。

法定解除权的发生事由一般有两种，一种是合同当事人一方违约，另一种是承揽合同、委托合同等基于信任关系而订立的合同中当事人的任意解除。

（三）合同解除权的行使

合同解除权的行使应当以通知的方式进行。合同自通知到达对方时解除。对方有异议的，可以请求法院或者仲裁机构确认解除合同的效力。依据《合同法司法解释二》第24条的规定，当事人对合同解除虽有异议，但在约定的异议期限届满后才提出异议并向人民法院起诉的，人民法院不予支持；当事人没有约定异议期间，在解除合同通知到达之日起3个月以后才向人民法院起诉的，人民法院不予支持。

法律、行政法规规定解除合同应当办理批准、登记等手续的，依照其规定。

享有解除权的一方应当在法律规定或者合同当事人约定的期限内行使解除权，期限届满不行使解除权的，解除权消灭。法律没有规定或者合同当事人没有约定解除权行使期限的，享有解除权的一方在经对方催告后在合理期限内不行使解除权的，该权利消灭。

（四）合同解除权的消灭

解除权基于如下原因而消灭：

1. 权利的行使与抛弃。解除权经行使，不复存在。解除权抛弃是一种单方法律行为，无须相对人同意，但抛弃解除权须有抛弃的意思表示。

2. 解除条件的成就。解除权可因双方合意而产生，在合意中若对解除权附解除条件的，解除条件成就解除权便消灭。

3. 除斥期间的经过。法律往往对解除权规定除斥期间，权利人在期限内不行使权利的，权利消灭。

4. 当事人约定期间经过。当事人约定解除权行使期限，期限届满当事人不行使的，该权利消灭。

5. 相对人催告。法律没有规定或者当事人没有约定解除权行使期限，经对方催告后在合理期限内不行使的，该权利消灭。

6. 合同关系的消灭。行使解除权的目的在于消灭合同关系。合同关系在解除权行使前已经消灭的，解除权当然消灭。

7. 合同不履行情况的消除。解除权因合同不履行而发生的，在该权利行使以前义务人已补正了履行上的瑕疵的，解除权因此而消灭。

五、合同解除的后果

合同解除权是一种形成权，一经行使便使合同关系消灭；合同当事人协议解除合同的，合同关系消灭。合同消灭后，按照如下规则办理：

其一，合同尚未履行的，终止履行。合同关系消灭后合同各方当事人之间既无权利，又无义务，不必再履行合同。

其二，合同权利义务已经履行的，应根据合同履行情况和合同性质恢复原状。例如，买卖等一时性合同，如果已经交付了买卖标的物和货款，合同解除后一方应当返还买卖标的物，另一方应当返还已经支付的货款。又如，租赁等继续性合同已经履行的，合同解除后，原出租人应当向承租人返还所取得的租金；原承租人应当向出租人返还租赁物的使用利益（该使用利益按照租金计算），据此双方应向对方返还同等数额的金钱，该双方的返还义务因抵销而消灭。

其三，采取补救措施。合同解除后恢复原状返还原物的，如果原物被损坏，应当采取修理等补救措施。

其四，合同因一方违约而解除的，解除合同造成守约方损失的，违约方应当赔偿损失。

第四节 抵 销

一、抵销的概述

(一) 抵销的概念

抵销是指二人互负债务,且给付种类相同,都到达债务的履行期,任何一人都有权按照对等数额使债务相互消灭的意思表示。例如,甲欠乙10万元租金,乙欠甲10万元货款,两债都到履行期,甲或者乙都有权向对方表示抵销。抵销表示到达相对方时,两个债都消灭。

(二) 抵销的性质

《合同法》将抵销定性为单方的民事法律行为。《合同法》第99条第2款规定:"当事人主张抵销的,应当通知对方。通知自到达对方时生效。抵销不得附条件或者附期限。"

抵销属于自力救济制度中债权人的自助行为。民事权利被侵害或有被侵害的可能时,权利人可寻求救济。权利的救济包括公力救济和自力救济两种。自力救济又可分自卫行为(正当防卫、紧急避险)、自助行为两种。抵销属于自助行为中的自力执行行为。当两人互负债务,而对方没有履行债务的表示时,本方在不想违约但又不希望自己债权受损害的情况下,通过抵销可以使自己的债权实现。就此意义而言,抵销属于自力执行行为。

我国《破产法》第40条规定:"债权人在破产申请受理前对债务人负有债务的,可以向管理人主张抵销。"可见抵销行为能发生优先受偿的效果,因而抵销又被称为非典型担保。

(三) 抵销的种类

抵销可分为法定抵销和约定抵销。法定抵销须具备抵销的成立条件。约定抵销实质上是两个终止合同的协议,只要当事人意思表示一致,就可发生抵销的效力。

二、法定抵销

法定抵销即互负同类给付债务的双方将自己的债务与对方的债务按对等数额充抵,以相互消灭债之关系的行为。法定抵销是单方的法律行为,目的在于使对立双方的债权消灭。

法定抵销当事人双方互有债权。自己对于相对人的债权被称为"自动债权",相对人对自己的债权被称为"受动债权"。

(一) 法定抵销权的成立条件

《合同法》第99条第1款规定:"当事人互负到期债务,该债务的标的物种类、品质相同的,任何一方可以将自己的债务与对方的债务抵销,但依照法律规定或者按照合同性质不得抵销的除外。"依此规定,法定抵销权的成立要件有积极要件与消极要件两个方面。

1. 积极要件

（1）须有自动债权与受动债权存在

抵销必须以抵销双方债权的存在为前提。

因无效合同所生之"债权"，不得抵销。无效合同不发生效力，不产生合同权利。

因可变更、可撤销合同所生之债权，在该合同被撤销之前不享有撤销权的债权人可以抵销。抵销后享有撤销权的债权人仍然可以起诉撤销合同。合同被撤销的，原抵销行为无效，因为撤销合同的行为具有溯及力，溯及合同订立之时，故合同被撤销后债权自始不存在。因可变更、可撤销合同所生之债权，在合同被撤销后不能抵销。

因可变更、可撤销合同所生之债权，在该合同被撤销之前享有撤销权的债权人在知道撤销权存在后进行抵销的，应当认为是对撤销权的放弃，不能再撤销合同。

附停止条件合同所生的债权，在条件成就前或条件不能成就已经确定时，不能抵销；在条件成就后可以抵销。

附解除条件合同所生的债权，在条件成就前可以抵销。抵销后解除条件成就的，相对人可基于不当得利请求返还利益。

被诉讼时效所消灭的债权，不享有时效利益的一方不能提出抵销，享有时效利益的一方可以提出抵销。易言之，自动债权已罹时效的，自动债权的债权人不得提出抵销，相反受动债权的债权人可以提出抵销；受动债权已罹时效的，自动债权的债权人可以提出抵销，相反受动债权的债权人不能提出抵销。在时效期间届满前，双方的债务已经适于抵销的，基于公平考虑，允许抵销。

（2）双方债务内容属于同一种类同一品质

法定抵销本质上仍属双方利益的互换，因而法定抵销限于同种和同品质给付。否则，交易上难期双方利益的平衡。再则，法定抵销不应有悖于合同目的，不同种类或不同品质的给付虽可折价充抵，但这种抵销违背了合同目的，只能适用约定抵销。例如，一方有交付农产品的义务，另一方有交付工业品的义务，两种义务若为抵销，则农产品与工业品互易合同的订立无实际意义。就此而言，法定抵销只限于同种给付。

金钱之债属于抵销的常见情形，因为如无特别约定合同中的金钱为本国现行流通货币，相同的货币可以抵销。合同约定支付的价金为某国外币的，属于外币之债，抵销仅仅适用于相同币种，不同币种虽能通过换算进行折价充抵，但仍不能抵销。不同币种通过换算抵销将改变外币之债的本质，使合同目的落空。虽然合同约定给付的金钱为某国外币，但是允许以本国货币换算给付的，属于不真正外币之债，可以在外币与本国货币之间抵销，也可以在一国外币与另一国外币之间抵销。合同约定的给付货币属于特定货币的，如纪念币，该特定货币不得与其他货币抵销，否则不能实现合同目的。

给付的对象若为实物，不仅要求同一种类，而且还要求同一品质，但行使抵销权的一方愿放弃品质利益，也可抵销。例如，甲单位应当向乙单位交付一等棉花1000公斤，乙单位应当向甲单位交付二等棉花1000公斤，甲单位无权向乙单位主张抵销，乙单位有权向甲单位主张抵销。

自动债权的债务人享有对自动债权的抗辩权的(如合同同时履行抗辩权、保证人的先诉抗辩权),自动债权的债权人不能提出抵销,因为允许抵销意味着剥夺他方的抗辩权。但是,受动债权的债权人有权提出抵销,因为受动债权的债权人提出抵销意味着抛弃抗辩权。同理,受动债权的债务人对受动债权享有抗辩权的,受动债权的债权人不能提出抵销,自动债权的债权人有权提出抵销。

(3) 双方债务须均届履行期且数量相同

一方的给付义务已届履行期而另一方的给付义务未届履行期的,已届履行期的一方不能向对方提出抵销;未届履行期的一方则可放弃期限利益提出抵销。

双方给付的数量应当相同,数量不同的可以就低额抵销。

(4) 双方当事人的两个债权相互对立

本方债权的债务人,必须是对方债权的债权人;对方债权的债务人,必须是本方债权的债权人。主张抵销的人必须将本方的债权与对方的债权进行抵销。

2. 消极条件

(1) 双方给付在性质上能够抵销

双方互存的给付义务虽属同一种类,但性质上不能抵销的,仍不得相抵。禁止扣押的债权(如抚恤金的请求权),具有人身性质之债务(如扶养费支付义务),抵销后将不能实现合同目的的债务(如甲有教授乙汉语之债务,乙有教授甲英语之债务),依约应向第三人为给付的债务等均不能抵销。

(2) 当事人禁止抵销的特约

当事人事先约定某一债权不得抵销的,不能抵销。

(二) 法定抵销权的行使

法定抵销的行使是一种单方法律行为。行使抵销权应以向相对人为意思表示的方法进行。实施抵销行为时不得附条件或期限,否则与抵销的本旨不符。《合同法》第99条第2款规定:"当事人主张抵销的,应当通知对方。通知自到达对方时生效。抵销不得附条件或者附期限。"《合同法司法解释二》第24条规定,当事人对债务抵销虽有异议,但在约定的异议期限届满后才提出异议并向人民法院起诉的,人民法院不予支持;当事人没有约定异议期间,在债务抵销通知到达之日起3个月以后才向人民法院起诉的,人民法院不予支持。这一规定表明,对于一方的抵销主张,另一方有权向法院起诉提出异议。该异议受时间限制。

(三) 法定抵销权行使的效力

法定抵销行为的实施发生双方债的关系消灭之效力。该效力溯及至能进行抵销这一客观情况发生之时。因而,从能进行抵销时,双方均不发生利息债务,也不发生迟延责任。双方债务有量上的差异的,只能就低额抵销,未抵销部分之债务依然存在,该部分之利息债务也不因抵销而消灭,若债务人未履行该部分债务,则应承担迟延责任。

三、约定抵销

约定抵销是指当事人通过协议消灭互负之债务的行为。约定抵销的本质是消灭两个相互所欠之债务的协议。因而,它无需债务内容的同种类型,也无需同时届履行期。《合同法》第100条规定:"当事人互负债务,标的物种类、品质不相同的,经双方协商一致,也可以抵销。"

第五节 提 存

一、提存的概念和条件

提存即债务人或第三人在由于债权人的原因而难以履行债务的情况下,将债之标的物提交给有关机关,以消灭债的关系的行为。

提存应具备如下条件:

1. 须有因债权人的原因使债务人无法履行义务的客观情况。《合同法》第101条规定的客观情况如下:(1) 债权人无正当理由拒绝受领;(2) 债权人下落不明;(3) 债权人死亡未确定继承人或者丧失民事行为能力未确定监护人;(4) 法律规定的其他情形。

2. 提存的标的应是能保管的有体物。以劳务及其他行为为标的之债务不得提存。无形物,如电、磁、热等能源,不便保管、储存,不得提存。虽为有形物,但难以保管或保管需花极大代价的,应拍卖变为价金后方能提存。不动产得以抛弃占有而免其债务,故不必提存。提存的标的较多地表现为货币、有价证券及其他适合保管的实物。

标的物不适于提存或者提存费用过高的,债务人依法可以拍卖或者变卖标的物,提存所得的价款。

3. 须由清偿人提出提存。提出提存的一般是债务人,但是不限于债务人。第三人清偿债务的,在债权人不明或者债权人拒绝受领给付等使第三人无法进行清偿的情况下也可以提出提存。

4. 须在履行地有关机关提存。

二、提存通知及提存效力

《合同法》第102条就提存通知作了明确规定。债务人应当在标的物提存后,及时通知债权人或者债权人的继承人、监护人,但是债权人下落不明的除外。

依据《合同法》第103条、第104条的规定,提存的效力如下:

1. 债的关系因此而消灭。债务人的清偿义务、利息的支付义务及孳息的收取义务均因此而免除。

2. 标的物毁损灭失的风险责任由债权人承担。

3. 提存物的所有权移转于债权人,提存物所生孳息归债权人所有。

4. 债务人在提存时所支出的必要费用应由债权人承担。

5. 债权人可随时要求提存机关返还提存物。债权人要求返还提存物时，应向提存机关支付保管提存物等所支出的必要费用。但债权人对债务人负有到期债务的，在债权人未履行债务或者提供担保之前，提存机关应当根据债务人的要求拒绝其领取提存物。债权人领取提存物的权利，自提存之日起5年内不行使而消灭，提存物扣除提存费用后归国家所有。

第六节 免 除

免除即债权人以消灭债权为内容，向债务人进行的抛弃债权的单方法律行为。《合同法》第105条规定："债权人免除债务人部分或者全部债务的，合同的权利义务部分或者全部终止。"

债的免除是无偿行为，行为人应向债务人进行免除债务、消灭债的关系的意思表示。免除是债权人处分债权的行为，因此行为人必须有处分能力和处分权。数人共有一债权的，其中一人未经他人许可不得为债之免除。

性质上不得免除之债权（如受扶养权），不得免除。

债的免除发生债之消灭的后果。免除部分债务的，权利义务部分终止；免除全部债务的，权利义务全部终止。

主债免除的，从属于主债的从债也随之免除。例如，甲向乙借款人民币5万元，丙提供担保；乙免除了甲的债务后，丙不再承担保证责任。

连带债权人中之一人免除债务人债务的，其他债权人的权利不因此而消灭，因为连带债权人中的任何一人都有权要求债务人向自己为债务的全部给付。连带债权人中的任何一人从债务人获得全部清偿后，做出免除行为的债权人有权依据内部关系向获得全部清偿的债权人按照约定份额追偿。追偿后向债务人返还不当得利。

债权人向连带债务人中之一人免除债务，而无消灭全部债务之意思的，其他债务人的债务不因此而消灭。例如，甲、乙各欠丙人民币3万元，两人对丙承担连带责任。丙免除了甲的债务，乙对丙仍应承担人民币3万元的返还义务。

第七节 混 同

混同即债权与债务同归一人的事实状态。既然债权、债务归属一人，因合同关系缺乏足够的当事人（两人以上），原合同关系消灭。《合同法》第106条规定："债权和债务同归于一人的，合同的权利义务终止，但涉及第三人利益的除外。"

造成混同的原因有很多。有因继承而发生的，例如债权人继承债务人之债务，债务人继承债权人之债权；也有因企业合并而产生的，例如甲公司欠乙公司人民币100万元，两公司合并后债权债务消灭。

并非所有债权、债务归于一人的现象均发生混同效力。下列情况,债权债务虽归于一人也不发生混同效力:

1. 债权成为第三人之权利标的时,为维护第三人之利益,该债权不因混同而消灭。例如,甲对乙享有人民币5万元的票据债权,丙向丁借款人民币5万元,甲将对乙的票据债权质押给丁作为丙向丁借款的担保。后甲死亡,乙继承了甲对自己的债权。此时的乙,既是人民币5万元的票据债权人,又是人民币5万元的票据债务人。如果债权债务因混同而消灭,则票据权利质将因质权客体的消灭而消灭,丙对丁之债权因此而失去了担保。

2. 继承人为限定继承时,不发生混同效力。例如,甲为乙的债务人,同时又是乙的继承人之一。当乙死亡后,对乙的债务若因混同而消灭,则会损害其他继承人的利益。

思考题:
1. 如何理解合同权利义务的终止?合同权利义务终止的事由是什么?
2. 合同权利义务终止产生什么效力?
3. 结合生活现象和工作实际,举三个例子分别说明合同因清偿、解除、抵销而终止的制度。
4. 如何理解清偿概念?清偿的类型有哪些?清偿主体是何人?
5. 举例分析清偿充抵规则。
6. 第三人清偿应具备哪些条件?其产生什么效力?
7. 代物清偿应具备哪些条件?其产生什么效力?
8. 如何理解合同解除的概念?合同解除的后果有哪些?
9. 协议解除合同的,应具备哪些条件?
10. 解除权的发生事由是什么?行使解除权的规则有哪些?
11. 买卖合同关系中的甲方向乙方发出通知,主张单方解除合同,乙方对甲方主张的解除权有异议的,乙方该如何维护自身的权利?
12. 如何理解抵销的概念?法定抵销应当具备哪些条件?
13. 抵销权应如何行使?
14. 提存应具备哪些条件?提存产生什么效力?
15. 债的免除含义是什么?其发生什么效力?
16. 混同的含义是什么?其发生什么效力?

第十章 违约责任

内容提示 本章阐述了违约责任的概念和特征,介绍了违约行为的各种样态,分析了识别各类违约行为的标准,阐述了违约责任的归责原则和法定免责事由,阐述了违约责任的各种形式,论述了违约责任与侵权责任的责任竞合的原理和处理方法。

第一节 违约行为与违约责任

一、违约行为与违约责任概述

(一) 违约责任的概念

依据《合同法》第107条的规定,"当事人一方不履行合同义务或者履行合同义务不符合约定的",即构成违约行为。违约行为属于民法理论上债的不履行行为的一种,由此产生债的不履行责任,即违约责任。违约行为表现在合同的各个方面,既包括违反合同主给付义务的行为,也包括违反合同附随义务的行为。

所谓违约责任,即违反合同的民事责任,指合同当事人因违反合同义务应承担的民事责任。违约责任是民事责任的一种形态,在民事责任体系中处于重要地位。

(二) 违约责任的特征

相对于其他民事责任,违约责任具有如下特征:

1. 违约责任是一种财产责任

合同不履行的责任表现为财产责任。《合同法》规定的违约责任包括赔偿损失、支付违约金、强制履行、减少价金等。这些责任形式均可以金钱衡量,属于财产责任。与此不同的是,侵权责任的具体形态中还包括停止侵害、消除影响、恢复名誉、赔礼道歉等非财产责任。违约责任不包括非财产责任。

2. 违约责任具有补偿性

补偿性是民事责任的一般特征,自然也是违约责任的特征。补偿是填补因违约行为所造成的实际损失。违约责任强调补偿性,意在使未被充分履行的合同,通过违约方承担违约责任,达到如同实际履行的经济效果,同时又避免违约方承担责任过重造成新的利益失衡。违约责任的补偿性强调对因违约行为造成的全部损失予以赔偿,包括积极利益的损失和消极利益的损失。当然,主张违约责任具有补偿性,并不完全否认违约责任也可能具有惩罚性。比如,在合同当事人约定的违约金数额高于实际损失的时候,抑或当事人约定惩罚性违约金的时候,此时违约责任就具有鲜明的惩罚性特征。

3. 违约责任的内容可以由当事人约定

虽然责任最终都表现为一种法律上的强制,但违约责任仍具有一定的任意性,这与合同法总体上为任意法的特征相适应。当事人约定违约责任具体表现为违约金责任和定金责任。侵权责任为法定责任,法律不允许当事人对侵权责任作出事先约定。

4. 违约责任具有相对性

合同关系是相对性的法律关系,合同仅在特定当事人之间具有拘束力。基于合同效力的相对性,违约责任也仅在特定当事人之间发生。即使在合同当事人为第三人行为负责的情况下,合同责任仍然不失其相对性;第三人并非合同当事人,第三人所为行为,由一方当事人根据合同关系向另一方当事人承担责任(见《合同法》第64条、第65条)。

二、违约行为的样态

(一) 预期违约

《合同法》第108条规定,当事人一方明确表示或者以自己的行为表明不履行合同义务的,对方可以在履行期限届满之前要求其承担违约责任。根据上述规定可知,所谓预期违约是指在履行期限届满之前,一方明确表示其在履行期到来之后将不履行合同,或者其行为表明在履行期到来之后将不履行合同的一种违约样态。在通常情况下,合同履行期未至,债务人无须履行给付义务,此时也不可能发生违约行为。如果合同义务人明确表示或者以其行为表示将不履行合同义务,则对方当事人无需等到履行期届至便可要求承担违约责任。预期违约责任制度设立的目的在于提高违约纠纷处理的效率,注重简便、快捷。

预期违约又可以区分为明示违约和默示违约两种类型。

1. 明示预期违约

根据《合同法》第108条前段的规定,当事人一方在合同履行期到来之前明确表示不履行合同义务的,构成明示的预期违约。明示的预期违约在广义上也属于拒绝履行合同义务的一种类型,只有违约方就违约作出明确的表示才构成明示的预期违约。只有违约方表示的内容是拒绝履行合同的主给付义务的,才能认定为预期违约。如果违约方仅预期表示拒绝履行从给付义务或者附随义务,则不能认定为预期违约。至于合同履行期到来前一方明确表示拒绝履行合同义务是否具有正当理由,则不是认定预期违约所应考虑的因素。如果债务人具备拒绝履行义务的正当理由,即各类抗辩事由,自然可以发生阻却违约行为的效果,因此在预期违约的构成要件上没有必要强调违约方有无正当理由的问题。

2. 默示预期违约

根据《合同法》第108条后段的规定,当事人一方在合同履行期到来之前以其行动表明将不履行合同义务的,构成默示预期违约。默示预期违约的特点在于,违约方并未明确表示其不履行合同义务的意思,而是通过其行为推断出其具有不履行合同义务的意思。比如,合同义务人在合同履行期到来之前出现转移资产、抽逃资金以逃避债务、丧失商业信誉、丧失履行能力等情形的,根据通常的商业观念就可以推定义务人有拒绝履行合同义务的意思。假设出卖人与买受人之间就特定房屋缔结买卖合同,之后出卖人又将该房屋转让给第三人,并移转了房屋所有权,出卖人这种"一物二卖"的行为就可以构成默示预期违约。在行为样态上,默示预期违约与《合同法》第68条规定的不安抗辩权的适用对象有重叠之处,但两者分属不同的法律制度,具有不同的法律效果。

(二) 履行不能

履行不能,又称给付不能,指合同义务人在事实上或者在法律上不能履行合同义务。至于如何理解在事实上或者在法律上不能履行合同义务,则难以一概而论。比如,在特定物之债中,特定物的灭失将造成合同义务在事实上的履行不能;在劳务之债中,债务人丧失劳动能力也属于事实上的履行不能。判断履行不能的标准显然应根据通常的社会生活观念或交易观念。如果当事人之间签订以"大海捞针"为标的的合同,虽然在技术上未必不可能,但在交易上显然毫无意义,也应认定为履行不能。

履行不能有自始不能和嗣后不能之分。德国民法曾将自始客观不能视为导致合同无效的事由之一。而嗣后不能则通常作为违约行为处理。需要指出的是,《国际商事合同通则》、《欧洲合同法原则》以及《德国债法现代化法》均不再将自始的客观不能作为合同无效的事由,我国《民法通则》第58条和《合同法》第52条也没有将自始客观不能作为法定的合同无效事由。因此,履行不能不应作为影响合同效力的事由,而仅能被作为违约行为的一种类型。

履行不能还有永久不能和一时不能、全部不能和部分不能、事实不能和法律不能、客观不能和主观不能等区分,在履行不能统一作为违约行为的前提下,各种履行不能的类型已经没有实质性的区别。

(三) 迟延履行

迟延履行在合同法理论上专指债务人迟延履行合同义务,简称为债务人迟延,即履行期届至而债务人未履行债务。迟延履行是常见的违约现象。构成迟延履行的关键要件是履行期届至而债务人未履行债务,且债务人没有不履行债务的正当理由。

履行期是否届至对于认定迟延履行至关重要,但是并非所有的合同都明确约定了履行期,因此应区分不同情形加以认定。

1. 合同明确约定履行期的。合同明确规定履行期的,则履行期届至(或届满),债务人未履行债务时,不经债权人催告,即构成履行迟延,此即所谓"期限代人催告"。合同没有约定履行期的,必须在催告后仍不履行债务的,才构成违约。"期限代人催告"原则不应被机械适用。凡履行期届至(或届满)而债务人未履行债务的,未必都发生迟延履行的后果。在所谓"往取债务"[①]中,虽然也可以规定履行期限,但履行期限届至(或届满)之后,如果债权人没有上门请求债务人履行债务,债务人并无义务将标的物"送付"至债权

---

① 根据《合同法》第62条第3项的规定,除给付货币的债务和交付不动产的债务外,"其他标的,在履行义务一方所在地履行"。

人所在地,因此也就不应发生迟延履行的后果。此外,各种需要债权人协助的债务履行,即使履行期限届至,由于债务人缺乏债权人协助难以履行,因此也不应发生迟延履行的后果。

2. 合同没有明确约定履行期的。根据《合同法》第62条第4项的规定,履行期限不明确的,债务人可以随时履行,债权人也可以随时要求履行,但应当给对方必要的准备时间。合同没有明确规定履行期的,确定迟延履行的时间节点原则上应以债权人催告债务人履行之时为准,即债权人请求债务人履行债务,且给予必要的准备时间经过之后,而债务人未履行债务的,应构成迟延履行。

(四) 不完全履行

根据《合同法》第60条第1款的规定,当事人应当按照约定全面履行自己的义务。债务人虽然履行了债务,但其履行行为不符合债的本旨的,为不完全履行。所谓不符合债的本旨,系指债务人未能全面履行各项义务,诸如主给付义务、从给付义务甚至附随义务等,以至于合同目的不能实现或者不能完全实现的状况。不完全履行的特点在于,债务人有履行给付的行为,但其给付对于实现债权目的并无实益,因此民法理论上也将不完全履行称为"积极侵害债权"。不完全履行在形态上可以区分为如下两类:

1. 瑕疵给付。瑕疵给付系指债务人未按照合同约定履行给付义务或附随义务,诸如数量不符、质量不佳、方法不当、地点不妥、时间不宜等,均可构成瑕疵给付。此外,义务人未能履行《合同法》第60条第2款所规定的通知、协助、保密等附随义务的,也构成瑕疵给付。

2. 加害给付。债务人的给付行为,不仅行为本身含有瑕疵,且因为该瑕疵造成债权人其他损害的,构成所谓加害给付。比如,债务人给付的牲畜患有传染病,除该牲畜患病死亡之外,更将债权人其他牲畜传染,造成损害。再比如,债务人给付的家用电器含有质量瑕疵,在使用期间引起火灾,造成债权人人身或财产损害。

(五) 受领迟延

受领迟延,又称债权人迟延,指债权人对于债务人提出的给付,未受领或者未给予必要的协助。债权人的受领对于实现合同之债的本旨、解除债务人负担具有至关重要的意义。合同关系只有在债务人依合同的本旨履行给付义务,且债权人受领了此项给付的情形下,才能宣告圆满结束。因此,如果债权人未为受领,则债务人负担无法顺利解除,合同的本旨也难以实现。另外,债务人履行给付行为,根据各种给付行为性质的不同,还可能需要债权人予以配合,即给予必要的协助。比如,演员履行演出义务,债权人应提供必要的场地和演出设备;承揽人履行给付义务,往往需要定做人给予必要的指示并受领工作成果;供货人送货上门,收货人应予以验收等。受领本为债权的一项权能,具有权利属性,但基于诚实信用原则的要求,债权人行使受领权应照顾债务人的利益,并有益于合同目的的实现,因此债权人在享有受领权的同时,也负担受领的义务。《合同法》第60条第2款中列举的协助义务就包括债权人应协助债务人履行给付义务并受领给付义务的内容。

三、双方违约

双方违约是指合同双方当事人都违反了各自承担的合同义务。《合同法》第 120 条规定:"当事人双方都违反合同的,应当各自承担相应的责任。"双方违约应发生在合同双方当事人都负担合同义务的情况下,但不限于双务合同。在很多单务合同中,双方当事人也都各自负担义务,只不过各自的义务没有构成对价关系罢了。

研究双方违约的关键是如何确定"各自承担相应的责任"。一般认为,在双方违约的情况下,应当根据双方的过错程度及因违约而给对方当事人造成的损害程度确定各自的责任。如果双方过错程度相当,且因其过错而给对方当事人造成的损害程度大体相同,则双方应当各自承担其损失。如果一方的过错程度明显大于另一方,且给对方造成的损失也较重,则应当承担更重的责任。由此可见,虽然我国《合同法》在违约责任的归责原则上采无过错责任原则(严格责任),但在双方违约情况下,过错仍然具有重要的法律意义。

四、第三人的行为造成违约

合同关系虽然具有相对性,但也往往与第三人发生关联。比如,在涉他合同中,合同债务的清偿人或者债权的受领人都有可能是第三人,则第三人的行为也可能影响到债务人的债务履行。因此,《合同法》第 121 条规定:"当事人一方因第三人的原因造成违约的,应当向对方承担违约责任。"这里的第三人通常是"债务履行辅助人"。例如,甲请个体工商户乙上门修理空调,乙派徒弟丙前往服务,丙属于债务履行辅助人;再如,王某委托李某看管小孩,李某将小孩让保姆看护,保姆属于债务履行辅助人。但考察第 121 条的文义,并结合我国《合同法》关于违约责任归责原则的规定(参见本章第二节的论述),此处的第三人不限于债务履行辅助人,构成通常事变的第三人行为也应作为债务人违约的原因。比如,作为出卖人的瓜农应依据买卖合同向买受人交付西瓜,因第三人行为致所栽西瓜全部毁灭,为此瓜农构成违约。除非第三人行为可以被认定为不可抗力(参见本章第三节的论述),否则瓜农的不履行行为均构成违约。

第二节 违约责任的归责原则

归责原则是指基于一定的归责事由而确定责任成立的法律原则。具体到合同法,违约责任的归责原则就是基于一定的归责事由而确定违约责任成立的法律原则。

关于违约责任的归责原则,在我国经历了一个由过错责任原则到无过错责任原则(即严格责任原则)演变的过程。根据已经被废止的《中华人民共和国经济合同法》第 29 条的规定,由于一方当事人的过错,造成经济合同不能履行或者不能完全履行,由有过错的一方承担违约责任。根据该条规定可知,违约责任的归责原则是过错责任。此后颁布的《民法通则》第 111 条在字面上虽然没有明确使用"过错"的字眼,但通说认为仍然采取过错责任原则。

《合同法》第107条规定:"当事人一方不履行合同义务或者履行合同义务不符合约定的,应当承担继续履行、采取补救措施或者赔偿损失等违约责任。"在该条中,并没有出现"过错"等字样。这意味着只要债务人违反合同的约定,就要承担违约责任,而不管主观上是否有过错,除不可抗力可以免责外,都要承担违约责任。至于为什么要采取无过错责任(严格责任),一般认为有如下理由:第一,有利于促使合同当事人认真履行合同义务;第二,有利于保护受害人的合法权益;第三,符合国际惯例。[①]

《合同法》在违约责任的归责原则上采无过错责任原则(严格责任),淡化了违约责任的道德矫正色彩,突出了合同法作为交易规则的价值中立属性,对于提升违约纠纷处理效率具有意义。但是,一概不考虑责任承担上的主观要素,使法律责任所固有的惩戒和教化功能完全丧失,也难免有矫枉过正之嫌。

虽然《合同法》在总则中将无过错责任原则(严格责任)作为违约责任的一般归责原则,但是在《合同法》分则中仍保留了若干采用过错责任的特例,比如供电人责任(第179条、第180条、第181条);承租人的保管责任(第222条);承揽人责任(第262条、第265条);建设工程承包人的过错责任(第280条、第281条);寄存人未履行告知义务的责任(第370条);保管人责任(第371条)等。

第三节 违约责任的免责事由

在违约责任采无过错责任(严格责任)的情况下,免责事由的规定就变得尤为重要。所谓免责事由,是指法律明文规定的债务人可以对其不履行合同义务的行为不承担违约责任的事由。《合同法》在总则中仅于第117条将"不可抗力"作为违约责任的法定免责事由,同时在《合同法》分则的第302条中针对客运合同规定了"旅客自身健康原因"和"旅客故意、重大过失",第311条中针对货运合同规定了"货物本身的自然性质、货物的合理损耗"和"债权人过错",第370条针对保管合同规定了"保管物有瑕疵或者按照保管物的性质需要采取特殊保管措施的",第394条针对仓储合同规定了"因仓储物的性质、包装不符合约定或者超过有效储存期"等几项特殊的免责事由。

一、不可抗力

《民法通则》第153条对不可抗力作出如下界定:"本法所称的'不可抗力',是指不能预见、不能避免并不能克服的客观情况。"由此可见,我国民法对于不可抗力的理解采主客观相结合的态度。《合同法》第117条第2款对于不可抗力的界定完全沿袭了《民法通则》的提法。

"不能预见"是从主观角度界定不可抗力的标准。凡属基于人类通常理性、知识和经验难以合理预见的客观情况,均可认定为不可抗力。而"不能避免"和"不能克服"则兼有

---

① 参见顾昂然:《中华人民共和国合同法讲话》,法律出版社1999年版,第44—46页。

主观认定因素和客观认定因素。"不能避免"主要强调基于客观情况的自然属性,具有难以逆转的发展趋势,具有发生的内在必然规律。而"不能克服"则又是从人类主观能动性的角度来看,客观情况的内在必然发生性,非人力所能阻止。

在法律上,与不可抗力相似的概念是意外事件,在民法理论上又称为事变。所谓事变,指非因债务人故意或过失所发生的变故。事变范围较广,不仅包括自然事实,如自然灾害,也包括人的行为,如财物被盗等。事变在理论上被分为通常事变和不可抗力两种情况。通常事变是指债务人虽尽到通常的注意,但仍不免发生的事件,然而如果债务人尽到特别严密的注意,则可能予以避免。例如,债务人驾车前去履行债务,途中遭遇车祸致使债务人无法继续履行债务,此种情形便可归入通常事变的范畴。由于不可抗力已经被《合同法》第117条规定为法定免责事由,那么通常事变是否也能作为免责事由看待?本书认为,不可抗力和通常事变均以债务人无过错为前提,因此在《合同法》的归责原则采无过错责任(严格责任)的背景下,究竟哪一个事由可以构成免责事由,只能取决于法律的明确规定。《合同法》第117条没有将通常事变规定为法定免责事由,这就意味着我国法律在违约责任归责原则上采取非常严格的态度,即使债务人因通常事变未能履行合同义务,也要承担违约责任。

至于不可抗力的具体范围,在认定上是十分困难的。自然灾害作为不可抗力基本上没有异议,但是政府行为能否作为不可抗力则存在争议。有观点认为,社会异常事件也属于不可抗力,比如罢工、重大交通事故、严重疫病流行等。[①] 由于我国《合同法》在违约责任归责原则上采无过错责任原则(严格责任),同时又仅将不可抗力规定为法定免责事由,债务人实际上处于非常不利的地位。从平衡双方当事人利益,且缓和无过错责任过于严苛的角度,本书认为应适当扩大不可抗力的范围,将属于交易客观情事的罢工、政治事变、重大灾难事故、严重疫病流行等作为不可抗力,同时也可以将一些属于债务人自身原因的情事,诸如债务人遭遇疾病、车祸、意外人身强制等作为不可抗力,纳入法定免责事由之列,以缓和无过错责任(严格责任)所造成的弊端。当然,上述某些情形符合情势变更原则构成条件的,也可以适用情势变更原则,以避免造成合同履行结果显失公平的状况。

二、基于标的物原因的特殊免责事由

《合同法》第311条规定,承运人能够证明运输过程中货物的毁损、灭失是因不可抗力、货物本身的自然性质或者合理损耗造成的,不承担损害赔偿责任。在货物运输过程中,基于货物自然性质或者合理损耗而发生的轻微债务不履行状况在所难免,比如运输的液体货物具有挥发性,或者货物在装运卸载过程中发生合理限度内的损耗等。上述情形均属交易习惯要求债权人容忍的损害,因此法律将其规定为运输合同的法定免责事由。

《合同法》第394条规定,储存期间,因保管人保管不善造成仓储物毁损、灭失的,保管人应当承担损害赔偿责任。因仓储物的性质、包装不符合约定或者超过有效储存期造成

---

① 参见李永军:《合同法》(第2版),法律出版社2005年版,第763页。

仓储物变质、损坏的，保管人不承担损害赔偿责任。

三、基于债权人原因的特殊免责事由

虽然债务人的过错不再作为违约责任的归责要件，但是债权人的过错或者其他自然原因却可能成为免除债务人违约责任的事由。

《合同法》第302条规定，承运人应当对运输过程中旅客的伤亡承担损害赔偿责任，但伤亡是旅客自身健康原因造成的或者承运人证明伤亡是旅客故意、重大过失造成的除外。

《合同法》第311条规定，由于托运人、收货人的过错造成运输过程中的货物毁损、灭失的，承运人不负损害赔偿责任。与运输合同类似，《合同法》第370条规定，在保管合同中寄存人交付的保管物有瑕疵或者按照保管物的性质需要采取特殊保管措施，但未将该情况告知保管人的，保管人不承担由此产生的损害赔偿责任。

第四节 继续履行

一、继续履行的含义

继续履行是指在违约方不履行给付义务时，守约方可以请求违约方继续履行合同义务，以达到合同依其本旨被履行时所应有的效果。由于继续履行是违约责任的一种形式，守约方通常需要向法院请求违约方继续履行，法院则应守约方的请求强制违约方履行合同债务，因此又被称为强制履行。在各种违约责任形态中，继续履行是最能充分实现合同目的的责任类型。

二、继续履行的构成要件

（一）合同债务人存在违约行为

适用继续履行作为违约责任的，要求合同债务人存在拒绝履行、迟延履行或者不完全履行的违约行为。如果债务人的违约行为是履行不能，则不适用继续履行的责任形式。债务人拒绝履行或迟延履行的，均未实际履行给付义务，因此可以继续履行，此点没有疑问。债务人不完全履行的，虽然已经履行了给付义务，但给付不符合合同的本旨，仍然可以适用继续履行。比如，《合同法》第110条规定："当事人一方不履行非金钱债务或者履行非金钱债务不符合约定的，对方可以要求履行。"另外，根据第111条的规定，质量不符合约定的，受损害方"可以合理选择要求对方承担修理、更换、重作……等违约责任"。此处的修理、更换和重作也属于继续履行的责任形式。

（二）守约方请求违约方继续履行合同债务

守约方认为继续履行合同义务仍有价值的，可以选择请求违约方继续履行。如果违约行为发生后，债务人不能继续履行，或者继续履行对于守约方丧失意义，则守约方一般会选择解除合同。至于如何理解继续履行是否有价值，一般以继续履行能否实现合同目

的来判断。

(三) 违约方能够继续履行合同债务

继续履行也以违约方能够实际履行合同义务为条件。如果违约方已经陷于履行不能,则客观上不能够再继续履行。

三、继续履行的形式

(一) 继续履行债务

在债务人拒绝履行、迟延履行或者部分履行的情况下,守约方可以请求违约方继续履行全部合同义务或者剩余的部分合同义务。守约方可以为继续履行设定履行期限。违约方在该期限内仍然不履行债务的,守约方可以选择解除合同。

(二) 采取补救措施

在债务人不完全履行合同义务的情况下,特别是在履行合同义务数量不符、质量不合等情形,守约方可以根据《合同法》第107条要求违约方采取补救措施,具体形态就是《合同法》第111条所规定的修理、更换或者重作。

四、不适用继续履行的情形

虽然继续履行对于充分实现合同目的最为有利,但并非任何违约行为都适宜强制继续履行。根据《合同法》第110条的规定,下列情形不适宜强制继续履行。

(一) 不能履行

合同义务如果在法律上或者事实上陷于履行不能,则不可能被强制继续履行。比如,作为标的物的特定物已经灭失,或者义务人丧失履行能力等。

(二) 债务的标的不适于强制履行或者履行费用过高

有些债务的标的在性质上不适宜强制履行。此类合同往往以债务人的行为作为给付标的,如委托合同、承揽合同、技术开发合同、劳务合同、演出合同等。由于给付义务具有人身属性,如果强制义务人履行将有损人格尊严,又不可能由他人代为履行,因此一律不得强制继续履行。

有些债务的标的虽然可能履行,且在性质上也适宜强制履行,但有可能产生过高的履行费用。比如,要求违约方继续提供早已停止生产的商品。违约方虽然可以复产,但复产往往需要高额费用。此时,法律出于经济性的考虑,不支持守约方继续履行的请求,一般仅允许请求损害赔偿。

(三) 债权人在合理期限内未要求履行

虽然守约方有权请求违约方继续履行,但任何权利的行使均应遵循诚实信用原则和权利不得滥用原则。债权人如果未在合理期限内请求继续履行,则可能使违约方的责任形态处于不确定状态,这对于尽快确定法律关系不利。另外,出于实际考虑,债权人未及时请求继续履行,也可能造成合同义务履行不能或者履行费用过高,从根本上损害继续履行的可能性。至于合理期限的具体判断标准,《合同法》没有作出规定,在实践中应由法官结合交易习惯加以确定。

五、继续履行与其他责任方式的关系

（一）继续履行与损害赔偿

继续履行和损害赔偿为两种不同的违约责任方式，其法律效果不同：继续履行追求以债务人的实际履行实现合同目的，而损害赔偿则要求债务人以支付金钱的方式填补债权人损害，以达到如同债务被实际履行的价值状态。由于两种责任方式目的不同、效果不同，通常情况下没有并用的必要。但是，继续履行毕竟是在债务人违约后的补救措施。债务人一经违约，往往就会造成债权人的损害。即使债务人事后实际履行了合同义务，对于已经发生的或者继续发生的损害，违约方仍应承担损害赔偿责任。唯有如此，才能周延地对债权人进行救济。因此，《合同法》第112条规定："当事人一方不履行合同义务或者履行合同义务不符合约定的，在履行义务或者采取补救措施后，对方还有其他损失的，应当赔偿损失。"

（二）继续履行与价格制裁

根据《合同法》第111条的规定，如果债务人迟延履行、拒绝履行或者不完全履行合同义务，债权人除了可以请求继续履行之外，还可以根据实际情况选择要求减少价款或者报酬。减少价款或者报酬统称为减价，也是一种违约责任方式。债权人请求减价的权利，其性质通说认为属于形成权，其理论根据则是守约方对于违约方在价款或报酬上的一部解除。虽然减价权在性质上属于形成权，但并不意味着债权人可以任意决定减少价款或者报酬的数额。减价的具体数额的确定，仍应遵循诚实信用原则和公平原则。如果违约方对于减价数额有异议，则可以请求法院予以确认。这种诉讼应该是确认之诉。

除减价之外，根据《合同法》第63条的规定，对于执行政府定价或者政府指导价的合同，因债务人迟延履行或者拒绝履行遇到政府价格调整的，应在原价格和新价格中选择对违约方不利的价格。

第五节 损害赔偿

一、损害赔偿概述

损害赔偿是最为重要的违约责任方式。虽然继续履行对于实现合同目的具有不可替代的优势，但并非在所有违约的情况下，合同义务均可能或适宜继续履行。损害赔偿作为履行的替代形式，以给付金钱达到合同义务如同被实际履行的价值状态。损害赔偿无法达到实际履行的效果，仅能在价值上达到相当于实际履行的效果。损害赔偿不仅是违约责任的方式，也是侵权责任、缔约过失责任的重要方式。在民法理论上，损害赔偿之债有两种基本的赔偿方法，分别是恢复原状和金钱赔偿。所谓恢复原状，即恢复到损害发生前的状态，例如打碎茶杯，则要求义务人偿还同样的茶杯。恢复原状符合民法同质补偿原

则,体现了损害赔偿制度的精髓。所谓金钱赔偿,指按照损害的程度支付金钱,以填补损害,如打碎茶杯,仅要求义务人偿付相当于受损茶杯价值的金钱即可。两种损害赔偿的方法各有其侧重,侵权责任的损害赔偿基于其性质应以恢复原状为原则,以金钱赔偿为例外。而违约责任的损害赔偿系对合同履行义务的维护,不发生恢复原状的问题,显然应以金钱赔偿为原则。

二、损害的类型和认定

(一) 损害的含义

违约行为所造成的损害主要指财产损害。在学理上,界定损害主要有两种学说:差额说和现实损害说。根据差额说,损害是被害人的财产状况在损害事故发生前后的差额。差额说是民法理论认定损害的通说理论,其特点是简便、直观,但其缺点也较为明显。如果当事人对受损害的利益在损害前后的价值认定不一,则差额的计算必然发生争议。另外,针对某些较为抽象的财产利益,差额说也难以确定损害的具体额度。为克服差额说的不足,出现所谓的现实损害说。该说认为无论是侵权责任抑或是违约责任,就直接损害在任何情况下均应予以填补,至于直接损害之外的损害,应利用差额说加以衡量。现实损害说其实并未从根本上动摇差额说的地位。如今,差额说在界定损害的问题上仍居于通说地位。

(二) 损害的类型

1. 财产损害和非财产损害

财产损害指受害人所遭受的财产上的损害,或者具有财产价值、得以金钱衡量的损害。财产损害既包括财产的积极减少,也包括财产消极的不增加。非财产损害指受害人遭受的财产利益之外的损害,包括精神损害和身体损害。身体损害往往转化为财产损害,如医疗费用等。至于违约责任是否救济精神损害,世界各国立法态度不一。我国通说认为,违约责任不包含对精神损害的救济。

2. 积极利益和消极利益

积极利益,又称履行利益,指债权人在合同完全履行后所可能获得的利益,反面言之,即债务人不履行其债务时,债权人因此所遭受的不利益。消极利益,又称信赖利益,指合同当事人信赖合同能够成立、生效,但合同未成立、无效或被撤销,并因此而遭受的利益损失。积极利益与消极利益的法律效果不同。积极利益赔偿的结果在价值上如同合同被完全履行,而消极利益赔偿的结果则是在价值上如同合同未曾订立。

3. 所受损害与所失利益

所受损害指因违约行为造成债权人现有财产的减少。所失利益则指因违约行为造成债权人本应增加的财产未增加。

(三) 损害的认定

违约责任主要针对财产损害加以救济。对于违约责任而言,有意义的法律分类是积极利益和消极利益。前已述及,违约损害赔偿的目的在于使合同处于被完全履行的价值状态,因此应以赔偿积极利益即履行利益为损害赔偿责任的主要任务。而计算积极利益的方法就是所谓的差额说。

在认定损害时,需要运用因果关系理论。民法理论将因果关系分成两个层面加以讨论:责任成立的因果关系和责任范围的因果关系。责任成立的因果关系旨在探究违约行为在事实上是否是造成损害的原因。判断责任成立的因果关系,通常采用"条件说",即如果违约行为是损害发生的必要条件,则满足违约责任成立的因果关系。责任范围的因果关系旨在明确作为事实原因的违约行为究竟对多大范围内的损害承担责任。判断责任范围的因果关系,理论上的学说较为复杂,比较重要的有相当因果关系说和法规目的说等。其中相当因果关系说为通说。相当因果关系说的核心在于,根据社会一般观念,特定违约行为通常会引起某些特定损害,即损害的发生在社会观念上与特定违约行为之间具有相当的关联性,则可以确定该违约行为是需要对该损害承担责任的原因。至于社会相当性的判定,往往取决于违约方在行为时对损害结果的合理预见。

比如,出租车司机运送某演员赴演唱会演出。由于司机的过错,途中遭遇交通事故,致使该演员延误演出,从而造成经济损失。本例中,没有司机的违约行为,就不会造成演员的经济损失。从这个意义上说,司机的违约行为是演员损失的必要条件,满足责任成立的因果关系。但是,司机违约通常的损害结果仅表现为一般的时间延误或身体损害,演员赴约演出所能获取的高额出场费并非司机所能合理预见。因此,在责任范围的因果关系上,损害结果不应包含演员高额出场费的损失,而仅应包含通常时间延误所造成的损失。

三、违约损害赔偿责任的范围限制

通过研究损害赔偿的含义,我们已经了解损害赔偿旨在救济守约方的积极利益,即履行利益。损害赔偿制度的理想结果是在价值上达到合同被全面履行的状况。要实现这个目标,就要求违约方赔偿因违约行为造成的全部损失。这也就是损害赔偿制度中的"全部赔偿"原则。《合同法》第113条第1款的规定体现了全部赔偿的理念,但同时也对违约责任的范围作出了合理的限制。该条规定:"当事人一方不履行合同义务或者履行合同义务不符合约定,给对方造成损失的,损失赔偿额应当相当于因违约所造成的损失,包括合同履行后可以获得的利益,但不得超过违反合同一方订立合同时预见到或者应当预见到的因违反合同可能造成的损失。"

"可预见性"通常被作为限制责任范围的工具,在侵权责任和违约责任中加以使用。上文提到,在大陆法系因果关系理论中有所谓"责任范围的因果关系"理论,而英美法则有所谓"法律因果关系"理论。两种理论本质和功能均十分相似,都起到最终确定责任范围的作用。责任范围因果关系的理论核心是"相当性"判断,即根据社会一般观念,判断特定行为是否通常会引起特定损害结果。具体到违约责任,则是特定违约行为通常会引起哪些具体的损害结果。社会一般观念系抽象的法律衡量标准,其内涵往往体现在特定行为主体在特定案件场景下对其行为所可能引发的损害结果的合理预见性上。如果一个违约行为,由于各种主客观因素的作用,引起了过于异常的损害结果,超越了违约方能够合理预见的范围,法律基于公平和诚实信用的理念,会将这种过于异常的损害结果排除在损害赔偿责任范围之外。

关于预见的主体,《合同法》第113条第1款明确限定为"违反合同一方"。关于预见的时间节点,法律也明确规定为"订立合同时"。至于预见的具体内容,则存在争议。通说认为,法律要求违约一方基于经验法则应能够预见到损害的性质和类型,但无须精确预见损害的程度和数额。

四、减损规则

合同一方当事人违约之后,应对因违约造成的全部损失负责,理所固然。但守约一方也并非完全处于消极被动地位,基于诚信原则,守约方在可能的范围内应采取必要措施减少违约造成的不良后果,即防止损失的发生和扩大。这既是守约方对自己利益负责的表现,也是减少社会资源浪费、简化法律纠纷的要求。我国《合同法》第119条对减损规则也有规定:"当事人一方违约后,对方应当采取适当措施防止损失的扩大;没有采取适当措施致使损失扩大的,不得就扩大的损失要求赔偿。"

减损规则要求守约方承担"减损义务",此项义务系法定义务。但该项义务效力较弱,一方面,相对人不得单独请求减损义务的履行,另一方面,违反减损义务并不产生任何法律责任,而仅仅减损守约方的相应权利,如就损失扩大部分不得请求损害赔偿。因此,减损义务在理论上被称为"不真正义务"。基于减损义务的属性,守约方违反减损义务并不构成违约,所以减损规则与所谓双方违约有着本质的区别。双方违约系合同当事人均违反其合同义务的现象,应各自根据其违约行为承担法律责任。

至于减损义务人应如何履行减损义务,即采取何种减损措施,一般认为有如下四种:第一,停止工作;第二,替代安排;第三,变更合同;第四,继续履行。当然,减损措施不限于这四种类型。减损义务人应根据案件实际情况,遵循诚实信用原则,采取恰当的减损措施。

五、损益相抵

损益相抵,又称损益同销,是指损害赔偿请求权人因同一赔偿原因事实,在受到损害的同时又获得利益的,应将所受利益由所受损害中扣除,以确定赔偿范围的制度。损益相抵虽然没有见诸《合同法》的条文之中,但其作为损害赔偿制度的一般原理,也应该得到承认和执行。

损益相抵不同于债权抵销。抵销制度是两个债权之间互相抵除消灭的制度,而损益相抵则解决债权人因同一事由受损和受益之间的抵除问题。损益相抵制度旨在维护利益平衡,防止受害人因损害赔偿而获得不当利益。比如,汽车买受人因出卖人交付的汽车存在质量瑕疵而造成交通事故,受到损害。由于机动车已经投保,保险公司在事故发生后在保险范围内给予理赔,故受害人仅能就保险赔偿金不能涵盖的损失部分向汽车出卖人请求损害赔偿。

第六节 违约金责任

一、违约金的概念

违约金是指为担保合同债务的履行,由当事人约定或者法律规定,在一方当事人违约时向另一方当事人支付一定数额的金钱或者其他给付。违约金具有如下特征:

1. 违约金以金钱或者其他给付为客体

违约金通常以金钱为客体,但也允许当事人约定以其他给付充当违约金。以其他给付充当违约金的,在学理上被称为"准违约金"。

2. 违约金须在违约时支付

原则上,针对任何类型的违约行为,如履行不能、拒绝履行、迟延履行、不完全履行等,都可以约定支付违约金。违约金应在违约之时交付,此点与定金不同。定金往往在合同成立之时,或者在合同成立之后交付,但通常交付时间应早于违约行为发生之时。违约金一般情况下均由债务人向债权人支付,但也可以约定向第三人支付,如慈善福利机构等。

3. 违约金兼具债务履行担保和损害赔偿的双重功能

违约金作为合同履行的压力手段,有督促债务人依合同的本旨履行债务的功能。同时,由于民事责任以填补损害为根本诉求,因此违约金也起到了填补实际损害的作用。

4. 违约金合同为诺成合同

通说认为,合同当事人就违约金达成合意,系在主合同之外另外缔结的一项合同。此项合同具有诺成性质,与定金合同为实践性合同的特征不同。违约金合同成立之后,以违约行为的发生为生效条件,因此违约金合同是附停止条件的合同。

二、违约金的种类

(一) 惩罚性违约金与赔偿性违约金

惩罚性违约金的特点在于,违约方除了按照约定支付违约金之外,其他违约责任均不受影响。比如,违约方除须支付违约金外,还应继续履行或者承担损害赔偿责任。惩罚性违约金目的不在于填补实际损失,更多地被作为督促义务人履行债务的压力工具,是一种私的制裁。我国《合同法》并未对惩罚性违约金作出专门的规定。惩罚性违约金完全依靠当事人在合同中的特别约定。当事人没有约定违约金具有惩罚性,或者约定不明的,应推定为赔偿性违约金。

赔偿性违约金本质上是对损害赔偿数额的预定,即合同当事人对一方违约后应支付的损害赔偿数额的预先规定。通过违约金的形式预定损害赔偿数额,对于简化违约纠纷处理具有意义。既然赔偿性违约金为损害赔偿数额的预定,那么支付违约金就意味着承担损害赔偿责任,违约方无须承担其他违约责任。但是,赔偿性违约金毕竟是对损害赔偿数额的预定,其与实际损害数额难免存在差异。如果差异过大,则难以实现填补损失的目标。为此,《合同法》第 114 条第 1 款和第 2 款规定了违约金调整的规则。

(二) 约定违约金与法定违约金

《合同法》第 114 条第 1 款规定,当事人可以约定一定数额的违约金,也可以约定违约金的计算方法。此类违约金基于当事人的合意产生,属于约定违约金。所谓法定违约金,则是由法律法规直接规定违约金的比例和数额。比如,国务院制定的《中华人民共和国电信条例》第 32 条规定:"……由于电信业务经营者的原因逾期未能装机开通的,应当每日按照收取的安装费、移装费或者其他费用数额 1% 的比例,向电信用户支付违约金。"

三、违约金责任的认定与调整

既然违约金合同以违约行为的发生为生效要件,那么发生违约行为似乎是认定违约金责任成立的唯一条件。此外,违约金债务具有从属性,是一项从债。当作为主债的合同关系不成立、无效或者被撤销时,违约金债务也因此不发生效力。但在主合同因违约而被解除的场合,主合同中的违约金条款并不因此而无效。《合同法》第 98 条也确认了违约金条款作为合同的清理和结算条款,不因合同解除而无效。

违约金责任是否要以损害的实际发生为前提?惩罚性违约金作为督促履约的压力工具,不以违约行为造成实际损害为适用条件。只要一方当事人发生违约行为,就应承担违约金责任。赔偿性违约金以填补损害为其任务。如果违约行为没有造成损害,或者造成的损害远远低于违约金数额,或者造成的损害高于违约金数额,为填补损害、保障公平,法律允许法院或者仲裁机构对违约金数额作出调整。《合同法司法解释二》第 27 条规定:"当事人通过反诉或者抗辩的方式,请求人民法院依照合同法第 114 条第 2 款的规定调整违约金的,人民法院应予支持。"

《合同法》第 114 条第 2 款前段规定:"约定的违约金低于造成的损失的,当事人可以请求人民法院或者仲裁机构予以增加。"根据本条规定,只要违约金数额低于实际损失,当事人就可以请求法院或者仲裁机构予以增加。增加的具体额度由法院或者仲裁机构裁量,当然以能够实际填补损害为准。《合同法司法解释二》第 28 条规定:"当事人依照合同法第 114 条第 2 款的规定,请求人民法院增加违约金的,增加后的违约金数额以不超过实际损失额为限。增加违约金以后,当事人又请求对方赔偿损失的,人民法院不予支持。"

《合同法》第 114 条第 2 款后段规定:"约定的违约金过分高于造成的损失的,当事人可以请求人民法院或者仲裁机构予以适当减少。"从此条规定可知,法律允许约定的违约金数额在一定限度内高于实际损失。当违约金略高于实际损失的时候,法律不予以调整。这一方面体现了违约金原本具有的惩罚性色彩,另一方面也是为了避免法律关系过于复杂,简化纠纷处理。只有当违约金过分高于实际损失的时候,考虑到赔偿性违约金的固有属性,为公平起见,法律允许对此类违约金予以调整。调整的具体幅度由法院或者仲裁机构裁量,《合同法》条文的表述是"适当减少",并不要求将违约金数额减少到与实际损失一致的程度。《合同法司法解释二》第 29 条规定:"当事人主张约定的违约金过高请求予以适当减少的,人民法院应当以实际损失为基础,兼顾合同的履行情况、当事人的过错程度以及预期利益等综合因素,根据公平原则和诚实信用原则予以衡量,并作出裁决。当事人约定的违约金超过造成损失的30%的,一般可以认定为合同法第114条第2款规定的'过分高于造成的损失'。"

四、违约金与其他责任方式的关系

（一）违约金与继续履行

惩罚性违约金与继续履行责任可以并用,符合惩罚性违约金的本质属性,在理论和实务上均没有疑问。只不过,当履行陷于不能的时候,债权人只能请求违约金。当债务人拒绝履行的时候,债权人可以请求强制履行,并同时请求支付违约金。当债务人陷于迟延履行的时候,债权人可以请求继续履行,同时请求支付违约金。对于履行迟延情况下的违约金,《合同法》第114条第3款①的规定当然也将惩罚性违约金包括在内。在债务人不完全履行的场合,违约金与继续履行责任当然也可以并用。

赔偿性违约金在性质上是对损害赔偿数额的预定,因此原则上不得与继续履行责任并用。否则,将造成债权人不当得利的结果。但是,即使在约定赔偿性违约金的情况下,违约金和继续履行也并非完全不能并用。在债务人拒绝履行、迟延履行或者不完全履行的情况下,债权人虽然可以请求债务人继续履行,但此时仍有可能产生损失,比如发生迟延利息或者其他损失。此时,应该允许债权人在请求履行之外,继续请求支付违约金用以填补这部分损失。违约金数额过高或者低于实际损失的,债务人可以请求对违约金进行调整。《合同法》第114条第3款的规定当然也应该适用于赔偿性违约金和继续履行并存的情形。只不过两种违约责任并用的场合不应仅限于迟延履行,其他违约情形也应适用。因此,在法律适用上应对《合同法》第114条第3款作出扩张解释。

总之,惩罚性违约金与继续履行责任当然可以并用,赔偿性违约金只有在发生实际损失的情况下,可以与继续履行责任并用。

（二）违约金与损害赔偿

无论发生何种类型的违约行为,惩罚性违约金均可与损害赔偿责任并用。

至于赔偿性违约金,本来就属于损害赔偿数额的预定,以填补实际损害为目标,原则上不得再与损害赔偿责任并用,否则将造成债权人不当得利的结果。但是,赔偿性违约金在理论上又可以分成两类:预定损害赔偿最低额的违约金和预定损害赔偿总额的违约金。所谓预定损害赔偿最低额的违约金,是指如果实际损失数额低于违约金数额,则按照违约金数额执行,如果实际损失数额高于违约金数额,则应以实际损失数额确定责任范围,就超出违约金数额的部分仍可请求依据《合同法》第114条的规定进行调整。而所谓预定损害赔偿总额的违约金,则是指违约金数额即是全部损害赔偿的数额,此时损害赔偿责任没有适用余地。如果实际损失数额高于或者低于违约金数额,仅对违约金数额作出调整。

---

① 《合同法》第114条第3款规定:"当事人就迟延履行约定违约金的,违约方支付违约金后,还应当履行债务。"

根据我国《合同法》第114条的规定,我国违约金在性质上应属于预定损害赔偿总额的违约金。

(三) 违约金与定金

定金种类复杂,其功能各不相同,本章第七节将有详细论述。违约金与定金系不同的合同履行确保方式,能否并用应取决于定金的种类和功能。《合同法》第116条仅作出了原则性规定:"当事人既约定违约金,又约定定金的,一方违约时,对方可以选择适用违约金或者定金条款。"

(四) 违约金与合同解除

一方当事人违约,对方当事人行使合同的法定解除权,是否影响违约金条款的效力?依当代民法通说,合同解除的法律效果并非将原有的合同法律关系全部消灭,而是将其转换成一个以清理、清算为目的的法律关系,即所谓"清算法律关系"。合同中的违约金条款天然具有清算性质,虽然合同已经被解除,但其在清算法律关系中仍能发挥作用,并不因合同解除而归于消灭或无效。因此,《合同法》第98条规定:"合同的权利关系终止,不影响合同中结算和清理条款的效力。"

第七节　定　金　责　任

一、定金责任的概念和性质

定金是一方当事人在合同订立时或者履行期届至之前,向他方交付的一定数额的金钱或者其他有价物。当事人就定金须独立形成意思表示,故定金具有合同的性质。定金合同在性质上属于要物合同(实践性合同),即定金合同以定金的实际交付为生效要件。无论何种性质的定金合同,均以辅助于主合同为目的,故定金合同又属于从合同。

定金种类繁多,各自具有不同的功能。《担保法》第89条所规定的显然是违约定金。该定金作为担保合同义务履行的压力手段之一,具有督促义务人履行合同义务、惩罚违约行为的作用。另外,根据《担保法司法解释》的规定,还有如下类型的定金:立约定金(第115条)、成约定金(第116条)和解约定金(第117条)。这三种定金各有其功能,但与违约责任无关,因此本节只讨论违约定金。

二、定金责任的效力

定金责任的效力体现为所谓的"定金罚则"。《担保法》第89条规定:"给付定金的一方不履行约定的债务的,无权要求返还定金;收受定金的一方不履行约定的债务的,应当双倍返还定金。"定金责任的法律效力表现为两类:丧失定金返还请求权和双倍返还定金。这样的规定体现出定金责任具有强烈的惩罚性色彩。无论违约行为是否造成实际损失,以及造成多大的损失,定金罚则作为法定责任均须执行。正因为定金责任具有惩罚性,《担保法》第91条对定金责任的效力作出了限制:"定金的数额由当事人约定,但不得超过主合同标的额的20%。"限制定金数额,是为了避免当事人任意约定造成惩罚负担过于沉重,悖离民事责任以填补损害为原则的基本立场。

相对于违约金,定金的惩罚性更强。为了缓和适用定金所可能造成的利益失衡关系,《担保法司法解释》第122条对定金罚则的适用条件作出了进一步的限制:"因不可抗力、意外事件致使主合同不能履行的,不适用定金罚则。因合同关系以外第三人的过错,致使主合同不能履行的,适用定金罚则。受定金处罚的一方当事人,可以依法向第三人追偿。"从本条规定来看,定金责任的免责事由比一般违约责任的免责事由宽泛,除了不可抗力之外,还包括意外事件。

三、定金责任与其他责任方式的关系

(一) 定金与违约金

《合同法》第116条规定定金与违约金两者不能并用。如果合同约定的是赔偿性违约金,同时又约定定金,则两者具有不同的目的和功能。适用定金罚则后,依据《合同法》的上述规定,合同当事人虽不能要求违约方承担违约金责任,但有权要求违约方承担损害赔偿责任,赔偿定金不能弥补的损失。

(二) 定金与损害赔偿

基于定金责任作为合同履行的压力工具所具有的惩罚性特征,其与损害赔偿责任可以并用。至于在适用了损害赔偿责任的同时再适用定金责任是否会造成违约方负担过重的问题,由于《担保法》第91条已经对定金的数额作了上限的限制,避免了多种责任方式并用造成利益严重失衡的情形。另外,与并存违约金的情况相似,一旦执行定金罚则,守约方的损失认定问题也应重新考虑。按照损益同销的法理,定金罚则的适用客观上可以起到减少损失的效果。

(三) 定金与实际履行

定金责任是对违约方的惩罚,继续履行则属于广义的损害填补制度,两者在功能上并无抵触之处,可以并用。

第八节 责任竞合

一、责任竞合概述

责任竞合为民法中的常见现象。不同的法律规范分别调整其管辖范围内的社会关系,但法律规范在调整范围上又难免发生重合。针对同一社会关系或者法律事实,不同的法律规范均可能作出调整。如果这些法律规范又恰好都是涉及各种法律责任的规定,则同一法律事实根据不同的法律规范,就可能产生不同性质和类型的法律责任,这就是所谓的责任竞合。比如,某甲委托某乙有偿保管一个花瓶,某乙失手将花瓶打碎。此时,基于甲和乙之间的保管合同,乙应承担违约责任。另外,单纯乙打碎花瓶的行为也完全符合侵

权行为的构成要件。

由于成文法的抽象性和法律事实的具体多样性,同一事实同时被多个目的相同的法律规定适用的情况时有发生,如违约责任、侵权责任被同时适用;《物权法》规定的原物返还、《合同法》规定的返还原物恢复原状等。违约责任和侵权责任是常见的竞合现象。当同一事实既符合违约责任的法律规范,又符合侵权责任的法律规范时,如何决定适用何种责任便是重要的法律技术问题。

二、违约责任与侵权责任的区别

(一) 构成要件不同

违约责任和侵权责任在构成要件上具有较大的差异。违约赔偿责任应具备如下构成要件:违约行为、损失、因果关系。一般侵权行为的构成要件则包括:不法行为、损害、过错和因果关系。比较而言,两者在构成要件上的主要差异在于行为的性质和行为人的主观状态。违约责任和侵权责任在构成要件上的差异在于归责原则。一般侵权责任采过错责任原则,而我国《合同法》对于违约责任采无过错责任原则(严格责任)。

由于归责原则上的不同,两种责任中当事人的举证责任也发生了很大的差异。一般侵权案件中,受害人须举证证明加害人的过错。而在违约责任案件中,守约方却无须就违约方的过错负举证责任。

(二) 赔偿范围不同

概括说来,违约责任和侵权责任在赔偿范围上均采取"全部赔偿"原则。但是,由于两种责任在功能上和保护对象上的差异,其在赔偿范围上仍有很大的不同。前已述及,违约责任以救济合同的积极利益即履行利益为目标。因此,违约责任的赔偿范围主要体现在因违约所造成的损失,包括合同履行后可以获得的利益。对于违约所造成的全部损失,在认定上既可以实际损失为准,也允许当事人事先预定损害赔偿额。为求得利益平衡,法律还对违约责任的范围作出必要的限制,比如因违约所造成的损失不得超过订立合同时能够预见的范围;守约人负有法定的减损义务;如果发生双方违约或者与有过失的情形,也将对违约责任予以克减。

侵权责任的赔偿范围涵盖直接损失和间接损失。直接损失系指因不法行为所造成的各种物质损失和精神损失。物质损失包括财产损失和人身权受到损害后所发生的财产损失,而精神损失则通过慰抚金的形式予以救济。侵权责任救济精神损失是其与违约责任的重大区别之一。

(三) 诉讼时效不同

根据《民法通则》第135条的规定,民事权利受保护的诉讼时效期限为2年。《合同法》第129条规定,因国际货物买卖合同和技术进出口合同争议提起诉讼或者申请仲裁的期限为4年。这意味着,国际货物买卖合同争议诉讼时效期间为4年,侵权纠纷诉讼时效期间为2年。

(四) 责任方式不同

违约责任和侵权责任具有不同的功能,因此其具体责任方式也有很多差异。根据《合同法》第107条的规定,当事人一方不履行合同义务或者履行合同义务不符合约定的,应当承担继续履行、采取补救措施或者赔偿损失等违约责任。根据《中华人民共和国侵权责任法》(以下简称《侵权责任法》)第15条的规定,侵权责任方式有如下8种:停止侵害、排除妨碍、消除危险、返还财产、恢复原状、赔偿损失、赔礼道歉、消除影响和恢复名誉。

(五) 免责条件不同

违约责任原则上允许当事人事先约定免责条款,只要免责条款不属于《合同法》第40条和第53条规定的情形,都应该具有法律效力。除免责条款外,违约责任还具有"不可抗力"等法定免责事由。侵权责任却不得预先加以免除,否则将有悖于权利保护的精神,违反善良风俗原则。侵权责任的免责只能依据法定的各类免责事由。

三、责任竞合的处理

(一) 三种基本理论

1. 法条竞合说

该学说的主要观点是,同一事实符合数个法律规范的构成要件,如果数个法律规范之间具有位阶关系,如特别法关系、补充关系或吸收关系等,则仅能适用其中的一个法律规范。适用法条竞合说的结果是不承认发生责任竞合的可能。法国民法学倾向于这一学说。以违约责任和侵权责任的竞合为例,法国的侵权责任制度高度抽象,而合同制度具体。当某一事实既可适用合同法律制度,又可适用侵权责任法律制度时,除法律另有规定以外,根据特别法优于普通法的原则,只能适用合同法律制度,合同一方实施加害给付行为侵害合同另一方固有利益的,只能追究违约责任,而不能追究侵权责任。

2. 请求权竞合说

该说认为,同一法律事实既符合侵权责任的构成要件,也符合违约责任的构成要件,应就各自的规范分别加以判断,成立两个独立且并存的请求权。至于两个请求权的关系,则又可以细分为如下两种学说:

(1) 请求权自由竞合说

该说认为,根据不同的法律规范所产生的两个独立的请求权,具有不同的构成要件、功能和法律效果,彼此独立并存。权利人可以选择任一权利行使。其中一项权利经行使达到目的后,另一项权利因目的的实现而被消灭。如果其中一项权利因目的达到之外的原因而消灭(如因超过诉讼时效而消灭),则另一项权利仍然存在。两项请求权彼此独立,权利人可以分别转让,也可以保留一个转让一个。分别被转让的两个权利中的一个行使后,另一个权利被消灭,受让人有权追究转让人的合同责任。

请求权自由竞合说赋予当事人两项请求权,权利人有权选择其中任何一项权利。例如,某甲从某乙(商场)处购得家用电器一台,由于该家用电器因质量不合格而爆炸,导致某甲的房屋和家具被毁损,某甲被炸成残疾。由此,某甲的损失包括三个方面:其一,家用电器毁损的履行利益上的损失;其二,房屋、家具毁损和人身伤害的固有利益上的损失;其三,属于精神损害的固有利益的损失。某甲追究某乙违约责任的,不能要求精神赔偿;追究某乙侵权责任的,可依据《侵权责任法》第41条的规定要求赔偿上述三个方面的损失。

依据我国《合同法》第122条和《合同法司法解释一》第30条的规定,在我国请求权竞合采纳"请求权自由竞合说"。

(2) 请求权相互影响说

该说认为,虽然根据不同的法律规范产生两个独立的请求权,但两个请求权之间并非完全隔绝、毫无沟通。毕竟两个请求权是基于同一事实而发生的,因此两个请求权所各自依托的法律规范可以相互援引适用。比如,权利人选择行使侵权责任请求权,同时也可以主张适用合同法的相关规定。这样做的目的是避免同一事实因选择法律不同而造成明显不和谐的法律适用结果:同一事实在不同的法律规范之下,或为过错责任,或为无过错责任,对于权利人利益影响甚大。适用相互影响说,则可以纠正这一弊端。例如,上述家用电器买卖合同纠纷案件中,某甲如果追究某乙的违约责任,按照"请求权相互影响说"可以请求某乙赔偿一切损失,包括请求赔偿精神损失。

3. 请求权规范竞合说

该说的特点在于同一事实符合两个法律规范的构成要件,并非产生两个独立的请求权,而是产生一个请求权。但是,该请求权具有两个法律规范基础:一个是合同关系,一个是侵权关系。

(二) 三种立法模式

1. 禁止竞合模式

该模式以法国为代表。法国民法认为,合同关系和侵权关系属于特别法和一般法的关系。只有在没有合同关系存在时,才能产生侵权责任关系。只要同一事实能够被认定为合同关系,则不能适用侵权法律规范。

2. 允许竞合模式

该模式以德国为代表。德国根据请求权竞合说,认为同一事实符合不同法律规范的构成要件,可适用多个规范,既可适用合同制度规则,又可适用侵权责任法的规定。

3. 有限制的选择诉讼模式

该模式以英国法为代表。根据英国法,如果原告为双重违法行为的受害人,那么他既可以获得侵权之诉的附属利益,也可以获得合同之诉的附属利益。但英国法与德国法仍然不同。英国法认为,解决责任竞合的制度只是某种诉讼制度,它主要涉及诉讼形式的选择权,而不涉及实体法上的请求权竞合问题。

(三) 我国法律的规定

我国既有具体的侵权责任规则,又有具体的合同法律规范,侵权责任法与合同法没有位阶上的区别,不存在一般法与特别法之间的关系。因此,我国《合同法》第122条对于责任竞合作出了原则规定:"因当事人一方的违约行为,侵害对方人身、财产权益的,受损害方有权选择依照本法要求其承担违约责任或者依照其他法律要求其承担侵权责任。"

思考题:

1. 违约责任的归责原则是什么？
2. 《合同法》规定了哪些免责事由？
3. 如何认定违约行为所造成的损害？限制损害赔偿的规则是什么？
4. 如何理解认定违约责任的因果关系规则？
5. 常见的违约行为有哪些？其认定的构成要件是什么？
6. 有哪些不能适用继续履行的情形？
7. 违约金责任具有什么性质？有哪些种类？如何调整违约金？
8. 定金责任具有什么性质？定金罚则具有什么法律效力？
9. 如何理解减损规则和损益同销？其适用的构成要件是什么？
10. 如何理解各种责任形态之间的适用关系？
11. 违约责任与侵权责任有何区别？发生责任竞合应如何处理？

第十一章 转移财产的合同

内容提示 本章介绍了买卖合同,供用水、电、气、热力合同,赠与合同和借款合同等转移财产权属合同的概念,分析了每一种转移财产合同的特征,阐述了每一种转移财产合同的内容、形式,以及合同当事人的权利义务。

第一节 买 卖 合 同

买卖合同是最为常见的有名合同。合同法的许多规范都直接脱胎于买卖规则。合同法的许多理论是以买卖合同为基础而产生的,因此关于买卖合同的许多规则亦可以准用于其他合同。《合同法》第 130 条将买卖合同界定为"出卖人转移标的物的所有权于买受人,买受人支付价款的合同"。本节包含买卖合同的一般规则,也包含特种买卖合同,包括分期付款买卖、样品买卖、试验买卖、拍卖、招投标买卖。

一、买卖合同概述

(一) 买卖合同的特征

1. 买卖合同是以转移标的物所有权为目的的合同。当事人之间成立买卖合同的目的在于转移标的物的所有权。尽管买卖合同并不能直接导致所有权发生转移,但买卖合同生效后,当事人之间按照合同约定和法律规定的方式进行转移标的物所有权的活动,就可以使物权发生变动。

2. 买卖合同是双务合同。买卖合同当事人之间互负债务关系。标的物出卖人承担交付标的物或变更标的物权利登记的义务,买受人则承担支付价金的义务。

3. 买卖合同是有偿合同。凡是买卖合同在当事人之间必须存在对价关系。买受人欲取得标的物所有权须以支付经当事人合意确定的价金为对待给付。此对待给付可以表现为金钱,也可以表现为金钱以外的其他财物。虽然要求买卖双方的交易条件构成对价关系,但对价并非意味着等价。除了依据当事人主观判断交易条件是否构成对价之外,民法上还有所谓"半卖半送"的问题。半卖半送在性质上属于混合合同的一种,一个交易行为中既有买卖的意思,又有赠与的意思。此种情况下,也不妨理解为交易具有对价关系。

4. 买卖合同是诺成合同。除法律规定或当事人另有约定外,双方当事人达成合意之时,买卖合同即宣告成立,不以交付实物为合同成立的要件。

5. 买卖合同是不要式合同。除法律另有特别规定之外,买卖合同的成立和生效一般不需要具备特定的形式或履行批准手续,当事人之间可以自由选择合同形式。

（二）买卖合同的主体

买卖合同当事人包括出卖人和买受人。根据我国法律和交易实践，能够成为出卖人的包括下列民事主体：

1. 财产所有权人。财产所有权人对标的物享有处分权，可以将标的物予以出卖。

2. 对财产享有担保物权的人。对财产享有抵押权、质权和留置权的人，在担保物权所担保的主债权无法实现的时候，可以依法行使担保物权。行使担保物权最常见的方法就是将标的物予以出卖。

3. 人民法院。根据《民事诉讼法》第226条的规定，人民法院可以变卖扣押的财产，用来填补受害人的损失。

4. 行纪人。行纪人接受委托人之委托，以自己名义从事标的物的买卖。在法律关系上，行纪人是买卖合同中的出卖人。

（三）买卖合同的标的物

1. 标的物的范围。买卖的标的既可以是物，也可以是权利。除所有权外，其他物权、债权、著作权中的财产权等均可适用买卖合同。但在法律上，关于权利的买卖多设有专门规定，因此权利买卖首先适用特别法规定，如特别法未作规定的，可以参照适用买卖合同的规定。

2. 标的物的适格。

（1）买卖合同的标的物应为合法流通之物。凡法律禁止流通的物，如毒品、淫秽物品等，不得成为买卖合同的标的物。凡法律限制流通的物，如贵重金属、文物、麻醉药剂等，只能在特定主体之间进行买卖。违反规定的，买卖合同无效。

（2）买卖合同的标的物在合同成立时无须为现已存在之物。标的物在买卖合同成立之时尚不存在的，不影响买卖合同的成立和生效，即当事人可以就未来之物订立买卖合同。当然，标的物在买卖合同履行之前必须确定，否则合同无法履行。比如，航空公司向飞机制造商订购飞机，买卖合同签订时，飞机尚未建造，这并不妨碍买卖合同的生效。但是，通过买卖合同所购买的飞机必须明确其型号和各类具体要求。

（3）买卖合同的标的物在合同成立时无须为特定之物。买卖合同的标的物既可为特定物，也可为种类物。当事人以种类物作为买卖合同标的物的，需要在实际履行前对种类物加以特定，否则合同无法履行。比如，买受人向出卖人购买1000吨东北大米，就属于这种情况。

二、买卖合同的效力

（一）出卖人的合同义务

1. 交付标的物

交付是指将标的物的占有转移给买受人。在买卖合同中，标的物的交付对于所有权的转移具有重要意义。《民法通则》第72条和《合同法》第133条均规定，除当事人另有约定或者法律另有规定外，买卖合同标的物的所有权自交付之时起转移给买受人。《物权法》第23条关于动产物权变动规则的规定基本上沿袭了《民法通则》的规定。所谓法律另有规定的,如在不动产买卖中,标的物所有权在办理完物权变更登记后方移转于买受人。①

(1) 交付的方式。民法有现实交付和观念交付两大方式。现实交付是出卖人于交付之时将标的物的占有现实地移转于买受人的事实。现实交付一经完成,标的物则处于买受人的控制之下。在一般交易活动中,合同所要求的具体交付方式可能会有所差异,比如约定出卖人送货的,则需要出卖人将标的物运送到买受人住所地,并经买受人验收后方视为交付。反之,如果约定买受人上门提货,则当买受人在出卖人住所地验收货物后就视为交付。如果约定由出卖人代办托运或办理邮寄的,则出卖人办理完上述手续就视为交付。虽然上述交付的方法不尽相同,但都可视为现实交付。所谓观念交付,又称为拟制交付,包括简易交付、占有改定和指示交付。

(2) 交付的内容。出卖人除了应交付标的物之外,还应交付从物及相关单证、资料。标的物有从物的,如果当事人间无特别约定,则从物应当随同主物一并交付。出卖人对与标的物有关的单证和资料的给付义务系属合同之从给付义务,对于达成合同目的有所助益,因此相关单证和资料也应与标的物一并给付,如产品的使用说明书、质量保证单据、保险单等。

需要说明的是,《合同法》第135条规定的交付提取货物本身的单证,如提单、仓单或提货单等,系属合同主给付义务,在法律性质上与第136条规定的交付提取标的物单证以外的单证资料不同,第136条规定的给付义务系从给付义务。

(3) 交付的法律效果。为保障出卖人的利益,当事人之间可以对标的物所有权转移的时间作出特别约定,通常的作法是通过约定所有权保留排除"物权自交付时起转移"的规则。

原则上,标的物所有权发生转移后,标的物所生孳息一并归于买受人。《合同法》第163条以交付作为划分买卖合同项下孳息归属的界限,规定:"标的物在交付之前产生的孳息,归出卖人所有,交付之后产生的孳息,归买受人所有。"

(4) 交付的方式。出卖人履行交付标的物的义务既可以亲自进行,也可以由第三人代为进行。第三人代为履行的,第三人是以债务履行辅助人的身份交付标的物,交付的法律后果仍然由债务人承担。

(5) 交付的期限。当事人之间如果约定了交付期限,出卖人应该按照约定的期限交付标的物。当事人之间如果约定了交付期间,出卖人可以在期间内的任何时间交付标的物②,但出卖人在具体履行时间的选择上应该遵守诚信原则。当事人没有约定交付标的物的时间,或者约定不明确的,可以根据《合同法》第139条的指引援用《合同法》第61条

---

① 《物权法》第9条第1款规定:"不动产物权的设立、变更、转让和消灭,经依法登记,发生效力;未经登记,不发生效力,但法律另有规定的除外。"

② 《合同法》第138条规定:"出卖人应当按照约定的期限交付标的物。约定交付期间的,出卖人可以在该交付期间内的任何时间交付。"

和第62条第4项的规定,通过补充协议的方式加以确定;不能达成补充协议的,按照合同有关条款或者交易习惯确定;仍然不能确定的,出卖人可以随时履行,买受人也可以随时要求履行,但应当给对方必要的准备时间。

(6) 交付的地点。根据《合同法》第141条第1款的规定,出卖人应当按照约定的地点交付标的物。当事人没有约定或者约定不明确的,可以根据该条第2款的指引适用《合同法》第61条的规定,采取补充协议的方式确定;不能达成补充协议的,按照合同有关条款或者交易习惯确定;仍然不能确定的,标的物为不动产的,适用《合同法》第62条第3项的规定,标的物为动产的,适用《合同法》第141条第2款的规定。具体如下:1) 标的物为不动产的,在不动产所在地履行;2) 标的物为动产的,标的物需要运输的,出卖人应当将标的物交付给第一承运人以运送给买受人,即交给第一承运人就属于交付,交付地点在第一承运人处。标的物不需要运输,则如果出卖人和买受人在订立合同时知道标的物所在地点的,出卖人应当在该地点交付标的物;如果不知道标的物所在地点的,则出卖人应当在出卖人订立合同时的营业地交付标的物。

2. 从事其他转移标的物所有权的行为

(1) 办理所有权登记变更手续。根据法律规定,不动产所有权通过变更物权登记的方式转移,出卖人有义务协助买受人办理所有权变更登记手续,并将相关所有权证明文件交付给买受人。另外,根据《物权法》第24条的规定,船舶、航空器和机动车等物权的转让,未经登记,不得对抗善意第三人。买卖合同以上述特殊动产为标的物的,虽然出卖人为转移物权不必承担变更登记的义务,但如果买受人对物权变动应具备对抗效力有所要求,出卖人亦应承担协助义务。

(2) 出卖具有知识产权的计算机软件等标的物的,除法律另有规定或者当事人另有约定的以外,该标的物的知识产权不属于买受人(见《合同法》第137条)。知识产权虽附着于物质载体之上,但毕竟为一项独立的权利,未必与所有权一并转移。

3. 有关标的物所有权转移的特殊约定:所有权保留

为保障出卖人的利益,当事人之间可以对标的物所有权转移的时间作出特别约定,通常的作法是通过约定所有权保留排除"物权自交付时起转移"的规则。《合同法》第134条规定,当事人可以在买卖合同中约定买受人未履行支付价款或者其他义务的,标的物所有权属于出卖人。

在约定保留所有权的买卖合同中,如果买受人不履行付款义务或者其他义务,出卖人可以通知买受人解除合同,并取回标的物。解除合同的决定具有溯及力,买卖合同自始不成立,有关标的物的孳息也应一并返还。买受人充分履行合同义务之前就陷于破产的,标的物别除于破产财产,出卖人也享有取回权。

4. 瑕疵担保责任

在大陆法系民法中,瑕疵担保责任是保障合同义务完满履行的一种特殊的法律制度。其与缔约过失责任、违约责任和积极侵害债权责任并列为债的保护措施。瑕疵担保责任一般包括物的瑕疵担保责任和权利瑕疵担保责任,主要适用于买卖合同,在其他类型合同中得准用之。

所谓物的瑕疵担保责任是指出卖人担保其所交付的标的物符合买卖合同约定或者法律规定的品质、价值和效用。所谓权利瑕疵担保责任是指出卖人就其交付的标的物担保第三人不向买受人追夺或主张其他权利。

(1) 瑕疵担保责任的性质。关于物的瑕疵担保责任的性质，历来有法定责任说和债务不履行说两种学说。我国《合同法》采债务不履行说，并且将瑕疵担保责任作为债的不履行责任的一种特殊形态加以规定。而关于权利瑕疵担保责任，各国立法例均将其认定为债务不履行责任，我国《合同法》亦采取此立场。

(2) 物的瑕疵担保责任。《合同法》第153条规定:"出卖人应当按照约定的质量要求交付标的物。出卖人提供有关标的物质量说明的，交付的标的物应当符合该说明的质量要求。"如果当事人间对标的物质量没有约定或者约定不明确，则可以根据第61条的规定进行补充协议。不能达成补充协议的，则按照第62条第1项的规定处理。如果出卖人交付的标的物不符合质量要求的，则根据第155条的规定买受人可以依照《合同法》第111条的规定要求出卖人承担违约责任。上述条文是我国合同法对物的瑕疵担保责任的原则规定。在该规定中，没有区分特定物和种类物，在责任性质上也明确为违约责任。

(3) 权利瑕疵担保责任。《合同法》第150条规定，除法律另有规定外，出卖人就交付的标的物，负有保证第三人不向买受人主张任何权利的义务。这是关于权利瑕疵担保责任的一般规定。所谓权利瑕疵，指标的物为第三人所有，或者标的物上负担第三人的合法权利，或者标的物侵犯第三人的合法权利。

(4) 瑕疵担保责任的形态。买卖合同当事人可以通过特别约定的方式免除或限制出卖人的瑕疵担保责任。但是，出卖人故意不告知瑕疵的，该特约无效。如果属于物的瑕疵担保责任，则其具体形态包括:1) 标的物有瑕疵应由出卖人承担责任时，买受人可以要求减少价款，或者要求出卖人进行修理，或者要求出卖人承担修理费用;2) 标的物为种类物时，买受人可以要求出卖人另行交付无瑕疵的替代物;3) 因标的物的品质瑕疵导致合同目的无法实现的，买受人可以拒绝接受标的物或解除合同;4) 买受人因标的物的瑕疵而遭受人身或财产损害的，可以要求出卖人赔偿。① 如果属于权利瑕疵担保责任，则其形态应为:1) 针对权利瑕疵的抗辩。《合同法》第152条规定:"买受人有确切证据证明第三人可能就标的物主张权利的，可以中止支付相应的价款，但出卖人提供适当担保的除外。"此种抗辩在性质上为履行之抗辩。2) 比照一般违约责任和物的瑕疵担保责任，买受人可以向出卖人主张支付违约金、替代履行、解除合同、赔偿损失等责任。

(二) 买受人的合同义务

1. 支付价金

买受人应当按照合同约定的数额支付价金。当事人对价金没有约定或者约定不明确的，可以补充协议;不能达成补充协议的，按照合同有关条款或者交易习惯确定;仍然不能

---

① 对上述责任形态的规定，见《合同法》第155条、第111条、第148条、第122条。

确定的,按照订立合同时履行地的市场价格履行;依法应当执行政府定价或者政府指导价的,按照规定履行。

(1) 买受人支付价金的数额。当事人执行政府定价或者政府指导价的,在合同约定的交付期限内政府价格调整时,按照交付时的价格计价。逾期交付标的物的,遇价格上涨时,按照原价格执行;价格下降时,按照新价格执行。逾期提取标的物或者逾期付款的,遇价格上涨时,按照新价格执行;价格下降时,按照原价格执行(见《合同法》第63条)。

(2) 买受人支付价金的时间。买受人应当按照合同约定的时间支付价金。当事人对支付价金的时间没有约定或者约定不明确的,可以补充协议;不能达成补充协议的,按照合同有关条款或者交易习惯确定;仍然不能确定的,按照同时履行的原则,买受人应当在收到标的物或者提取标的物单证的同时支付价金(见《合同法》第161条)。买受人迟延支付价金的,应当支付迟延利息。如果出卖人有违约的情形,则买受人可以根据情况依法决定拒绝支付价款、请求减少价款或请求返还价款。

(3) 买受人支付价金的地点。买受人应当按照合同约定的地点支付价金。当事人对支付价金的地点没有约定或者约定不明确的,可以补充协议;不能达成补充协议的,按照合同有关条款或者交易习惯确定;仍然不能确定的,买受人应当在出卖人的营业地支付价金,但约定支付价金以交付标的物或者交付提取标的物单证为条件的,在交付标的物或者交付提取标的物单证的所在地支付价金(见《合同法》第160条)。

2. 接受标的物及其相关附随义务

(1) 受领义务。受领本为买受人之权利。但为配合出卖人的交付行为,使债务人负担的债务顺利了结,基于诚信原则,买受人也承担按照债的本旨为受领行为的义务,即买受人应当按照合同约定的时间、地点和方式受领标的物。标的物由买受人自提的,应在出卖人通知的期限内到指定的地点提取;由出卖人代办托运的,应按承运人的通知及时提取;由出卖人送货上门的,买受人应按时接受。买卖人未能履行受领义务的,构成受领迟延,造成出卖人损失的,应承担损害赔偿责任。

(2) 检验及瑕疵通知义务。买受人收到标的物时应当在约定的检验期内检验。没有约定检验期的,应当及时检验(见《合同法》第157条)。经过检验发现标的物有品质瑕疵的,买受人应及时将瑕疵情况通知出卖人,否则不能要求出卖人承担瑕疵担保责任。

(3) 保管义务。买受人对于出卖人不按合同约定条件交付的标的物,如多交付、提前交付、标的物有瑕疵等,均有权拒绝接受。但是,虽然买受人作出了拒绝受领的意思表示,仍应承担暂时保管或紧急处分标的物的义务。如在异地交付的情况下,当标的物送达到买受人处时,发现存在品质瑕疵。此时,买受人在作出拒绝受领的意思表示的同时,应将标的物妥善保管,防止其毁损灭失。对于难以保管之标的物,如水果、蔬菜、水产品等,买受人可以紧急变卖,并提存其价金。买受人因保管或处分标的物而支付的费用,有权请求出卖人偿还,或者从变卖标的物所得中扣除。

(三) 标的物毁损、灭失的风险负担

1. 风险的含义。所谓风险是指致使标的物毁损、灭失而不可归责于双方当事人的事由,常见的情形有不可抗力等。如果致使标的物毁损、灭失的事由可以被归责于当事人,则不适用风险负担的规则。如标的物被盗窃,当事人就可能存在保管上的过失。当事人对标的物毁损、灭失有过失的,应对其过失负责。比如,买卖双方当事人约定由出卖人代办托运。货交承运人后,在运输途中货物因不可抗力意外灭失。如果法律规定由买受人承担风险,则意味着买受人要承受货物灭失的损失,并且不免除其支付对价的义务。而出卖人则无需承担再为履行的义务。

2. 风险负担的规则

以风险转移的时间为标准,世界上存在三种风险负担的立法体例。这三种立法例分别是:第一,以合同成立作为风险转移的界限。罗马法和瑞士法采此体例。第二,以所有权转移作为风险转移的界限。法国法、意大利法和英国法采此体例。第三,以交付作为风险转移的界限。德国法、美国法和有关买卖合同的国际公约均采此立法例。

《合同法》第142条规定:"标的物毁损、灭失的风险,在标的物交付之前由出卖人承担,交付之后由买受人承担,但法律另有规定或者当事人另有约定的除外。"我国法律以交付作为风险负担的基本界限。同时,《合同法》也为法律对风险负担规则另作规定和当事人之间就风险负担问题另作约定留有空间。

(1) 违约行为对风险转移的影响。如果由于买受人的原因致使出卖人无法依约交付标的物,则自违反约定之日起由买受人承担标的物的风险(见《合同法》第143条)。所谓买受人的原因,通常包括买受人未准备好受领,买受人无合理理由拒绝受领,买受人应先履行义务而不履行致使出卖人行使先履行抗辩权。同理,如果出卖人按照合同约定或者法律规定将标的物置于交付地点,买受人违反约定没有收取的,标的物毁损、灭失的风险自违约之日起由买受人承担(见《合同法》第146条)。

除了买受人违约行为之外,《合同法》还规定出卖人未履行交付有关标的物的单证和资料等从给付义务时,不影响标的物风险的转移(见《合同法》第147条)。此时,标的物已经交付,风险负担已经发生转移,不受从给付义务不履行的影响。虽然出卖人在从给付义务上的违约不影响标的物风险的转移,但如果出卖人交付的标的物不符合质量要求,致使不能实现合同目的的,买受人可因出卖人根本违约而解除合同,并拒绝受领标的物。此时,标的物实际上并未交付,风险也当然应由出卖人负担(见《合同法》第148条)。当然,如果出卖人未达到根本违约的程度,买受人不能主张拒收标的物或解除合同。此时标的物占有发生转移,应由买受人负担风险,但是买受人仍然可以主张出卖人的违约责任(见《合同法》第149条)。

(2) 路货(运输在途)风险的转移。基于运输在途标的物的特殊性,《合同法》规定出卖人出卖交由承运人运输的在途标的物,除当事人另有约定的以外,毁损、灭失的风险自合同成立时起由买受人承担(见《合同法》第144条)。实践中的情况往往是出卖人先将货物交给承运人运往某目的地,然后再寻找买家。当买卖合同订立时,标的物已经运输在途,且往往同时伴随提单等物权凭证的交付,因此在合同订立时可以视为已经交付。如果当事人没有约定交付地点或者约定不明确的,且标的物需要运输的,则出卖人将标的物交付给第一承运人后,就视为完成交付,标的物毁损、灭失的风险由买受人承担(见《合同法》第145条)。

三、特种买卖合同

(一) 分期付款买卖

分期付款买卖是指在买卖合同成立时,双方当事人约定出卖人将标的物交付给买受人,买受人将应付的总价款按一定期限分期支付给出卖人的买卖。分期付款买卖在不动产或高档耐用消费品买卖中较为常见。

1. 分期付款买卖的特征如下:

(1) 买受人分期支付价款,所分期数不限。

(2) 出卖人在合同成立后、价金未全部付清之前,将标的物交付给买受人。

(3) 标的物交付给买受人后,无论其所有权是否转移于买受人,标的物的风险均由买受人负担。

(4) 为保障出卖人债权能够顺利实现,法律对分期付款买卖合同的变更和解除作出了特别规定,并允许在交付标的物时保留所有权。

2. 有关分期付款买卖的特殊内容。

(1) 出卖人的交付义务。出卖人负有将标的物交付给买受人直接占有的义务。当事人对标的物所有权转移问题进行特别约定的,在此情形下标的物的交付并不意味着所有权的转移。如果当事人间对标的物所有权的转移未作特别约定,则应认定自交付时起标的物所有权转移于买受人。由于分期支付价金对于出卖人债权的实现具有特殊的风险,法律通常允许当事人进行如下特约,以保障出卖人债权的顺利实现:1) 设定抵押权的特约。通常情况下,出卖人交付标的物后,所有权即转移于买受人,但当事人可以约定在标的物上设定以出卖人为第一顺序抵押权人的抵押权。2) 保留所有权的特约。在买受人付清全部价金之前,标的物虽然交付,但所有权仍保留于出卖人。

(2) 买受人的分期付款义务。买受人应该按照合同约定支付每一期价金。如果买受人未能按照约定的期限和数额支付价金,则:1) 买受人未支付到期价款的金额达到全部价款金额的1/5时,出卖人有权请求买受人支付全部价款或者解除合同(见《合同法》第167条第1款);2) 因买受人原因致使出卖人解除合同时,由于此时标的物已经交付给买受人占有,故在双方基于合同解除而各自承担返还义务的同时,出卖人还有权要求买受人返还占有标的物期间所得的利益,这就表现为出卖人可以请求买受人支付相应价金或扣留相应价金,但数额不得超过相当于标的物通常使用费的金额。如果标的物毁损,则出卖人可以要求买受人支付相应的损害赔偿金。

(二) 样品买卖

样品买卖,又称货样买卖,指买卖标的物依据特定样品作为确定品质标准的买卖。在样品买卖中,出卖人担保其交付之标的物与样品具有同一品质。因此,样品买卖仍适用一般买卖合同的规则。

所谓样品是指当事人选定的用以决定标的物品质的实物。实践中,样品的种类很多。有的以整个物品作为样品,有的则以样品表示款式,称为"款式样",有的用样品来表示花色,称为"花色样"。

订立样品买卖合同,须实际存在样品。样品应为实物,而非抽象的品质描述或图片、音像资料等。在订立买卖合同时,出卖人应向买受人提示样品,并约定按照所提示样品的品质标准交付标的物。为确保样品作为衡量标的物品质的证据的效力,当事人应当封存样品,并且可以对样品的品质予以说明(见《合同法》第168条)。

1. 标的物与样品品质不符。如果出卖人交付的标的物品质与样品品质不符,出卖人应当承担债务不履行的责任或瑕疵担保责任。买受人有权拒绝受领标的物。标的物与样品间存在细微差异的,可视为品质符合约定。

2. 如果样品本身存在瑕疵,而买受人不知道样品有隐蔽瑕疵的,即使交付的标的物与样品相同,出卖人交付的标的物仍然应当符合同种类物品的通常标准(见《合同法》第169条)。即如果标的物品质未达到同种类物品的通常标准,出卖人仍然应当承担债务不履行责任或瑕疵担保责任。

(三) 试验买卖

试验买卖,又称试用买卖,是指当事人约定由买受人在约定的试用期内试用标的物,并以买受人对标的物的认可为生效条件的买卖合同。通说认为,试验买卖是附停止条件的合同。

1. 试验买卖具有如下特征:

(1) 标的物虽然已经交付买受人占有,但在买受人认可之前,标的物所有权仍属出卖人。在试验买卖中,标的物虽然交付,但风险仍由出卖人负担。买卖合同既然已经附有停止条件,如果标的物因意外灭失,而此时条件尚未成就,买卖合同无法律效力可言。此时,即使规定由买受人负担风险也毫无意义,因为买卖合同未生效,买受人无论如何都不会承担支付价金的义务。

(2) 在试验买卖中,决定标的物瑕疵担保责任的时点在于买受人认可标的物之时。

(3) 买受人对标的物认可与否,得任意决定,且无解释其原因的义务。

2. 试验买卖的效力

(1) 试验期间。试验买卖的当事人可以约定标的物的试验期间。没有约定或者约定不明确的,可以补充协议。不能达成补充协议的,按照合同有关条款或交易习惯确定。仍然不能确定的,由出卖人确定(见《合同法》第170条)。

(2) 买受人对标的物的认可。买受人在试用期内可以购买标的物,也可以拒绝购买。试用期届满,买受人对是否购买标的物未作表示的,视为购买(见《合同法》第171条)。如果买受人在试用期内认可标的物,则试验买卖合同生效,并转化为一般买卖合同。如果买受人拒绝购买,则应当将标的物返还给出卖人,但出卖人无权要求买受人支付使用费,除非当事人间另有约定。

（四）拍卖

1. 拍卖的概念。拍卖有广义和狭义之分。广义的拍卖泛指竞争缔约，即在参与缔约竞争的多数人中，选择条件最佳者与之缔约的方式。拍卖和投标均属于竞争缔约。狭义的拍卖则是指出卖人邀请多数竞买人公开竞价，并与出价最高者订立买卖合同的方式。最高价格的确定方法通常为竞买人竞相出价，直至无更高价格出现时，该价格即为最高价。也可以由出卖人渐次落价，直至应买人出现时，该价格即为最高价格。

2. 拍卖的标的。拍卖的标的包括物和权利。作为拍卖的标的应具有可流转性。根据《拍卖法》第 8 条的规定，依照法律或者行政法规需经审批才能转让的物品或者财产权利，在拍卖前应当依法办理审批手续。委托拍卖文物的，在拍卖前，应当经拍卖人住所地的文物行政管理部门依法鉴定、许可。

3. 拍卖的当事人。在拍卖中，为拍卖的意思表示的是拍卖人，对拍卖者出价的是应买人。拍卖人未必对标的物享有处分权。此时，拍卖人究竟是出卖人，还是出卖人的代理人，应根据标的物所有权人的意思确定。如果所有权人表明代理意旨的，则拍卖人为出卖人的代理人。反之，如果出卖人未表明代理意旨的，则拍卖人即为出卖人。

拍卖人及其工作人员对其所经营或执行的拍卖，不得应买，亦不得使第三人为其应买或者为第三人之代理人而应买（见《拍卖法》第 22 条）。但是，如果拍卖人同时为行纪人的，则可以购买标的物（见《合同法》第 419 条）。另外，委托人也不得间接参与应买（见《拍卖法》第 64 条）。对于拍卖人以代理人之身份所为的应买行为，可以通过出卖人的追认而获得法律效力。

4. 拍卖的成立

（1）拍卖的意思表示。拍卖人通过拍卖公告或由拍卖师在拍卖开始时向不特定人发出拍卖的意思表示，此意思表示在性质上为要约邀请（见《合同法》第 15 条第 1 款）。由于要约邀请在法律上并无拘束力，如果拍卖人认为应买人所出的最高价格仍然不足，仍得撤回拍卖之物，即拍卖人无为拍定之意思表示的义务。但是，如果拍卖人表示对于出价最高者必为拍定之表示时，则拍卖人的意思表示可解释为要约。如果出卖人自定最高价格，然后渐次减价，直至有人愿意应买，此种拍卖的表示也可以被理解为要约。

根据《拍卖法》第 50 条的规定，拍卖标的物有保留价的，竞买人的最高报价未达到保留价时，该报价不发生效力，拍卖师应当停止拍卖。

（2）应买的意思表示。应买人发出愿意以特定价格购买标的物的意思，通常被视为要约。要约一经作出，要约人受要约的拘束。在其他应买人出更高价格之前，要约应维持其效力。而他人开出更高价格也可被理解为原应买人之要约被拒绝。如拍卖的意思表示被视为要约的，则应买的表示即为承诺。但如上文所述，此时成立的合同乃系附停止条件之合同，待条件成就之时方生效力。

（3）卖定的意思表示。卖定的意思表示指出卖人同意与出价最高者订立买卖合同的意思表示。卖定的表示通常以拍板或依其他惯用的方法作出。卖定的表示一经作出，则买卖合同成立。我国法律规定，竞买人的最高应价经拍卖师落槌或者以其他公开表示买卖的方式确认后,拍卖成交(见《拍卖法》第51条)。通常情况下,卖定的意思表示为承诺。但在拍卖的表示为要约时,卖定的表示仅具有宣示的效力,表示出卖人与出价最高者成立买卖合同,竞买结束。经拍卖人确认的最高应价者为买受人。拍卖成交后,买受人和拍卖人应当签署确认书(见《拍卖法》第52条)。

5. 拍卖的效力

买卖合同经卖定而成立后,其效力同于一般买卖合同。买受人应该按照约定支付价金(见《拍卖法》第39条第1款)。出卖人应该按照约定交付标的物,并转移标的物所有权。出卖人对拍卖的标的物承担瑕疵担保责任。在委托拍卖的情形下,买受人有权向拍卖人主张瑕疵担保责任。如瑕疵的发生可归责于委托人,拍卖人有权向委托人追偿。但是,在下列情形中,出卖人或拍卖人不负瑕疵担保责任:其一,在拍卖公告中或在拍卖时,对拍卖标的物的瑕疵已经作出说明;其二,在拍卖公告中或在拍卖时,已经声明不能保证标的物的真伪或者品质(见《拍卖法》第61条)。

6. 再拍卖

根据法律规定,如果买受人不按时支付价金,出卖人有权不经催告而径行解除合同(见《拍卖法》第39条第1款)。合同解除后,出卖人可以选择将标的物再拍卖。此时,原买受人应承担"再拍卖的损害赔偿责任",即由原买受人支付再拍卖的费用。再拍卖所得价金低于原拍卖价金的,原买受人应当赔偿差额(见《拍卖法》第39条第2款)。

(五) 招投标买卖

1. 招投标买卖概述。所谓招投标买卖,是指招标人公布标的物的买卖条件,投标人参与投标竞争,招标人从中选择投标条件最有利的人并与之订立买卖合同。除买卖之外,加工承揽、建设工程、运输、服务、承包等合同也可以适用招投标的形式。招投标买卖与拍卖同属于竞争缔约,但其与拍卖不同之处在于,投标人彼此不知其他竞争人所提出的条件。我国颁布的《中华人民共和国招投标法》(以下简称《招投标法》)是调整招投标买卖的特别法。招投标买卖一般适用于大宗货物买卖或政府采购活动中(见《招投标法》第3条)。

2. 招标。招标是指招标人采取招标通知或公告的方式,向他人发出的投标邀请。招标行为在性质上系要约邀请,但此要约邀请并非全无拘束力。实践中,要约邀请的内容往往作为未来订立合同的内容依据,因此招标人也应受其拘束。如果招标人在招标公告中明确表示将与报价最优者订立合同,这一招标行为具有要约的性质。

3. 投标。投标人按照招标文件的要求,在规定的时间内向招标人提出报价的行为被称为投标。投标人将投标文件制作完毕并密封后,按照规定的时间、地点和方法提交给招标人。投标行为在法律性质上属于要约。

4. 开标、验标。投标活动结束后,招标人召开投标人会议,当众启封标书,公开标书内容的行为被称为开标。开标之后,要对标书的效力进行检验,即所谓验标。对于不具有投标资格的标书、不符合招标文件规定的标书以及逾期的标书,招标人可宣告其无效。

5. 评标、定标。招标人对有效标书进行评审,从中选择条件最优者,决定其中标。定标如果完全接受投标的条件,则视为承诺。定标之后,双方当事人可以签订确认文件。

第二节 供用电、水、气、热力合同

一、供用电、水、气、热力合同概述

供用电、水、气、热力合同是典型的继续性合同,也被称为长期供应合同。合同当事人一方是供应人,一方是利用人。此类合同属于有偿转移财产的合同。

供用电、水、气、热力合同具备以下法律特征:

1. 公益性。由于电、水、气、热力系人民生活必备的资源,且此类资源的消费主体具有不特定性,因此供用电、水、气、热力合同往往具有强制缔约的特点。供应人对于利用人所提出的供应要求一般不得拒绝,除非供应要求代价过于高昂或者不具备必要的技术能力。为了使社会公众都能够公平地享用电、水、气、热力资源,国家还对此类经营活动进行较多的监管,除了缔约的强制性外,还包括对价格和格式条款的公平性等重要的交易条件的规制。

2. 继续性。由于利用人对电、水、气、热力资源的需要具有不间断的特点,这就决定了此类合同是继续性合同。虽然继续性合同可能也表现为分期供应和分期付款,但仍然不失为一个合同关系,且给付的标的数量和价款数量在订立合同之时均不确定,随着时间的推移而不断增加。基于此类合同继续性的特点,合同的消灭也仅向后发生效力,而不具有溯及力。

由于供用电、水、气、热力合同具有类似性,本书仅以供用电合同为例进行介绍,其他类型的合同可参照适用。

二、供用电合同

(一)供用电合同概述

供用电合同是供电人向用电人供电,用电人支付电费的合同(见《合同法》第176条)。除了上文所述的特征外,供用电合同还具有以下法律特征:

1. 合同主体具有特殊资质要求。供电人必须是供电企业或者依法取得供电营业资格的非法人单位,其他任何单位或个人均不得作为供电人。受供电企业委托的营业网点、营业所等,不能以自己的名义与用电人订立供用电合同。

2. 供用电合同通常采用格式条款订立。我国供用电合同根据利用人和利用目的的不同,可以分为两类:一类是生产经营性供用电合同,另一类是生活消费性供用电合同。在生产经营性供用电合同中,双方一般应就用电量、供电质量等作出特殊约定。在电力供应紧张时期,利用人还需要事先向供电人申请,由供电人编制用电计划。此类供用电合同未必使用格式条款,即便使用格式条款,亦需要对条款进行调整。而一般生活消费性供用电合同,由于其标准较为一致,往往采取格式合同的形式。

3. 电力价格实行统一定价原则。《中华人民共和国电力法》(以下简称《电力法》)规定,电价实行统一政策、统一定价、分级管理的原则(见《电力法》第35条第2款)。现阶段,我国的电力价格由电力经营企业提出方案,报国家行政主管部门审核批准。供电人应当按照国家核准的电价,并根据用电计量装置所记录的用电量,向用电人收取电费。

(二) 供用电合同的效力

1. 供电人的义务

(1) 及时、安全、合格供电的义务。对于用电人的用电申请,供电人应尽快确定供电方案,并在合理期限内书面通知用电人。供用电合同订立后,供电人应当按照合同约定,及时向用电人供电。当事人对供电标准有约定的,按照约定的标准供应;当事人无约定的,应当根据用电人的实际用电要求,合理地确定用电标准;用电人用电要求不明的,推定按照国家标准或者行业标准供电。供电人未按照国家规定的供电质量标准或约定的标准供电,造成用电人损失的,应当承担损害赔偿责任(见《合同法》第179条)。

供电人应当按照合同约定的履行地点供电;合同没有约定履行地点或者约定不明的,供电设施的产权分界处为履行地点(见《合同法》第178条)。

(2) 通知义务。此处所谓通知义务,指供电人因限电、检修等需要而停电的通知义务。持续供电是供电人的义务,因电力总量不足需要按计划分配或因供电设施需要检修而必须暂时停电时,供电人应提前通知用电人,以避免不必要的损失。法律对于通知的方式未作限定,通常的作法是供电人将停电公告发布于当地新闻媒体之上,或者在停电区域内张贴停电公告。停电通知应在停电前的合理期限内进行。如果供电人未尽到通知义务,因此造成用电人损失的,应当承担损害赔偿责任(见《合同法》第180条)。

(3) 抢修义务。因不可抗力或意外事故造成供电系统不能正常运转、电力不能正常供应的,供电人应迅速实施抢修,以恢复供电。如果供电人未及时抢修,造成用电人损失的,供电人应当承担损害赔偿责任(见《合同法》第181条)。基于诚信原则的要求,当发生断电事故时,用电人也有义务尽力避免或减少损失的发生。

2. 用电人的义务

(1) 支付电费的义务。用电人应当按照国家有关规定和当事人的约定及时支付电费。用电人逾期不交付电费的,应当按照约定支付违约金。经催告,用电人在合理期限内仍不交付电费和违约金的,供电人可以按照国家规定的程序中止供电(见《合同法》第182条)。

(2) 安全用电的义务。用电人应当按照用电规程用电,操作用电设备。用电人不得擅自拆换供用电设备和保险装置,也不得违反规程随意拉线,连结用电设备。供用电设备因出现故障需要检修时,应由专业电工操作。如果用电人违反上述规定,造成供电人损失的,应当承担赔偿责任(见《合同法》第183条)。

(3) 对合理停电、限电的容忍义务。出于供电的技术特性,必要的停电、限电措施在所难免。对供电人正常合理的停电、限电措施,用电人应当容忍。另外,如果供电人在检修供电设备时需要用电人予以协助的,用电人应提供必要的协助。

第三节 赠与合同

同买卖合同一样,赠与合同是以转移财产所有权为目的的合同,但由于系单务、无偿合同,因此呈现出与买卖合同不尽相同的规则。

一、一般赠与合同

(一) 赠与合同概述

赠与合同指当事人约定一方将自己的财产无偿移转于他方所有的合同。将财产无偿移转于他方的人是赠与人,接受财产的一方是受赠人。

赠与合同具有以下法律特征:

1. 赠与合同是双方民事法律行为。赠与关系中须存在赠与人和受赠人双方当事人,且双方当事人须对赠与达成合意。因此,赠与同遗赠和债务免除均不相同。后两者均为典型的单方法律行为。

2. 赠与合同是以转移标的物所有权为目的的合同。与买卖合同、互易合同一样,赠与合同也以转移标的物所有权为实质内容,赠与合同的履行产生标的物所有权转移的效果。

3. 赠与合同是无偿合同。在赠与合同中,受赠人接受赠与物而不必向赠与人给付相应的对价。

4. 赠与合同是单务合同。在赠与合同中,赠与人对于受赠人负无偿给付赠与财产的义务,而受赠人不承担对待给付义务。

5. 赠与合同是诺成合同。在《合同法》颁布之前,民法理论与司法审判实践认为,赠与合同为实践合同。《民法通则司法解释》第128条规定:"公民之间赠与关系的成立,以赠与物的交付为准。赠与房屋,如根据书面赠与合同办理了过户手续的,应当认定赠与关系成立;未办理过户手续,但赠与人根据书面赠与合同已将产权证书交于受赠人,受赠人根据赠与合同已占有、使用该房屋的,可以认定赠与有效,但应令其补办过户手续。"《合同法》制定后,最高人民法院的这一规定因与《合同法》第185条的规定不一致而不再适用。赠与合同为诺成合同,即赠与人与受赠人之间达成赠与的合意,赠与合同便成立、生效。

(二) 赠与义务的履行

1. 给与标的物的义务。赠与合同是单务合同,赠与人承担交付标的物于受赠人的义务。赠与合同成立生效后,除赠与人依法撤销赠与外,赠与人应当按照约定的期限和方式向受赠人交付赠与财产。赠与人不交付赠与财产的,受赠人有权要求交付。赠与的财产依法需要办理登记等手续的,赠与人应履行协助义务,配合办理有关手续(见《合同法》第187条)。赠与人不协助办理有关手续的,受赠人有权要求赠与人办理有关手续。

赠与合同成立债之关系。依债的一般原则,赠与人不履行给付义务的,应负债之不履行的责任。但因赠与合同为无偿合同,为平衡当事人双方的利益,《合同法》特别规定:赠与的财产,在未交付之前,有毁损或灭失时,赠与人仅就其故意或者重大过失负赔偿责任(见《合同法》第189条)。

2. 瑕疵担保责任。赠与人对标的物也承担瑕疵担保责任,但由于赠与属无偿合同,赠与人的瑕疵担保责任弱于买卖合同。赠与的财产,如有瑕疵,赠与人不负担保责任(见《合同法》第191条第1款第1句)。但赠与人故意不告知其瑕疵,或者保证其无瑕疵,造成受赠人损害的,赠与人应当负赔偿责任(见《合同法》第191条第2款)。

(三) 赠与合同的撤销

1. 赠与合同的撤销原因及其效力

(1) 赠与人享有任意撤销权

《合同法》第186条第1款规定:"赠与人在赠与财产的权利转移之前可以撤销赠与。"据此,以动产为标的物的赠与合同,在赠与物交付之前,赠与人可任意撤销;以非经登记不得转移权利的财物(如不动产)为标的物的赠与合同,在办理权利转移登记之前,赠与人可任意撤销。但根据《合同法》第186条第2款的规定,具有救灾、扶贫等社会公益、道德义务性质的赠与合同,或者经过公证的赠与合同,赠与人不得撤销。

(2) 赠与合同的法定撤销。《合同法》第192条第1款规定,受赠人严重侵害赠与人或其近亲属的,或者对赠与人有扶养义务而不履行的,或者不履行赠与合同约定义务的,赠与人有权撤销赠与合同。

《合同法》规定的受赠人严重侵害赠与人或者赠与人近亲属的情况通常表现为受赠人的忘恩行为。忘恩行为对赠与人或赠与人的近亲属无论是构成犯罪,还是其他严重侵害,都足以导致赠与人行使撤销权。同时,受赠人不履行对赠与人的扶养义务或其他合同义务的,也是赠与人行使撤销权的理由。赠与人行使撤销权的,应自知道或者应当知道撤销原因之日起1年内进行(见《合同法》第192条第2款)。

因受赠人的行为致使赠与人死亡或者丧失行为能力的,赠与人的继承人或法定代理人可以行使撤销权(见《合同法》第193条第1款)。赠与人的继承人或者法定代理人行使撤销权的,应自知道或者应当知道撤销原因之日起6个月内进行(见《合同法》第193条第2款)。

2. 撤销权的行使及效力

赠与合同尚未履行的,赠与人可拒绝履行。赠与已经履行,因撤销行为的效力溯及至赠与行为实施时,所以撤销权人有权请求受赠人返还所赠与的财产(见《合同法》第194条)。赠与履行后,此时受赠人对标的物的占有失去法律根据,变成无权占有,因此负返还原物的义务。如原物已不存在,则应补偿相应价金。

(四) 拒绝履行赠与合同义务

在特殊情形下,赠与人有权拒绝履行赠与义务而不承担责任。赠与合同的拒绝履行是指赠与合同成立后,赠与人因其经济状况显著恶化,严重影响其生产经营或者家庭生活,而不再履行赠与义务(见《合同法》第195条)。赠与的拒绝履行性质上是一种抗辩权,且此抗辩权不得预先抛弃。既然此种情况下发生抗辩权,则赠与合同并未消灭,只是赠与人免除债的不履行责任而已。

二、特别赠与

(一) 附负担的赠与

附负担的赠与指以受赠人对于赠与人或第三人承担一定义务为附加条款的赠与,又称附义务的赠与或附条件的赠与。《合同法》第190条对附负担的赠与作了规定。[①]

在附负担的赠与中,享受负担利益的人可以是以下三种人:

1. 赠与人本人。例如,赠与人将房屋赠与他人,但约定受赠人用该房为赠与人的债务提供抵押。

2. 特定的第三人。例如,赠与人将房屋赠与他人,但约定受赠人应将部分房屋交给某特定人使用。

3. 不特定的多数人。例如,赠与人将某不动产赠与受赠人,并约定由受赠人将其收益之一部分用于慈善事业。

对于附负担的赠与,受赠人在接受赠与后,应履行其负担。《合同法》第190条第2款规定:"赠与附义务的,受赠人应当按照约定履行义务。"如果赠与物不足履行负担,则受赠人仅在赠与物价值内负履行义务。受赠人接受赠与后,能履行负担而不履行时,赠与人有权请求受赠人履行其负担,或者撤销赠与,要求返还所赠财物。

附负担的赠与,其赠与物如有瑕疵,赠与人在受赠人负担的限度内负与出卖人相同的担保责任(见《合同法》第191条第1款)。

(二) 赠与的其他类型

1. 混合赠与

赠与为无偿行为,但也可以含有有偿行为。同时含有有偿行为的赠与称为混合赠与。例如,含有赠与目的的廉价买卖财物。混合赠与的特征是:

(1) 双方所为的给付不等价;

(2) 对差价部分,一方有无偿给予对方的意思。

例如,出卖人将市价10000元的电脑仅以500元的价格出卖给买受人,此种法律关系即属于"半卖半送"性质的混合赠与。

2. 死因赠与

死因赠与指赠与人生前与受赠人订立的于赠与人死亡时生效的赠与。死因赠与具有以下特征:

(1) 无偿行为。与普通赠与一样,死因赠与也是以无偿给付财产为内容的法律行为。

(2) 死后行为。死因赠与是赠与人生前所为的行为,但该行为以赠与人死亡为条件而发生效力。

---

① 《合同法》第190条规定:"赠与可以附义务。赠与附义务的,受赠人应当按照约定履行义务。"

（3）双方行为。死因赠与的成立，除赠与人作出无偿给予的意思表示外，还必须有受赠人的承诺。这一点区别于遗赠，遗赠只需遗赠人的意思表示就能成立，属于单方行为。

3. 定期赠与

定期赠与指赠与人按每一确定的时期无偿给付受赠人财产的赠与。例如，每月末由赠与人无偿给付受赠人人民币若干。

定期赠与可以约定其存续期限，如10年或20年，也可以不约定其存续期限。有约定期限的，期限届满时，定期赠与失去效力。但定期赠与不论是否定有存续期限，都因当事人一方死亡而失去效力。

4. 目的赠与

目的赠与指为实现某种目的而为的赠与。例如，未婚夫赠与未婚妻定情信物。目的赠与和附负担赠与的主要区别在于，当目的不能实现时，赠与人只能依不当得利请求赠与物之返还，而不能请求目的之实现。

第四节 借款合同

一、借款合同的概述

借款合同指借款人向贷款人借款，贷款人将一定数额的货币交付借款人使用，借款人到期归还同等数额货币并支付利息的合同。其中出借钱款的一方称为贷款人，向其借款的一方称为借款人。

借款合同以金钱作为标的物，而金钱属于可消耗物，因此借款合同属于消费借贷之一种。借款到期后，借款人只需归还相同数量的金钱即可（若约定有利息的尚需支付相应利息），而无需归还借入时的那些钱款本身。作为借款合同标的物的金钱又是特殊的种类物，因为对金钱的占有即为所有，移转对金钱的占有即发生所有权的转移。因此，借款合同在性质上属于转移所有权的合同，买卖合同中的相关规定可准用于借款合同。

借款合同依贷款人身份不同分为金融机构借款合同与自然人间的借款合同。前者属于商事合同，后者属于民事合同。商事行为更加凸显行为的营利性、稳定性和便捷性，而民事行为并不特别强调这些特性。正因两者在性质上存在差异，相应地在法律适用上就会存在诸多不同，以下分述之。

二、金融机构借款合同

（一）金融机构借款合同的特征

金融机构借款合同具有如下特征：

1. 诺成性。金融机构借款合同自双方当事人就借款事宜达成合意之时即告成立。

依法成立的金融机构借款合同,通常自成立时生效,其不以借款之支付作为合同成立或生效的要件,故金融机构借款合同为诺成合同。

2. 要式性。依《合同法》第197条之规定,金融机构借款合同应采书面形式,故此类借款合同属于要式合同。未采书面形式的,推定合同不成立,除非一方当事人已履行主要义务且对方接受。此外,贷款申请书、有关贷款的凭证、协议书和当事人双方同意修改贷款合同的有关书面材料,也是借款合同的组成部分。

3. 有偿性。金融机构借款为商事交易之一种,以营利为目的,因此以有偿为原则。若当事人未约定利息的,应按照中国人民银行有关规定确定借款利息。政策性贷款可以比照商业贷款降低甚至免除利息,但必须在借款合同中明确约定。

4. 为双务合同。金融机构借款合同成立后,借款人有权请求贷款人支付贷款,并有义务依约到期还本付息;贷款人有义务交付贷款,有权请求借款人到期依约偿还贷款本息。双方的义务互为对价,故为双务合同。

(二) 金融机构借款合同的成立

订立借款合同,首先由借款人向银行或其他金融机构提出书面申请,并按照贷款人的要求提供与借款有关的业务活动和财务状况的真实情况。银行或其他金融机构接受申请后,对借款人的资格、条件、借款用途进行审查,决定是否向借款人提供贷款。对符合贷款条件的,银行或其他金融机构与借款人签订借款合同。借款合同应包括下列条款:

1. 贷款种类。根据贷款行业、贷款用途等不同,贷款可分为工商贷款、农业贷款、基本建设贷款等。不同种类的贷款,其期限、数量及利率都有不同的规定。

2. 贷款币种。借款合同应明确贷款币种究竟是人民币还是其他种类的货币。如果是其他种类的货币,还应明确结算方式。

3. 贷款用途。借款合同对贷款用途有明确规定的,应按合同规定的用途使用贷款,特别是政策性贷款。专款专用,不得挪作他用。

4. 贷款金额。贷款金额是确定双方当事人权利义务大小的根据,应在合同中准确无误地载明。在交易实践中,对于一些大额的借款合同,双方一般还会约定贷款的支付方式,比如分期支付或应申请支付等。

5. 贷款利率。对贷款利率,国家有明文规定,双方均应严格执行,不得随意变动。

6. 贷款期限。借款人应按约定期限还款付息,不得拖延。

7. 返还贷款的资金来源及还款方式。

8. 担保条款。贷款担保以财产担保为原则,特定场合下也可以采取保证担保。由保证人担保时,应在借款合同中明确规定保证人的担保责任及保证方式。

9. 违约责任。

(三) 金融机构借款合同的效力

金融机构借款合同的效力是指生效的金融机构借款合同所具有的法律约束力,其主要体现为合同双方当事人的权利义务。

1. 贷款人的主要义务

（1）按期、足额提供贷款。该项义务系贷款人的主合同义务。若贷款人未按约定的日期、数额提供贷款，造成借款人损失的，应当赔偿损失。

（2）不得预先在本金中扣除借款的利息。若贷款人预先在本金中扣除利息的，借款人可按照实际借款数额返还借款并计算利息。譬如，甲向银行借款100万元，约定借期1年，年利率6%，但是银行在发放贷款时预先将1年的利息6万元从本金中扣除，那么甲在贷款到期后需要向银行归还的贷款不是100万元，而是99.64万元（94万元×106% = 99.64万元）。

（3）通知义务。贷款人应于贷款期限到来前，口头或书面通知借款人还本付息。如中国农业银行1985年发布的《关于〈借款合同条例〉实施办法》规定，贷款到期前10天，贷款人应用书面通知借款人还款。

（4）保密义务。贷款人对于其在合同订立和履行过程中所获悉的借款人的各项商业秘密有保密义务，不得泄露或进行不正当使用。该项义务系贷款人的附随义务。

2. 借款人的主要义务

（1）及时受领借款。借款人应按合同约定期限及时受领借款。借款人未按照约定的日期、数额受领借款的，仍应按照约定的日期、数额支付利息。

（2）按照约定用途合理使用借款。借款人如何使用借款涉及到金融秩序和贷款安全，因此若借款人未按约定的借款用途使用借款的，贷款人有权停止发放借款，提前收回借款或者解除合同。如，甲公司向银行借款用作生产流动资金，结果却将借款用于厂房建设，则银行有权提前收回借款或解除合同。

（3）借款人的容忍义务。在贷款人按照约定检查、监督借款的使用情况时，借款人应当按照约定向贷款人提供有关的会计报表等资料。该项义务为约定义务，如合同未作约定，借款人有权拒绝贷款人的前述检查、监督请求。

（4）按期偿还贷款本金。借款人应当按照约定的期限返还贷款。对借款期限没有约定或者约定不明确的，当事人可以协议补充；不能达成补充协议的，按照合同有关条款或者交易习惯确定；仍不能确定的，借款人可以随时返还，贷款人可以催告借款人在合理期限内返还。

（5）支付利息的义务。借款人应当按照约定的期限支付利息；对支付利息没有约定或者约定不明确的，当事人可以协议补充；不能达成补充协议的，按照合同有关条款或者交易习惯确定；仍不能确定的，按以下规则处理：借款期限不满1年的，应当在返还借款时一并支付；借款期限1年以上的，应当在每届满1年时支付，剩余期限不满1年的，应当在返还借款时一并支付。借款人提前偿还借款的，除当事人另有约定外，应当按照实际借款的期间计算利息。借款人未按照约定的期限返还借款的，应支付逾期利息。

（6）依约提供担保。在订立借款合同时，金融机构为确保借款人能够按时还款，保障金融安全，通常会要求借款人提供相应的担保。金融机构要求提供担保的，借款人应依《物权法》或《担保法》之规定提供相应的担保。

三、自然人间的借款合同

自然人间的借款合同的双方当事人皆为自然人,出借方不以贷款作为营业,该合同属于民事合同,其存在如下不同于金融机构借款合同的特征:

1. 实践合同。自然人间的借款合同自借款交付时起生效,而非自合同成立时生效。因此,自然人之间就借款达成合意后,贷款人拒绝交付借款的,不构成违约责任,至多构成缔约过失责任。这意味着,如果甲允诺借给乙 10 万元,后反悔,乙并不能要求甲承担违约责任。

2. 不要式合同。自然人间的借款合同并无法定形式要件的限制,除非当事人有特约,借款合同可采口头形式。

3. 可为有偿合同,也可为无偿合同。自然人间的借款合同可以约定支付利息,也可以约定无息。若当事人就利息的支付未作明确约定,也无法通过其他方式确定的,视为无息。而在金融机构借款合同场合,因金融机构的贷款行为就是其营利的重要途径,故即使合同未约定利息,借款依然是有息的。

4. 单务合同。自然人间的借款合同既为实践合同,自借款交付时起生效,则自合同生效后,贷款人已无给付义务,仅借款人有给付义务(还款义务),故为单务合同。

如前所述,自然人间的借款合同与金融机构借款合同之间存在如许差异,根本原因在于行为性质及两者的功能不同。但从法律结构上说,两者均为金钱的使用借贷,这一点又是相同的。故自然人间的借款合同在法无明文时,可参照适用金融机构借款合同的相关规定。

思考题:
1. 如何理解买卖合同、赠与合同和借款合同都属于转移财产的合同?
2. 买卖合同中出卖人交付标的物的义务都包括哪些具体内容?
3. 如何理解买卖合同中出卖人的瑕疵担保义务?
4. 买卖合同中的风险是什么含义?如何理解风险负担的规则?
5. 有哪些特种买卖合同?分别具有什么法律特征?
6. 赠与合同具有什么特征?其与买卖合同有何区别?
7. 赠与合同的撤销有哪些特殊的规定?
8. 赠与人是否对赠与标的物承担瑕疵担保责任?
9. 有哪些特殊赠与合同?其具有什么特别的法律效力?
10. 金融机构借款合同和自然人间的借款合同有何区别?

第十二章 租赁合同与融资租赁合同

本章提示 本章介绍了租赁合同及融资租赁合同的概念、内容、形式,分析了租赁合同及融资租赁合同的法律特征,阐述了租赁合同及融资租赁合同中当事人的权利义务关系。

第一节 租 赁 合 同

一、租赁合同的概述

(一) 租赁合同的概念

租赁合同指当事人双方约定一方将租赁物交于他方使用收益,他方支付租金并于租赁关系终止时返还原物的合同。将租赁物交于他方使用收益的人称为出租人,使用收益他人财产的人称为承租人,因使用租赁物而向出租人支付的对价称为租金。本章所称租赁乃普通租赁,融资租赁合同虽在名称上与租赁合同相近,但性质迥异,故另作单独阐述。

租赁合同依其租赁物之不同,分为动产租赁与不动产租赁。动产租赁包括一般的动产租赁、动物租赁、船舶租赁、汽车租赁等;不动产租赁即房屋租赁与土地租赁。因不动产租赁往往与最基本的生活、生产需求紧密相连,故法律法规对其的规制也往往多于动产。本节将对不动产租赁作专门阐述。

(二) 租赁合同的特征

租赁合同具有以下法律特征:

1. 租赁合同是转移财产使用权的合同。根据租赁合同,承租人取得租赁物的使用权,租赁物的所有权仍由出租人保留。这是租赁合同区别于买卖、互易、赠与等移转所有权合同的最根本特征。正因为如此,就承租人对外所负债务,租赁物免受执行;当承租人破产时,租赁物并不属于破产财产的范畴。

又由于承租人对租赁物的使用、收益须以占有为前提,故出租人应将租赁物之占有移转给承租人。若出租人未依约将租赁物交付给承租人,租期及租金的计算将从实际交付之日开始起算。

由于租赁合同的履行以移转租赁物之占有为必要,故在租赁场合发生所有与占有的分离。承租人基于租赁合同对租赁物进行占有,为有权占有,在租赁期内出租人虽为租赁物之所有权人,但不能请求承租人返还租赁物,仅能于租赁到期后基于租赁合同请求承租人返还。但若租赁物在租赁期内被第三人侵占,出租人可基于所有权请求第三人返还,因为第三人的侵占构成无权占有,所有权人可行使该物权请求权。当然,于此场合,承租人也可以基于占有受到侵夺而请求第三人返还租赁物。①

2. 租赁合同是诺成合同、双务合同、有偿合同。租赁合同经双方当事人达成合意便告成立，不以交付租赁物为成立或生效要件。在租赁合同成立后，出租人应按约定交付租赁物于承租人，承租人亦应按约定使用租赁物、支付租金并于租赁关系终止后返还租赁物。出租人交付租赁物、让渡租赁物的使用、收益权与承租人向其支付租金互为对价，故为双务、有偿合同。此点区别于无偿的使用借贷合同。

3. 租赁合同的标的物，即租赁物，通常是特定物、非消耗物。租赁合同仅使承租人有权在一定期限内使用租赁物，并不移转租赁物的所有权，租赁关系终止时，承租人必须返还原物。与此相适应，租赁物只能是特定物、非消耗物。若使用期限结束后，使用人无需返还原物，而仅需返还数量、品质相同之物，则为消费借贷合同，而非租赁合同。这也就意味着，若租赁物因承租人的原因而致毁损灭失，租赁到期后，即使承租人愿以相同种类和品质的新物偿还，出租人也有权拒绝并要求承租人承担违约责任。

4. 租赁合同的标的物通常为有体物。若授予他人使用权的对象为无体之权利，譬如专利权或商标权，则分别构成专利权使用许可合同或商标权使用许可合同，而不发生租赁关系。但于法律法规有特别规定的场合，权利亦可以成为租赁的客体，比如国有土地使用权的出租和土地承包经营权的出租。②

5. 租赁合同在当事人之间产生债的法律关系。在租赁合同生效后，无论是出租人请求承租人支付租金的权利，还是承租人请求出租人交付租赁物并对租赁物进行使用的权利，都是基于租赁合同产生的债权。因此，无论是这些权利的转让还是保护，均适用债权转让与保护规则。

依《合同法》第229条之规定，租赁物在租赁期间发生所有权变动的，不影响租赁合同的效力。这也就意味着，当出租人将租赁物的所有权让与第三人后，尽管第三人取得的权利是物权，但不能对抗承租人的权利。在剩余的租赁期内，尽管出租人发生了变动，承租人的地位却不受任何影响。这一规则，被简称为"买卖不破租赁"规则。由于这一规则的存在，承租人的法律地位得到了强化，承租权依此得对抗第三人的所有权。此种现象，学说上称为租赁权物权化。于是，就物权化的租赁权究竟为债权还是物权，学说上展开了诸多争论，不同的学者有着不同的认识。但通说认为，租赁权尽管因"买卖不破租赁"而发生了物权化，但其债权属性并未发生根本改变。应当说明的是，若租赁的标的物属于抵押物的（俗称"特定物先押后租"），当抵押权人依法处分（拍卖、变卖等）抵押物而使抵押物所有权移转的，"买卖不破租赁"的规则不能被适用。惟当于某一特定物上先确定租赁关系尔后设定抵押权（俗称"特定物先租后押"）的场合，当抵押物被依法处分时，"买卖不破

---

① 《物权法》第245条第1款规定："占有的不动产或者动产被侵占的，占有人有权请求返还原物；对妨害占有的行为，占有人有权请求排除妨害或者消除危险；因侵占或者妨害造成损害的，占有人有权请求损害赔偿。"

② 《中华人民共和国城镇国有土地使用权出让和转让暂行条例》第28条第1款规定："土地使用权出租是指土地使用者作为出租人将土地使用权随同地上建筑物、其他附着物租赁给承租人使用，由承租人向出租人支付租金的行为。"《中华人民共和国农村土地承包法》第32条规定："通过家庭承包取得的土地承包经营权可以依法采取转包、出租、互换、转让或者其他方式流转。"

租赁"的规则仍可被适用。[①] 例如,某甲将房屋抵押给某乙后又将该房屋出租给某丙,某乙因依法行使抵押权将抵押的房屋通过拍卖途径卖给某丁,"买卖不破租赁"的规则不能被适用;如果某丙租赁房屋在先而某乙取得抵押权在后,当某乙因行使抵押权而拍卖房屋时,"买卖不破租赁"的规则仍可被适用。

(三)租赁合同的形式

不定期租赁或租赁期限不满6个月的定期租赁,无需采用书面形式。但租赁期限在6个月以上的定期租赁,应采用书面形式;若未采用书面形式,且双方当事人对租赁期限存在争议的,该租赁合同推定为不定期租赁,双方均有权任意解除。需注意的是,此处的合同形式缺陷不存在通过实际履行进行补正的可能。譬如,甲乙两人口头约定了为期3年的租赁合同,并已实际履行了2年,该租赁合同依然是一个不定期租赁合同。

(四)租赁的期限

1. 法定最长租期

租赁权与其他债权一样,具有期限性。租赁期限的长短可由当事人自由确定。但依《合同法》第214条之规定,该期限最长不得超过20年。当事人约定的期限如果超过20年最长期限的,超过部分无效。于租赁合同续订场合,续订的最长租期也不得超过20年。

2. 定期租赁与不定期租赁

依当事人是否对租赁期限作有明确约定,可将租赁合同分为定期租赁和不定期租赁。

(1)定期租赁

定期租赁指合同对租期作有明确约定的租赁。这种明确约定的租期可以是一个确定的期限,如10个月或5年等;也可以是定期续展的,如以年为周期由承租人决定是否进行续展。

定期租赁可以更新,也可以续订。若当事人在租期届满前对租赁合同进行更新,自更新日起至重新确定的租期截止日之间的时间跨度不得长于法定最长租期;若当事人对租赁合同进行续订,则续订的租期不得长于法定最长租期。

依《合同法》之规定,租期届满时,如当事人希望继续租赁的,应续订租赁合同。在法律未作进一步规定的情况下,此处的"续订"自应理解为通过自愿、平等协商的方式来进行续订。但在商业用房租赁中,若严格执行此规则,有可能危及商事交易的稳定性。商人为营业而租用的场地往往与其客户群存在密切联系,经营的时间越长,客户的数量和稳定性也随之增加。更换经营场所可能给承租人造成的损失,往往远超重新租赁的租金差价及其他经营成本。如果租期届至时,必须通过重新磋商缔约方能继续租赁,则给了出租人借机不合理抬高租金的机会。对此,可在今后的立法中借鉴国外的续租权或展期权予以完善。

[①] 《最高人民法院关于适用〈中华人民共和国担保法〉若干问题的解释》第65条规定,抵押人将已出租的财产抵押的,抵押权实现后,租赁合同在有效期内对抵押物的受让人继续有效。第66条第1款规定,抵押人将已抵押的财产出租的,抵押权实现后,租赁合同对受让人不具有约束力。

(2) 不定期租赁

顾名思义,不定期租赁即无确定租期的租赁合同。不定期租赁的发生可以有很多原因。

依《合同法》第232条之规定,当事人对租赁期限没有约定或者约定不明的,可协议补充;不能达成补充协议的,按照合同有关条款或者交易习惯确定;仍不能确定的,视为不定期租赁。

除期限未约定或约定不明造成的不定期租赁外,租赁合同未满足一定形式要件也会导致不定期租赁的产生。《合同法》第215条规定:"租赁期限6个月以上的,应当采用书面形式。当事人未采用书面形式的,视为不定期租赁。"

此外,定期租赁期满后,承租人继续使用收益租赁物,而出租人不表示反对的,推定双方当事人达成了延长租赁期限的协议,但该延长后的租赁为不定期租赁。譬如,甲将房屋出租给乙1年,租期届满后,乙并未搬离,并继续向甲支付租金,甲照收不误。于此场合,在甲乙间的定期租赁期满后,双方间依然存在着租赁合同,只不过该租赁合同为不定期租赁。

不定期租赁与定期租赁最大的区别在于,在前者,双方当事人可随时提出解除合同,若是出租人提出解除,尚应在合理期限之前通知承租人;而在后者,当事人并无随意解除合同的权利。在国外立法例上,为保护房屋承租人的利益,就不定期租赁合同中出租人的随时解除权常加以限制。比如,在德国民法中,房屋的出租人仅在对终止租赁关系有正当利益时,方可对不定期的住房租赁为预告终止的通知。我国《合同法》对此未设明文。

(五) 租赁合同的终止和法定解除

租赁合同可因下列原因终止:

1. 租赁期限届满。租赁合同定有期限的,期限届满时,租赁合同终止。

2. 租赁物因公共利益的需要而被征收时,租赁合同陷于履行不能,此时租赁合同自动终止。

3. 在房屋租赁场合,如房屋占用范围内的土地使用权被提前收回且房屋被征收的,房屋租赁合同也随之终止。

需要指出的是,承租人的死亡并不必然导致租赁合同的终止。在房屋租赁场合,承租人在租赁期间死亡的,与其生前共同居住的人可以按照原租赁合同继续租赁该房屋。《最高人民法院关于审理城镇房屋租赁合同纠纷案件具体应用法律若干问题的解释》(以下简称《房屋租赁解释》)第19条进一步明确,承租人租赁房屋用于以个体工商户或者个人合伙方式从事经营活动,承租人在租赁期间死亡、宣告失踪或者宣告死亡,其共同经营人或者其他合伙人有权请求按照原租赁合同租赁该房屋。在上述承租人死亡场合,租赁合同仍依原定期限履行并不违背出租人的预期;与承租人共同居住、共同经营的人继续履行租赁合同也不损害出租人的经济利益;与此同时,原来的生产、生活秩序依然得以维持,并不随承租人的死亡而受到剧烈改变,这对各方无疑都是有利的。

租赁合同的效力也可以因解除而消灭。协议解除合同和以行使解除权的方式解除合同是解除房屋租赁合同的两种情形。解除权可因约定事由的出现而发生,也可因法定事由的出现而发生。租赁合同的解除权因法定事由而发生的情形可综述如下:

1. 承租人未经出租人同意擅自转租的,出租人可以解除租赁合同;
2. 承租人无正当理由拒绝支付租金,或迟延支付租金,经催告在合理期限内仍不支付租金的,出租人可以解除租赁合同;
3. 因不可抗力致使租赁合同无法继续履行的,出租人或承租人均可以解除租赁合同;
4. 不定期租赁合同的出租人或承租人可以随时解除租赁合同,但出租人解除租赁合同应在合理期限之前通知承租人;
5. 在房屋租赁场合,若租赁房屋被界定为危房,对人身和财产安全构成危险的,出租人或承租人均可以要求解除租赁合同;
6. 承租人未按照约定使用租赁物,致使租赁物可能毁损的,出租人可以解除租赁合同;
7. 承租人利用租赁物进行违法活动的,出租人可以解除租赁合同。

二、租赁合同的效力

租赁合同的效力是指生效租赁合同所具有的法律约束力,其主要表现为租赁合同双方当事人的权利义务。

(一) 出租人的主要义务

1. 依约将租赁物交付承租人使用

依租赁合同之目的,租赁合同生效后,出租人须按合同约定的期限、地点将符合要求的租赁物交付承租人本人或其指定的代理人、代收人。出租人未按约定时间及时交付租赁物的,应向承租人承担违约责任。

出租人交付租赁物时,如有辅助租赁物使用的从物,如租赁物的辅助设备、装配设备、使用说明书、操作规程等,也应一并交付。若因未及时交付从物而致承租人不能正常使用租赁物的,出租人亦应承担相应的赔偿责任。

出租人交付租赁物后,在租赁存续期间内不得任意收回租赁物。

2. 就租赁物负瑕疵担保责任

出租人交付的财物必须符合约定的使用、收益状态。租赁物有物上瑕疵而不能使用、收益时,出租人应更换同类财产或者进行修缮。因此致使承租人受有损害的,出租人应承担赔偿责任。

即使在特定情形下,依租赁之目的无需实际移转物之占有,出租人仍应使租赁物处于适用状态。譬如,出租墙面供他人做广告的,应依约使墙面处于平整适用状态。

一般而言,若租赁物存在明显的外观瑕疵而承租人依然愿意租赁的,在双方未作明确约定的场合,承租人不得就该瑕疵要求出租人进行修缮或解除合同。但若租赁物危及承租人的安全或者健康的,即使承租人于订立合同时明知该租赁物存在品质瑕疵,承租人仍有权随时终止合同。

除物上瑕疵外,租赁物的瑕疵还包括权利瑕疵。若因租赁物的权利瑕疵致使承租人不能依约为租赁物使用、收益的,如租赁物因第三人对其主张权利而被第三人收回或变卖,承租人有权终止合同。承租人因此受有损失的,出租人应承担赔偿责任。

3. 对租赁物的修缮义务

出租人不仅应于租赁物交付时确保租赁物符合约定的适用状态,而且在整个租赁期内都应保持该租赁物处于适用状态。故除当事人另有约定外,在租赁期内租赁物若出现缺陷而妨碍使用,在有修缮必要和可能的前提下,经承租人合理通知,出租人负有及时修缮的义务。

此处需注意出租人承担维修义务的条件:(1) 该瑕疵发生在租赁期内,若瑕疵在租期开始时即已存在,承租人可直接依瑕疵担保责任请求出租人维修。(2) 存在修缮的必要性,至于该必要性产生之原因可归责于出租人还是第三人抑或意外事件,在所不论。但若租赁物不能正常使用是因承租人的故意或过失所致,则应由承租人负担修缮义务,否则应向出租人承担损害赔偿责任。(3) 修缮须在经济上为可能,若租赁物整体不存在修缮之可能,或因租赁物之部分丧失修缮之可能而影响到对整体的使用,承租人得解除租赁合同。

在符合修缮条件时,承租人得通知出租人对租赁物进行修缮。在承租人通知后,出租人超过合理期限而不修缮的,承租人可以自行修缮,费用由出租人承担或者从租金中扣除。因修缮租赁物而影响承租人使用、收益的,应相应减少租金或者延长租期,但按约定或者习惯应由承租人修缮的除外。

4. 出租人的其他义务

租赁物上的合法负担(如物业服务费等),若租赁合同未作特别约定,由出租人承担。若承租人已代为支付,该等费用应从租金中扣除。

租赁合同终止时,出租人应及时接收承租人返还的租赁物,并应及时退还押金和其他担保物。因出租人的过错致使承租人不能及时返还租赁物的,出租人应承担违约责任。

(二) 承租人的主要义务

1. 支付租金

承租人应按约定的期限、标准和方式向出租人支付租金。这是承租人最主要的义务。当然,租金不限于金钱,只要双方协商一致且不违背法律,所有具有交换价值的财产均可作为租金支付,比如有价证券等。若双方对租金的支付方式没有约定的,推定以货币形式支付。

承租人应当按照约定的期限支付租金。对支付期限没有约定或者约定不明确的,当事人可以协议补充;不能达成补充协议的,按照合同有关条款或者交易习惯确定;仍不能确定时,租赁期限不满1年的,应当在租赁期限届满时支付;租赁期限1年以上的,应当在每届满1年时支付,剩余期限不满1年的,应当在租赁期限届满时支付。承租人无正当理由未支付租金或者迟延支付租金的,出租人可以要求承租人在合理期限内支付。承租人逾期不支付的,出租人有权终止合同。

当事人可以自由约定租金的支付标准,但法律对租金规定有最高限额时,当事人应当遵守规定。承租人无正当理由,不得任意降低租金标准。但是,因第三人主张权利而致使承租人不能对租赁物使用、收益的,承租人有权要求减少租金或者不支付租金;因不可抗力等不可归责于出租人的事由,致使租赁物部分灭失或全部灭失的,承租人可减少租金或解除合同。但在租赁物符合适用状态之情形下,仅因承租人自身之事由,譬如疾病、入学、入伍等原因,而致不能对租赁物全部或一部为使用收益的,不得免除其租金支付之义务。

2. 正当使用、收益、妥善保管租赁物的义务

承租人应依约定用途和使用方法或出租人提供的使用说明书使用租赁物。对租赁物的使用方法没有约定或者约定不明确的,当事人可以协议补充;不能达成补充协议的,依合同解释或交易习惯确定;仍不能确定时,应按照租赁物的性质合理使用之。承租人按照约定的方法或者租赁物的性质使用租赁物,致使租赁物受到损耗的,不承担赔偿责任;反之则出租人有权终止合同并请求赔偿。

除应正当使用、收益外,承租人尚应以善良管理人的注意妥善保管租赁物,因保管不善造成租赁物毁损、灭失的,应当承担损害赔偿责任。此处造成租赁物毁损、灭失之行为,不限于承租人本人为之,若因承租人之同住人或因承租人允许为租赁物使用收益之第三人之原因而致租赁物毁损、灭失的,承租人同样应负损害赔偿责任。

租赁物有收益能力的,应保持其能力。为保管租赁物及维持其收益能力所支出的必要费用,由出租人负担。譬如,甲租乙的耕牛使用,应保持该耕牛的生产能力,而不能过度使用致牛病残;若甲在正常使用该耕牛期间,该牛非因甲的原因而生病,应由乙支付该牛的治疗费用。

3. 维持租赁物原状

承租人基于租赁合同对租赁物享有使用、收益的权利,但不包括处分的权利。未经出租人同意,承租人不得变更租赁物现状或者增设他物,否则出租人有权要求承租人恢复原状。若造成租赁物损害的,出租人有权要求赔偿损失。

4. 通知义务与容忍义务

当租赁物出现不适用而有修缮必要时,承租人应停止使用并及时通知出租人修缮,同时应对租赁物加以妥善保管。遇有第三人侵害租赁物或者第三人对租赁物主张权利时,承租人亦负通知义务。除非前述事实已为出租人所知,否则,若承租人不尽上述通知义务,致使租赁物毁损、灭失,或使出租人因其权利未能得到及时救济而受有损害的,承租人应对此负赔偿责任。

出租人为保存租赁物之必要行为,承租人不得拒绝;出租人依约对租赁物之状态进行定期检视,承租人亦得容忍之。

5. 不得擅自转租

转租是指在承租人不脱离原租赁关系的情况下,将租赁物又出租给他人的情形。转租与租赁权转让的区别在于,在转租场合,转租合同是一个独立于租赁合同的法律关系,

租赁合同中的承租人在转租中成为出租人,向其承租的第三人被称为次承租人,次承租人与原出租人之间不存在直接的法律关系;而在租赁权转让场合,承租人脱离了原租赁关系,其将租赁权转让给第三人后,第三人取代原承租人成为了新的承租人,与出租人建立起直接的法律关系。

依《合同法》第224条第2款之规定,若承租人擅自转租,出租人可解除租赁合同。由此可知,其一,转租并非绝对禁止,若经过出租人的同意,转租是有效的;其二,若承租人未经出租人同意擅自转租,出租人将取得法定解除权。[①] 当然,出租人有权解除的是租赁合同,而非转租合同。出租人解除租赁合同后,可基于所有权请求次承租人返还租赁物。

属于城镇房屋租赁的,若出租人知道或应当知道承租人转租,但在6个月内未提出异议的,即不得以承租人未经同意为由请求解除租赁合同或者认定转租合同无效。通过对这一条文的反面解释可见,若出租人在前述6个月内请求解除租赁合同或认定转租合同无效的,法院应予支持。若租赁合同因承租人擅自转租而被解除或宣告无效,承租人因转租所获得的收益(即前后两份租赁合同租金之差价),为不当得利,应向出租人返还。

若承租人经出租人同意而转租,则承租人与出租人之间的租赁合同继续有效。此时便存在着前后两份租赁合同,前一份租赁合同中的承租人同时也是后一份租赁合同中的出租人,最初的出租人和次承租人之间不存在直接的法律关系。但次承租人对租赁物造成损害的,出租人既可以基于侵权请求次承租人赔偿损失,亦可基于违约请求承租人赔偿损失。

6. 返还租赁物的义务

租赁关系终止后,承租人应及时向出租人返还租赁物。若租赁合同定有期限的,租赁物应自租期届至时返还;若为不定期租赁,于任何一方提出解除合同时返还,若提出解除合同的是出租人,尚应留出一定的宽展期。

租赁物返还时应当符合原状,否则承租人应承担赔偿责任。但租赁物的变化或者耗损如属承租人依合同约定方法或者依租赁物的性能进行合理使用、收益所致,承租人不承担赔偿责任。

(三) 租赁合同对第三人的效力

1. 承租人依租赁合同对租赁物享有占有、使用、收益的权利,对此权利,包括出租人在内的任何人都负有不侵害的义务。若承租人租赁权之行使受到他人妨碍,承租人可以请求出租人排除妨碍,也可以直接要求侵害人排除妨碍、停止侵害。

2. 租赁物的所有权在租赁期间被第三人有效取得时,承租人与原出租人所订的租赁合同对该第三人继续有效,直至原定租赁期限届满为止。此即"买卖不破租赁"规则,就其性质而言,乃属法定的合同承受。

3. 租赁关系成立后,出租人又在租赁物上设立他物权时,租赁权优先于他物权。但

---

① 由此也能反映出租赁权与用益物权的明显区别。在用益物权场合,用益物权人转让用益物权通常无需经过所有权人的同意。

在租赁关系成立之前就已在租赁物上设立他物权的场合,承租人不得对抗他物权人。《物权法》第190条规定:"订立抵押合同前抵押财产已出租的,原租赁关系不受该抵押权的影响。抵押权设立后抵押财产出租的,该租赁关系不得对抗已登记的抵押权。"

三、房屋租赁合同

(一)房屋租赁合同的概念

房屋租赁合同指出租人将房屋交付承租人使用,承租人给付租金,并于合同终止时将房屋返还出租人的合同。

在我国,按房屋产权归属不同,房屋租赁分为公有房屋租赁和私有房屋租赁。两者之间的区别主要体现在租金水平和租期上。公有房屋租金的确定更多地包含政策性因素,私有房屋租金的确定更多地包含市场性因素。因此,前者的租金水平往往低于后者,且租期一般不受限制。

(二)房屋租赁中的特别规则

因房屋租赁涉及居住这一最基本的生活需求,且许多商事主体的经营场所均通过租赁而取得,因此房屋租赁相比较其他财产的租赁而言具有一定的特殊性,需要对其进行特别规制。这主要表现在以下几个方面:

1. 对房屋出租的限制

我国的房屋租赁制度中,除调整房屋租赁关系的《民法通则》、《合同法》、《中华人民共和国城市房地产管理法》(以下简称《城市房地产管理法》)、《城市私有房屋管理条例》、《房屋租赁解释》等法律、行政法规、司法解释以外,还有住房和城乡建设部制定的《商品房租赁管理办法》等规范租赁活动的行政规章。

根据《商品房租赁管理办法》第6条的规定,有下列情形之一的,房屋不得出租:

(一)违法建筑。根据《物权法》第30条关于物权变动规则的规定①,违法建筑上永远不能产生房屋所有权,且该违法建筑处于随时被强制拆除的法律状态。因此,出租人不能提供违法建筑给他人租用。

(二)不符合安全、防灾等工程建设强制性标准的房屋。根据《合同法》第233条关于出租人应当保障承租人的人身安全的规定②,出租人不得提供不符合安全要求的房屋给承租人,即便合同当事人之间存在相反的约定,该约定也无效。该约定本质上属于免责条款,依据《合同法》第53条关于合同中存在对造成对方人身伤害,或者因故意或重大过失造成对方财产损失的免责条款无效的规定,该相反特约永远不能发生效力。③ 故此,出租人不能提供危房给承租人使用,这属于法律强制性规则。

---

① 《物权法》第30条规定:"因合法建造、拆除房屋等事实行为设立或者消灭物权的,自事实行为成就时发生效力。"

② 《合同法》第233条规定:"租赁物危及承租人的安全或者健康的,即使承租人订立合同时明知该租赁物质量不合格,承租人仍然可以随时解除合同。"

③ 《合同法》第53条规定:"合同中的下列免责条款无效:(一)造成对方人身伤害的;(二)因故意或者重大过失造成对方财产损失的。"

(三)违反规定改变房屋使用性质的。房屋的使用,无论是产权人自己使用还是出租给他人使用,都不得违反规定改变用途。例如,《物权法》第77条规定:"业主不得违反法律、法规以及管理规约,将住宅改变为经营性用房。业主将住宅改变为经营性用房的,除遵守法律、行政法规以及管理规约外,应当经有利害关系的业主同意。"又如,住房和城乡建设部制定的《商品房租赁管理办法》第8条规定:"出租住房的,应当以原设计的房间为最小出租单位,人均租住建筑面积不得低于当地人民政府规定的最低标准。厨房、卫生间、阳台和地下储藏室不得出租供人员居住。"

(四)法律、法规规定禁止出租的其他情形。为了避免因成文规则的不周延带来的弊端,《商品房租赁管理办法》在列举的基础上,对禁止出租的情形作了概括性规定。

2. 房屋租赁合同登记之效力

《城市房地产管理法》第54条规定:"房屋租赁,出租人和承租人应当签订书面租赁合同……并向房产管理部门登记备案。"《商品房租赁管理办法》第14条第1款规定:"房屋租赁合同订立后30日内,房屋租赁当事人应当到租赁房屋所在地直辖市、市、县人民政府建设(房地产)主管部门办理房屋租赁登记备案。"但房屋租赁合同未按上述规定进行登记的,并不影响租赁合同的效力,因为《城市房地产管理法》并未规定房屋租赁合同须经登记生效。此外,《房屋租赁解释》第4条也明确规定,当事人以房屋租赁合同未按照法律、行政法规规定办理登记备案手续为由,请求确认合同无效的,人民法院不予支持。当事人约定以办理登记备案手续为房屋租赁合同生效条件的,从其约定。但当事人一方已经履行主要义务,对方接受的除外。由此可见,租赁合同登记既非生效要件,亦非对抗要件,在当事人无特约的场合,房屋租赁合同未登记不影响租赁合同的效力。

3. 一房多租

由于房屋是特定物,不存在替代给付的可能,因此若出租人就同一套房屋先后订立了多个租赁合同,且几个承租人均请求履行的,哪一个租赁合同能够得到优先履行,应有明确的规则。

就逻辑而言,出租人就同一房屋所订立的数份租赁合同,若不存在《合同法》所规定的无效等瑕疵,则均为有效合同。既然合同均有效,则依合同平等原则,数份合同间就不存在彼此优先的问题,进而也不存在哪一份合同能够得到优先履行的问题。很显然,在一房多租场合,若依然固守合同平等原则,虽逻辑通畅,却无助于解决现实问题。于是,《房屋租赁解释》就此进行了明确规定。

依《房屋租赁解释》第6条之规定,出租人就同一房屋订立数份租赁合同,在合同均有效的情况下,承租人均主张履行合同的,人民法院按照下列顺序确定履行合同的承租人:(一)已经合法占有租赁房屋的;(二)已经办理登记备案手续的;(三)合同成立在先的。不能取得租赁房屋的承租人请求解除合同、赔偿损失的,依照《合同法》的有关规定处理。

由此可见,在一房多租场合,原则上各租赁合同均有效,履行顺序依次以"合法占有"、"登记备案"、"成立时间"为序,最终不能获得履行的承租人有权请求解除合同、赔偿损失。这一规则尽管在逻辑上与合同平等原则有所背离,但无疑有利于解决现实生活中的纠纷。

4. 优先购买权

承租人的优先购买权是指,出租人在租期内要出卖租赁物时,承租人在同等条件下享有的优先购买的权利。优先购买权有利于在出租人的利益得到保障的前提下,使现有的财产利用秩序得以稳定维持。依《合同法》第230条之规定,出租人出卖租赁房屋的,应当在出卖之前的合理期限内通知承租人,承租人享有以同等条件优先购买的权利。需注意,并非所有的承租人均有优先购买权,仅房屋的承租人有此权利。此外,行使优先购买权的前提是"同等条件",若承租人提出的购买条件低于第三人,则不得主张优先购买权。所谓"同等条件",是指承租人以出租人与第三人订立的房屋买卖合同中的内容,为自己与出租人房屋买卖关系之内容的情形。因此,除合同主体不同外,两份合同中合同的标的物、价金、履行地、履行时间、履行方式、违约责任、解决争议的方式等合同条款中的内容应当相同。

承租人在同等条件下的优先购买权不是绝对的。依《房屋租赁解释》第23条、第24条之规定,在下列情况下,承租人主张优先购买权将不能得到支持:

（1）房屋共有人行使优先购买权的;

（2）出租人将房屋出卖给近亲属,包括配偶、父母、子女、兄弟姐妹、祖父母、外祖父母、孙子女、外孙子女的;

（3）出租人履行通知义务后,承租人在15日内未明确表示购买的;

（4）第三人善意购买租赁房屋并已经办理登记手续的;

（5）出租人委托拍卖人拍卖租赁房屋,在拍卖5日前通知承租人,但承租人未参加拍卖的。

上述场合之外,若承租人符合行使优先购买权的条件,但由于出租人未及时通知或其他侵害优先购买权的行为而导致承租人未能行使,依《房屋租赁解释》第21条之规定,承租人有权请求出租人承担赔偿责任,但不能请求确认出租人与第三人订立的房屋买卖合同无效。

5. 房屋装饰装修问题

房屋的承租人若要对房屋进行装饰装修,应经出租人的同意。依《房屋租赁解释》的相关规定,若承租人未经出租人同意对房屋进行装饰装修,出租人有权请求承租人恢复原状,若因此造成损失的,还有权请求承租人赔偿损失。

若承租人的装饰装修经过出租人的同意,那么在合同终止时,承租人能否请求出租人补偿装饰装修物的现值(或残值)损失,应考查出租人是否同意利用残存的装饰装修物。若其同意利用,则可以通过折价的方式进行补偿;若不同意利用,则应考查该装饰装修物是否与房屋形成附合。若未形成附合,可由承租人拆除;若形成附合,则按下述规则处理:

（1）租赁合同无效场合,由双方各自按照导致合同无效的过错分担现值损失。

（2）若租赁合同因到期而终止,除另有约定外,就形成附合的装饰装修物,出租人无需对承租人进行补偿。

（3）若租赁合同因解除而终止，应进一步考查解除的原因。若因出租人违约导致合同解除，承租人得请求出租人赔偿剩余租赁期内装饰装修残值损失；若因承租人违约导致合同解除，承租人不能请求出租人赔偿剩余租赁期内装饰装修残值损失；若因双方违约导致合同解除，剩余租赁期内的装饰装修残值损失，由双方根据各自的过错承担相应的责任；若因不可归责于双方的事由导致合同解除，剩余租赁期内的装饰装修残值损失，由双方按照公平原则分担。

6. 房屋扩建问题

承租人若要对租赁房屋进行扩建，亦应经过出租人的同意。承租人未经出租人同意对房屋进行扩建发生的费用，由承租人负担。于此场合，出租人有权请求承租人恢复原状或者赔偿损失（《房屋租赁解释》第13条）。

若承租人经出租人同意扩建，但双方对扩建费用的处理没有约定的，人民法院按照下列情形分别处理：（一）办理合法建设手续的，扩建造价费用由出租人负担；（二）未办理合法建设手续的，扩建造价费用由双方按照过错分担（《房屋租赁解释》第14条）。

第二节 融资租赁合同

一、融资租赁合同的概述

（一）融资租赁合同的概念

融资租赁合同指当事人双方约定出租人按照承租人的要求出资向第三人购买租赁物，交付承租人使用、收益，承租人支付约定租金，并于合同期满后返还或购买租赁物的合同。

融资租赁合同是融资租赁交易的产物，它可以使承租人用较少的资金获得生产所需的物资，同时为拥有丰厚资金的出租人开辟了一条投资的渠道，而且这种投资是以所有权作为担保的。因此，融资租赁合同在本质上是一种融资手段，是以融物的方式达到融资的目的，租赁只是融物过程中被借助的规则。

（二）融资租赁合同与普通租赁合同的区别

融资租赁合同与普通租赁合同存在明显区别，主要表现在：

1. 融资租赁关系中存在两个合同，即融资租赁公司（出租人）和承租人的租赁合同及融资租赁公司与租赁物供应商（出卖人）的买卖合同，涉及三方当事人。不仅如此，融资租赁关系中的两个合同是相关的，譬如买卖合同中的出卖人不是向买受人交付标的物，而是向租赁合同中的承租人交付，租赁物若有瑕疵，承租人不是向出租人请求承担瑕疵担保责任，而是向买卖合同中的出卖人提出请求。这是因为，融资租赁关系并不是两个合同的简单叠加，而是通过买卖合同与租赁合同的有机结合与变形，最终实现融资的目的。而普通的租赁关系只有一个合同，只涉及出租人与承租人双方当事人。

2. 融资租赁合同成立之时，出租人一般不拥有租赁物，租赁物能否按约交付给承租人取决于另一个合同(买卖合同)的履行。而在租赁物买卖合同中反映的是,买受人(出租人)用自己的资金购买承租人选定的租赁物,其实质意味着,承租人介入了他人的买卖关系,承租人的意思影响着买卖合同的内容。故买卖合同成立生效后,出租人未经承租人同意不得变更与承租人有关的内容。而在普通租赁场合,除商品房预租等极少数情况外,出租人在租赁合同订立之时即对租赁物拥有所有权或处分权,不存在依承租人的选择购买租赁物的问题。

3. 租赁期限届满后,承租人往往以低价购买或无偿取得租赁物。融资租赁合同对于出租人而言是一种投资手段,其投出去的是资金,最终欲收回的也是资金,租赁物所有权对其而言更多地体现在担保价值而非使用价值上。当租赁期限结束时,一方面,出租人的投资及利润往往已经通过收取租金得到实现,另一方面,由承租人选定的租赁物对于以融资租赁为业的出租人来说并无用处,只会徒增管理费用,因此在融资租赁合同中往往有"租赁期满后,由承租人购买或取得租赁物"的条款。而在普通租赁场合,租期届至时的租赁物返还义务是承租人的一个主要义务。

4. 融资租赁场合,若租赁物有维修之必要,由承租人负责维修。这一点与普通租赁合同截然不同。在普通租赁场合,租赁物的维修义务由出租人承担。在融资租赁场合,租赁物的种类与品质全由承租人决定,出租人保留所有权的主要目的在于担保,他既不保证租赁物的适用,也不保证租赁物在租期内的完好,物的瑕疵及使用中产生的费用、风险,均由承租人承担。

5. 融资租赁合同中出租人的资格具有限定性。如前所述,融资租赁合同的功能不在租赁,而在融资,该交易本质上不是一个使用权的交易,而是金融行为。因此,在我国只有经金融管理部门批准许可经营的公司,才有从事融资租赁交易、订立融资租赁合同的资格。一般的自然人、法人或其他组织不能从事融资租赁业务。而普通的租赁并无出租人主体资格限制。

二、融资租赁合同的效力

融资租赁合同的效力是指生效的融资租赁合同所具有的法律约束力,其主要表现为融资租赁关系中三方当事人的权利义务。

(一)出租人的主要权利义务

1. 出租人的主要权利

在融资租赁交易中,出租人主要着眼于投资及利润的回收,而并不着眼于租赁物的收回,租赁物所有权的主要功能在于担保租金的支付。因此,融资租赁中的出租人相对于承租人的地位更类似于所有权保留买卖中的出卖人相对于买受人的地位。其主要权利是:

(1)根据租赁物买卖合同取得租赁物的所有权。承租人破产的,租赁物不属于破产财产。但是,出卖人并不需要将租赁物交由出租人占有以使其取得所有权,出卖人仅需将租赁物直接交付给承租人即可。这一交付,就买卖合同而言,构成向第三人履行;就租赁合同而言,构成由第三人履行。

（2）根据租赁合同按时收取租金。除当事人另有约定外,租金应当根据购买租赁物的大部分或者全部成本以及出租人的合理利润确定。承租人支付租金的义务,以承租人通知出租人收到租赁物为生效要件,而不以承租人实际使用租赁物为条件。

（3）承租人未按期支付租金,经催告后,在合理期限内仍不支付租金的,出租人有权要求承租人支付全部到期和未到期租金;或者解除合同,收回租赁物。

（4）租赁期限内,出租人可以转让、抵押租赁物。不管融资租赁合同对租赁物最后的归属如何约定,至少在租赁期限内,该租赁物的所有权属于出租人,因此出租人有权对租赁物为前述处分。若租赁物所有权因处分而移转,原租赁合同对租赁物的新所有人继续有效。

2. 出租人的主要义务

出租人的主要义务是:

（1）按承租人确定的出卖人、购买租赁物的条件和具体要求,及时购买租赁物;未经承租人同意,出租人不得变更与承租人有关的合同内容。譬如,融资租赁公司甲公司依承租人乙公司的指定向丙公司购买一套机器设备出租给乙公司,买卖合同中约定机器设备的安装调试时间由乙公司通知丙公司,那么对于该条款,未经乙公司的同意,甲公司与丙公司不得擅自变更。

（2）出租人应当依照买卖合同的约定向出卖人支付货款,并将对于出卖人在买卖合同项下对买卖标的物的受领、验收和质量异议的权利,交与承租人行使。

（3）出租人应当保证承租人对物的占有和使用。但租赁物不符合约定或者不符合使用目的的,出租人不承担责任,除非承租人依赖出租人的技能确定租赁物或者出租人干预选择租赁物的。

（4）租赁期满时,依约及时处理租赁物。对租赁物的归属没有约定或者约定不明确的,当事人可以协议补充;不能达成补充协议的,按照合同有关条款或者交易习惯确定;仍不能确定的,租赁物的所有权归出租人。

（二）承租人的主要权利义务

1. 承租人的主要权利

由于融资租赁中的承租人直接使用租赁物,且往往在租赁结束后取得租赁物所有权,因此除价款支付方式外,相比较普通租赁而言,融资租赁中承租人的地位更类似于买卖合同中的买受人。

承租人的主要权利是:

（1）自行选择租赁物及其出卖人。若因承租人选择租赁物或出卖人不当而致租赁物不适用,该后果由承租人自行承担,出租人不负瑕疵担保责任。

（2）受领出卖人交付的租赁物,并享有与受领标的物有关的买受人的权利。

（3）在租赁期限内,对租赁物享有使用收益权,并排除任何人不正当的干涉和妨碍。

（4）根据约定,于出卖人不履行买卖合同义务时,向出卖人行使索赔权;并有权要求出租人予以协助。

(5) 当事人约定租赁期限届满租赁物归承租人所有,承租人已经支付大部分租金,但无力支付剩余租金,出租人因此解除合同收回租赁物的,收回的租赁物的价值超过承租人欠付的租金以及其他费用的,承租人有权要求部分返还。

2. 承租人的主要义务

承租人的主要义务是:

(1) 依约向出租人交付租金。收取租金是出租人从事融资租赁的主要目的,是出租人收回购买租赁物的资金和赚取利润的方式;而承租人支付租金,本质上是在分期归还融资本息。

(2) 承租人应当及时接收租赁物,并应及时进行验收。如发现租赁物不符合合同规定,应及时向出卖人提出异议,并请求对方承担瑕疵担保责任;承租人不行使此项权利的,不影响其支付租金的义务。

(3) 承租人应妥善保管租赁物,并应当按照合同约定或者租赁物的性质进行使用、收益,并负担租赁物的维修和保养。除另有约定外,承租人负责租赁物的保险。

(4) 在租赁期间,若租赁物因不可归责于融资租赁合同当事人的事由毁损、灭失,致使承租人无法使用租赁物时,承租人仍应支付租金,不能免除或减少其支付租金的义务。换言之,融资租赁场合,因租赁物意外灭失所导致的租金风险归承租人,而非出租人。

(5) 占有租赁物期间,因租赁物造成他人人身伤害或者财产损害的,负赔偿责任。

(6) 未经出租人同意,不得擅自转租。否则,出租人有权终止合同,并有权要求损害赔偿金。

(7) 租赁期满时,按约定及时返还或购买租赁物;若融资租赁合同约定租期届至时由承租人直接取得租赁物的所有权,则不存在此项义务。

(三) 租赁物出卖人的权利义务

租赁物出卖人的主要权利是向出租人收取租赁设备价款;主要义务是按照约定向承租人交付租赁物(标的物),并对租赁物的质量负瑕疵担保责任。简言之,融资租赁中的出卖人向出租人行使出卖人的权利,向承租人履行出卖人的义务。

思考题:

1. 简述租赁合同的法律特征。
2. 请简要说明并评述租赁权物权化现象。
3. 简述出租人对租赁物的修缮义务。
4. 简述租赁合同中承租人的主要义务。
5. 简述法律对转租行为的规制。
6. 简述租赁合同登记备案的法律后果。
7. 简述一房多租规则。

8. 简述承租人的优先购买权及其例外。
9. 简述融资租赁合同与普通租赁合同的区别。
10. 简述融资租赁合同中出租人的主要权利义务。
11. 简述融资租赁合同中承租人的主要权利义务。

第十三章　提供劳动成果的合同

本章提示　本章介绍了承揽合同及建设工程合同的概念,分析了承揽合同及建设工程合同的法律特征,阐述了承揽合同及建设工程合同中当事人的权利义务。

第一节　承揽合同

一、承揽合同的概述

(一) 承揽合同的概念

承揽合同指当事人双方约定,一方按照他方的要求完成一定的工作并交付工作成果,他方接受工作成果并依约给付报酬的合同。按照他方的要求完成一定工作并交付工作成果的人是承揽人,接受工作成果并给付约定报酬的人是定作人。依所承揽的工作内容之不同,承揽合同可分为加工合同、定作合同、修理合同、复制合同、测试合同、检验合同等。

1. 加工合同。指定作人向承揽人提供材料,承揽人以自己的技能、设备和劳动,依定作人之要求为其进行加工并交付成品,定作人向承揽人支付报酬的合同,譬如定作人自备面料的制衣合同、自备木料的打制家具合同等。

2. 定作合同。指承揽人依约自备材料,并以自己的技能、设备和劳动对材料进行加工,依定作人之要求制成特定成品并将其交付给定作人,定作人向承揽人支付报酬的合同。定作合同与加工合同的区别在于材料提供方不同,前者由承揽人提供,后者由定作人提供。由此出发,两者在材料风险的负担上存在区别。

3. 修理合同。指定作人将损坏的物品交由承揽人修理,承揽人以自己的技能、设备和劳动将之修理好后归还给定作人,定作人向承揽人支付报酬的合同。至于修理所需的零部件由哪一方提供在所不论。

4. 复制合同。指定作人提供样品,承揽人依定作人之要求制作该样品的复制件并将原件及复制件交付定作人,定作人向承揽人支付报酬的合同。复制可以是从平面到平面的复制,譬如复印一篇论文;也可以是从立体到立体的复制,譬如复制一个雕像;可以按照相同比例复制,也可以按照一定比例进行放大或缩小复制。

5. 测试合同。指承揽人依定作人的要求,以自己的技能、设备和劳动,对定作人指定的项目进行测试并将测试结果交付给定作人,定作人向承揽人支付报酬的合同。

6. 检验合同。指承揽人按照定作人的要求,对定作人提出需要检验的事项,以自己的技能、设备和劳动进行检验,并向定作人提出关于该检验事项的结论,定作人向承揽人支付报酬的合同。检验合同与测试合同的区别在于,测试合同只需要提供测试所得的数据,并不需要对该数据进行评价;而检验合同主要不在于提供数据,而是要通过检验中得到的数据对相关事项进行评价。

(二) 承揽合同的特征

承揽合同具有以下主要特征:

1. 承揽合同的权利义务所指向的是工作成果,而非劳务。虽然在承揽合同中承揽人为了完成工作成果,需付出劳动(即劳务),但劳动本身不是承揽合同所追求的对象,只是完成工作成果的手段。简言之,定作人订立承揽合同的目的在于劳动成果,而非劳动。此点与直接以劳务为目的的合同(如雇佣合同)有着本质区别。因此,承揽人虽付出劳动但无工作成果时,无权请求定作人给付报酬。

2. 承揽人完成的工作成果具有特定性。承揽人在完成工作成果的承揽活动中,对于承揽标的物的种类、规格、形状、质量等都是按照定作人的特定要求完成的,由此决定了承揽人所完成的工作成果往往不是一般的、普通的或通用的工作成果,而是具有特定性的成果。承揽合同的意义就在于以特定性的工作成果满足人们的特定需要。如果承揽人交付的工作成果未达到定作人的特定标准,即使其达到了同类成果的通常标准,亦构成违约。

3. 承揽人在完成工作过程中承担风险责任。正因定作人关注的是工作成果,而不是工作过程,故在完成工作过程中,因不可抗力等不可归责于双方当事人的原因致使工作成果无法完成,或工作物遭受意外灭失或毁损,从而导致工作物的原材料损失和承揽人的劳动价值损失的,由承揽人自行承担风险责任,而无权要求定作人给付报酬或赔偿损失。但原材料由定作人提供的,则原材料的损失由定作人承担。

4. 承揽合同是双务合同、有偿合同、诺成合同、不要式合同。在承揽合同中,承揽人完成一定工作并交付工作成果与定作人支付报酬的行为互为对价,故承揽合同为双务、有偿合同。承揽合同因当事人意思表示一致而成立,不以物或工作成果的交付为合同成立要件,故为诺成合同。承揽合同订立中,当事人的意思表示无形式要件之限制,口头、书面均无不可,故承揽合同为不要式合同。

5. 定作人拥有单方的合同任意解除权。定作人可以在承揽人完成工作之前随时解除合同。工作成果是否对定作人有价值完全是定作人的主观判断,当其认为工作成果对其不再有价值的时候,应允许其解除合同以避免进一步的浪费。定作人解除承揽合同对承揽人造成损失的,应当赔偿损失。

(三) 承揽合同与类似合同的区别

1. 承揽合同与委托合同的区别

委托合同是一方(委托人)委托他方处理事务,他方(受托人)允诺处理事务的合同。从按照他人要求完成一定工作的角度来说,承揽合同与委托合同具有相似性。但两者存在三个显著区别:其一,完成工作的名义不同。承揽合同中的承揽人在完成工作过程中可能需要与第三人发生联系,如将一部分辅助工作委托他人完成等,除代理定作人采购原材料以外,承揽人均以自身(而非定作人)的名义对外进行民事法律行为并承受相应的后果;委托合同中的受托人如果为处理委托事务而与第三人发生联系,通常以委托人名义为之,并由委托人承受行为后果。其二,费用负担不同。承揽人为完成工作成果而支出的费用均由其自身承担,也即从承揽人的角度来说,为承揽事务所支出的费用即其成本;而在委托合同场合,不论委托事务是否完成,为处理委托事务而支出的费用均由委托人负担。其三,工作性质存在区别。承揽人的工作通常为事实行为,而委托合同中受托人的工作是向第三人为意思表示或受意思表示。因此,承揽合同通常并不涉及第三人,而委托合同往往会将委托人和第三人联系在一起;承揽合同可以由无行为能力人或限制行为能力人代为履行,而委托合同则往往不可。

2. 承揽合同与雇佣合同的区别

承揽合同与雇佣合同的债务中均包含有提供劳务、完成工作的内容,但两者存在一个最根本的区别,即承揽合同的权利义务所指向的对象是劳动成果,而雇佣合同所指向的是劳动本身。从这一根本区别出发,引出两者的具体区别如下:首先,承揽人只需按照定作人的要求完成工作、交付工作成果即可,至于工作的过程则具有独立性和自主性,即按照自己的意志完成工作;而雇佣合同中的劳动者在整个劳动过程中均有服从指挥、听从安排的义务,工作的独立性较弱,按照雇主的意志进行工作。其次,由于承揽合同不关注劳动过程,因此承揽人在工作中造成自身损害或给他人造成损失的,定作人无需为此承担责任;而雇员的劳动独立性较弱,整个劳动的过程都要接受雇主的管理,因此在雇佣合同履行过程中,雇员所遭受的损害或给他人造成损害的,应由雇主承担赔偿责任。最后,承揽人以自己的设施、设备、技术(如专利技术、专有技术)完成工作,例如修理合同中的修理方用自己的修理工具完成修理工作;雇员则以顾主提供的设施、设备完成工作,例如保姆用东家的劳动工具从事保姆工作。

3. 承揽合同与买卖合同的区别

与买卖合同相似,承揽合同往往也涉及财产所有权的移转,譬如由承揽人提供原料的定作合同。承揽合同与买卖合同的主要区别体现在:其一,买卖合同均以移转财产所有权为内容,而承揽合同并不必然包含有移转所有权的内容。在由定作人提供材料的场合,工作成果的交付并不伴以所有权的移转。在修理、测试、检验等场合,亦不存在移转财产所有权之内容。其二,承揽合同的工作成果若表现为物,只能是特定物;而买卖合同的标的既可以是特定物,也可以是种类物。需要说明的是,在当事人一方以自己的材料制作成新物供给他方的场合,若该物为特定物,且当事人未就合同性质作出明确约定的,应属于《合同法》所规定的定作合同,适用承揽合同的相关规定;若该物为种类物,且该合同属于何种性质的合同当事人未作明确约定,《合同法》亦未置明文的,应认定为买卖合同,适用买卖合同的相关规定。

二、承揽合同的效力

承揽合同的效力是指生效的承揽合同所具有的法律约束力,其主要表现为承揽合同双方当事人的权利义务。

(一) 承揽人的主要义务

1. 按合同约定完成工作、交付工作成果。这是承揽人的基本义务。承揽人应恪守信用，严格按照合同约定的标的、规格、形状、质量等完成工作，以满足定作人的特殊需要。未经定作人同意，承揽人不得擅自改变承揽内容，不得偷梁换柱、偷工减料、以次充好。否则，定作人有权拒绝接受，要求重作、修理、减少报酬，并有权请求承揽人支付违约金或赔偿损失。

2. 亲自完成工作。承揽合同的工作成果往往不具有通用性，定作人之所以选择特定的承揽人完成该项工作，是基于对该承揽人的能力及工作条件之信任，若承揽人可随意将承揽的工作转交他人完成，将有损定作人之信赖利益。故《合同法》第253条明确规定，除另有约定外，承揽人应当以自己的设备、技术和劳力，完成主要工作。对于承揽的主要工作，未经定作人同意，承揽人不得将其交由第三人完成，否则定作人有权解除合同。但对于承揽的辅助工作，承揽人可以不经承揽人同意，将其交由第三人完成。

至于何为主要工作和次要工作，《合同法》并无明文。通常而言，判断一项工作是否为主要工作，可从工作的内容、性质及其在整体工作中的地位来进行判断。譬如，定制一批校服，制作校服就是主要工作，制作校服的包装袋就是次要工作。主要工作与次要工作的判断标准通常与数量无关，譬如定制500套校服，哪怕是制作其中的100套，亦属主要工作。

承揽人应当对其交由第三人完成的工作成果向定作人负责。这是合同相对性原则在承揽合同领域的具体表现。

3. 检验定作人所作指示、检验和保管原材料。承揽人具有专业能力，应当对定作人的指示尽检验之责，发现定作人指示错误的应当说明。若依合同约定，由定作人提供原材料的，承揽人应对原材料及时进行验收，如发现原材料质量不合格或数量短少，应通知定作人更换、补充或者采取其他补救措施。否则，承揽人不得以定作人提供的原材料质量缺陷或数量不足为由要求定作人负责。若因此而造成合同履行迟延的，承揽人尚需承担责任。此外，承揽人不得擅自更换定作人提供的材料，不得更换不需要更换的零部件。

承揽人对于定作人提供的原材料负有妥善保管的义务。承揽人如不尽此项义务，对因其过错而造成的原材料灭失、污损及其他价值下降，应承担赔偿责任。

4. 接受检查、监督。若依合同约定，原材料由承揽人提供的，承揽人应当按照约定选用材料，并接受定作人检验。承揽人发现定作人提供的图纸或者技术要求不合理的，应当及时通知定作人。承揽人在工作期间，应当接受定作人必要的监督检验，并且在不妨碍正常工作的情况下，应如实地向定作人反映工作进展的情况，不得隐瞒工作中存在的问题。定作人在检查、监督承揽人工作时，对于承揽人工作中存在的不符合合同约定的行为，可以要求其及时修正，承揽人不得拒绝。

5. 按期交付工作成果。承揽合同成立后，除非合同明确约定应由定作人提供材料或预付报酬而定作人未履行的，承揽人即应开始着手工作，并应按合同约定的数量和期限完成工作，交付工作成果，提交必要的技术资料和有关质量证明。在承揽过程中，如确实需要变更履行期限的,应由双方达成协议并按协议执行,否则承揽人不得擅自延长承揽期限。如因承揽人的过错,不能按期交付工作成果,承揽人应向定作人承担迟延履行的责任或者部分不履行的责任。承揽人交付的工作成果不符合质量标准的,应当向定作人负修理、重作、减少报酬、赔偿损失等责任。当然,若工作成果是无形的,原则上不存在交付问题。

在承揽的工作成果为有体物时,成果的交付是否伴以所有权的移转,需视不同情况而定。(1) 若工作成果为不动产的,定作人直接享有该不动产的所有权。(2) 若工作成果为动产且材料由定作人提供的,该动产所有权应归属于定作人,当事人间无需进行所有权的移转,交付仅发生移转占有的效果。若工作成果为动产且材料由承揽人自己提供的,该动产所有权一般属于承揽人,在承揽人将工作成果交付定作人时,将随之发生所有权移转。若工作成果为动产且材料由双方提供的,工作成果的所有权归属视材料性质而定,若定作人提供的材料构成工作成果主要部分的,工作成果的所有权归定作人所有,若承揽人提供的材料构成工作成果主要部分的,工作成果的所有权归承揽人所有。

承揽人向定作人交付工作成果时,还应交付该工作成果的附配件、从物、必要的技术资料、质量证明等。若定作人提供的材料在承揽工作完成后尚有剩余的,承揽人亦应一并返还。

6. 对承揽内容负保密义务。承揽人应当按照定作人的要求,保守秘密,未经定作人许可,不得留存复制品和技术资料。此为承揽合同的附随义务。

7. 瑕疵担保责任。承揽人应保证自己所交付的工作成果在品质、效用等方面符合合同的约定。为确定定作物的品质和效用,定作人有权在承揽人交付工作成果时,对标的物进行检验。如不符合合同约定,定作人有权请求承揽人在合理期限内进行修补。如承揽人拒绝修补,则定作人可自行修补,修补费用由承揽人承担。

8. 共同承揽人的连带责任。若多人共同承揽一项工作形成共同承揽关系的,除当事人另有约定外,共同承揽人对定作人承担连带责任。此处的共同承揽人均与定作人直接成立承揽法律关系,相互之间处于并列地位,而不是再承揽关系。此处所谓当事人另有约定,指共同承揽人与定作人之间的约定,而非共同承揽人之间的约定。

(二) 定作人的主要义务

1. 及时接收工作成果。定作人应按约定的方式、时间、地点及时验收工作成果。定作人迟延接收或无故拒绝的,应承担违约责任。但接收并不意味着接受,若定作人接收工作成果并验收后,发现工作成果有缺陷,可以拒绝接受。若工作成果的缺陷属于隐蔽瑕疵,定作人仍可以在验收后的相当期限内请求承揽人承担责任。当然,对于有瑕疵的工作成果,定作人应妥善保管并应及时通知承揽人取回。

2. 依约支付报酬。这是定作人最主要的义务。对报酬的支付期限,当事人有明确约定的,按约定期限支付报酬。对报酬的支付期限没有约定或者约定不明确的,可以协议补充;不能达成补充协议的,按照合同有关条款或者交易习惯确定;仍不能确定的,定作人应当在承揽人交付工作成果时支付,工作成果部分交付的,定作人应当相应支付。

依约支付报酬还包括依约定方式支付报酬,如以实务或其他劳务支付等。双方对支付方式未作约定或约定不明确的,定作人应当以货币为支付方式。

至于报酬的数额,若当事人有明确约定,应依约定数额支付;若无约定或约定不明且无法通过合同解释的方式予以明确的,应以工作成果交付时合同履行地同类工作的一般报酬计算。

定作人未向承揽人支付报酬或者材料费等价款的,承揽人依法对完成的工作成果享有留置权。

3. 定作人应按合同规定的时间、地点、数量和质量向承揽人提供原材料和工作资料,以保证承揽人正常进行工作。定作人未按期、按质、按量提供原材料和工作资料的,承揽人有权顺延交付定作物的日期,并有权要求定作人赔偿停工待料所造成的损失。

4. 协助义务。承揽工作需要定作人协助的,定作人负有协助的义务。定作人不履行协助义务,致使承揽工作不能完成的,承揽人得于合理期限催告定作人履行义务,并可以顺延履行期限;定作人在合理期限内仍不履行义务的,承揽人得解除合同,且无需承担因此而造成承揽工作无法完成的责任。

5. 任意变更和解除承揽合同场合的赔偿责任。定作人中途变更承揽工作要求,致承揽人损失的,应负赔偿责任。定作人因行使任意解除权致承揽人损失的,应负赔偿责任。

(三) 承揽合同中的风险负担

承揽合同中的风险负担主要包括材料的风险负担、工作成果的风险负担和工作条件恶化的风险负担。对于这些风险,在当事人无明确约定的情况下可按如下原则处理:

1. 材料的风险负担。所谓材料的风险负担,是指在承揽合同履行过程中,因不可归责于定作人和承揽人的事由而致材料毁损、灭失的,应由谁承担由此导致的损失的问题。依一般规则,于此场合,即由材料的所有权人承担材料毁损、灭失的风险,当事人另有约定的除外。

2. 工作成果的风险负担。工作成果的风险负担,是指在承揽合同履行过程中,因不可归责于定作人和承揽人的事由而致工作成果毁损、灭失的,应由谁承担由此导致的损失的问题。若工作成果的所有权完成时即归定作人,不需要在承揽人和定作人之间进行所有权移转的,该工作成果毁损、灭失的风险由定作人承担;若工作成果的所有权完成时归承揽人,需通过交付完成所有权移转的,则该工作成果毁损、灭失的风险负担依交付而定,交付之前的风险由承揽人承担,交付之后的风险由定作人承担。

3. 工作条件恶化的风险负担。承揽人在工作过程中,因不可抗力之原因造成工作条件的恶化,使承揽的工作成本增加的,该损失由承揽人自己负担。譬如,甲将一艘船舶交由乙维修厂修理,在修理过程中遇上强台风,为免船舶倾覆,乙厂需采取额外措施对船舶进行加固,对于因此而支出的费用,应由乙厂自行承担。

第二节 建设工程合同

一、建设工程合同的概述

(一) 建设工程合同的概念和特征

建设工程合同指发包人(建设单位)和承包人(勘察、设计、建筑、安装等单位)约定,由承包人完成工程建设,发包人接受工作成果并支付报酬的合同。实践中,常又称为基本建设合同。

建设工程合同属于完成工作、交付工作成果的合同,性质上可归入承揽合同。但因其所交付的工作成果具有特殊性,故又有自己的特征:

1. 建设工程合同的标的一般具有经济价值大、关乎国计民生的特点,这就要求合同当事人必须比一般合同的履行更注重质量要求,做到"百年大计,质量第一"。

2. 由于建设工程都是大型的建设项目,投资大、周期长、技术要求高,所以建设工程合同的承包人必须是法人。公民个人不能作为建设工程合同的当事人。即使是法人,其所能承接的建设项目的规模也必须符合法人本身的资质,若建设单位超越资质等级许可的业务范围订立建设工程合同,该合同原则上无效。

3. 建设工程合同主要反映大中型工厂、矿山、水利设施、交通运输设施、邮电通讯设施等建设而发生的经济关系,这些经济关系对整个国民经济有着重要影响。因此,建设工程合同一般都具有严格的计划性,合同的订立和履行受到国家的严格管理和监督。《合同法》第273条规定:"国家重大建设工程合同,应当按照国家规定的程序和国家批准的投资计划、可行性研究报告等文件订立。"

4. 建设工程合同是要式合同。根据《合同法》第270条之规定,建设工程合同应当采用书面形式。

(二) 建设工程合同的种类

建设工程合同可以由发包人与总承包人订立建设工程合同(总包合同),然后由总承包人与各分包人订立各种分包合同;也可以由发包人分别与勘察人、设计人、施工人订立勘察、设计、施工承包合同。

建设工程一般涉及工程的勘察、设计、施工(建筑、安装)等方面,以所承包的建设工程的不同内容为标准,可将建设工程合同分为建设勘察、设计合同、建设施工合同等。

勘察、设计合同指工程的发包人或承包人与勘察人、设计人之间订立的,由勘察人、设计人完成一定的勘察设计工作,发包人或承包人支付相应价款的合同。

建设施工合同指发包方(建设单位)将建设施工任务交给承包方(施工单位),承包方完成建设施工任务后,建设单位按照约定支付工程价款的合同。

（三）建设工程合同的订立

1. 建设工程的发包与承包

建设工程发包是指建设单位将建设工程任务（勘查、设计、施工等）的全部或部分通过招标或其他方式，交付给具有从事建筑活动资质的单位完成，并按约支付报酬的行为。建筑工程承包是指具有从事建设活动法定资质的单位，通过招标或其他方式，承揽建设工程任务，并按约取得报酬的行为。建设工程的发包与承包是从不同主体的视角对同一民事行为的描述。

建设工程的发包与承包主要采取两种形式。其一，发包方与承包方就整个建设工程从勘察、设计到施工签订总承包协议，由承包方对整个建设工程负责。其二，发包方分别与勘察人、设计人、施工人签订勘察、设计、施工合同，实行平行发包，各承包人之间不发生直接的法律关系。为了保障建筑工程的质量和安全，法律禁止肢解发包，即不得将应当由一个承包人完成的建设工程肢解成若干部分发包给几个承包人。

建设工程发包方式还可分为招投标发包和直接发包两种。相比较而言，招投标发包方式因属于竞争缔约关系，有利于选拔资质最优的承包人和性价比最高的建设方案，在条件允许的情况下应优先适用。

2. 建设工程招投标制度

虽然建设工程合同的订立可以采取直接发包的形式，但大多数建设工程合同是通过招投标的方式订立的。通过招投标方式订立建设工程合同，既可以是对整个建设工程的全过程进行招投标，也可以是就建设工程中的某一个环节进行招投标，比如勘察设计的招投标、工程施工的招投标等。

建设工程合同的招投标，应遵循"公开、公平、公正"三原则。在此基础上，通过招投标方式订立建设工程合同，一般要经过招标、投标、决标、签订合同和备案四个阶段。

招标的法律性质属于要约邀请。除法律另有规定外，单项合同估算价在200万元人民币以上或者项目总投资在3000万元人民币以上项目的建设工程合同，必须通过招投标方式缔结。此外，下列项目实行强制招标：（1）大型基础设施、公用事业等关系社会公共利益、公众安全的项目；（2）全部或者部分使用国有资金投资或者国家融资的项目；（3）使用国际组织或者外国政府贷款、援助资金的项目。

投标的法律性质属于要约。投标过程中禁止有下列行为：（1）投标人不得相互串通投标报价，不得排挤其他投标人的公平竞争、损害招标人或者其他投标人的合法权益；（2）投标人不得与招标人串通投标，损害国家利益、社会公共利益或者他人的合法权益；（3）禁止投标人以向招标人或者评标委员会成员行贿的手段谋取中标。

决标又分为开标、评标和定标三个阶段。招标人在定标后向中标人发出中标通知书，中标通知书的法律性质属于承诺。招标人和中标人应当自中标通知书发出之日起30日内，按照招标文件和中标人的投标文件订立书面合同，并送工程所在地的县级以上建设行政主管部门备案。

3. 建设工程合同的分包和转包

建设工程合同的分包是指工程的承包方经发包人同意后,依法将其承包的部分工程交给第三人完成的行为。建设工程的分包需要注意以下问题:

1. 工程分包必须经过发包人的同意。发包人对分包的同意,既可以是在建设工程总承包合同中明确约定分包的内容,也可以是在总承包合同订立后,就具体的分包事宜另行作出同意的意思表示。

2. 被分包的只能是建设工程的部分工作,而不能是全部的工作,否则将构成法律禁止的肢解分包;在发包人将工程整体发包的场合,总承包人必须亲自完成建设工程主体结构的施工,不得将这一工作分包给他人承担。

3. 分包人必须具备相应资质,以确保分包工程的质量。

4. 分包只能进行一次,从承包人那里分得部分建设工程工作的分包人不得将所分得的建设工程再行分包。

5. 分包人就其完成的工作成果与总承包人或者勘察、设计、施工承包人向发包人承担连带责任(《合同法》第272条第2款),并不受合同相对性原则的限制。之所以加重分包人的责任,亦是出于确保工程质量之考量。

建设工程合同的转包是指承包单位承包建设工程后,不履行合同约定的责任和义务,将其承包的全部建设工程转给他人或将其承包的全部建设工程肢解以后以分包的名义分别转给其他单位承包的行为。转包与分包的最大区别在于,在分包场合,分包人依然是原建设工程合同的承包人,依然要承担大部分建设工程工作,并就全部工作成果向发包方承担合同责任;但在转包场合,转包人将所有建设工作交由他人完成,从而从原合同关系中脱离出来。由于建设工程转包危害极大,大部分国家(包括我国在内)均对其予以禁止。

二、建设工程合同的效力

建设工程合同的效力是指生效的建设工程合同所具有的法律约束力,其主要表现为建设工程合同当事人的权利义务。

(一)发包人的主要义务

1. 发包人应当按照约定的时间和要求提供原材料、设备、场地、资金、技术资料。未尽此项义务的,承包人可以顺延工程工期,由此造成承包人停工、窝工等损失的,发包人应负赔偿责任。

2. 发包人对承包人的作业进度、质量进行监督检查时,不应妨碍承包人的作业。

3. 对于隐蔽工程,应当根据承包人的通知,在被隐蔽以前及时进行检查。未及时检查的,承包人可以顺延工程日期,由此造成承包人停工、窝工等损失的,发包人应负赔偿责任。

4. 因发包人的原因致工程中途停建、缓建的,发包人应当采取补救措施,减少损失;因工程停建、缓建造成承包人停工、窝工、倒运、机械设备调迁和构件积压等损失的,发包人应负赔偿责任。

5. 因发包人变更计划,提供资料不准确,或者未按照期限提供必要的勘察、设计工作条件,造成勘察设计费及工作量增加的,发包人应承担责任。

6. 建设工程竣工后,发包人应当根据施工图纸及说明书、国家颁布的施工验收规范和质量检验标准及时进行验收。经验收合格的,发包人应当接收该工程。经验收合格的建设工程,方可交付使用;未经验收或者验收不合格的,不得交付使用。

7. 建设工程竣工后经验收合格,发包人应当按照约定支付价款。发包人未按照约定支付价款的,承包人得催告发包人在合理期限内支付;发包人逾期仍未支付的,除按照建设工程的性质不宜折价、拍卖的以外,承包人可以与发包人协议将建设工程折价,也可以申请人民法院将建设工程拍卖,并就折价或者拍卖所得价款受优先清偿。

就《合同法》第286条所规定的承包人的优先受偿权,需要注意以下四点:首先,在发包人未按约支付价款时,承包人并不能立即行使优先受偿权,而需催告发包人在合理期限内支付,在合理期限经过而发包人尚未支付时方能行使。其次,该优先受偿权并非长期有效,自建设工程竣工之日或建设工程合同约定的竣工之日起6个月未行使的,不能再行使。再次,优先受偿权担保的建设工程价款包括承包人为建设工程应当支付的工作人员报酬、材料款等实际支出的费用,不包括承包人因发包人违约所造成的损失。最后,优先受偿权担保的债权得优先于其他民事主体的债权,包括以该建设工程作抵押所担保的债权,但不得对抗已交付全部或者大部分购房款的买受人。

(二) 承包人的主要义务

1. 承包人应当亲自完成工程建设任务。经发包人同意,总承包人或者勘察、设计、施工承包人,可以将自己承包的部分工作交由第三人完成。但对第三人完成的工作成果,总承包人或者勘察、设计、施工承包人应当与第三人向发包人承担连带责任。承包人不得将其承包的全部建设工程转给第三人或者将其承包的全部建设工程肢解以后以分包的名义分别转包给第三人。承包人不得将工程分包给不具备相应资质条件的单位。分包单位不得将其承包的工程再行分包。建设工程主体的施工必须由承包人自行完成。

2. 承包人应当接受发包人的监督检查,这属于承包人的容忍义务。发包人检查的内容主要包括对工程进度的检查和对工程质量的检查。发包人若在检查中发现承包工程质量与合同约定或法律法规不符的,有权提出纠正意见并要求承包方进行补正或返工,承包方应依发包方指令,及时改正。

3. 在建设工程进行过程中,有一些工程在施工后需要进行隐蔽,然后方能进行后续建设。在这些隐蔽工程隐蔽前,承包人应及时通知发包人进行检查,以确定工程质量是否符合合同约定和法律法规的规定。若承包人怠于通知或未及时通知造成发包人损失的,承包人应予赔偿。但需注意,若承包人已就隐蔽工程的检查向发包人为合理通知,即使发包人没有及时进行检查,承包人也不能自行检查后将工程隐蔽。

4. 承包人应当按照约定的期限交付合格的工作成果。勘察、设计的质量不符合要求或者未按照期限提交勘察、设计文件拖延工期,造成发包人损失的,勘察人、设计人应当继续完善勘察、设计,减收或者免收勘察、设计费,并赔偿损失。因施工人的原因致使建设工程质量不符合约定的,发包人有权要求施工人在合理期限内无偿修理或者返工、改建;因修理或者返工、改建而逾期交付建设工程的,施工人应当承担违约责任。因承包人的原因致使建设工程在合理使用期限内造成人身、财产损害的,承包人应负赔偿责任。

三、建设工程合同的无效及其处理

(一)建设工程合同的无效

除前文已述的违法分包或转包外,建设工程合同还会因以下原因而无效:

1. 承包人未取得建筑施工企业资质或者超越资质等级的;
2. 没有资质的实际施工人借用有资质的建筑施工企业的名义的;
3. 建设工程必须进行招标而未招标或者中标无效的。

但是,若承包人超越资质等级许可的业务范围签订建设工程合同,在建设工程竣工前取得相应资质等级的,该建设工程合同有效。

(二)建设工程合同无效的处理

1. 对无效建设工程合同的处理,首先应确定工程本身的质量是否合格。若建设工程经竣工验收合格,承包人请求参照合同约定支付工程价款的,应予支持。若建设工程经竣工验收不合格,按照以下情形分别处理:(1)修复后的建设工程经竣工验收合格,发包人有权请求承包人承担修复费用;(2)修复后的建设工程经竣工验收不合格,承包人无权请求支付工程价款。

2. 若承包人非法转包、违法分包建设工程或者没有资质的实际施工人借用有资质的建筑施工企业的名义与他人签订建设工程合同,人民法院可以根据《民法通则》第134条之规定,收缴当事人已经取得的非法所得。

3. 实际施工人以转包人、违法分包人为被告起诉的,人民法院应当依法受理。实际施工人以发包人为被告主张权利的,人民法院可以追加转包人或者违法分包人为本案当事人。发包人只在欠付工程价款范围内对实际施工人承担责任。

思考题:

1. 简述承揽合同的种类。
2. 简述承揽合同的特征。
3. 简述承揽合同与委托合同的区别。
4. 简述承揽合同与雇佣合同的区别。
5. 简述承揽合同与买卖合同的区别。
6. 简述承揽合同中承揽人的主要义务。
7. 简述承揽合同中的风险负担规则。
8. 简述建设工程合同的概念与特征。
9. 简述建设工程合同中发包人的主要义务。
10. 简述建设工程合同中的分包与转包规则。

第十四章　提供服务的合同

本章提示　本章介绍了运输合同、保管合同、仓储合同、委托合同、行纪合同、居间合同和旅游合同的概念,分析了上述各类合同的法律特征,阐述了这些合同中当事人之间的权利义务。

第一节　运　输　合　同

一、运输合同概述

(一) 运输合同概念

运输合同,又称运送合同,指承运人将旅客或货物从起运点运输到约定地点,旅客、托运人或者收货人支付票款或者运输费用的合同。

运输合同是一种重要的合同。其所规范的运输活动是联系国民经济各部门、各地区以及各个经济单位的重要纽带,是保证整个国民经济发展和社会再生产活动正常进行的基础。正因为运输活动的重要性,决定了运输业是国民经济的重要组成部分,进而也决定了运输合同在社会生活及法律中的重要地位。

运输合同适用范围广泛,种类较多。以运输对象为标准,可将运输合同分为旅客运输合同和货物运输合同。以运输工具为标准,可将运输合同分为铁路运输合同、公路运输合同、航空运输合同、水上(内河、海上)运输合同及管道运输合同等。以运输方式为标准,可将运输合同分为单一交通工具的运输合同和两个以上交通工具结合的运输合同,即联运合同,后者又可分为单式联运合同与多式联运合同。

(二) 运输合同的特征

运输合同具有以下法律特征:

1. 运输合同原则上为有偿合同、双务合同。运输合同的承运人往往以承运旅客或货物为营业。在运输合同中,承运人负有将旅客或货物运送到约定地点的义务,旅客、托运人或收货人负有按规定支付票款或运费的义务,两种义务互为对价关系,故运输合同为有偿合同、双务合同。当然,在当事人之间有特约的情形下,运输合同也可为无偿合同、单务合同。

2. 运输合同一般为诺成合同。通常情况下,运输合同自双方当事人意思表示达成一致时即告成立,不以物之交付为其要件。虽然在货物运输中,以托运单、提单代替书面运输合同的,承运人往往需要在收货并经核查后,才能签发提单或在托运单上盖章,但即便如此,该货运合同依然为诺成合同。因为于此场合,托运单、提单签发之前,货物已经交付,故一旦合意达成,合同即告成立,而无需通过后续的物之交付使该合意发生合同的效力。

3. 运输合同大多采用格式条款形式订立。承运人通常是以运输作为营业的商事主体,为提高经营效率,运输合同多表现为承运人为了重复使用而预先拟定的格式条款。合同的格式、客票、货运单、提单等均依照专门法规统一印制,运费一般也是执行统一的规定。当然,运输合同一般为格式合同,并不排除在特定场合下当事人可不采格式合同来订立运输合同。

4. 运输合同常常涉及第三人。如在货物运输合同场合,其当事人虽限于托运人和承运人,但常常涉及第三人,即收货人。收货人虽非货运合同的当事人,但他对承运人可以主张一定的权利。

5. 承运人在特定条件下负有强制缔约的义务。合同的订立以自由为原则,但若合同的内容与公共利益有涉,各国法律一般都会对合同自由原则加以必要的限制。《合同法》第289条即规定:"从事公共运输的承运人不得拒绝旅客、托运人通常、合理的运输要求。"由此,我国的法律为从事公共运输的承运人设定了强制性承诺义务,即对于旅客、托运人通常的运输要求,从事公共运输的承运人只有承诺的资格,而无拒绝的权利。

(三) 运输合同的一般效力

运输合同有许多具体种类,不同的运输合同各具特有之效力,但由于各类运输合同的主给付义务在性质上具有相通性,故相互间存在着一些相同的效力,即运输合同的一般效力。

1. 承运人的主要义务

承运人的主要义务是依约定期限、方式、路线将旅客或货物安全运达约定地点。

运输合同的履行与时间因素的关系尤为密切,故承运人必须依约定期限完成运输义务。若双方约定的履行期是一个时间段,则承运人只要在该段时间内将客货运达目的地即可;若约定的是一个时间点,则必须在该时间点运达目的地。在后一种场合,迟延固属违约,提前亦非妥当,除非提前履行并不损害旅客或托运人的利益,或不会额外增加其履行费用。

当然,在运输实践中有许多承运人所不能控制的因素都会对准点运输产生影响,譬如交通管制、天气不适航、前方路段发生事故等。当发生这些特殊原因而使承运人不能在约定期限将客货送达目的地时,承运人应于上述原因消失后的合理期间内完成送达义务。

在运输过程中,运输的路线也会影响到运输所需的时间。当事人对运输路线有明确约定的,承运人应依该约定路线进行运输;当事人对运输路线没有明确约定的,承运人应按通常的运输路线将旅客、货物运输到约定地点。

除依约定期限和路线运输外,承运人还有一个非常重要的义务就是安全运输义务。在运输途中,旅客和货物在承运人的管理或占有之下,而运输工具一般具有高速、相对封闭的特点,故承运人的安全运输义务对于客货安全而言具有重要意义。运输过程中非因法定免责事由而造成客货损害的,承运人应承担相应的责任。

2. 旅客、托运人或收货人的主要义务

旅客、托运人或收货人的主要义务就是依运输合同之约定支付票款或运费。但对于承运人未按照通常的路线运输增加的票款或运费,旅客、托运人或收货人可以拒绝支付增加部分的票款或运费。对于承运人未按规定多收的杂费,旅客、托运人和收货人亦有权拒付。

二、客运合同

(一) 客运合同概述

客运合同是承运人和旅客约定,由承运人将旅客及其行李安全运输到目的地,旅客支付票款的合同。

依运输方式之不同,客运合同可分为铁路客运合同、公路客运合同、水路客运合同和航空客运合同。

客运合同为格式合同,通常采用票证形式,例如车票、船票、机票等。对于客运合同的内容,如起运时间、票价等,旅客通常无磋商余地,只能在购票或不购票之间进行选择。

除当事人另有约定或另有交易习惯外,客运合同自承运人向旅客交付客票时即成立。

(二) 客运合同的效力

客运合同的效力是指生效的客运合同所具有的法律约束力,其主要表现为客运合同当事人的权利义务。

1. 旅客的主要义务

(1) 旅客应当按照客票上记载的日期、班次和座位,乘坐约定的交通工具。旅客因自己的原因不能按照客票记载的时间乘坐的,应当在约定的时间内办理退票或者变更手续。逾期办理的,承运人可以不退票款,并不再承担运输义务。

(2) 旅客乘坐各种交通工具均应持有客票。客票是旅客与承运人存在运输合同的证据,也是承运人收到旅客票款的书面凭证。旅客要求承运人履行其运送义务时,应当出示有效客票,同时旅客应当保持客票直至目的地。旅客无票乘运、超程乘运、越级乘运或所持客票为无效客票时,应当补交票款,否则承运人有权拒绝运送。

(3) 旅客携带行李物品应限量。旅客运输合同一般都包含行李包裹运输的内容,故旅客有权按照客运规章制度的规定,免费携带一定数量的行李物品。但旅客携带行李物品不得超过一定的数量。超过限量携带行李的,应当办理托运手续。托运行李须凭客票办理。需注意的是,旅客对行李的托运本质上属于货运合同,由此产生的纠纷适用有关货运合同的规则。

(4) 旅客不得随身携带或在行李中夹带违禁物品。为了保证运输安全,旅客不得随身携带或者在行李中夹带易燃、易爆、有毒、有腐蚀性、有放射性以及有可能危及运输工具上人身和财产安全的危险物品或者其他违禁物品。不同的运输工具,违禁物品的物品种类和范围有所不同。旅客违反规定携带或夹带违禁物品的,承运人可以将违禁物品卸下、销毁或者送交有关部门;旅客坚持携带或者夹带违禁物品的,承运人应当拒绝运输。除民事责任外,若旅客携带或夹带违禁物品情节严重,还应承担相应的行政责任或刑事责任。

2. 承运人的主要义务

（1）承运人应当按照客票记载的交通工具及等级标准、日期和班次,向旅客履行运送义务。对于承运人未按客票载明的时间和班次进行运输的,旅客有权要求安排改乘其他班次、变更运输路线以到达目的地或者退票。承运人擅自变更运输工具而降低服务标准的,应当根据旅客的要求退票或者减收票款;提高服务标准的,不应当加收票款。

（2）承运人负有安全运输的义务。首先,承运人负有将旅客安全送达目的地的义务。对于旅客在运输过程中的伤亡,承运人应承担损害赔偿责任。这一责任是无过错责任,除非伤亡是因旅客自身健康原因造成的,或是因旅客故意、重大过失造成的,否则,即使承运人对于乘客的人身损害无过错,亦须承担赔偿责任。这一责任的归责原则和免责事由不仅适用于正常购票乘车的旅客,也适用于按照规定免票、持优待票或者经承运人许可搭乘的无票旅客。但对于未经承运人许可无票乘车的人员的伤亡,因没有合法有效的合同关系的存在,承运人不承担赔偿责任。

其次,承运人负有将旅客的行李物品安全送达目的地的义务。此处需注意,旅客的行李物品有两类,一类是旅客随身携带的行李物品,另一类是旅客托运的行李物品。对于旅客自带物品的毁损、灭失,承运人若有过错的,应当承担损害赔偿责任。而对于旅客托运的行李物品的毁损、灭失责任,适用货物运输的有关规定,换言之即是无过错责任。

综上可见,在客运合同场合,承运人对旅客人身伤亡、托运行李物品的毁损、灭失所承担的是无过错责任,而对于旅客自带行李物品的毁损、灭失承担的只是过错责任。

（3）承运人的附随义务。除上述给付义务外,为圆满达成客运合同之目的,承运人尚负有如下附随义务:① 告知义务。承运人应当向旅客及时告知有关不能正常运输的重要事由和安全运输应当注意的事项。② 救助义务。承运人在运输过程中,应当尽力救助患有急病、分娩、遇险的旅客,如果这些旅客因承运人不予救助或救助不及时而受有损害,有权要求承运人承担相应的民事责任。

（三）客运合同的变更和解除

客运合同成立后,在发运时间到来前,旅客一方因自己的原因不能按照客票记载的时间乘坐的,可以在法定或约定时间内变更或解除合同。于此场合,承运人除按规定收取一定比例的手续费外,应按旅客的要求变更客运合同的内容或退票,承运人不得拒绝变更或解除。如乘客逾期办理变更客票或退票手续,承运人可以不退票款,并不再承担运输义务。

客运合同也会因承运人的原因而导致变更或解除。在承运人迟延运输场合,应当根据旅客的要求安排改乘其他班次,此时发生客运合同的变更。承运人迟延运输场合,旅客也可以选择解除运输合同,由承运人原价退还旅客支付的票款,且不得另外收取手续费。如果承运人擅自改变运输工具而降低服务标准的,旅客有权要求退票或者减收票款;如改变运输工具而提高服务标准的,无权向旅客加收票款。

三、货运合同

（一）货运合同概述

货运合同是承运人和托运人约定，由承运人将货物安全运输到约定地点，托运人支付运费的合同。

货物运输合同由托运人与承运人双方订立，托运人与承运人为合同的当事人，但托运人既可以为自己的利益托运货物，也可以为第三人的利益托运货物。托运人既可以自己为收货人，也可以第三人为收货人。在第三人为收货人的情况下，货物运输合同属于"为第三人利益之合同"。因此，与客运合同不同，货运合同往往涉及第三人。

（二）货运合同的效力

货运合同的效力是指生效的货运合同所具有的法律约束力，其主要表现为货运合同当事人及收货人的权利义务。

1. 托运人之主要权利义务

托运人的主要权利包括：

（1）托运人有权要求承运人按照约定的期间（或在合理的期间内）和运输路线（或通常的运输路线），将货物运输到目的地；承运人未按照约定路线或者通常路线运输增加运输费用的，托运人有权拒绝支付增加部分的运输费用。

（2）托运人在承运人发运货物之前，可以要求取消运输；在承运人将货物发运后，未到达目的地之前，可以要求变更货物的到达站，也可以要求变更收货人。托运人解除和变更货运合同的权利是一项法定权利，但托运人因解除或变更合同而致承运人损失的，应当负赔偿责任。

托运人的主要义务包括：

（1）托运人应按时支付规定的运费、杂费和其他费用。须注意的是，在运输过程中，货物因不可抗力而致灭失时，承运人免除赔偿责任，但托运人也因此免除支付运费的义务：未收取运费的，承运人不得要求支付运费；已收取运费的，托运人可以要求返还。由此可见，货物在运输过程中因不可抗力所致灭失之风险，由托运人或收货人负担；而运费的风险，则由承运人承担。

（2）托运人有如实申报的义务。托运人在将货物交付运输时，有对法律规定或约定的事项进行如实申报的义务，如因托运人申报不实或者遗漏重要情况，造成承运人损失的，托运人应当承担损害赔偿责任。

（3）托运人应按规定向承运人提交审批、检验等文件。在货物运输中，根据运输货物的种类、性质及国家的计划安排等，有些货物的运输需要得到有关部门的批准，有些货物需要先经过有关机关的检验方可进行运输。因此，《合同法》第305条规定："货物运输需要办理审批、检验等手续的，托运人应当将办理完有关手续的文件提交承运人。"

（4）托运人对运输货物负有妥善包装之义务。

《合同法》第306条第1款规定："托运人应当按照约定的方式包装货物。对包装方式

没有约定或者约定不明确的,适用本法第156条的规定。"依此,托运人的包装义务依以下规则确定:

第一,对于运输货物的包装方式,合同中有约定的,托运人应当按照约定的方式对货物进行包装。

第二,货物运输合同对包装方式没有约定或者约定不明确时,首先由当事人签订补充协议,以确定包装方式。倘若当事人不能达成补充协议,按照合同有关条款或者交易习惯确定。仍不能确定包装方式的,应当按照通用的方式包装。没有通用的包装方式的,应当采取足以保护货物的包装方式。

依《合同法》第306条第2款的规定,托运人违反约定的包装方式的,或者不按通用的包装方式或足以保护运输货物的包装方式而交付运输的,承运人有权拒绝运输。

(5) 运输物品为危险物品时,托运人应负担之特殊义务。《合同法》第307条规定:"托运人托运易燃、易爆、有毒、有腐蚀性、有放射性等危险物品的,应当按照国家有关危险物品运输的规定对危险物品妥善包装,作出危险物标志和标签,并将有关危险物品的名称、性质和防范措施的书面材料提交承运人。托运人违反前款规定的,承运人可以拒绝运输,也可以采取相应措施以避免损失的发生,因此产生的费用由托运人承担。"

2. 承运人之主要权利义务

承运人的主要权利包括:

(1) 承运人有权按照合同的约定向托运人或收货人收取运费、杂费及其他费用,这是承运人最主要的一项权利。

(2) 除当事人另有约定外,托运人或者收货人不支付运费、保管费以及其他运输费用的,承运人对相应的运输货物享有留置权。若托运人或收货人未在合理期限内补交运费或其他费用,则承运人有权将所留置的货物进行变卖,并从变卖的价款中扣除有关费用;变卖的价款不足以抵偿费用的,承运人仍有权向收货人请求补足。当然,承运人行使此项留置权以占有货物为前提,若承运人已将货物交付给托运人或收货人,则不发生留置问题。

(3) 在收货人不明或者收货人无正当理由拒绝受领货物的情况下,承运人可以提存货物。其中,收货人不明主要包括:① 无人主张自己是收货人;② 虽有人主张自己是收货人,但依现有证据,包括货物运输合同及主张人提供的证据,无法认定其为收货人。收货人拒绝受领货物,主要是指虽有收货人,但其对货物质量、品种、数量、运至期限等存在异议而拒绝受领货物。

承运人有效提存货物后,货物运输合同关系消灭;提存货物毁损、灭失的风险由收货人负担;货物于提存期间所生之孳息归收货人所有,提存所生之费用亦均由收货人负担。

承运人的主要义务包括:

(1) 承运人应按照合同约定的期限(或在合理的期限内)和运输路线(或通常的运输路线),将货物全部、安全地运输到指定地点。

(2) 承运人在货物运达目的地后,应及时通知收货人。在客运合同中,承运人将旅客运送到目的地,义务即告履行完毕;但在货运合同中,承运人在将货物运输到目的地后,义务尚未履行完毕,尚需以合理方式通知收货人领取货物。当然,承运人的通知义务以能够合理通知到收货人为前提,若因托运人或收货人的原因而致承运人无法将领取货物的通知合理送达收货人,则承运人免除此项义务。此时,承运人应妥善保管货物,并将这一情况及时通知托运人。

(3)承运人对货物负有安全运送义务。承运人对其所承运的货物,自接收货物时起至收货人提取货物时止,应负安全运输和妥善保管之义务。在运输期间,货物发生毁损、灭失、短少、变质、污染等,除法律规定可以免责外,承运人应负赔偿责任。赔偿的数额有约定的从约定,若无约定或约定不明的,依《合同法》第61条的规定仍不能确定的,按交付或者应当交付时货物到达地的市场价格计算,除非法律、行政法规对赔偿额的计算方法和赔偿限额另有规定。

尽管货运合同的承运人对货损承担无过错责任,但并非全无免责事由。若承运人能够证明货物的毁损或灭失是由于不可抗力、货物本身的自然性质或者合理损耗以及托运人、收货人的过错所致,不承担损害赔偿责任。

此外,两个以上承运人以同一运输方式联运的(即单式联运),与托运人订立合同的承运人应当对全程运输承担责任。损失发生在某一运输区段的,与托运人订立合同的承运人和该区段的承运人承担连带责任。

3. 收货人之主要权利义务

收货人的主要权利是在承运人将货物运达指定地点后,凭证领取货物;在货物运达之前,有权请求变更货物到达地点或者变更收货人。

收货人的主要义务包括以下三个方面:

(1)及时提取货物。当货物运抵目的地且承运人发出的提货通知已到达收货人的,收货人即应在合理期限内提取货物。收货人逾期提货的,应当向承运人支付保管费等费用。

(2)及时检验货物。货物运达目的地后,收货人应当按照约定的期限检验货物。对检验货物的期限没有约定或者约定不明确的,依照《合同法》第61条的规定仍不能确定的,应当在合理期限内检验货物。收货人在约定的期限或者合理期限内对货物的数量、毁损等未提出异议的,视为承运人已经按照运输单证的记载交付的初步证据。

(3)特定情形下,收货人负有支付运费及其他费用的义务。在一般情况下,运费由托运人在发运站向承运人支付,但如果合同约定运费由收货人在到站支付或者托运人未支付的,收货人应当支付。在运输中发生的其他费用,应由收货人支付的,收货人也必须支付。

四、多式联运合同

多式联运合同是联运合同的一种。联运合同既可以是客运合同,也可以是货运合同,其特殊之处不在于运输的对象,而在于运输的方式。联运合同分为单式联运和多式联运,由于单式联运合同的法律关系相对简单,故本书主要对多式联运合同进行阐述。

(一) 多式联运合同及其作用

多式联运合同是指多式联运经营人与托运人约定,多式联运经营人以两种以上的不同运输方式,负责将货物从接收地运输至约定地点交付收货人,并收取全程运费的合同。

多式联运合同是相对于单式联运合同而言的一种运输合同。所谓单式联运合同,是指两个以上的承运人与托运人约定以同一运输方式运输货物的合同。关于单式联运合同,《合同法》第313条作了规定。

多式联运是近十几年迅速发展起来的一种运输方式,这种运输方式实行"一次托运、一次收费、一票到底、一次保险、全程负责"的规则,具有许多优越性。它可以简化运输手续,减少货损货差,减少成本和费用,并且可以使交通工具得到综合利用,使各个运输环节有机地衔接,达到紧密合作、充分发挥运输能力、加速货物周转之效果。

(二) 多式联运单据

在多式联运中,多式联运经营人收到托运人交付的货物时,应当向托运人签发多式联运单据。多式联运单据是证明多式联运合同存在、多式联运经营人接管货物并按合同条款提交货物的证据。多式联运单据应当由多式联运经营人或者经其授权的人签字。多式联运单据分为可转让单据和不可转让单据,对单据是否可以转让,托运人享有选择权,经营人应根据托运人的要求签发相应的多式联运单据。

多式联运单据一般包括以下内容:(1) 多式联运经营人的名称和主要营业地;(2) 托运人的名称;(3) 收货人的名称;(4) 货物的种类、件数、重量,货物的标志,货物的危险特征;(5) 货物的外表状况;(6) 多式联运经营人接收货物的时间和地点;(7) 交接货物的时间和地点;(8) 多式联运单据是否可以转让的声明;(9) 多式联运单据的签发时间和地点;(10) 各种运输方式的运费,运费支付方式,支付运费的货币种类;(11) 运费由收货人支付的声明;(12) 航线、运输方式和转运地点;(13) 关于多式联运遵守特定规定的声明;(14) 双方约定的其他事项。

(三) 多式联运合同的主要内容

多式联运合同性质上亦为货物运输合同,故货物运输合同的一般效力亦适用于多式联运合同。此处仅就多式联运合同的特殊规则予以阐述。

1. 多式联运经营人的一般权利和义务

多式联运经营人可分为两种类型:第一种是多式联运经营人自己拥有运输工具,并且直接参与运输合同的履行;第二种是多式联运经营人自己不拥有运输工具或者不经营运输工具,也不直接从事运输活动,而是在签订多式联运合同后,再与各运输方式的承运人单独签订各区段的运输合同,组织其他承运人进行运输。但不论多式联运经营人属于何种类型,他都是多式联运合同的一方当事人,因此《合同法》第317条规定:"多式联运经营人负责履行或者组织履行多式联运合同,对全程运输享有承运人的权利,承担承运人的义务。"依此规定,一方面,多式联运经营人享有全程运输承运人的权利,例如有权向托运人或者收货人收取运费,在托运人违约时请求赔偿等等;另一方面,多式联运经营人必须对与之签订合同的托运人或者收货人承担全程运输的义务,并承担全程运输所发生的责任和风险,对于实际参加运输的承运人的运输迟延或在运送中所造成的货损,向托运人或收货人负赔偿责任。

2. 多式联运经营人与参加多式联运的各区段承运人的赔偿责任

(1) 多式联运经营人对外独立承担责任

多式联运经营人在与托运人订立多式联运合同后,可以另行与参加多式联运的各区段承运人约定相互间的责任。但需注意的是,多式联运合同的当事人为多式联运经营人和托运人,托运人与实际承担各区段运输任务的各区段承运人不发生直接的合同关系。因此,多式联运经营人对全程运输中所发生的责任对托运人或收货人直接负全责,若货物在某一运输区段发生毁损、灭失,托运人不能直接请求发生货损区段的实际承运人承担责任。当然,多式联运经营人在向托运人或者收货人承担全程的运输责任后,可以依其与各区段承运人的约定,向负有责任的区段承运人追偿。不过,此种追偿能否实现不影响多式联运经营人向托运人承担赔偿责任。

(2) 多式联运经营人对货损承担赔偿责任的法律适用

如果货物的毁损、灭失发生于多式联运的某一运输区段,多式联运经营人的赔偿责任和责任限额,适用该区段运输方式的有关法律规定;如果货物毁损、灭失发生的运输区段不能确定,多式联运经营人应当依照《合同法》第17章"运输合同"关于承运人赔偿责任和责任限额的规定,负赔偿责任。

3. 托运人的赔偿责任

在多式联运中,如果托运人因自己的过错致多式联运经营人损害,即使托运人已经转让多式联运单据,仍应向多式联运经营人承担损害赔偿责任。易言之,托运人对多式联运经营人的赔偿责任,不受联运单据是否转让的影响,只要是由于托运人的过错造成多式联运经营人损害,不论多式联运单据在谁手中,多式联运经营人都可向托运人要求赔偿,而不能向持票人或者收货人要求赔偿。

从表面上看,这一规则突破了合同相对性原则,似乎不甚合理,其实不然。多式联运单据通常具有流通性,在流通过程中单据的受让人对于货物的实际情况其实并不知情。若因托运人包装货物不合理等原因致承运人损害,需要由单据受让人来承担赔偿责任的话,这对于单据受让人来说将是一个很大的交易风险,进而会阻碍多式联运单据的流通。因此,让托运人始终为自己的过错承担责任,而不能通过转让多式联运单据的方式移转责任,其实是对各方利益的平衡,有利于保护交易安全。

第二节 保 管 合 同

一、保管合同的概念和特征

(一) 保管合同的概念

保管合同指当事人双方约定,一方为他方保管财物,并于约定期限届满时或应他方的请求返还财物的合同。为他方保管财物的人是保管人,将财物交付他人保管的人是寄存人。保管合同又称寄托合同。

保管合同是以保管物品为目的的合同。在保管期间,寄存财物的所有与占有发生分离,财物在非所有权人的控制和管理之下。从这个角度来说,保管合同与租赁合同、承揽合同、借用合同及运输合同有类似之处。但需指出的是,尽管在后四种合同中,承租人、承揽人、借用人、承运人对于他人之物也有妥善管理之义务,但该义务并不构成这些合同的主给付义务。在这一点上,它们与保管合同截然不同。

(二) 保管合同的特征

保管合同属于民事合同,保管人并不以为他人保管财物作为经常性的营业,保管合同的许多特征均与这一属性有关。

1. 保管合同是实践合同。保管合同的成立,除当事人意思表示一致外,尚须寄存人将所要保管的物品交付保管人占有。除非当事人另有约定,保管合同自保管物交付时起成立。

2. 保管合同以无偿为原则。保管合同是否有偿,纯由当事人约定。当事人对保管费没有约定或者约定不明确的,可以协议补充;不能达成补充协议的,按照有关条款或者交易习惯确定;仍不能确定的,推定保管合同为无偿合同。

但保管合同是否有偿与是否为保管财物而支付专门费用并无必然联系。譬如,顾客进入商场后将自己的财物交由商场服务员保管,即使未专门就财物保管支付费用,该保管亦为间接有偿的保管,若因保管的财物遗失而生纠纷,应依有偿保管的规则处理。

3. 保管合同为不要式合同。对保管合同的形式,法律未作具体规定,当事人可以视不同需要分别采用口头形式、书面形式或公证形式。

4. 保管物是特定物。寄存人需要他人保管的必定是某一特定之物,不管在保管合同成立之前该物是否属于种类物,但随着保管合同因保管物的交付而成立,保管物必定实现了特定化。进而,保管人在完成保管任务后应交还原物,不能用其他物替代归还。

5. 保管合同需移转保管物之占有。在保管期间,保管物在保管人管领和控制之下,这也就意味着,在保管期间,寄存人失去了对保管物实际支配的能力。因此,移转物之占有构成保管法律关系的一个明显特征。若保管人只是提供寄放物品的场所,由寄存人自行取放,则不构成保管合同,有可能构成场所的租赁或借用合同。

此外,保管合同只移转保管物的占有权,不移转所有权、使用权、收益权。因此,未经寄存人的同意,保管人不得使用或处分保管物。

6. 保管合同的客体不是保管物本身,而是保管行为。对标的物进行妥善、合理的保管而维持其原状,既是保管人的主要义务,也是寄存人订立合同的目的。因此,保管合同在大类上属于提供服务的合同。但与其他提供服务的合同不同的是,承揽合同以交付劳动成果为直接目的,劳动合同以劳动本身为直接目的,委托合同以处理委托事项为直接目的,保管合同是以维持保管物之现状为直接目的。

7. 保管合同为继续性合同。在保管期间,保管人的保管行为具有持续性,故保管合同为继续性合同。若保管合同因法定或约定原因而解除,合同的解除仅面向将来发生效力。

二、保管合同的效力

保管合同的效力是指生效的保管合同所具有的法律约束力,其主要表现为保管合同双方当事人的权利义务。

(一) 保管人的主要义务

1. 及时验收并妥善保管标的物

保管人接收保管物时应及时进行检验,返还保管物时保管物的状态应符合接收时的检验结果。除另有交易习惯外,保管人在接收保管物时还应向寄存人给付保管凭证。不过,保管凭证并非保管合同的书面形式,保管凭证的给付亦非保管合同的成立要件,而只是保管合同关系存在之证明。

妥善保管保管物是保管人的主要义务。有偿保管场合,保管人应当对保管物尽善良管理人的注意义务,因保管人的过失而致保管物毁损、灭失的,保管人应向寄存人进行赔偿,即有偿保管的保管人所负的是抽象轻过失的责任。与此不同,无偿保管场合,保管人仅对因故意或重大过失造成的保管物的毁损、灭失承担赔偿责任。[①] 换言之,无偿保管的保管人无需就一般过失导致的保管物的毁损、灭失承担赔偿责任。此处需注意的是,有偿保管和无偿保管的区别仅在于保管人注意义务的程度不同,但保管人的违约责任均属过错责任,而非无过错责任,此属我国《合同法》所确立的违约责任归责原则之例外。此外,若保管物的毁损、灭失是由于保管人的自身行为所致,还将发生违约责任与侵权责任的竞合。

保管场所及方法是保管行为最核心的要素,直接关系到保管人能否如寄存人所希望的那样对保管物进行妥善保管。因此,若当事人对保管场所和保管方法有特别约定,除非遇有紧急情势或者为了寄存人的利益,保管人不得擅自更改;无特别约定的,保管人应根据保管物的性质、保管目的及诚实信用原则确定保管方法和保管场所。

不过,在营业场所驻留的顾客,对于货币、有价证券及其他贵重物品,应当声明并寄存。否则,营业场所所有人对该贵重物品的毁损或灭失不承担赔偿责任,除非营业场所所有人及其使用人有故意或重大过失。

2. 亲自保管义务。保管人须亲自为保管行为,除经保管人同意或另有习惯或有紧急事由外,保管人不得委托第三人代为保管。因前述事由而由第三人代为保管的,保管人仅就第三人的选任及指示负责。保管人违反约定或者未经寄存人同意,将保管物转交第三人保管,进而致保管物损害的,应向寄存人负赔偿责任。

3. 不使用保管物。保管物虽在保管人占有之下,但其只有保管之义务,而无使用或

---

① 如果消费者在商业经营场所寄存物品(非自助型的),即使是免费寄存,经营场所也要就一般过失所导致的寄存物品的毁损灭失承担赔偿责任。经营者为顾客保管财物的行为属于商事行为,民事行为中关于无偿行为因一般过错而致人损害应当免责的规定,不适用于商事行为。

允许他人使用之权利。除经寄存人同意或基于保管物的性质必须使用外,保管人不得使用或者允许第三人使用保管物。若擅自使用,保管人应向寄存人支付相应的费用;若因擅自使用保管物致保管物毁损灭失,保管人尚应向寄存人承担赔偿责任。

4. 危险通知义务。当有第三人对保管物主张权利、提起诉讼、进行扣押或保管物遇有意外灭失、毁损危险时,保管人应将有关情况及时通知寄存人。

5. 返还保管物。保管人应于保管合同期限届满或寄存人提前领取时将保管物返还给寄存人。合同未约定保管期限的,保管人可随时请求寄存人领取保管物。合同对保管期限有约定的,除非有特别事由,保管人不得提前返还保管物。但作为寄存人,不论合同是否定有期限,均得随时请求保管人返还保管物。保管物于保管期间所产生的孳息,应一并返还。

对于保管物的返还地点,双方有约定的,依约定;无约定的,保管地为返还地点。对于返还方式,双方有约定的,依约定;无约定的,保管人应依保管物的性状要求决定返还方式。

(二) 寄存人的主要义务

1. 告知义务。寄存人在将保管物交付保管人时,应将保管物的特性、可能存在的危险等客观事实告知保管人,并于必要时将相关的资料、维修记录等一并交付保管人。寄存人交付的保管物有瑕疵或者按照保管物的性质需要采取特殊保管措施的,寄存人也应当将有关情况告知保管人。寄存人未告知,致保管人未能采取相应措施而使保管物受到损害的,保管人不负赔偿责任。若因寄存人未尽告知义务而致保管人受有损害的,除保管人知道或者应当知道却未采取补救措施外,寄存人应负损害赔偿责任。若因此造成第三人损害的,由寄存人向第三人承担侵权责任。

2. 依约给付报酬。保管合同是否有偿完全取决于当事人的约定。如为有偿保管合同,寄存人应当按照约定的标准向保管人支付保管费。对保管费的支付期限有约定的,应当按照约定的期限支付,对支付期限没有约定或者约定不明确的,可以协议补充;不能达成补充协议的,按照有关条款或者交易习惯确定;仍不能确定的,应当在领取保管物时支付。寄存人不履行此项义务时,保管人有权留置保管物,当事人另有约定的除外。

3. 返还必要费用。无论保管是否有偿,若保管人因保管寄存物品而支出必要费用,寄存人皆应负责偿付。

4. 特定场合的声明义务。若寄存人寄存的物品为货币、有价证券或其他贵重物品,应向保管人特别告知,并经由保管人验收或封存。若寄存人未尽该告知义务,保管人仅需按一般物品的价值予以赔偿。

5. 寄存人对保管物意外灭失承担风险。对于保管物的毁损或灭失,保管人如能证明是由于不可抗力等非属保管人过错的原因所致,则免除保管人的赔偿责任,该风险由寄存人承担。

第三节 仓储合同

一、仓储合同的概念和特征

（一）仓储合同的概念

仓储合同指当事人双方约定，一方为他方提供仓储保管服务，他方为此向提供仓储服务的人支付报酬的合同。为他方提供仓储保管服务的人被称为保管人（即仓库营业人），将财物交付他人保管的人被称为存货人。该合同在性质上属于商事合同。

（二）仓储合同的特征

就合同内容而言，仓储合同属于保管合同的范畴，因此仓储合同与一般的保管合同在许多方面存在共性；但由于仓储合同的商事性，又使其具有不同于普通保管合同的某些特点。举其大者，仓储合同具有如下特征：

1. 仓储合同是诺成合同。此与普通的保管合同不同，这是由仓储合同的商事性所决定的。商事交易追求确定性，应尽可能缩短合同磋商与合同成立之间的间隔。且商事交易成本较高，当事人往往在履约之前进行了许多准备工作，或放弃了其他交易机会，若以实践行为为合同成立要件，则在一方当事人未作出实践行为的场合，另一方仅能追究对方的缔约过失责任，这于其极为不利。基于以上原因，商事合同皆为诺成合同，仓储合同亦然。

2. 仓储合同是有偿合同。保管合同可以是有偿合同也可以是无偿合同，且在无明确约定的场合被推定为无偿合同。但仓储合同原则上为有偿合同，因为仓储合同中的保管人就是以仓储为营业的商主体，其从事仓储业就是为了营利。除非仓储合同明确约定为无偿，否则即使仓储合同没有明确约定费用，亦为有偿合同，仓储费依合同解释的方法确定。

3. 仓储合同的保管人可以是法人，也可以是个体工商户、合伙组织或其他组织，但必须具备一定的资格，即具有专业的仓储设备，专门从事仓储保管业务。而普通保管合同中的保管人则无此条件限制。

4. 仓储合同为双务合同、不要式合同。仓储合同的保管人需向仓储人提供仓储服务，存货人需向仓储人支付仓储费用，这两项给付义务互为对价，故仓储合同为双务合同。

法律对仓储合同的成立也未规定特别的要件，故仓储合同为不要式合同。尽管保管人在收到仓储物时应向存货人签发仓单或其他凭证，但此乃仓储合同成立后保管人之义务，并非仓储合同本身，亦非仓储合同之成立要件。

5. 仓储合同为继续性合同。仓储合同的这一特征与普通的保管合同相同。

二、仓储合同的效力

仓储合同的效力是指生效的仓储合同所具有的法律约束力，其主要表现为仓储合同双方当事人的权利和义务。

(一) 保管人的主要义务

1. 验收货物的义务。保管人在接收存货人交存仓储物入库时,应当按照合同约定对仓储物进行验收。验收的范围通常包括货物的品名、规格、数量、外包装状况以及无须开箱直观可见的锈蚀、损坏、变质等质量情况。如保管人发现入库货物与合同规定不符,应及时通知存货人处理。在此期间,保管人应对收到的仓储物进行妥善暂存,暂存期间发生的费用和损失均由存货人负担。如保管人未按合同规定的项目、方法和期限验收或验收不准确,造成经济损失的,保管人应负法律责任。

2. 签发仓单的义务。保管人在验收货物后,应向存货人签发仓单。仓单中应记载存货人的身份事项、储存货物的种类、品质、数量、货物储存期间、存储场所、仓储物的保险事宜、仓储费、仓单的填发人及填发日期等事项。

仓单在性质上属于有价证券,经货物所有人背书并经保管人签名后,货物所有权发生移转。仓单持有人可请求保管人将仓储物分割为数部分,分别填发仓单,理论上称之为仓单的分割。仓单的分割在大宗货物的存货人要对货物的一部分进行处分,或打算将货物分割处分的场合,显得尤为便利。当然,因分割仓单所支出的费用,由存货人支付或偿还。

3. 妥善保管的义务。保管人应按合同约定的储存条件和保管要求保管仓储物,保管人未尽此项义务造成存货人损失的,应负赔偿责任。与普通保管合同一样,仓储合同中保管人的责任也是过错责任。故因仓储物的性质、包装不符合约定或者超过有效储存期等非因保管人之过错造成的仓储物变质、损坏,保管人不负赔偿责任。此外,因不可归责于保管人的意外事件而致仓储物毁损、灭失的,保管人亦不承担赔偿责任。

4. 协助与通知的义务。存货人或者仓单持有人要求检查仓储物或者提取样品的,保管人应当同意。保管人在保管期间发现仓储物有变质或者其他损坏的,应当及时通知存货人或者仓单持有人。保管人在保管期间发现仓储物有变质或者其他损坏,有可能危及其他仓储物的安全或者正常保管的,应当催告存货人或者仓单持有人作必要的处置。若情况紧急,保管人有权作出必要的处置,但应当及时通知存货人或者仓单持有人。对于货物外包装或货物上标明有效期的,保管人应于有效期届满前的合理期限内通知存货人。

5. 依约返还货物的义务。对存储期限有明确约定的,保管人除非有特别事由,不得提前返还保管物;对储存期限没有约定或者约定不明确的,保管人可以随时要求存货人或者仓单持有人提取仓储物,但应当给予必要的准备时间。但作为存货人或者仓单持有人,不论合同是否定有期限,其均得随时请求保管人返还保管物,保管人均须应存货人或者仓单持有人之请求,及时返还保管物。

(二) 存货人的主要义务

1. 提供验收资料的义务。因存货人未提供验收资料或提供验收资料不齐全、不及时,造成验收差错的,存货人应负相应的责任。依《合同法》第383条规定,储存易燃、易爆、有毒、有腐蚀性等危险物品或者易变质物品,存货人应当说明该物品的性质,提供有关资料。存货人不提供的,保管人有权拒收仓储物;保管人也可以接收仓储物,并采取避免损害发生的措施,因此而发生的必要费用由存货人负担。

2. 包装货物的义务。存货人有义务对寄存的货物进行合理包装。货物的包装,有国家标准或专业标准的,按国家标准或专业标准进行包装;没有国家或专业标准的,根据保证运输和储存安全的原则进行包装。

3. 及时提取仓储物的义务。储存期限届满,存货人(或者仓单持有人)应当凭仓单提取仓储物;不提取仓储物的,保管人得定合理期限催告其提取。逾期仍不提取的,保管人得提存仓储物。

4. 向保管人支付保管费和必要费用的义务。存货人应按合同规定的数额(或标准)、支付方式、支付时间、支付地点向保管人支付保管费。保管期限届满仍不提取仓储物的,应当加付保管费。但提前提取仓储物的,仍应按约定的保管期限支付保管费,保管人并不减收保管费。这是因为,保管人以提供仓储服务作为营业内容,其对于每一个特定仓位的利用都会根据已经订立的仓储合同作出前后相续的合理安排。存货人提前领取货物并不意味着保管人一定能对空出的仓位进行及时利用。此时若按照实际存货时间结算仓储费用,实际上会打乱保管人的商业安排,甚至成为商业竞争对手恶意竞争的手段。因此,即使存货人提前领取货物,亦应全额支付保管费。

若存货人不支付保管费,保管人有权留置保管物。保管人因存货人的额外要求而支出的必要费用,如托运费、保险费、修缮费、转仓费等,存货人应及时向保管人支付。

5. 存货人在特定情形下负损害赔偿责任。因货物性质或瑕疵而致保管人受到损害的,存货人应负损害赔偿责任。但保管人已知货物危险性质的,存货人不负赔偿责任。

6. 存货人对货物的意外灭失承担风险责任。货物在储存期间,因不可抗力、自然因素或货物本身的性质所发生的损失,由存货人承担。

第四节 委托合同

一、委托合同概述

(一) 委托合同的概念

委托合同是一方委托另一方处理事务,另一方允诺处理事务的合同。委托他方处理事务的人被称为委托人,接受委托处理事务的人被称为受托人。

委托合同的当事人仅限于委托人和受托人。受托人在处理委托事务的过程中所涉及的第三人,并不是委托合同的当事人,即使该第三人在委托合同中被特定化了,譬如委托人明确要求受托人向某第三人购买标的物,该第三人也不构成委托合同的当事人,不承受委托合同的权利义务。

委托合同通常发生于委托人不能(如缺乏相关专业能力)或不愿(如没有时间)处理某种事务,而将之交由他人(受托人)处理的情形。小到家事托管,大到国际贸易代理,均涉及到委托。因此,委托关系存在于社会生活的各个角落。委托合同扩张了个人(委托人)的能力,使个人能力突破了时间、空间、自身专业能力的限制,它加速了社会分工和专业化,提高了整体社会效益。

(二) 委托合同的特征

1. 委托合同以为他人处理事务为目的。委托合同的标的是处理事务的行为,而非事务本身,因此委托合同属于典型的提供服务的合同。

《合同法》对可以委托他人处理的事项范围并未作出明确限定。但通说认为,那些应由特定当事人亲自处理的事项不能委托他人处理;违法的事务、违背公序良俗的事务,亦自无委托之余地。除此之外的事务皆可委托他人处理。在委托方式上,委托人既可以委托受托人处理一项事务,也可以委托受托人处理数项事务,还可以概括地委托受托人处理所有的事务。

委托他人处理的事务依其内容可分为法律行为与事实行为,前者如代购代销,后者如代管代书等。如果委托的事项为法律行为,往往会与第三人发生法律关系;若委托的事项为事实行为,则通常与第三人无涉。但无论所委托的事务属何种类,受托人在委托的权限内所实施的行为等同于委托人自己的行为,受托人处理事务之效果通常直接归属于委托人。

2. 委托合同的双方当事人具有高度的信任关系。委托人之所以愿意将自身的事务委托他人处理,一方面是信赖对方有处理相关事务的能力,另一方面也是信赖对方不会随意利用和散布在处理事务过程中所掌握的己方信息。受托人之所以愿意接受委托,也是基于对委托人的了解和信任。若双方的信任关系趋于瓦解,则委托关系也难以为继。是故,委托合同的双方均有法定解除权。

3. 委托合同为诺成合同、不要式合同。委托合同于双方达成合意之时成立,无需以物之交付或当事人义务之履行作为合同成立要件,故为诺成合同。对于委托合同的形式,法律亦无特别要求,故为不要式合同。

4. 委托合同原则上为有偿合同。依《合同法》第405条之规定,除非当事人另有约定,受托人完成委托事务后,委托人应向受托人支付报酬。由此可见,委托合同以有偿为原则,无偿为例外。当然,这一原则的合理性值得商榷。在生活中存在着大量的民事委托,其实当事人本意是无偿委托,自不会约定报酬,而按照《合同法》的规定,这些没有约定报酬的委托合同将按照有偿委托予以对待,这无疑违背了当事人的真实意思,而且对于大量处理个性化事项的委托合同而言,报酬的确定也是一件困难的事情。

但需注意,无论委托合同是否有偿,委托人均应向受托人支付因处理委托事务而支出的必要费用,因为这些费用因处理委托事项而起,并非受托人劳动的对价。在对于该费用的支付方式未作约定的场合,委托人应预付之。

5. 委托合同可为单务合同,亦可为双务合同。因委托合同可为有偿,亦可为无偿,相应地委托合同就有双务与单务之分。在有偿委托场合,受托人负有处理事务之义务,委托人负有支付报酬之义务,两者互为对价,故为双务合同。在无偿委托场合,仅受托人负有处理委托事务之义务,委托人无需作对待给付,故为单务合同。

(三) 委托合同与委托代理中代理权的授予行为

在现实生活中,将委托合同(以下简称"委任")与代理权的授予行为(以下简称"授权")两个概念混淆的情形时有发生。但在民法概念中,委任与授权截然不同。委任,已如前述,是一种建立债权债务关系的民事法律行为,而授权是赋予他人代理权的民事法律行为。委任与授权有如下区别:

1. 委任不是委托代理权的发生根据,也不是任何一种代理的代理权的发生根据;授权则是代理权的发生根据。换言之,导致委托代理权发生的法律事实不是委任而是授权。仅仅有委任行为而无授权行为不产生代理权。

2. 委任属于合同的一种,是一种双方的民事法律行为;授权则是单方的民事法律行为。故此,委任是对内的,是委托人与受托人彼此之间的意思表示;授权是对外的,是委托人向第三人所进行的意思表示。

3. 委任所生法律后果是合同当事人之间债权债务关系的发生。受托人有义务实施委托人委托的行为,委托人有义务向受托人支付相关费用。如果属于有偿委托,委托人还有义务向受托人支付报酬。授权所生法律后果是委托代理权的发生。

委任与授权虽然存在上述区别,但是两者并非全无联系。委任往往是授权的前提行为,授权往往是委任的后续行为。当事人为了实施授权行为,先进行委任行为,建立委任关系;建立委任关系的目的在于实施授权行为。但是,委任并非授权的唯一前提或基础,当事人间存在的雇用关系、承揽关系、建设工程承包关系等,都是授权的基础,此时无委任却有授权。

二、委托合同的订立

委托合同自当事人意思表示一致即告成立,并不以实际履行受托事务为成立条件。《合同法》对委托合同形式未作限制,因此委托合同可以采取口头形式、书面形式及其他可以推定存在委托合意的任何形式。委托合同的缔结遵循一般合同缔结规则。

委托合同的主要条款包括:(1) 委托事务及其处理权限;(2) 受托人的义务和责任;(3) 委托人的义务;(4) 合同期限;(5) 费用和报酬;(6) 转委托条款;(7) 违约和侵权责任;(8) 争议解决条款;(9) 保密义务和竞业禁止义务等。

在委托合同中,最重要的条款是委托事务及事务处理权限。事务处理权限的授与方式分两种:概括委托和特别委托。概括委托是一种笼统的事务委托,既不详细列举具体或特定事项,也不明确其处理事务的权限,通常表现为"全权委托"、"一切权限"等表述。在特别委托场合,委托人对受托人处理的事务及其权限会作出具体限定。很显然,在概括委托场合,委托人对受托人有着更高的信任度,但也承担着更高的风险。

三、委托合同的效力

委托合同的效力是指生效的委托合同所具有的法律约束力,其主要表现为合同双方当事人的权利义务。要言之,委托人所享有的基本权利是要求受托人按约定和指示处理受托事务,并承受由此产生的法律后果;相应地,受托人的主要义务便是处理受托事务,并依约将处理事务的后果交付委托人。

(一) 受托人的主要义务

1. 依委托人的指示处理委托事务

在委托合同中,受托人的主要义务便是依委托人的指示处理委托事务。但在情势紧急时,若无法依委托人的指示行事,或仍依委托人指示行事将给委托人带来损失,则受托人得变更委托人指示,妥善处理委托事务。这是受托人依委托人指示处理事务之例外,同时也凸显了信任因素在委托合同中的重要性。在受托人变更指示的场合,若其变更时无法与委托人取得联系,应于变更后及时报告委托人;若因怠于报告而致委托人损失的,受托人应予赔偿。

2. 亲自处理委托事务

受托人负有亲自处理受托事务的义务。委托合同建立在人身信任的基础之上,若允许受托人擅自将受托事务转交他人处理,将使委托人的信赖落空,利益受损。

但需指出的是,这一义务并非绝对,在特定情形下,受托人可将所托事务转由他人处理,形成转委托。这些特定的情形包括:(1) 事先征得委托人同意;(2) 虽在转委托之时未征得委托人同意,但事后得到委托人追认,转委托亦属有效;(3) 紧急情况下受托人为维护委托人的利益进行的转委托,所谓紧急情况指受托人处理委托事务因意外原因受有阻碍,若不及时将该事务转托他人处理将使委托人的利益受损。

若转委托有效成立,则次受托人与委托人之间建立了直接的法律关系。次受托人并非受托人的受托人,其处理事务之效果并非归属受托人,而是直接归属于委托人。委托人可就委托事务直接指示次受托人,并应向次受托人支付报酬和费用;次受托人直接就委托事务向委托人负责。当然,受托人也可向次受托人发布指示,其仅就次受托人的选任及其对次受托人的指示向委托人承担责任。

若受托人擅自转委托,在法律上受托人所托之第三人构成受托人的债务履行辅助人,该第三人与委托人之间无法律关系,该第三人所为之行为由受托人向委托人负责,造成委托人损失的,亦由受托人向委托人进行赔偿。

3. 忠诚与勤勉义务

委托合同具有高度的人身信任的性质,故受托人应当完全忠实于委托人的利益,不得利用其受托人的便利地位收受贿赂或其他好处,不得利用受托人的地位或机会谋取私利,更不得与第三人私下交易、恶意串通,损害委托人的利益。

受托人应以勤勉之态度处理受托事务,其应当运用自己的全部知识、经验、技能为委托人处理事务,并应在处理事务过程中尽合理的注意义务。

4. 报告义务

受托人应当随时或定期向委托人通报事务处理过程,报告事务处理结果,并提交必要的证明文件,以便于委托人监督和评价其行为。《合同法》第401条规定了受托人的两种报告义务:一种是事务处理过程中的报告义务;一种是事务或合同终止时的报告义务。[①]若受托人怠于报告而致委托人受有损害,委托人有权请求受托人赔偿。受托人的报告义务通常不以委托人的请求为前提。

5. 移交财产和权益的义务

受托人因处理委托事务所取得的财产及有关权益应当及时交付给委托人。这些财产可以是金钱,也可以是物品及其孳息。至于这些财产是以委托人名义取得,还是以受托人名义取得,甚至以次委托人名义取得,在所不论。如果受托人通过处理委托事务所取得的不是有形的物,而是权利,该权利直接归属于委托人,不存在移交问题。

(二) 委托人的主要义务

在委托合同关系中,委托人所负的主要义务是依约定支付报酬和费用,在事务执行过程中委托人还有协助受托人处理受托事务的义务。

1. 支付报酬义务

尽管在大陆法系许多国家的民法中,委托合同原则上为无偿合同,但依我国《合同法》第405条之规定,在当事人无明确约定的场合,只要受托人完成了委托事务,委托人即应支付报酬。故在我国,委托合同原则上为有偿合同。

委托合同报酬的支付,不完全以受托人完成委托事务为条件。除非当事人另有约定,若因不可归责于受托人的事由,委托合同解除或者委托事务不能完成的,委托人仍应当向受托人支付相应的报酬。

委托合同报酬的支付,也不以发生预期效果为条件。受托人只要本着诚信、勤勉之态度,依约将委托事务处理完毕并向委托人报告后,就有权请求委托人支付报酬。委托人不得以未达预期效果为由拒付报酬。譬如,发明人委托专利代理人申请专利,不得以未获专利授权为由拒付报酬,除非双方明确将专利授权约定为支付报酬的条件。

2. 支付费用义务

无论委托合同是否有偿,因处理委托事务而需支出的费用,均应由委托人支付。在无明确约定的场合,委托人应向受托人预付费用,预付费用的数量以及预付的时间、地点、方式等,应依委托事务的性质及处理的具体情况而定。在无明确约定的场合,对于处理委托事务所需的费用,受托人并无垫付义务。若经受托人请求,委托人不预付费用,受托人因此未能处理委托事务的,不构成迟延履行。若受托人为处理委托事务而垫付了必要费用,委托人应予偿还,并支付相应利息。所谓必要费用,是指交通费、通讯费、查询费等处理委托事务必须支付的费用。在确定必要费用的范围时,应充分考虑委托事务的性质、完成委托事务必需的步骤、受托人的注意义务等具体情形。

3. 协助义务

委托人应当为受托人履行义务提供必要的协助或便利,如提供必要的信息和资料、如

[①] 《合同法》第401条规定:"受托人应当按照委托人的要求,报告委托事务的处理情况。委托合同终止时,受托人应当报告委托事务的结果。"

实陈述事实等。若因委托人未尽协助义务而致受托人未能完成委托事务,受托人不承担违约责任,在有偿委托场合,若因此而影响到受托人基于该合同的收益,受托人还有权请求委托人赔偿。

(三) 委托合同履行中损害赔偿责任的承担

在委托合同履行过程中,可能会由于当事人的行为而导致各种损害。对于这些损害,《合同法》规定了两种责任形式。

1. 委托人受损:受托人的过错责任

根据《合同法》第406条,若受托人在处理委托事务过程中因违反注意义务而给委托人造成损失的,承担过错责任。该过错责任的大小因合同是否有偿而有所不同。在无偿委托场合,受托人仅就故意或重大过失承担责任;在有偿委托场合,受托人就一切过失承担责任,即只要有轻过失即应承担赔偿责任。换言之,有偿委托场合受托人应尽的注意义务高于无偿委托。需注意的是,前述过错责任是因违反注意义务而起,若受托人的行为造成委托人损失是因超越权限而起,受托人的责任不因委托合同是否有偿而有所区别。

有些情形下,委托人会委托两个以上的受托人为其处理事务,此时便形成了共同委托。于此场合,若数个受托人在处理委托事务中因违反注意义务致委托人受有损害,须向委托人承担连带责任。但在受托人为代理行为时,若数个受托人中的一人或者数人未与其他受托人协商,所实施的行为侵害委托人权益的,由实施行为的受托人承担责任,其他受托人无需向委托人承担赔偿责任。

2. 受托人损失:委托人无过错责任

根据《合同法》第407条和第408条,委托人在下列情形下,对于受托人所受损失承担责任:

其一,因委托人指示不当或其他过错致受托人遭受损失。此为过错责任。

其二,受托人处理委托事务时,因不可归责于自身的事由受到损失的,得请求委托人赔偿。此处的损失包括财产损失和非财产损失。此处所谓不可归责于受托人的事由,典型者如受托人在处理委托事务过程中受到第三人损害。此时,受托人自可基于侵权请求第三人赔偿;但若该第三人不明,或无赔偿能力,或存在免责事由,受托人请求委托人赔偿亦无不可。

其三,委托人另行委托,导致受托人受有损失的。委托以信任为基础,若受托人已经开始处理委托事务,而委托人又另行委托第三人处理同一委托事务,极可能导致受托人的行为成为重复劳动而受有损失。在此情形下,受托人有权要求委托人赔偿损失。

四、间接代理制度

我国原有的法律中仅有直接代理制度。由于我国在制定《合同法》的过程中借鉴了《联合国国际货物销售合同公约》的相关规定,确立了代理人直接以自己的名义对外订立合同的制度。对于这一制度,学说称之为间接代理。① 由此,基于委托而产生的代理有了直接代理与间接代理之分。在直接代理场合,代理人(受托人)以被代理人(委托人)之名义对外为法律行为;在间接代理场合,代理人(受托人)以自己的名义对外为法律行为。在这两种场合,代理人(受托人)对外所为之行为均是为了被代理人(委托人)之利益。但由于在间接代理场合,代理人与第三人订立合同之时委托人并不显名,故相较直接代理而言,此时对第三人利益之保护更显迫切。进而,间接代理制度存在许多有别于直接代理的特别规则。在实务中,间接代理常见于外贸代理场合。

(一) 披露身份的间接代理

《合同法》第402条规定,受托人以自己的名义,在委托人的授权范围内与第三人订立的合同,第三人在订立合同时知道受托人与委托人之间的代理关系的,该合同直接约束委托人和第三人,但有确切证据证明该合同只约束受托人和第三人的除外。

本条所规定的即是披露身份的间接代理,因为尽管受托人以自己的名义与第三人订立合同,但由于第三人知道受托人与委托人之间的代理关系,因此没有必要让受托人来承受合同的权利义务,而直接由委托人承受即可。譬如,甲公司出口水产品给乙公司,双方就买卖的具体事宜均已谈妥,但由于甲公司并无直接出口水产品的资质,故甲乙两公司找到专门从事外贸代理的丙公司,由丙公司作为甲公司的间接代理人与乙公司订立合同。在此场合,以丙公司的名义与乙公司订立的买卖合同直接拘束甲乙公司,若甲公司交付的水产品有质量瑕疵,乙公司应直接请求甲公司承担赔偿责任,而不能要求丙公司承担赔偿责任。在这里,以受托人名义订立的合同直接拘束委托人和第三人的现象在学说上称为委托人的自动介入。

(二) 未披露身份的间接代理

《合同法》第403条规定了未披露身份的间接代理制度。与《合同法》第402条规范对象不同的是,在未披露身份的间接代理场合,受托人以自己的名义与第三人订立合同时,第三人对于受托人与委托人之间的代理关系并不知情。譬如,在上文所举的水产品买卖例子中,若甲公司先找到丙公司,委托丙公司为其物色买家,后丙公司以自己的名义与乙公司订立了买卖合同,乙公司并不知悉甲丙公司间的代理关系的,就构成了未披露身份的间接代理关系。

在未披露身份的间接代理场合,若受托人因第三人的原因对委托人不履行义务,受托人应向委托人披露该第三人,委托人可因此行使受托人对第三人的权利。此即委托人的介入权,介入权在性质上属形成权。在委托人行使介入权,从而得行使受托人对第三人的权利时,第三人可以向其主张对受托人的抗辩。介入权与披露身份的间接代理场合的自动介入之间的区别在于,在自动介入场合,委托人无需主张即与第三人成立直接的法律关系,当委托人违约时,第三人只能请求委托人承担违约责任;而在介入权场合,委托人若不行使介入权,将不能直接向第三人主张权利,且在委托人违约场合,第三人可以放弃委

---

① 参见崔建远主编:《合同法》(第5版),法律出版社2010年版,第515页。

托人而选择受托人承担赔偿责任。

但若第三人在与受托人订立合同时知道该委托人就不会与受托人订立合同的,即使第三人违约,委托人亦不能向其主张权利,而只能由受托人向第三人主张权利。此时,委托人的介入权受到限制,体现了对第三人的保护。

在未披露身份的间接代理场合,若受托人因委托人的原因对第三人不履行义务,受托人应当向第三人披露委托人,第三人因此可以选择受托人或者委托人作为相对人主张其权利。此即第三人的选择权。该权利体现了对间接代理中第三人的保护。但需注意的是,第三人一旦行使选择权,即无权变更选定的相对人。

在第三人选择向委托人主张权利的,委托人可以向第三人主张其对受托人的抗辩以及受托人对第三人的抗辩。

五、委托合同的终止

当委托事务处理完毕,或委托合同已陷于履行不能,或委托合同约定的合同存续期限届满时,委托合同自动终止。这些都属于委托合同终止的常见原因。除此之外,委托合同还会因以下特殊原因而终止:

(一) 当事人一方行使任意解除权

委托合同以双方当事人的相互信任为基础,若其中一方对他方不再信任,应允许其解除合同。故《合同法》第410条规定,委托人或者受托人可以随时解除委托合同。当然,任意解除权并不意味着其行使无需承担任何后果。若因解除合同给对方造成损失的,除不可归责于该当事人的事由以外,解除合同的一方应当赔偿对方损失。

(二) 当事人一方死亡、丧失行为能力或破产

除非当事人另有约定或者根据委托事务的性质不宜终止,委托人或受托人死亡、丧失民事行为能力或者破产的,委托合同终止。但有两个例外:

1. 因委托人死亡、丧失民事行为能力或者破产,致使委托合同终止将损害委托人利益的,在委托人的继承人、法定代理人或者清算组织承受委托事务之前,受托人应当继续处理委托事务,此时委托合同不终止;

2. 因受托人死亡、丧失民事行为能力或者破产,致使委托合同终止将损害委托人利益的,在委托人作出善后处理之前,受托人的继承人、法定代理人或者清算组织应当采取必要措施,此时委托合同亦不终止。

第五节 行纪合同

一、行纪合同的概述

(一) 行纪合同的概念

行纪合同是一方以自己的名义为他方从事交易活动,他方支付报酬的合同。其中以

自己名义为他方从事交易活动的被称为行纪人,委托行纪人从事交易活动并向其支付报酬的被称为委托人。

(二) 行纪合同的特征

行纪合同具有如下特征:

1. 行纪人须具备特定资质。行纪作为一种典型的商行为,要求行纪人必须取得一定的资质。在我国,行纪人只能是经批准经营行纪业务的法人、自然人或其他组织,未经批准不能从事行纪业务。而对于特定行业,如证券、保险等,从事行纪业务还另需获得相关的行政批准或许可。

2. 行纪人以自己名义为委托人办理业务。行纪人在为委托人办理业务时,须以自己的名义对外为法律行为。就该法律行为而言,行纪人就是直接主体,由该行为产生的权利、义务均由行纪人承受。

3. 行纪人为委托人的利益办理业务。尽管行纪人以自己的名义对外为法律行为,并直接承受该法律行为所生之权利义务,但该法律行为之成效,在行纪人与委托人之间,最终归属于委托人。例如,行纪人接受委托从第三人处购入一批商品,该购入的商品最终移转给委托人。又如,行纪人接受委托将委托人的商品销售给第三人并从第三人获得价金,该销售所得价金最终归委托人。故行纪人应遵从委托人的指示,在从事行纪业务过程中尽勤勉及合理注意之义务。就此而言,行纪和普通的委托存在共通性,因为委托中受托人处理委托事务之最终效果亦归属于委托人。

4. 行纪的委托事项限于交易活动。这里的交易活动应作广义的理解,即不仅指货物买卖活动,而且也指其他财产的买卖活动,如证券交易、期货交易、企业产权交易、无形财产的买卖等。这一特征又使行纪合同区别于委托合同,因为委托合同中的委托事项不限于交易活动。

5. 行纪合同是双务、有偿、诺成及不要式合同。行纪人以自己的名义为委托人从事交易活动,委托人向行纪人支付报酬,这两项义务互为对价,故行纪合同为双务合同、有偿合同。行纪合同自当事人达成合意之时成立,无需为给付行为,法律对之亦无形式要求,故为诺成合同、不要式合同。

(三) 行纪与间接代理

行纪人与间接代理人都以自己的名义对外为法律行为,在这一点上两者完全一致。但两者之间也存在着明显差异。其一,就行纪人与第三人订立的合同而言,行纪人是合同主体,委托人与该合同没有直接关系,不是该合同的债权债务的承受者,其不能直接向第三人主张权利,第三人也不能直接请求委托人承担任何责任。而在间接代理场合,委托人一旦行使介入权或发生自动介入,可以直接向第三人主张权利;第三人有选择权,可以直接要求委托人承担责任。换言之,在间接代理场合,委托人和第三人之间在许多情形下能直接发生请求关系,而这是行纪关系中绝不会发生的。其二,在特定情形下,行纪人可以自买自卖,该行为不违反忠实义务,且在完成行纪业务后还能请求委托人支付报酬。而间接代理作为代理之一种,严格遵循代理的基本原则,绝对禁止自买自卖,否则将构成代理权滥用。

二、行纪合同的效力

行纪合同的效力是指生效的行纪合同所具有的法律约束力,其主要表现为行纪合同当事人的权利义务。

（一）行纪人的主要义务

1. 依委托人的指示处理事务

作为受托人,行纪人应遵照委托人的指示进行交易。在委托人的指示中,价格指示无疑是最核心的。若行纪人低于指示价格卖出委托物,或高于指示价格买入,均应经过委托人同意,若未经委托人同意,行纪人应补偿差价,否则委托人有权拒绝接受该交易后果,由行纪人自行承担。但若行纪人高于指示价格卖出或低于指示价格买进委托物,因该行为对委托人有利,故无需经过委托人同意即对委托人发生效力。于此场合,行纪人可按照约定增加报酬;若没有约定或约定不明确,亦不能依《合同法》第61条之规定予以确定的,因此产生的利益归委托人。但是,在委托人对价格有特别指示的情形下,行纪人应严格遵守,不得违反,否则将承担违约责任。

需指出的是,若行纪人接受委托买卖的是有市场定价的证券或其他商品,除委托人有相反的意思表示以外,行纪人自己可以作为出卖人或买受人与委托人为交易,这一权利被称为行纪人的介入权或自约权。于此场合,行纪人和委托人之间不仅存在行纪关系,还存在买卖关系,行纪人可依买卖合同承受卖方或买方的权利义务,同时他还能基于行纪合同请求委托人支付报酬。行纪人的介入权使行纪明显区别于代理,因在代理场合代理人自买自卖属于滥用代理权的行为,是受禁止的。

2. 妥善保管委托物

在委托出卖和购买各种财产的过程中,行纪人往往占有着委托物。此时,行纪人对委托物的保管应尽善良管理人的注意义务。若行纪人未尽妥善保管义务而致保管物毁损灭失的,应承担赔偿责任。若委托物非因行纪人的过错而意外毁损灭失,该风险由委托人承担。至于行纪人是否需为委托物投保,应视委托人的指示而定。若委托人指示行纪人投保,行纪人却未予投保,则行纪人应为委托物的毁损、灭失承担责任。若委托人未指示行纪人投保,行纪人并无为委托物投保之义务,若其自行投保,因此而产生的保险费用属于行纪费用,由行纪人自行承担。

3. 合理处分委托物

在遇有紧急情况可能致委托物价值贬损时,行纪人应基于委托人利益而对委托物进行及时处分。根据《合同法》第417条,行纪人处分的要件是：其一,委托物交付给行纪人时有瑕疵或者容易腐烂、变质;其二,经委托人同意,或者在不能及时与委托人取得联系等紧急情形下,由行纪人自行处分。行纪人的处分权既是权利,同时也是义务。若行纪人违反对委托物的合理处分义务,应承担违约责任,并赔偿给委托人造成的损失。

4. 负担行纪费用

行纪费用,即行纪人在处理委托事务时所支出的费用。依《合同法》第415条之规定,行纪人处理委托事务支出的费用,由行纪人负担,但当事人另有约定的除外。这也就意味着,行纪费用属于行纪人的营业成本,或者可以理解为在委托人支付给行纪人的报酬中已经包含了行纪人的行纪费用。

(二) 委托人的主要义务

1. 支付报酬

若行纪人已完成或部分完成委托事务,委托人应相应向其支付报酬,这是委托人的主要义务。行纪人的报酬一般被称为佣金。

所谓行纪人完成委托事务,是指行纪人对外所为交易之效果已由委托人取得,譬如行纪人已将买到的货物或收到的价款交付给委托人。若行纪人只是与第三人订立了合同,尚不能认为完成委托事务,因合同的履行具有不确定性,若仅仅因订立合同即能认定完成委托事务,并进而能请求委托人支付报酬,有可能引发商业交易中的道德风险。

因不可归责于行纪人的原因致其不能完成行纪行为的,行纪人不承担违约责任。若行纪人已完成部分履行,且该部分履行相对于全部委托事务而言能独立存在的,行纪人有权就已完成部分请求委托人支付部分报酬。

若行纪人全部完成或部分完成委托事务,委托人应当支付报酬却逾期不支付的,行纪人有权留置委托物,并依照法律规定从拍卖、变卖委托物所得的价款中优先受偿。

2. 及时受领

行纪人应当将因行纪取得的财产转交于委托人。相应地,委托人有义务及时受领行纪人转交的财产。若经过行纪人催告,委托人无正当理由拒绝受领的,行纪人可以提存委托物。

3. 特定场合下及时取回委托物

若委托物不能卖出或委托人撤回出卖委托,委托人即应将委托物取回或处分。若经行纪人催告后仍不取回或处分的,行纪人有权提存该委托物。

(三) 行纪人与第三人间的权利义务

行纪人以自己的名义与第三人进行交易并订立合同,在法律上行纪人成为该合同的当事人,对该合同直接享有权利,承担义务。至于因该合同而产生的利益或负担,由行纪人与委托人另行结算。换言之,委托人和行纪人订立的行纪合同与行纪人和第三人订立的合同,在法律上完全隔绝。间接代理中委托人的介入权及第三人的选择权在此皆不适用。

第六节 居间合同

一、居间合同概述

(一) 居间合同的概念

居间合同是双方当事人约定一方为他方提供、报告订约机会或提供订立合同的媒介服务,他方给付报酬的合同。在居间合同中,提供、报告订约机会或提供媒介服务的一方为居间人,给付报酬的一方为委托人。居间在人类社会交往中,特别是在商业交易中起到媒介作用,它是人类各种关系得以建立的桥梁。

居间分为两种,即报告居间和媒介居间。报告居间,即提供各种交易信息或供需信息,以给委托人提供各种商业机会,供其选择。媒介居间,即居间人沟通、传递双方订约意向、撮合谈判,并最终使委托人与第三人达成交易。两者的区别在于,是否需以交易之达成作为居间成功之标准。但无论是何种居间,居间人都只是居于交易双方当事人之间起介绍、协助作用的中间人,他不是任何一方的代理人,不代表任何一方当事人的利益。

(二) 居间合同的特征

居间合同具有如下特征:

1. 居间合同的标的为报告缔约机会或提供缔约媒介服务。所谓报告缔约机会,指居间人受委托人之委托,寻觅及提供可与委托人订立合同的相对人,从而为委托人缔约提供机会。所谓缔约媒介服务,指居间人通过居中斡旋,介绍双方当事人订立合同,促成交易之行为。这些行为均非意思表示,居间人无需与第三人为法律行为。即使居间成功,委托人因此与第三人订立合同,居间人亦非该合同的主体或缔约人,他并不参与委托人与第三人之间的关系。而在委托合同中,受托人往往以委托人的名义与第三人订立合同;在行纪合同中,行纪人以自己的名义对外订立合同。这些均为法律行为。

2. 居间合同为双务、有偿合同。居间人以提供居间服务而获利,居间成功时,委托人应向居间人支付一定的报酬,故居间合同为双务、有偿合同。

3. 居间合同为诺成、不要式合同。居间合同自双方当事人达成合意即告成立,无需采用特定形式,故为诺成合同、不要式合同。

4. 作为经营者的居间人有资格限制。居间人作为交易之媒介,其对于市场秩序的影响具有两面性。为防止居间人利用其独特的市场地位干扰正常经济秩序,对于许多种类的居间,法律都从从业者的专业知识、专业技能、从业年限等各方面规定了基本的条件。对于从事经营活动的居间人,法律对经营主体以及从业者有特殊要求。

5. 居间合同的报酬给付具有不确定性。在居间合同中,报酬之给付以居间达到目的或居间成功为条件。而居间是否能够达到目的,并不完全取决于居间人的意志和劳动的付出,故居间人能否请求委托人支付报酬具有不确定性。

二、居间合同的效力

居间合同的效力是指生效的居间合同所具有的法律约束力,其主要表现为居间合同双方当事人的权利义务。

(一) 居间人的主要义务

1. 报告订约机会或为订立合同提供媒介服务。这是居间人的主要义务。在报告居间场合,居间人应将缔约机会和信息如实报告给委托人,但无需向缔约相对人披露或报告委托人的相关信息。在媒介居间场合,无论居间人受一方委托还是受双方委托,居间人均应将与订立合同有关的事项如实报告给各方当事人。

2. 忠实义务。居间人应将所了解的有关缔约的信息如实告知委托人。这包含两层含义：一是居间人所提供的信息要尽可能详尽全面，除应提供对于交易有利的信息外，也应提供所掌握的对交易不利的信息，如对方曾经有过的违约记录或经营现状存在的不良迹象等；二是提供的信息必须真实，不得隐瞒事实真相，更不得弄虚作假，欺诈委托人。若居间人故意隐瞒与订立合同有关的重要事实或者提供虚假情况，损害委托人利益的，不得要求支付报酬并应当承担损害赔偿责任。对于委托人所提供的信息以及与委托人有关的后续缔约信息，居间人亦负有保密义务。

3. 负担居间费用。为促成交易，居间人必定会有一定的费用支出。对于居间费用的负担，若当事人未作明确约定，由居间人负担。这也就意味着，在居间人所获得的报酬中，居间的费用已包含在内。

(二) 委托人的主要义务

1. 支付报酬。这是委托人的主要义务。属于报告居间的，该报酬由委托人支付；属于媒介居间的，居间人促成合同成立后，由该合同的当事人平均负担居间人的报酬。对居间人的报酬没有约定或约定不明，亦无法通过合同解释确定的，根据居间人的劳务合理确定。

2. 支付必要的居间费用。如前所述，居间费用已包含在居间报酬中，原则上居间费用应由居间人负担。但属于媒介居间的，若居间不成功，居间人自无报酬请求权。于此场合，依《合同法》第 427 条之规定，居间人得请求委托人向其支付从事居间活动所支出的必要费用。

第七节 旅游合同

一、旅游合同概述

(一) 旅游合同的概念

旅游合同指一方向他方提供旅游服务，他方接受旅游服务并支付报酬的合同。提供旅游服务的一方被称为旅游经营者，与旅游经营者订立合同接受旅游服务的一方被称为旅游者。

随着人民生活水平的日渐提高和休闲时间的增加，利用节假日外出旅游的人越来越多。相应地，旅游纠纷的数量也不断增加。由于《合同法》并未对旅游合同作出专门规定，为妥善解决生活中出现的旅游纠纷，最高人民法院依据《民法通则》、《合同法》、《中华人民共和国消费者权益保护法》、《侵权责任法》、《民事诉讼法》等法律规定，制定了《关于审理旅游纠纷案件适用法律若干问题的规定》(以下简称《旅游纠纷解释》)，并于 2010 年 11 月 1 日起施行。

(二) 旅游合同的特征

1. 旅游合同的标的具有整体性。旅游合同是以提供旅游服务为内容的合同。尽管在旅游过程中,旅游经营者会提供交通、住宿、餐饮等服务,但旅游服务并不是这些服务内容的简单相加,而是具有整体性。这意味着,在旅游过程中,尽管就其中某一项服务内容而言,旅游经营者所提供的服务存在重大瑕疵,但就整体的旅游服务而言,可能并不构成根本违约。

2. 旅游合同往往涉及第三人。旅游经营者在提供旅游服务过程中,往往会与第三人订立合同,由第三人实际提供交通、游览、住宿、餐饮、娱乐等旅游服务,协助旅游经营者履行旅游合同义务。该第三人被称为旅游辅助服务者。旅游辅助服务者与旅游者之间不存在直接的合同关系,但由于其与旅游者之间存在着紧密的社会交往关系,若其因提供相关服务存在瑕疵致旅游者损害,亦需向旅游者承担赔偿责任。

3. 旅游者得单方解除和转让旅游合同。因旅游合同的履行需要旅游者的亲身参与,为避免合同坚守原则给旅游者的人身自由造成过分限制,旅游者得单方解除合同或转让合同。依《旅游纠纷解释》第11条、第12条之规定,在旅游行程开始前或者进行中,旅游者得单方解除合同;除合同性质不宜转让或者合同另有约定之外,在旅游行程开始前的合理期间内,旅游者得将其在旅游合同中的权利义务转让给第三人。当然,对合同解除前已经发生的费用或其他合理费用以及因为合同转让而增加的费用,旅游经营者有权请求旅游者或第三人支付。

4. 旅游合同系双务、有偿合同。旅游经营者是以提供旅游服务为营业的商事主体,应依约向旅游者提供合格的旅游服务,旅游者在接受旅游服务之前或之后应依约支付报酬。双方的义务互为对价,故旅游合同为双务合同、有偿合同。

5. 旅游合同系诺成、不要式合同。旅游合同自双方意思表示一致即告成立,不以物之交付或实际提供旅游服务为其成立要件,亦无需采用特定形式,故为诺成合同、不要式合同。

二、旅游合同的效力

旅游合同的效力是指生效的旅游合同所具有的法律约束力,其主要表现为旅游合同当事人及旅游辅助服务者的权利义务。

(一) 旅游经营者的主要义务

旅游经营者的主要义务包括:

1. 提供合格的旅游服务。这是旅游经营者最主要的义务,该义务是否得到全面、适格的履行,直接关系到旅游合同目的能否实现。

旅游经营者必须依约定的内容、项目、标准提供旅游服务,若其违反合同约定,擅自改变旅游行程、遗漏旅游景点、减少旅游服务项目、降低旅游服务标准,旅游者有权请求旅游经营者赔偿未完成约定旅游服务项目等合理费用。

旅游经营者必须亲自提供旅游服务,不能擅自将旅游业务转让给其他经营者。若其擅自转让,旅游者有权请求解除旅游合同并追究旅游经营者的违约责任。若旅游经营者擅自将其旅游业务转让给其他旅游经营者,旅游者在旅游过程中遭受损害的,有权请求与其签订旅游合同的旅游经营者和实际提供旅游服务的旅游经营者承担连带责任。

旅游经营者可以将其部分旅游业务委托给旅游目的地的旅游经营者。但若因受托方未尽旅游合同义务，致旅游者在旅游过程中受到损害的，旅游者有权要求作出委托的旅游经营者承担赔偿责任。

2. 安全保障义务。在旅游过程中，旅游经营者应全程确保旅游者的人身、财产安全。若旅游经营者未尽安全保障义务而致旅游者人身损害、财产损失的，应向旅游者作相应赔偿；若因第三人的行为造成旅游者损害，旅游经营者在此过程中未尽安全保障义务的，旅游经营者应向旅游者承担补充责任。

即使旅游者在自行安排活动期间遭受人身损害、财产损失①，若旅游经营者未尽到必要的提示义务、救助义务的，旅游者也有权请求旅游经营者承担相应的责任。

3. 对旅游辅助服务者的谨慎选择义务。若旅游经营者需要通过旅游辅助服务者的协助来履行旅游合同，则应以谨慎之态度对旅游辅助服务者进行选择。若未尽该谨慎选择义务，最终导致因旅游辅助服务者的原因造成旅游者人身损害、财产损失的，旅游经营者应承担相应的补充责任。

4. 告知义务。旅游经营者对可能危及旅游者人身、财产安全的旅游项目负有告知、警示义务，若未履行前述义务而致旅游者人身损害、财产损失，旅游者有权请求旅游经营者赔偿。

5. 保密义务。对于旅游合同履行过程中所了解的旅游者的个人信息，旅游经营者负有保密义务。若旅游经营者泄露旅游者个人信息或者未经旅游者同意公开其个人信息，旅游者有权请求其承担相应的责任。

6. 旅游经营者不得准许他人挂靠在其名下从事旅游业务。若准许他人挂靠，挂靠的经营者在提供旅游服务过程中造成旅游者人身损害、财产损失的，旅游者有权请求旅游经营者与挂靠人承担连带责任。

(二) 旅游者的主要义务

1. 支付报酬。依约向旅游经营者支付报酬是旅游者的主要义务。至于报酬支付的时间，可以是在旅游开始前或旅游结束后，也可以是分段支付。若因不可抗力等不可归责于旅游经营者、旅游辅助服务者的客观原因变更旅游行程，在征得旅游者同意后，旅游经营者有权请求旅游者分担因此而增加的旅游费用，旅游者也有权请求旅游经营者退还因此而减少的旅游费用。若因飞机、火车、班轮、城际客运班车等公共客运交通工具延误，导致合同不能按照约定履行，旅游者有权请求旅游经营者退还未实际发生的费用。

2. 告知义务。旅游者应按旅游经营者、旅游辅助服务者的要求提供与旅游活动相关的个人健康信息并履行如实告知义务。若旅游者未尽告知义务，导致旅游过程中出现人身损害、财产损失，旅游经营者、旅游辅助服务者不承担责任。

---

① 所谓"自行安排活动期间"，包括旅游经营者安排的在旅游行程中独立的自由活动期间、旅游者不参加旅游行程的活动期间以及旅游者经导游或者领队同意暂时离队的个人活动期间等。

3. 听从旅游经营者的合理安排。旅游者在旅游过程中应听从旅游经营者、旅游辅助服务者的合理安排,不得自作主张。若旅游者在旅游行程中未经导游或者领队许可,故意脱离团队,或者不听从旅游经营者、旅游辅助服务者的告知、警示,参加不适合自身条件的旅游活动,导致人身损害、财产损失的,旅游经营者不予赔偿。

(三) 旅游辅助服务者的主要义务

1. 旅游辅助服务者对旅游者的义务

旅游辅助服务者尽管与旅游者之间没有直接的合同关系,但其作为旅游经营者的辅助人,直接向旅游者提供旅游服务,因此其对于旅游者同样负有安全保障义务、告知义务、保密义务。若旅游辅助服务者违反前述义务致旅游者损害的,应直接向旅游者承担赔偿责任。

2. 旅游辅助服务者对旅游经营者的义务

旅游辅助服务者是旅游经营者的辅助人,其与旅游经营者之间存在着合同关系,其应向旅游经营者负担的义务依双方的合同确定。

三、旅游纠纷诉讼中的主体

因旅游合同的履行往往涉及到多个主体,一旦涉讼,诉讼主体的确定便是一个首当其冲的问题。

若以单位、家庭等集体形式与旅游经营者订立旅游合同,在履行过程中发生纠纷的,除集体以合同一方当事人名义起诉外,旅游者也可以个人名义提起旅游合同纠纷诉讼。

若因旅游辅助服务者的原因导致旅游经营者违约,旅游者仅起诉旅游经营者的,人民法院可以依职权将旅游辅助服务者追加为第三人。

若旅游经营者已投保责任险,旅游者因保险责任事故仅起诉旅游经营者的,人民法院可以应当事人的请求将保险公司列为第三人。此处的追加系人民法院依当事人申请追加。

思考题:

1. 简述运输合同的法律特征。
2. 简述运输合同中承运人的安全运输义务。
3. 简述保管合同与仓储合同的联系与区别。
4. 简述委托合同的法律特征。
5. 简述委托合同与委托代理中代理权的授予行为的联系与区别。
6. 简述委托合同终止的原因及其法律后果。
7. 简述行纪合同的法律特征。
8. 简述行纪合同的效力。
9. 简述居间合同的种类及相互间的区别。

10. 简述居间合同的法律特征。
11. 简述旅游合同的法律特征。
12. 简述旅游合同中旅游经营者的主要义务。

第十五章 技术合同

本章提示 本章介绍了技术开发合同、技术转让合同、技术咨询合同及技术服务合同的概念,分析了技术合同的法律适用、性质、内容与形式等共性问题,详细阐述了技术开发合同、技术转让合同、技术咨询合同及技术服务合同中当事人间的权利义务关系。

第一节 技术合同的一般规定

一、技术合同的法律适用

根据《合同法》的规定,技术合同主要包括技术开发合同、技术转让合同、技术服务合同及技术咨询合同共四类合同。现行《合同法》颁行前,技术合同主要通过《中华人民共和国技术合同法》(1987年)和《中华人民共和国技术合同法实施条例》(1989年)予以规范。《合同法》颁行后,技术合同被作为一种独立的有名合同设专章予以规范。2004年11月,最高人民法院通过了《关于审理技术合同纠纷案件适用法律若干问题的解释》(以下简称《技术合同解释》),对《合同法》有关技术合同的规范进行了补充和完善。

技术合同的标的为利用科学技术知识、信息和经验作出的涉及产品、工艺、材料及其改进等的技术方案,包括专利[①]、技术秘密、计算机软件、集成电路布图设计、植物新品种等技术成果。

与其他有名合同相比,技术合同除合同对象与技术有关而导致合同条款极具个性且非常复杂外,更重要的是,技术合同还涉及知识产权与竞争法的相关内容。技术合同纠纷首先应适用《合同法》的相关规定。但由于合同内容可能涉及知识产权客体[②],这就可能要求技术合同中的条款还应符合知识产权法的规则;由于知识产权又是竞争的产物并作为竞争的手段而存在,这就要求与知识产权有关的技术合同同时还应符合竞争法(包括反不正当竞争法与反垄断法)的要求。这样,技术合同虽然是在《合同法》中予以规定的,但调整技术合同的法律除合同法外,还应当包括知识产权法与竞争法等法律法规。

二、技术合同的性质

技术合同是当事人就技术开发、转让、咨询或者服务订立的确定相互之间权利和义务

[①] 我国《专利法》规定的专利类型包括三种:发明、实用新型与外观设计。因外观设计是指产品外观设计本身,与技术无关,故构成技术合同标的的专利仅指发明与实用新型。

[②] 技术成果与知识产权是两个既有交叉而又不等同的概念。大多数技术成果通过知识产权得到保护,但并不要求技术成果必须能够或者已经依法取得知识产权,如技术服务合同的标的技术就可能是公知技术。

的合同。《合同法》之所以能将四种类型的合同在一章中加以规定,其原因在于合同内容都与技术有关。但需注意,尽管这四类合同的内容均与技术有关,但各自的标的具有根本区别,这使得四类合同在属性上有所不同。

技术开发合同是指当事人之间就新技术、新产品、新工艺或者新材料及其系统的研究开发所订立的合同,包括委托开发合同与合作开发合同两种类型。由于委托开发合同约定的拟开发的技术成果并不属于现有技术,而是拟开发的技术成果,故委托开发合同的标的属于成果范畴。相应地,委托开发合同本质上为广义上的承揽合同。但与普通承揽合同不同的是,委托开发合同所指向的成果往往会因开发失败而不能实现,其属于风险较高的特殊承揽合同。合作开发合同不同于委托开发合同,其本质上是各合作方就合作开发技术成果所作出的约定,故其属于合作合同。

技术转让合同包括专利权转让、专利申请权转让、技术秘密转让、专利实施许可合同。从知识产权本身来看,技术转让合同从大的方向可分为知识产权转让合同与知识产权许可合同两种类型。知识产权转让合同是以改变权利归属为目标,而知识产权许可合同并不改变权利的归属,只是使被许可人在许可范围内使用相关技术并获得使用收益。

技术咨询合同包括就特定技术项目提供可行性论证、技术预测、专题技术调查、分析评价报告等合同。技术服务合同是指当事人一方以技术知识为另一方解决特定技术问题所订立的合同。这两类合同所涉及的技术一般针对的是公有技术,不涉及受知识产权法保护的公知或非公知技术,也不涉及将来拟开发的技术。虽然技术咨询合同在名称中没有"服务"二字,但它与技术服务合同一样,旨在由受托人为委托人提供某种技术服务,故这两类合同实质上均为服务合同。

三、职务技术成果

技术开发合同与技术转让合同是以已有或将来取得的知识产权(技术成果)作为合同对象。虽然技术成果的开发都是由自然人直接完成的,但在法律上,该技术成果很可能属于职务技术成果并归属于特定单位。《合同法》第326条规定:"职务技术成果的使用权、转让权属于法人或者其他组织的,法人或者其他组织可以就该项职务技术成果订立技术合同。"因此,技术开发合同与技术转让合同签订前,技术受让人首先应注意技术成果的权利归属。

(一) 职务技术成果界定

参照《计算机软件保护条例》职务开发与《专利法》职务发明的权利归属规则,根据完成的状况,技术成果可分为职务技术成果与非职务技术成果。

职务技术成果是执行法人或者其他组织的工作任务,或者主要是利用法人或者其他组织的物质技术条件所完成的技术成果。除职务技术成果之外的其他技术成果为非职务技术成果。

执行法人或者其他组织的工作任务的情形包括:(1)履行法人或者其他组织的岗位职责或者承担其交付的其他技术开发任务;(2)离职后1年内继续从事与其原所在法人

或者其他组织的岗位职责或者交付的任务有关的技术开发工作,但法律、行政法规另有规定的除外。

主要利用法人或者其他组织的物质技术条件的情形包括:(1)职工在技术成果的研究开发过程中,全部或者大部分利用了法人或者其他组织的资金、设备、器材或者原材料等物质条件,并且这些物质条件对形成该技术成果具有实质性的影响;(2)该技术成果实质性内容是在法人或者其他组织尚未公开的技术成果、阶段性技术成果基础上完成的情形。

(二) 职务技术成果的权利归属

职务技术成果的权利归属主要有三种情况:

1. 权利归单位。一般情况下,职务技术成果的权利(这些成果首先表现为技术秘密,此后可以产生或转化为专利申请权、专利权、植物新品种申请权及植物新品种权、集成电路布图设计权等)归属于法人或其他组织。

2. 权利归个人。根据合同自由原则和约定优先原则,职务技术成果的权利亦可归属于技术成果完成人。具体表现为两种情形:(1)个人与单位就个人在职期间或者离职(包括退职、退休、停薪留职、开除、辞退等各种原因离开原单位的情形)以后所完成的技术成果的权益有约定的,按约定确定权利归属;(2)个人虽然利用了单位的物质技术条件,但对利用法人或者其他组织提供的物质技术条件,约定返还资金或者交纳使用费的。此外,技术成果完成人在技术成果完成后仅仅利用法人或者其他组织的物质技术条件对技术方案进行验证、测试的,并不影响技术成果权利归属于该技术成果完成人(即使其为该法人或其他组织的职工),因为认定技术成果归属的关键在于技术成果本身的完成,而不是验证与测试。

3. 职务技术成果的权利分享。个人完成的技术成果,属于执行原所在法人或者其他组织的工作任务,又主要利用了现所在法人或者其他组织的物质技术条件的,应当按照该自然人原所在和现所在法人或者其他组织达成的协议确认权益。不能达成协议的,根据对完成该项技术成果的贡献大小由双方合理分享。

(三) 职务技术成果完成人的权利

当职务技术成果权利归属于单位时,作为技术成果的完成人(自然人)享有的权利包括:

1. 署名权。完成技术成果的个人有在有关技术成果文件上写明自己是技术成果完成者的权利和取得荣誉证书、奖励的权利。这与《专利法》第17条"发明人或者设计人有权在专利文件中写明自己是发明人或者设计人"的规定精神一致。

2. 获得奖励与报酬权。《合同法》第326条规定,法人或者其他组织应当从使用和转让该项职务技术成果所取得的收益中提取一定比例,对完成该项职务技术成果的个人给予奖励或者报酬。这与《专利法》第16条规定一奖两酬制度的精神一致,即"被授予专利权的单位应当对职务发明创造的发明人或者设计人给予奖励;发明创造专利实施后,根据其推广应用的范围和取得的经济效益,对发明人或者设计人给予合理的报酬"。

3. 优先受让权。依据《合同法》第326条第1款的规定,法人或者其他组织订立技术合同转让职务技术成果时,职务技术成果的完成人享有以同等条件优先受让的权利。

四、技术合同的内容与形式

(一) 技术合同条款

技术合同一般包括以下条款:(1) 项目名称;(2) 标的的内容、范围和要求;(3) 履行的计划、进度、期限、地点、地域和方式;(4) 技术情报和资料的保密;(5) 风险责任的承担;(6) 技术成果的归属和收益的分成办法;(7) 验收标准和方法;(8) 价款、报酬或者使用费及其支付方式;(9) 违约金或者损失赔偿的计算方法;(10) 解决争议的方法;(11) 名词和术语的解释。

与履行合同有关的技术背景资料、可行性论证与技术评价报告、项目任务书和计划书、技术标准、技术规范、原始设计和工艺文件,以及其他技术文档,按照当事人的约定可以作为合同的组成部分。

技术合同涉及专利的,应当注明发明创造的名称、专利申请人和专利权人、申请日期、申请号、专利号以及专利权的有效期限。

在技术合同的条款中,技术合同价款、报酬或者使用费的支付方式是一个重要的且在实践中易生纠纷的内容。对于上述费用的支付方式,当事人可以约定采取一次总算一次总付,或者一次总算分期支付方式,也可约定采取提成支付或者提成支付附加预付入门费的方式。相比较而言,非提成支付的一次总算方式的优势在于计算简便,技术转让方不需要承担风险。提成支付的方式的优势在于合同当事人共担风险,共享收益。选择何种技术使用费的支付方式首先应视合同而定。一般情况下,除技术许可合同外,使用费大多采用一次总算的形式,偶尔采用入门费加提成费的形式。而技术许可合同比较多地采用浮动使用费。

(二) 技术合同的形式

依《合同法》规定,技术开发合同与技术转让合同应当采取书面形式订立。

之所以要求当事人采取书面形式,主要原因在于技术的开发或转让时间较长;费用标准及支付方式较为复杂;技术内容复杂且处于不断发展变化的过程中,须要对技术加以界定;技术开发常因技术原因、市场原因导致开发不能或开发成为不必要,因而技术开发合同具有较高的风险性,需要就风险分担作出约定;在技术成果开发出来后,对成果的归属与使用也应当通过书面形式加以约定。技术合同的这些特征要求技术开发合同应当采用书面形式。

五、技术合同效力的特殊规定

除具备一般民事合同所具备的保护合同当事人的合法权益,维护社会经济秩序的目的外,订立技术合同还应当有利于科学技术的进步,加速科学技术成果的转化、应用和推广。这一立法目的对技术合同的效力产生诸多影响。

(一) 不具有民事主体资格的科研组织所订立技术合同后果的承担

不具备民事主体资格的组织无民事权利能力,一般而言,其对外签订的合同无效。但为了促进技术的转让、应用与推广,《技术合同解释》第 7 条专门规定,不具有民事主体资格的科研组织(包括法人或者其他组织设立的从事技术研究开发、转让等活动的课题组、工作室等)订立的技术合同,经法人或者其他组织授权或者认可的,视为法人或者其他组织订立的合同,由法人或者其他组织承担责任;未经法人或者其他组织授权或者认可的,由该科研组织成员共同承担责任,但法人或者其他组织因该合同受益的,应当在其受益范围内承担相应责任。

(二) 技术转让合同转化为技术服务合同

如前所述,技术转让合同所涉及的技术受知识产权法保护,而技术服务合同所涉及的技术并不受知识产权法保护。但在实践中,由于信息不对称,技术受让方往往会将某些已进入公有领域的、不受知识产权法保护的技术误认为受知识产权法保护。按《专利法》规定,此时技术开发合同或技术转让合同因缺乏标的而无效。但若在此场合,技术提供方确实提供了服务(技术指导、传播技术知识)且解决的特定技术问题符合合同约定条件的,一律认定合同无效必然对技术提供方产生不公平,更不利于技术的应用与推广。因此,《技术合同解释》第 34 条规定:"当事人一方以技术转让的名义提供已进入公有领域的技术,或者在技术转让合同履行过程中合同标的技术进入公有领域,但是技术提供方进行技术指导、传授技术知识,为对方解决特定技术问题符合约定条件的,按照技术服务合同处理,约定的技术转让费可以视为提供技术服务的报酬和费用,但是法律、行政法规另有规定的除外。依照前款规定,技术转让费视为提供技术服务的报酬和费用明显不合理的,人民法院可以根据当事人的请求合理确定。"

(三) 非法垄断技术、妨碍技术进步的技术合同无效

由于知识产权具有天然的独占性,如果使用不当,极易构成权利滥用,产生技术上的垄断及市场份额的垄断。为了防止知识产权滥用(尤其是专利权滥用)以及在此基础上产生的不法垄断,《合同法》第 329 条规定:"非法垄断技术、妨碍技术进步或者侵害他人技术成果的技术合同无效。"

由于非法垄断技术、妨碍技术进步的情形较为复杂,为此《技术合同解释》第 10 条采取列举方式列举了 6 种非法垄断技术、妨碍技术进步的情形:(一) 限制当事人一方在合同标的技术基础上进行新的研究开发或者限制其使用所改进的技术,或者双方交换改进技术的条件不对等,包括要求一方将其自行改进的技术无偿提供给对方、非互惠性转让给对方、无偿独占或者共享该改进技术的知识产权;(二) 限制当事人一方从其他来源获得与技术提供方类似技术或者与其竞争的技术;(三) 阻碍当事人一方根据市场需求,按照合理方式充分实施合同标的的技术,包括明显不合理地限制技术接受方实施合同标的的技术生产产品或者提供服务的数量、品种、价格、销售渠道和出口市场;(四) 要求技术接受方接受并非实施技术必不可少的附带条件,包括购买非必需的技术、原材料、产品、设备、服务以及接收非必需的人员等;(五) 不合理地限制技术接受方购买原材料、零部件、产品或

者设备等的渠道或者来源;(六)禁止技术接受方对合同标的技术知识产权的有效性提出异议或者对提出异议附加条件。

(四)侵害他人技术成果的技术合同无效

根据《合同法》第329条的规定,侵害他人技术成果的技术合同无效。这主要涉及委托开发合同与技术转让合同。如果技术秘密转让合同当事人双方恶意串通,或一方知道或应当知道另一方侵害他人技术秘密仍与其订立或者履行合同的,属于共同侵权,双方所订立的技术秘密转让合同无效,双方当事人应当承担连带赔偿责任和保密义务,取得技术秘密的当事人不得继续使用该技术秘密。

但若委托开发合同或技术转让合同侵害他人技术秘密,而委托方或受让方并不知情的,侵害他人技术秘密的技术合同被确认无效后,除法律、行政法规另有规定的外,善意取得该技术秘密的一方当事人可以在其取得时的范围内继续使用该技术秘密,但应当向权利人支付合理的使用费并承担保密义务。若该方当事人继续使用技术秘密却又拒不支付使用费的,商业秘密的权利人可以请求法院判令使用人停止使用。

第二节 技术开发合同

一、技术开发合同的概念和特征

技术开发合同是指当事人之间就新技术、新产品、新工艺或者新材料及其系统的研究开发所订立的合同。

技术开发合同的基本法律特征如下:

其一,技术开发的对象是尚待研究开发的"新技术、新产品、新工艺、新材料及其系统",这就意味着其不属于现有技术成果,而且必须经过艰苦探索、试验、研究等创造性劳动才能获得。换言之,拟开发完成的成果应当具有创新性,并可成为受知识产权法保护的对象。

相应地,如果拟开发的技术在技术上没有创新,而仅仅是对现有产品的改型、工艺变更、材料配方调整以及对技术成果的验证、测试和使用等,则这些改进的技术或验证等即不属于技术开发合同所指的技术开发,而属于一种技术服务。

正因技术开发合同的对象为尚待研究开发的技术成果,《技术合同解释》第9条规定,当事人一方采取欺诈手段,就其现有技术成果作为研究开发标的与他人订立委托开发合同收取研究开发费用,受损害方可以请求变更或者撤销合同。

其二,技术开发合同为双务、诺成合同。技术开发合同的双方当事人互负义务、互有对价。如在委托开发合同中,委托方有义务提供资金、设备、场地等,其对将来开发出来的成果享有申请专利、使用等权利。受托方接受委托方提供的资金、设备后,有义务依约定进行技术开发,也有权利依约定要求委托方支付报酬。

技术开发合同自双方当事人意思表示达成一致即告成立,而不以实际交付开发成果为合同的成立或生效要件,故为诺成合同。

二、委托开发合同

委托开发合同是指当事人约定,一方承担某种新技术的研究开发任务并进行实际开发,他方接受研究开发成果并给付报酬的合同。其中,承担研究开发任务的一方称受托人,接受研究开发成果的一方称委托人。

(一)委托人的主要权利和义务

1. 依合同约定支付金钱(支付研究开发费用和报酬)、提供资料(提供技术开发所需要的技术资料、原始数据)及完成其他协作事项,以保证受托人按约定进行开发。若委托人违反上述义务造成研究开发工作停滞、延误或者失败的,应当承担违约责任。

2. 保密。当技术成果开发完成后,若当事人未约定该技术成果的知识产权归属或约定知识产权归属于受托方时,在委托人接受开发成果之后、技术成果被正当公开之前(这一正当公开包括他人合法公开、专利申请被公开等情形),委托方负有保密义务,以防止开发成果不当公开而侵害到受托人的知识产权。

3. 按期接受研究开发成果。当受托人完成开发成果后,委托人应按期接受开发的成果。若委托人逾期或不接受开发成果的,免除受托方相应的责任。

4. 如对技术成果的权利归属没有约定或约定不明的,委托人在委托范围内享有免费使用的权利。

(二)受托人的主要权利和义务

1. 依合同约定,制订和实施研究开发计划。研究开发计划是受托人进行技术开发的指导性文件,其内容包括开发的具体步骤、方法、进度等。

2. 合理使用研究开发经费。受托人在使用委托人支付的开发经费时,应本着专款专用、节约使用、按开发计划使用等原则进行。在使用过程中,根据合同约定还可接受委托人的监督。技术开发完成后,如开发费用尚有剩余的,应返还给委托人。

3. 按期完成研究开发工作,交付研究开发成果。如受托人违反约定造成研究开发工作停滞、延误或者失败的,应当承担违约责任。开发成果应按当事人约定的方式进行交付;当事人没有约定交付方式的,受托人应按符合合同目的的方式进行交付。

4. 向委托人提供有关的技术资料和必要的技术指导,帮助委托人掌握研究开发成果。由于开发技术是受托人完成的,为了实现委托人的委托目的,使委托人对技术成果进行实际使用,受托人有义务向委托人提供有关的技术资料和必要的技术指导,帮助委托人掌握开发的技术成果。

5. 保密。受托人不得向第三人泄露与技术开发有关的商业秘密(包括技术秘密与经营秘密)。

三、合作开发合同

与委托开发合同不同,合作开发合同是指两个或两个以上的当事人,为了共同完成特定的研究开发工作所订立的明确各方权利义务的合同。因此,合作开发合同的各方当事人的目的是共同的、一致的。

合作开发合同的各方当事人应负担下列主要义务:

1. 依合同的约定进行投资。当事人的投资包括现有的技术、金钱、场地、设备、人员等。

2. 依合同约定的分工参与开发工作。包括当事人按照约定的计划和分工,共同或者分别承担设计、工艺、试验、试制等工作。

3. 协作配合研究开发工作。合作开发合同的目的是共同研究开发完成特定的技术项目,其技术难度一般都较高,需要各方当事人的共同协作配合。

4. 保密。在开发过程中,各方当事人应对合作方交付的不对外公开的资料及开发过程中的各种数据进行保密(失败数据亦属于技术秘密范畴)。

四、技术成果的归属

对于技术开发成果的归属,遵循的原则是:有约定的从约定;无约定或约定不明确的,权利归属于研究开发人。[①]

(一) 申请专利保护

1. 委托开发完成的发明创造,除当事人另有约定的以外,申请专利的权利属于研究开发人。研究开发人取得专利权的,委托人可以免费实施该专利。

研究开发人转让专利申请权的,委托人享有以同等条件优先受让的权利。

在研究开发人申请专利前,或研究开发人不申请专利但将技术开发的成果作为技术秘密予以保护的,委托人可对委托开发的技术进行无偿使用,但应当予以保密。否则,构成侵权。

2. 合作开发完成的发明创造,除当事人另有约定的以外,申请专利的权利属于合作开发的当事人共有。[②] 当事人一方转让其共有的专利申请权的,其他各方享有以同等条件优先受让的权利。

合作开发的当事人一方声明放弃其共有的专利申请权的,可以由另一方单独申请或者由其他各方共同申请。申请人取得专利权的,放弃专利申请权的一方可以免费实施该专利。

合作开发的当事人一方不同意申请专利的,另一方或者其他各方不得申请专利。此时该技术成果只能作为技术秘密予以保护。

---

① 《专利法》第8条规定:"两个以上单位或者个人合作完成的发明创造、一个单位或者个人接受其他单位或者个人委托所完成的发明创造,除另有协议的以外,申请专利的权利属于完成或者共同完成的单位或者个人;申请被批准后,申请的单位或者个人为专利权人。"

② 如果当事人一方仅提供资金、设备、材料等物质条件或者承担辅助协作事项,即该当事人未对技术开发本身作出实质性的贡献,该当事人不能视为合作人。于此场合,双方订立的合同即使名称为共同开发合同,但其实属于委托开发合同。相应地,技术成果的归属按委托开发合同的规则确定。

(二) 技术秘密保护

委托开发或者合作开发完成的技术秘密成果的使用权、转让权以及利益的分配办法，由当事人约定。没有约定或者约定不明确，依照《合同法》第61条的规定仍不能确定的，按照《合同法》第341条的规定，当事人均有使用和转让的权利。但委托开发的研究开发人不得在向委托人交付研究开发成果之前，将研究开发成果转让给第三人。

此处所谓"当事人均有使用和转让的权利"，包括当事人均有不经对方同意而自己使用或者以普通使用许可的方式许可他人使用技术秘密，并独占由此所获利益的权利。但当事人一方将技术秘密成果的转让权让与他人，或者以独占或者排他使用许可的方式许可他人使用技术秘密，未经对方当事人同意或者追认的，该让与或者许可行为无效。

五、技术开发的风险分担

由于技术的开发受多方条件限制，具有随机性与复杂性。若技术开发失败或目的不能实现，在各方当事人均没有过错的前提下，应视不同情形进行处理。

作为技术开发合同标的的技术已经由他人公开，致使技术开发合同的履行没有意义的，当事人可以解除合同。

在技术开发合同履行过程中，若出现当事人无法克服的技术困难，从而导致开发失败或者部分失败的，对此失败的风险负担，当事人有约定的，依约定。无约定或约定不明的，依照《合同法》第61条的规定，由当事人通过补充协议的方式或按交易习惯处理。仍不能确定的，风险由当事人合理分担。

当事人一方发现有可能导致开发失败或者部分失败的情况时，应当及时通知他方并采取适当措施减少损失。没有及时通知并采取适当措施，致使损失扩大的，应当就扩大的损失承担责任。

第三节　技术转让合同

一、技术转让合同概述

技术转让合同是专利权转让合同、专利申请权转让合同、技术秘密转让合同、专利实施许可合同的总称。

技术转让合同中关于让与人向受让人提供实施技术的专用设备、原材料或者提供有关的技术咨询、技术服务的约定，属于技术转让合同的组成部分。

技术转让合同应当采用书面形式。

二、专利申请权转让合同

理论上将发明创造完成后、实际提交专利申请之前的权利称之为申请专利权；提交专利申请之后、专利授权前(发明专利早期公开之前)的权利称之为专利申请权。①

专利申请权转让合同指转让人将其特定发明创造的专利申请权转让给受让人,受让人支付约定价款所订立的合同。

专利申请权转让合同的效力如下:

1. 办理登记公告。专利申请权与专利权转让相同,根据《专利法》规定,受让人自转让合同进行登记和公告后才取得专利申请权。故专利申请权转让必须以书面形式进行。

当事人以专利申请被驳回或者被视为撤回为由请求解除合同,该事实发生在专利申请权转让登记之前的,应当予以支持;发生在转让登记之后的,不予支持,但当事人另有约定的除外。

当专利申请因存在尚未公开的同样发明创造的在先专利申请(即存在抵触申请情形)而被驳回的,《技术合同解释》第23条第2款规定,当事人依据《合同法》第54条第1款第2项的规定请求予以变更或者撤销专利申请权转让合同的,应当予以支持。

2. 支付转让金。受让人应按合同约定向转让人支付转让金。受让人不履行合同义务的,应当支付违约金,并应返还专利申请权,归还技术资料。如有损失,应赔偿损失。

3. 专利申请权转让合同对转让人的影响。除当事人另有约定的外,订立专利权转让合同或者专利申请权转让合同前,让与人自己已经实施发明创造的,在合同生效后,让与人应当停止实施。否则,在专利权获取且有效的前提下,原转让人构成侵权。

4. 买卖不破许可。依据《技术合同解释》第24条第2款的规定,专利权、专利申请权让与人与受让人订立的专利权、专利申请权转让合同或许可合同,不影响在合同成立前让与人与他人订立的相关专利实施许可合同或者技术秘密转让合同的效力。

5. 保密义务。合同的双方当事人均应遵守合同中约定的保密事项。违反保密义务给对方造成损失的,应负赔偿责任。

根据《专利法》的规定,中国单位或者个人向外国人转让专利申请权或者专利权的,必须经国务院有关主管部门批准。

三、专利权转让合同

(一) 一般专利权转让合同

一般专利权转让合同指专利权人(转让人)将某种发明创造专利权整体移转给受让人享有的合同。专利权转让合同具有与上述专利申请权转让合同相同的效力。除此之外,其还具有以下效力:

1. 专利转让合同应于专利权有效期内签订,并办理登记与公告。

2. 根据《专利法》第47条规定,转让的专利权被宣告无效后,受让人不得请求转让人返还已实际履行的转让金,尚未支付的转让金不再支付。但如不返还,明显违反公平原则

---

① 申请专利权是一种申请专利的资格。申请专利权始于发明创造完成,终于专利申请;专利申请权始于申请,终于申请被授权(如为发明专利,终于专利申请公开)或驳回。由于申请专利权的转让实质上转让的是技术秘密权利,故自转让合同生效之时起,受让人即取得申请专利权,其即可以自己名义申请专利,无须进行登记与公告。

的,转让人应当返还全部或者部分转让金。例如,转让人明知自己的专利会被宣告无效,仍与他人签订专利权转让合同的,则转让人应返还全部或部分转让金。

(二) 特殊专利权转让合同

特殊专利权转让合同是指当事人并未通过买卖形式对专利权进行转让,而是通过投资、入股等形式将专利权进行转让的合同。

《技术合同解释》对以专利权乃至所有技术成果进行投资作出了特别规定。

根据《公司法》规定,以无形资产进行投资的,应当办理产权变更手续。故当事人以技术成果向企业出资但未明确约定权属,接受出资的企业主张该技术成果归其享有的,人民法院一般应当予以支持,但是该技术成果的价值与该技术成果所占的出资额比例明显不合理、损害出资人利益的除外。

对于以技术成果作为出资成立合伙企业的,相应的知识产权能否成为共有的对象,有不同的情况。对于经登记并公示的知识产权,如专利权、植物新品种权等,不能实行按份共有。依《技术合同解释》规定,当事人对技术成果的权属约定有比例的,人民法院可以视为当事人对实施该项技术成果所获收益的分配比例,当事人另有约定的除外。对于不需要登记公示、当事人可直接处分的知识产权,当事人对技术成果的权属约定有比例的,视为共同所有,其权利使用和利益分配按共有技术成果的有关规定处理,当事人另有约定的除外。

四、技术秘密转让合同

技术秘密转让合同指当事人约定,一方将技术秘密转让于他方,他方支付转让金的合同。技术秘密让与人与受让人订立的转让合同,不影响在合同成立前让与人与他人订立的相关专利实施许可合同或者技术秘密转让合同的效力。

技术秘密转让合同的效力主要体现为合同双方当事人的权利义务:

(一) 转让人的义务

由于技术秘密采取私力手段进行保护与救济,这样技术秘密就不具排他性,即技术秘密权利人无权禁止他人另行自行研究、采取反向工程而产生相同的技术成果,亦无权禁止他人申请专利,更无权禁止他人将技术秘密予以公开。在此前提下,技术秘密转让人承担下述义务:

1. 权利保证义务。即技术秘密转让人应当保证所交付的技术秘密符合技术秘密的要求且为技术秘密的合法拥有者。技术秘密是指不为公众所知悉、具有商业价值并经权利人采取保密措施的技术信息。因此,转让人交付的技术秘密应当具有秘密性、信息性、商业价值性且转让人采取了合理的保密措施。如果转让人并非技术秘密权利人,或受让人按照约定使用技术秘密侵害他人合法权益的,根据《中华人民共和国反不正当竞争法》的规定,转让人与受让人构成对技术秘密的侵权,共同对外承担连带侵权责任。在合同内部责任的承担上,除当事人另有约定外,由让与人承担责任。

当然,如果技术秘密许可合同有效期届满或技术秘密被他人合法公开,转让人不再承担权利保证义务。

2. 交付技术秘密。让与人应保证技术的有效性,即保证所提供的技术完整、无误、有效,能够达到约定的目标。让与人未按照约定转让技术的,应当返还部分或者全部使用费,并应当承担违约责任。

3. 停止使用技术秘密。如果技术秘密转让合同系技术秘密权利转让的,除当事人另有约定的外,让与人自己已经使用技术秘密的,在合同生效后,让与人应当停止实施。否则,原技术秘密权利人构成侵权。同时,原技术秘密权利人应当在转让后对转让的技术秘密承担保密义务。

(二) 受让人的义务

技术秘密受让人应当按合同约定支付使用费。但如果技术秘密被他人合法公开,技术秘密转让合同因合同标的消失而终止。相应地,转让人无需返还已实际收取的使用费,但无权要求受让人继续支付使用费。

五、技术秘密许可使用合同

技术秘密许可使用合同是指一方将技术秘密许可他方使用,他方支付价金的合同。

(一) 技术秘密许可使用合同中许可人的义务

技术秘密许可使用合同中许可人的义务为:权利保证义务和交付技术秘密的义务。该两项义务与技术秘密转让合同相同。所不同的是,许可使用合同一方交付技术秘密的,并不发生移转作为技术秘密的专有技术权的后果,而转让合同一方交付技术秘密的,发生移转作为技术秘密的专有技术权的后果。

技术秘密许可方交付技术秘密后,在合同关系存续期间内是否有权继续使用技术秘密,取决于合同的约定。

(二) 技术秘密许可使用合同中被许可人的义务

1. 支付使用费义务。被许可人未按照约定支付使用费的,应当补交使用费并按照约定支付违约金;不补交使用费或者支付违约金的,应当停止使用技术秘密,交还技术资料,承担违约责任。

2. 在约定范围内使用技术秘密。被许可人应当按照约定的范围(包括技术秘密的期限、地域、方式以及接触技术秘密的人员)进行使用。使用技术秘密超出约定范围的,违反约定擅自许可第三人使用该项技术秘密的,应当停止违约行为,承担违约责任。

当事人对使用技术秘密的期限没有约定或者约定不明确的,被许可人使用技术秘密不受期限限制。

3. 保密义务。被许可人对该技术秘密承担的保密义务具体表现为,被许可人既应要求其员工承担保密义务,还应当要求与其有合同关系的第三人予以保密。当然,除当事人约定许可方不得申请专利的外,一旦许可方就技术秘密申请专利的,专利申请公开或被驳回后,被许可人的保密义务即告消除。

4. 后续成果的归属。被许可人在使用技术秘密过程中所形成的后续改进的技术成果,有约定的按约定。没有约定或者约定不明确,且无法达成补充协议或无法按惯例确定归属的,后续改进的技术成果归改进方,他方无权分享。

5. 合同期满返还技术资料,且不得继续使用该技术。

六、专利实施许可合同

(一)专利实施许可合同的概述

专利实施许可合同指当事人约定,在专利权有效的前提下,一方许可他方使用专利技术,他方支付使用费的合同。专利实施许可合同的目的是以转移技术使用权为目的,许可人(专利权人)不因此而丧失对专利权的拥有。

由于专利许可能够实现专利权人的专利技术与被许可人其他技术、资金、设备、人员的结合,且专利权人并不因此丧失对专利技术的控制,因此专利许可是专利实施最佳、最主要的方式。

依据许可范围内实施专利技术的主体的数量不同,专利许可可分为以下类型:

1. 独占实施许可,是指让与人在约定许可实施专利的范围内,将该专利仅许可一个受让人实施,让与人依约定不得实施该专利。

2. 排他实施许可,是指让与人在约定许可实施专利的范围内,将该专利仅许可一个受让人实施,但让与人依约定可以自行实施该专利。

排他实施许可合同让与人不具备独立实施其专利的条件,以一个普通许可的方式许可他人实施专利的,人民法院可以认定为让与人自己实施专利,但当事人另有约定的除外。

3. 普通实施许可,是指让与人在约定许可实施专利的范围内许可他人实施该专利,同时让与人也可以自行实施该专利或另行许可他人实施该专利。

当事人对专利实施许可方式没有约定或者约定不明确的,应认定为普通实施许可。专利实施许可合同约定受让人可以再许可他人实施专利的,应认定该再许可为普通实施许可。

4. 分许可合同。在上述三种合同中,被许可人在合同约定的范围内,除有权自己使用被许可使用的专利技术外,还可以将该专利技术部分或全部地再次许可给第三人使用。被许可人在进行分许可时,应事先或事后取得许可人的同意。

(二)专利实施许可合同当事人的权利和义务

1. 许可人的主要义务

(1)权利保证义务。与专利申请权、专利权转让合同相同,专利许可人应当保证自己是专利登记簿上的专利权人。专利权有效期限届满或者专利权被宣布无效的,专利权人不得就该专利与他人订立专利实施许可合同。

(2)维持专利权有效的义务。专利权有效是专利实施许可合同生效及持续有效的前提。专利证书仅仅是专利权有效的初步证明,加上专利权无效受多种因素影响,故专利许可人并无保证专利权在专利许可合同有效期内有效的义务,而仅仅负有维持专利权在合同有效期内有效的义务,具体表现为依法缴纳专利年费、积极应对他人提出的宣告专利权无效的请求等,但当事人另有约定的除外。

(3) 协助义务。为了使技术受让方更好地实施专利技术,专利实施许可合同的让与人除了应当按照约定许可受让人实施专利外,还应交付与实施专利有关的技术资料,提供必要的技术指导。

2. 被许可人的主要义务

(1) 在约定范围内实施专利。专利实施许可合同的被许可人应当在约定范围内实施专利,一般不得超越约定的范围实施,也不得使用许可人的其他专利,更不得违反约定将该专利技术进行分许可。否则,应当停止违约行为,承担违约责任。

(2) 按照约定支付使用费。被许可人未按照约定支付使用费的,应当补交使用费并按照约定支付违约金;不补交使用费或者支付违约金的,应当停止实施专利,交还技术资料,承担违约责任。

(3) 专利无效后,被许可人无须支付使用费。

(4) 后续成果归属。对被许可人在实施专利中所形成的后续改进的技术成果的分享,由当事人按照互利的原则进行约定。没有约定或者约定不明确,且无法达成补充协议或按惯例确定归属的,后续改进的技术成果归改进方,他方无权分享。

(三) 专利权许可合同的特殊情形

《技术合同解释》第29条第2款、第3款规定:"当事人之间就申请专利的技术成果所订立的许可使用合同,专利申请公开以前,适用技术秘密转让合同的有关规定;发明专利申请公开以后、授权以前,参照适用专利实施许可合同的有关规定;授权以后,原合同即为专利实施许可合同,适用专利实施许可合同的有关规定。人民法院不以当事人就已经申请专利但尚未授权的技术订立专利实施许可合同为由,认定合同无效。"

我国的实用新型实行形式审查制度,申请实用新型专利的技术在授权或驳回之前并不公开。在此阶段,申请人将该技术许可他人使用的,该许可实为技术秘密许可。

我国的发明专利实行早期公开、延迟审查制度。在提交专利申请至公开阶段,申请人将该技术许可他人使用的,该许可实为技术秘密许可;在申请公开后、授权前,这一阶段为临时保护期内的技术许可,参照适用专利许可合同的有关规定;授权后的许可方为真正的专利许可。

第四节 技术咨询合同和技术服务合同

一、技术咨询合同

(一) 技术咨询合同概述

技术咨询合同是指当事人约定,一方为他方就特定技术项目提供可行性论证、技术预测、专题调查、分析评价报告等,他方支付报酬的合同。

技术咨询合同一般应当具备以下条款:(1) 委托的项目名称;(2) 技术咨询的内容、形式和要求;(3) 约定提交咨询报告的期限、地点和方式;(4) 委托人的配合或辅助义务;(5) 技术情报和资料的保密要求。(6) 咨询报告的验收、评价方式;(7) 报酬支付的方式;(8) 违约责任;(9) 争议的解决。

在技术咨询合同履行过程中,受托人利用委托人提供的技术资料和工作条件完成的新的技术成果,属于受托人。委托人利用受托人的工作成果完成的新的技术成果,属于委托人。当事人另有约定的,依其约定。

(二) 技术咨询合同的效力

技术咨询合同的效力是指生效的技术咨询合同所具有的法律约束力,其主要表现为技术咨询合同当事人的权利义务。

1. 委托人的主要权利义务

(1) 提供条件。技术咨询合同的委托人应当按照约定,阐明咨询的问题,提供技术背景材料及有关技术资料、数据。

受托人发现委托人提供的资料、数据、样品、材料、场地等工作条件不符合约定,未在合理期限内通知委托人的,视为其对委托人提供的工作条件予以认可。委托人在接到受托人的补正通知后未在合理期限内答复并予以补正的,发生的损失由委托人承担。

如当事人对受托人为提供服务而进行调查研究、分析论证、试验测定等所需费用的负担没有约定或者约定不明确的,由受托人承担。

(2) 保密义务。委托人应遵守合同中约定的保密事项。违反保密义务给对方造成损失的,应负赔偿责任。

(3) 接受受托人的工作成果,支付报酬。

2. 受托人的主要权利义务

(1) 交付咨询意见。技术咨询合同的受托人应当按照约定的期限完成咨询报告或者解答问题;提出的咨询报告应当达到约定的要求。未按照约定的期限完成咨询报告、解答问题,或者提出的咨询报告不符合约定要求的,应当减收或者免收报酬。

(2) 保密义务。受托人应遵守合同中约定的保密事项。违反保密义务给对方造成损失的,应负赔偿责任。对于委托人提供的技术资料和数据或者受托人提出的咨询报告和意见未约定保密义务,当事人一方引用、发表或者向第三人提供的,不认定为违约行为,但侵害对方当事人对此享有的合法权益的,应当承担民事责任。

(3) 责任免除。技术咨询合同的委托人按照受托人符合约定要求的咨询报告和意见作出决策所造成的损失,由委托人承担,但当事人另有约定的除外。

二、技术服务合同

(一) 技术服务合同概述

技术服务合同指当事人约定,一方以技术知识为他方解决特定技术问题,他方支付报酬的合同。

技术服务合同一般应具备以下主要条款:(1)技术服务的项目名称;(2)技术服务的内容、方式、要求;(3)合同履行的期限、地点和方式;(4)委托方应向被委托方提供必要的工作条件;(5)验收标准;(6)报酬支付的方式;(7)违约责任;(8)争议解决的方法。

在技术服务合同履行过程中,受托人利用委托人提供的技术资料和工作条件完成的新的技术成果,属于受托人。委托人利用受托人的工作成果完成的新的技术成果,属于委托人。当事人另有约定的,依其约定。

(二)技术服务合同的效力

技术服务合同的效力是指生效的技术服务合同所具有的法律约束力,其主要表现为技术服务合同当事人的权利义务。

1. 委托人的主要权利义务

(1)提供条件。技术服务合同的委托人应当按照约定提供工作条件,完成配合事项。

受托人发现委托人提供的资料、数据、样品、材料、场地等工作条件不符合约定,未在合理期限内通知委托人的,视为其对委托人提供的工作条件予以认可。委托人在接到受托人的补正通知后未在合理期限内答复并予以补正的,发生的损失由委托人承担。

当事人对技术服务合同受托人提供服务所需费用的负担没有约定或者约定不明确的,由受托人承担。

(2)保密义务。委托人应遵守合同中规定的保密事项。违反保密义务给对方造成损失的,应负赔偿责任。

(3)接受工作成果并支付报酬。

2. 受托人的权利义务

(1)提供服务。技术服务合同的受托人应按约定完成服务项目,解决技术问题,保证工作质量,并传授解决技术问题的知识。受托人未按照约定完成服务工作的,应当承担免收报酬等违约责任。

(2)保密义务。受托人应遵守合同中规定的保密事项。违反保密义务给对方造成损失的,应负赔偿责任。

思考题:
1. 简述技术合同的性质。
2. 简述职务技术成果的界定及其权利归属规则。
3. 简述技术转让合同转化为技术服务合同的规则。
4. 简述技术开发合同的种类及其基本特征。
5. 简述技术开发合同中技术成果的归属规则。
6. 简述技术转让合同的种类。
7. 简述专利申请权转让合同的法律效力。

8. 简述技术秘密许可使用合同的法律效力。
9. 简述技术咨询合同的法律效力。
10. 简述技术服务合同的法律效力。

后 记

经全国高等教育自学考试指导委员会同意,由法学类专业委员会负责高等教育自学考试法律专业教材的组编工作。

法律专业《合同法》自学考试教材由华东政法大学傅鼎生教授任主编,韩强副教授任副主编,由华东政法大学傅鼎生教授、韩强副教授、吴一鸣副教授和董美根副教授撰写。具体写作分工如下:傅鼎生撰写第一章至第六章、第八章、第九章;韩强撰写第七章、第十章、第十一章第一节至第三节;吴一鸣撰写第十一章第四节、第十二章、第十三章、第十四章;董美根撰写第十五章。

参加本教材审稿并提出修改意见的有北京大学葛云松教授、清华大学申卫星教授和中国人民大学姚欢庆教授,向他们表示诚挚的谢意。

全国高等教育自学考试指导委员会
法学类专业委员会
2012 年 2 月